CW01642904

JOHN LE

CORN AND FLOUR MERCHANT . . .

PONTTWELLY STORES,

LLANDYSSUL.

A HOUSE FOR VALUE.

Features of importance and reasons for doing business with D. B. DAVIES, Tailor, &c.

**I can offer the best Value in Town,**

having a magnificent selection of Patterns, comprising the best selling novelties in Cloths of the most popular Styles, Fashions and prices, 2/3 to 4/6 per yard.

**STYLE and VARIETY UNSURPASSED.**

*Special Range in Flannel Suitings and Trouserings.*

Holiday suitings at 21/- and upwards. The appearance and general get-up of these suits are unrivalled.

D. B. DAVIES,

TAILOR, &c.,

IVY HOUSE, LLANDYSSUL.

# Canmlwyddiant Addysg Uwchradd yn Llandysul
# Hundred Years of Secondary Education in Llandysul

# CANMLWYDDIANT ADDYSG UWCHRADD YN LLANDYSUL

# HUNDRED YEARS OF SECONDARY EDUCATION IN LLANDYSUL

Golygydd/Editor
Arwyn Pierce

Argraffiad cyntaf—Medi 1995

ISBN 1 85902 204 9

ⓗ Ysgol Gyfun Ddwyieithog Dyffryn Teifi

Cedwir pob hawl. Ni chaniateir atgynhyrchu unrhyw ran o'r cyhoeddiad hwn na'i gadw mewn cyfundrefn adferadwy na'i drosglwyddo mewn unrhyw ddull na thrwy unrhyw gyfrwng electronig, electrostatig, tâp magnetig, mecanyddol, ffotogopïo, recordio, nac fel arall, heb ganiatâd ymlaen llaw.

Argraffwyd gan Wasg Gomer, Llandysul

# CYNNWYS/CONTENTS

# CYFLWYNIAD/INTRODUCTION

A good School Magazine gives the clearest picture of a school's history. Not only is each copy a record of achievement but it is a living presentment of a small but vital community. The many-sided activities of school life, the hopes and disappointments, the dreams and realities, the idiosyncrasies of staff and pupils, the jokes of the hour, all find a place there. The 'Alauda' was first published in 1913 and continued until 1920. For some reason the magazine did not appear again for thirteen years, when it was published as 'The Adastra' in 1933. This was replaced in recent years by 'Bwrlwm Teifi'.

All three magazines have been true to type and have faithfully mirrored the corporate life of the school.

Ymchwiliwyd, detholwyd a golygwyd gan Arwyn Pierce.

# GOLYGYDDOL/EDITORIAL

Braint fawr i mi oedd cael paratoi'r llyfr hwn, a bwrw golwg yn fras ar addysg yn Llandysul dros y can mlynedd diwethaf—cyfnod y bum i'n ffodus iawn i dreulio deunaw mlynedd hapus fel prifathro'r Ysgol Ramadeg, ac fel prifathro cyntaf Ysgol Gyfun Ddwyieithog Dyffryn Teifi.

Yn y blynyddoedd lle'r ymddangosodd cylchgrawn yr ysgol, rwyf wedi dethol rhannau sydd yn fy marn i yn rhoi darlun gweddol gytbwys o'r blynyddoedd hynny. Yn anffodus ni chyhoeddwyd y cylchgrawn cyn 1913, ac fe fu bwlch rhwng 1920 a 1933. Treuliais oriau difyr yn darllen dogfennau am y dyddiau cynnar yn Archifdy Ceredigion yn Aberystwyth ac yn y Llyfrgell Genedlaethol. Diddorol hefyd oedd darllen ôl-rifynnau o'r papurau lleol yn ymwneud ag anghydfod athrawon yn yr ysgol yn 1923.

Mae'r erthyglau a'r holl waith creadigol o'r cylchgronnau ysgol yn ymddangos fel yr ysgrifennwyd hwy, ac oherwydd hynny fe fydd yr orgraff, y mynegiant, a'r sillafu yn ymddangos yn ddieithr ar adegau.

Hoffwn ddatgan fy niolch i genedlaethau o ffotograffwyr, awduron a beirdd a wnaeth fy ngorchwyl i yn un mor bleserus.

Rwy'n diolch yn arbennig i Mr Ainsleigh Davies am ganfod llawer o'r cynnyrch ac i staff y swyddfa am lawer o'r teipio a llun-gopio. Cefais lawer o gyd-weithrediad hefyd oddi wrth Wasg Gomer, ac fe ddarganfu Mr Huw Lewis nifer o ddogfennau diddorol o'r dyddiau cynnar.

Bu llawer o gyfeillion a chyn-ddisgyblion yn hael iawn yn rhoi benthyg hen ffotograffau, ac maent yn rhy niferus i'w henwi. Ni fuasai'n bosibl cyhoeddi'r llyfr heb eu cymorth hwy. Gobeithio y bydd hanes y can mlynedd hwn yn symbyliad i'r disgyblion presennol i barhau'r traddodiad ac i ddangos parch at y gwŷr ymroddgar a osododd ei seiliau. Fel y byddai Gwilym Marles yn dweud wrth ei ddisgyblion ar ddydd gwobrwyo—'For your school do your best. Of your school think the most.'

Hyderaf y cewch fwynhad o ddarllen yr hanes.

It has been my privilege, though an awsome responsibility, to compile and edit a book on the hundred years of secondary education in Llandysul. Where possible I have selected material from the 'Alauda' and the 'Adastra', and I have spent many a happy hour in the National Library and in the Archives Department at Aberystwyth researching material for the first twenty years of the school's history.

I have faithfully retained the expressions, punctuation and spelling as found in the magazine contributions, and no doubt some will seem strange to modern eyes.

I would like to express my thanks to generations of unknown photographers, and to authors and poets who have made my task such a pleasant one.

My special thanks to Mr Ainsleigh Davies for his help in supplying many of the photographs and to the office staff at the school for much of the typing and photo-copying. My thanks to Mr Huw Lewis, Gwasg Gomer for many interesting documents from the early years. My sincere thanks also to the many friends and past pupils who parted with precious photographs. This publication could not have been completed without their help.

I hope that all those associated with the school will approve of the final product.

## PRIFATHRAWON/HEADMASTERS

| | |
|---|---|
| 1895—1923 | Mr William Lewis, M.A., |
| 1923—1926 | Mr Thomas G. Samuel, M.A., |
| 1926—1932 | Mr Joseph E. Parry, M.A., B Litt., |
| 1932—1957 | Mr T. Edgar Davies, M.A. |
| 1957—1972 | Mr Islwyn Williams, M.Sc., |
| 1972—1990 | Mr Arwyn Pierce, B.A., |
| 1990— | Mr Ainsleigh Davies, B.A., B.D., |

# Cyn 1895

## CYFLWR ADDYSG CYN 1895

Roedd Deddf Addysg Ganolraddol Cymru, a basiwyd yn y Senedd ar 12ed o Awst 1889, yn garreg filltir bwysig yn hanes addysg yng Nghymru. Er hynny rhaid mynd yn ôl flynyddoedd i'r flwyddyn 1847 i Adroddiad ar gyflwr Addysg yng Nghymru sef 'Brad y Llyfrau Gleision' i sylweddoli'r pryder cenedlaethol. Roedd nifer o ysgolion preifat, ac eraill wedi eu gwaddoli yn bod ers canol y 18eg ganrif ym mhlwyf Llandysul. Un o'r rhai cynharaf oedd un Dafydd Davis, Castell Hywel. Roedd diddordeb arbennig mewn addysg yn Llandysul ei hun. Dywed un bonheddwr wrth ddod gyda'r trên a cherdded drwy'r pentref, 'Ni welais yr un ardal debyg, rhaid fod rhywbeth yn yr awyr, oblegid mor gynted ag y cyrhaeddir yr orsaf, ceir clywed un yn dweud wrth y llall 'wyddoch chi mae mab .................... wedi pasio yr arholiad'.

Agorwyd Coleg Prifysgol Aberystwyth yn 1872, a sylweddolwyd ei bod yn amhosib cael digon o fyfyrwyr, oni chodid rhagor o ysgolion canolraddol. Roedd angen pont i gysylltu'r ysgolion elfennol â'r Prifysgolion. Daeth y sefyllfa'n fwy argyfyngus pan agorwyd colegau Bangor a Chaerdydd yn ddiweddarach. Roedd nifer y myfyrwyr o Gymru yn y Prifysgolion yn isel iawn—yn yr Alban un o bob wyth cant o'r boblogaeth, yn Iwerddon un o bob tair mil, ond yng Nghymru un o bob wyth mil.

Cymeradwyodd Adroddiad yr Arglwydd Aberdâr ehangu'r ysgolion presennol, yn ogystal â sefydlu rhai newydd trwy estyn grant o'r llywodraeth. Yr oedd yn fwriad chwyldroadol, gan nad oedd y wladwriaeth cyn hynny wedi arfer ymgymryd ag addysg ganolraddol. I Stuart Rendel a ddaethai'n aelod seneddol dros Sir Drefaldwyn yn 1880 y mae'r clod am basio'r ddeddf. Eglwyswyr oedd a Sais o enedigaeth, ond fe'i huniaethodd ei hun mor glos â'r bywyd Cymreig ag i ddod yn Aelod dros Gymru. Henry Richard, y Prifathro John Rhys a Lewis Morris oedd yr aelodau Cymreig. Yn 1881 yr ymddangosodd yr Adroddiad, a sylweddolwyd fod y sefyllfa yng Nghymru yn druenus. Poblogaeth Cymru yn 1881 oedd, 1,571,000 ond nifer y disgyblion mewn ysgolion oedd 4,000 ac fe ddylai fod yn 16,000. Y prif resymau am hyn

(a) Roedd yr ysgolion preifat mewn lleoedd anghysbell heb gyfleusterau lletya.

(b) Roedd yr addysg yn wael, a gormod o bwyslais ar y clasuron.

(c) Nid oedd y rhieni yn gwybod beth oedd gwir ystyr addysg dda.

(ch) Roedd anghydffurfwyr yn gweld yr ysgolion fel sefydliadau Eglwysig, a phrif athrawon yn glerigwyr.

Yn 1880 tair ysgol oedd i ferched, sef yn Nimbych, Caerdydd a Dolgellau.

Y brif broblem am rai blynyddoedd ar ôl Adroddiad Aberdâr oedd nad oedd unrhyw drefniant na sefydliad i weithredu'r argymhellion. Ond yn 1888 daeth Deddf y Cynghorau Sir, a'r cynghorau Sir a ddewiswyd i weinyddu y Ddeddf Addysg Newydd. Ffurfiwyd Cyd-Bwyllgor Addysg ym mhob sir. Gallai'r pwyllgor hawlio treth o ½c yn y bunt, a byddai Llywodraethwyr yn cyfrannu'n debyg ar yr amod y byddai adroddiadau'r arolygwyr yn foddhaol. Cynlluniau Sir Gaernarfon oedd y cyntaf i'w cymerawdwyo yn 1893 a Sir Forgannwg yn olaf yn 1896.

Mewn pentref ac ardal fel Llandysul a'r Cylch lle bu traddodiad addysg mor amlwg er dechrau'r ganrif, ac ysgolion Gwilym Marles a'r Parch Thomas James yn y lle, nid oes rhyfedd i'r Ddeddf godi ton o frwdfrydedd heintus yn yr ardal, ac ar fyrder dechreuodd gweithgarwch cyffredinol i geisio lleoli un o'r ysgolion canolraddol hyn yn Llandysul. Mae'n werth nodi hefyd fod 96% o bobl yr ardal yn Gymry Cymraeg a 53% yn siarad Cymraeg yn unig yn 1895.

## GWERSI HEN FFASIWN

Mor dda y cofiaf y gwersi cyntaf ddysgais erioed! Nid oeddwn yn gwybod mai gwersi oeddynt, ac nid oedd raid i mi eu dysgu, a dyna paham, efallai, fy mod yn eu cofio cystal. Hen ŵr yn byw ar y plwyf heb gael awr o ysgol yn ei fywyd erioed oedd yr athraw, a ninnau yn blant yn byw heb fod ym mhell oddiwrtho, ac yn mwynhau ei gwmni a'i straeon yn fwy na dim.

Yn oriau hwyr y gaeaf dyna lle y byddem o gylch ei bentan bach, pob un a'i stôl fach—ac yntau yn y gadair-freichiau yn adrodd storiau neu yn athrawiaethu i ni. Y wers gyntaf oedd un fyddem yn awr yn alw yn *Scripture Lesson*, a dyma hi:–

Pwy oedd y dyn cyntaf?—Adda.
Pwy oedd y dyn hynaf?—Methusaleh.
Pwy oedd y dyn mwyaf llariaidd?—Moses.
(Arferem feddwl fod a fynno y gair "llariaidd" rhywbeth a'r gair "lladd" am fod Moses wedi lladd yr Aifftiwr).
Pwy oedd y dyn doethaf?—Solomon.

—ac felly yn y blaen. Nid oedd un a honom yn gwybod fawr iawn am y dynion hyn, ond y prif beth oedd i bawb waeddi'r ateb ar dop ei lais.

Yn nesaf caem dipyn o hyfforddiant mewn Saesneg—a dyna'r wers oreu genym, am fod ynddi ddigon o gyfle i ateb mewn rhyw fath o sing-song, Yn gyntaf gofynai'r hen ŵr y cwestiynau canlynol:–

Howdical (how do you call) afon? Howdical morwyn?
Howdical nant? Howdical llaeth?
Howdical ugain? Howdical hufen?
Howdical cant? Howdical cath?

a chyn ei fod wedi gorffen bron byddem yn barod a'r ateb, ac yn ei waeddi allan gyda hwyl—

River is afon Maid is morwyn
Brook is nant Milk is llaeth
Twenty is ugain Cream is hufen
Hundred is cant Cat is cath.

Ambell waith, pan fyddai hwyl arbennig ar yr hen ŵr byddem yn cael gwers ganu. Nid oedd yn medru canu fawr iawn, ac ni wyddai ond rhyw dair neu bedair tôn, heblaw emynau.

Y dôn gyntaf a ddysgodd i ni oedd y "Mochyn Du," a mawr oedd ein dyddordeb yn hanes y mochyn druan. Ond 'roedd yr hen ŵr yn ystyried y geiriau yn rhy fasweddol i'w canu bob nos, felly dysgodd eiriau eraill i ni ar yr un dôn. Disgrifiai'r geiriau hyn "Ddedwyddwch y Saint yn y Nef" geiriau "O mor hardd fydd eu gwedd." Rywsut 'roedd genym fwy o gariad at y mochyn nag at y saint, a phan ddeuai amser canu, gofynem bob tro "P'un heno— 'O mor drwm' neu 'O mor hardd'?" A mawr fyddai'r siom pan ddywedai'r hen wr "O mor hardd," ond gan mai cadw swn oedd yr amcan pennaf, anghofiem y siom yn bur fuan.

Ar y Sul, byddem yn mynd am dro i'r mynydd, ac yr oedd genym enw ar bob bwlch ar y ffordd. Wrth fwlch y mynydd canem "Dros y bryniau tywyll niwlog," yn y bwlch nesaf i lawr adroddem "Ac yn nyddiau Herod Frenin," ac felly yn y blaen nes cyrhaedd adref erbyn tê. Byddai yn bechod anfaddeuol i ganu emyn neu adrodd adnoddau o un bwlch i fwlch arall.

Mae yr hen ŵr yn ei fedd er's blynyddau, ond erys ei wersi yn ein cof, tra byddom byw. Ambell dro wrth fyned heibio'r bylchau at y ffordd i'r mynydd, aroswn i ganu ei emyn ei hun i bob bwlch gan geisio credu, fel y credem pan yn blant, fod yno rywbeth yn ein clywed ac yn ein deall, yn y cloddiau ac yn yr eithin. Ond ni ddaw ffydd ddi-syfl plentyn fyth yn ol, unwaith yr ehed ymaith, a gadewir ni i hiraethu am gael myned yn ol i

"Dir Ieuenctyd! gartre hud—lle mae
Y tylwyth teg hyd heddyw fel erioed
Yn dawnsio'n hwyr yn gylchau dan y coed
Heb ofni gwg, na theimlo poen na gwae.

Gad i mi dreulio yno ddim ond awr
Ymhell o swn a thrafferth byd a'i boen—
Daw i mi beth o'r hen golledig hoen
A wel y rhai sy a'i golwg at y wawr."

# ERTHYGL GEO. EYRE EVANS

## Llandyssul Grammar School.

LLANDYSSUL Grammar School, of which I have promised to give a short account, was the fore-runner of the present excellent County School; which, if my memory serve me well, has in its present building some portions of the very desks at which I sat. The Grammar School was in the line of succession of several noted schools which formerly existed at Llandyssul and in its immediate neighbourhood. The Grammar School and its Headmaster, the Rev. Wm. Thomas, M.A., better known as "Gwilym Marles," stand for much, yes, very much, in the lives of the great number of boys whose names are to be found upon its Roll. Readers of *The Alauda* must remember that in the period covered by the Grammar School, say from the early sixties of the last century to 1879—the year "Gwilym" died, there was no University College of Wales as we now know it, its foundation and development taking place only in the last years of the period named; there was no Central Welsh Board; there were no Inspectors; and yet the high standard reached by "Gwilym" was noted far and wide.

When I entered the School on a memorable day in January, 1872, I became one of many boarders with the Headmaster, and in the school-room which "Gwilym" built—still standing, but converted into a dwelling-house, the boarders met the day scholars, and there we all formed one large company. It is only natural that we "old boys" should think highly of our School. It may be said with all truth that the discipline was perfect. It was a School in which the "Head" took a personal interest in every one of his boys. His gentle nature, his strong personality, were sufficient to explain the excellent discipline that existed there.

Over and over again we saw him coming up from his house in the village to the School. He walked sharply up the hill with a slight stoop, and a number of books under his arm. He would pass many of his scholars in the lane, and for every one of them he had a word or a smile. Once inside the Schoolroom his personality dominated over all. The son of a Member of Parliament; the farmer's boy; the minister's lad; all possibly in the same class, were from the Master's point of view, on the same footing. There he recognised no one according to the flesh. He succeeded in making his scholars both like their lessons and love their work. This we can account for now, partly by the fact that promotion in the School did not come to anyone except as a reward for good work well done. He did not pass to the next lesson unless the last was well done. One task well learnt, he would say, gives you the key to unlock the treasury of another. With "Gwilym" it was his aim that you should understand thoroughly the grammar of a language before you entered on its writers.

Let me give here a scene from our school days, recalled by a fellow scholar of mine, the Rev. T. Talwyn Phillips:—"I know of a school-boy who regularly came there in his clogs. The clogs were often thick with mud, collected on the way to school. I do not recollect his name exactly, but let us call him William Ignatius Williams. He is a country lad; but sat shyly in his class with the space of four inches between the hem of his corduroy trousers and the top of his clogs. When William's turn came to be questioned before the class, "Gwilym" addressed him in a most respectful manner, with—"Master William Ignatius Williams, will you kindly parse the next word?" In the echo of this invitation, William, after regaining his presence of mind, would stand upright and go through the lesson in a manner that surprised the class. By his respect and kindness "Gwilym" made not only Ignatius Williams, but all his boys, love him, trust him, revere him.

I have before me two volumes of English themes, written weekly in the School. The volumes are precious to me in that every theme bears "Gwilym's" corrections, and at the end of them is a figure, one to five, denoting the marks awarded, and the well remembered signature, "W. T." The subjects set were very varied, ranging from "The Benefits of Railways" to "Corpse Candles," from "Easter Day" to "Llandyssul Fair." If, in later years, the writer of *Cardiganshire Antiquities* has been able to express one idea clearly in that book, he owes it largely to the writing of these weekly essays at Llandyssul.

"Gwilym" was great on cricket. Before me is the notice of the 1872 season of the School Club. The heading is in the handwriting, I think, of Mr. Thomas Thomas, the Secretary—to-day Clerk to the County School; the Captain is Mr. J. D. Evans, to-day Headmaster of Pencader Grammar School; the Treasurer is "Gwilym" himself. It bears the autographs of mst of the well-known Llandyssul residents of that year, and opposite their names are set the amounts they contributed towards our Club.

During class intervals every morning there was *The London Daily News* on its well remembered desk, by the stove, ready for the senior boys to read. It came by post, and I believe no request was sweeter in the ears of "Gwilym" than that so often made by his boys, "Please, sir, may I open the paper?"

3

Later on in the day he would overtake a group of boys on the way up hill to the School-house, there would very frequently

William Thomas M.A.

Born, 1834. Died, 1879.

come from his lips some such question as, "Well, what do you think of the war news to-day?" or a question on some passing

4

event—"And what a terrible collision in the channel;" or a comment such as "People should think more and speak less;" or "Poor cricket yesterday, what butter-finger fielding." To a boy fond of using a crib, and hoping "Gwilym" did not know it, he would quietly say in the hearing of all the class—"Try, Master Thomas, and walk without your crutches next week." Who could crib after that?

At the time of which I am speaking "Gwilym" had 40 boys in School; 14 of them being boarders, which, says he in a letter to my father, "keeps my time fully occupied." He seemed to live then for his School. From the early breakfast, when he invariably read prayers himself, until we wished him "Good night" at 9 o'clock, he was busily at work; and not until the house was quiet and most of its occupants asleep did he get to his own more immediate tasks, and the "prep" for his three sermons on the following Sunday.

Looking over a School diary which I kept after a fashion, I find many entries which would seem perhaps strange to a County School boy at Llandyssul to-day; although he would know what was meant by the entry, "Footer is rot to-day;" and I am sure he would agree with the entry, "Llandyssul Fair to-day, but no holiday for us."

What a crowd of names rise up to memory as I call from the misty past those of my fellow-schoolmates. Some of them have long since passed over to the "Nearer Presence" and the "Higher Service," some still work for the good of Wales, for which it may truly be said our "Head" laid down his life.

This very "Mag," of which the School to-day may well be proud, is printed for you by one of "Gwilym's" pupils, Mr. J. D. Lewis, of whom no higher praise need be given than that he is the first man to set up a printing press in Llandyssul.

And here let me stop; perhaps, by and bye, further memories shall be forthcoming. I might say much more of the old School, and of its "Gwilym," who was one of Lord Kelvin's scholars at Glasgow, and an honoured *Alumnus* of the Presbyterian College, Carmarthen. I will only say as he would say, were he distributing the prizes to-day, "FOR YOUR SCHOOL DO YOUR BEST, OF YOUR SCHOOL THINK THE MOST." We who loved our School say that our "Head," in the words of Lucretius, held us "*validos veneris perrumpere nodos.*"

GEO. EYRE EVANS.

*Ty Tringad, Aberystwyth.*

(*Re-printed from "The Alauda," the Llandyssul County School Magazine, Christmas Term, 1913*).

*J. D. Lewis, Printer, &c., Gomerian Press, Llandyssul.*

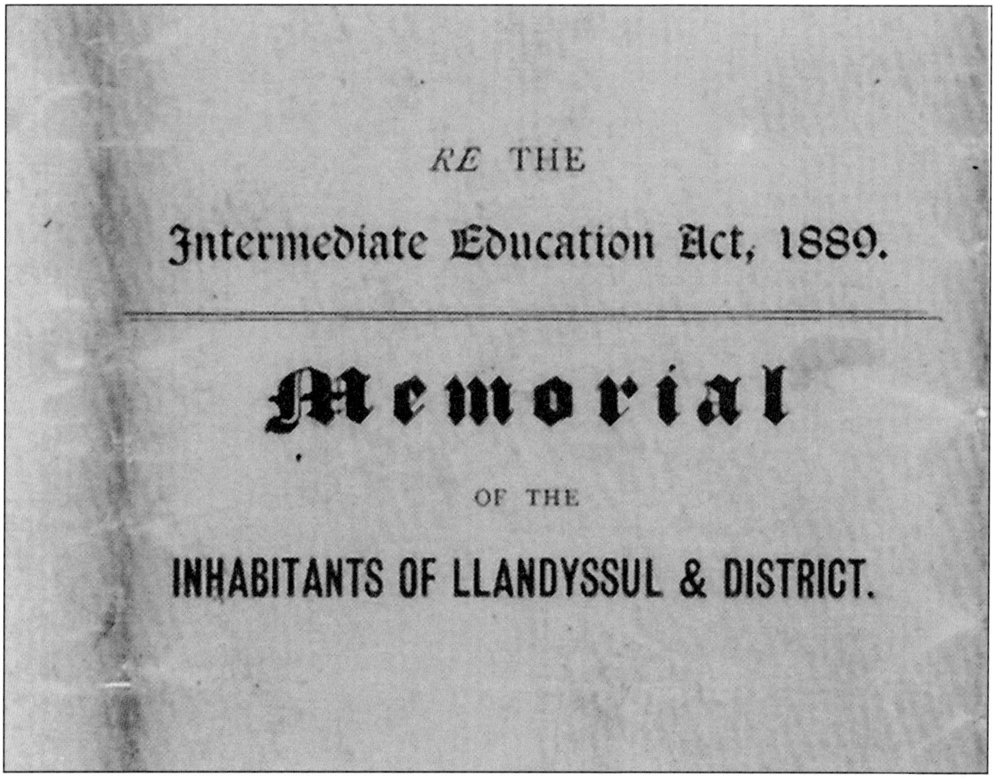

*RE* THE

Intermediate Education Act, 1889.

Memorial

OF THE

INHABITANTS OF LLANDYSSUL & DISTRICT.

**In the Matter of the Welsh Intermediate Education Act, 1889.**

**To the Joint Education Committees, acting in and for the Counties of Cardigan and Carmarthen, in the Principality of Wales, under and in pursuance of the provisions of the above Act, in Council assembled.**

**The Memorial** of the inhabitants of the town, parish, and district of LLANDYSSUL, in the Counties of Cardigan and Carmarthen (approaching your respective Committees by Messrs. Charles Lloyd, Evan Evans, Enoch Davies, T. C. Davies, E. R. Evans, Daniel Evans, Evan Jones, Thomas Thomas, the Reverends W. G. Jenkins, Thomas Thomas, Thomas James, T. P. Phillips, W. J. Davies, and John Davies, and Captain William Davies and Mrs. M. A. M. Jones, their duly authorised Deputation),

**Sheweth,—**

*State of public feeling in district.*

1. *(a)* That there unquestionably prevails amongst the inhabitants of Llandyssul and district, of every shade of opinion and of every station in life, an all-pervading and most widespread and enthusiastic feeling that in the schemes to be submitted by your respective Committees to the Charity Commissioners under the Act, provision should be made for the establishment of a Joint-Counties Intermediate School at or near Llandyssul.

*(b)* That an informal and perfunctory invitation to a public meeting to consider the question for last Monday evening, the 25th May, 1891, resulted spontaneously in a very large and representative gathering on that occasion, and that this meeting thus hastily convened was far and away the most enthusiastic known in the annals of the place.

*(c)* That though the question was only thus hastily taken in hand a few days ago, public enthusiasm in the matter has known no bounds, and the subscriptions appearing in the Schedule hereto, and amounting in the aggregate to the sum of £1,747 11s. 0d., have been already obtained, AND PROMISES OF FURTHER AMOUNTS CONTINUE TO FLOW IN IN ONE STEADY AND UNBROKEN STREAM.

*(d)* That your Memorialists have moreover been successful in securing a choice of several suitable sites for the proposed School Buildings and Premises.

*A palpable VOID still to be filled.*

2. THAT IT IS APPREHENDED THAT SATISFACTORY PROVISION HAS ALREADY BEEN EITHER MADE OR PROPOSED FOR THE PURPOSES OF THIS BRANCH OF EDUCATION AT CARDIGAN, ABERAYRON, LAMPETER, AND ABERYSTWYTH, IN THE COUNTY OF CARDIGAN, AND AT CARMARTHEN AND LLANDILO OR AMMANFORD, AMONGST OTHER PLACES IN THE COUNTY OF CARMARTHEN, BUT THAT YOUR MEMORIALISTS VENTURE RESPECTFULLY, THOUGH FORCIBLY, TO SUBMIT THAT THE PROVISION THUS MADE OR PROPOSED LEAVES A PALPABLE AND LAMENTABLE VOID IN A DISTRICT OF WHICH IT MAY UNHESITATINGLY BE SAID THAT LLANDYSSUL FORMS NOT ONLY THE TRULY GEOGRAPHICAL, BUT ALSO THE VIRTUAL CENTRE IN ALL SENSES OF THE WORD.

*PHENOMENAL situation of Llandyssul, and its relation with the outer world.*

3. *(a)* That Llandyssul is equi-distant from Aberayron and Cardigan where Intermediate Schools are already proposed to be established, and it is 18 miles distant from each of those places; and THAT A CURSORY REFERENCE TO A MAP OF THE PRINCIPALITY WILL DISCOVER THE TRULY PHENOMENAL FACT, THAT A CIRCLE DRAWN AROUND LLANDYSSUL AS ITS CENTRE EITHER THROUGH CARDIGAN OR ABERAYRON WILL PASS ALMOST WITH MATHEMATICAL EXACTNESS, NOT ONLY THROUGH BOTH CARDIGAN AND ABERAYRON, BUT ALSO THROUGH LAMPETER, CARMARTHEN, AND LLANDILO OR AMMANFORD, WHICH FORM ALL THE CENTRES OF INTERMEDIATE EDUCATION THAT CAN BE SAID TO BE POSSIBLY IN ANY WAY WITHIN REACH OF LLANDYSSUL.

*(b)* That Llandyssul is furthermore undoubtedly the true centre of population of a comparatively thickly-populated district, which, TO INCLUDE AN AREA OF 9 MILES ONLY AROUND LLANDYSSUL, embraces the parishes specified in the following table, and having the respective populations set opposite the same, viz. :—

*In Cardiganshire* :—

| | According to 1881 Census. | According to 1891 Census. |
|---|---|---|
| Llandyssul ... ... ... ... | 2971 | ... ... 3034 |
| Llanwenog ... ... ... ... | 1560 | ... ... |
| Llanfairorllwyn ... ... ... | 425 | ... ... 469 |
| Llangunllo ... ... ... ... | 581 | ... ... 602 |
| Bangor ... ... ... ... | 181 | ... ... 188 |
| Henllan ... ... ... ... | 117 | ... ... 128 |
| Troedyraur... ... ... ... | 836 | |
| Llandyfriog, including Adpar ... | 794 | |
| Bettws Evan ... ... ... | 392 | |
| Capel Cynon ... ... ... | 362 | |
| Brongwyn... ... ... ... | 269 | |
| Llanfair Trefligen ... ... ... | 79 | |
| Llandyssiliogogo / Llanarth } portions of, estimated at ... | 200 | |
| Penbryn, portion of, estimated at ... ... | 500 | |
| | 9267 | |

*In Carmarthenshire* :—

| | | |
|---|---|---|
| Llanfihangel-ar-arth ... ... ... | 1960 | ... ... 2058 |
| Llangeler ... ... ... ... | 1640 | ... ... 1880 |
| Penboyr ... ... ... ... | 1284 | ... ... 1428 |
| Llanllwni ... ... ... ... | 785 | |
| Llanybyther ... ... ... | 1266 | |
| Cenarth (part of) but including Newcastle Emlyn, estimated at ... ... | 1000 | |
| Llanpumpsaint (part of) estimated at ... | 500 | |
| | 17,702 | |

That for the Intermediate Education of these several parishes no provision appears to be already made, and that amongst them are some of those few parishes in the agricultural districts, which have according to the last census, shewn a population that has been steadily growing during the last decade.

(*c*) That, at present, Llandyssul is distant 18 miles from the nearest proposed *locale* of an Intermediate School under the Act, and that this is a fact which cannot be correctly put forward by any other place that can possibly compete for the further school now sought to be established.

(*d*) That Llandyssul has for the last 25 years and upwards had railway communication with the outer world, which effectually serves to connect it with Llanybyther, Lampeter, and Aberystwyth and the surrounding districts, and with Carmarthen through Pencader, Llanpumpsaint, Conwil and Bronwydd Arms; and that a railway is now constructing, and will soon be on the eve of completion, which will connect it directly with Newcastle-Emlyn, and thus bring it into easy touch with Llangranog and Aberporth, and with the parishes of Penboyr, Cenarth, Cilrhedyn, Penbryn, Bettws-Evan and Llanfairtrefligen.

(*e*) That Llandyssul is in direct communication by road with New Quay and Llangranog, and numerous other important places, whose interests would be served by the establishment of an Intermediate School in our midst; and that it is also in close proximity by rail with such examination centres, as Carmarthen, Swansea, Cardiff, Aberystwyth and Lampeter.

*Prospects of a good start, and CERTAINTY OF SUCCESS IN THE FUTURE.*

4. (*a*) That the long series of distinguished and flourishing schools that have been maintained and supported here in one unbroken succession from the very first years of the century, enables the locality to lay claim to AN ALMOST ACADEMIC POSITION IN THE EDUCATIONAL WORLD.

(*b*) That the existence of a higher-grade school in the town itself can be traced back as far as 1810, in which year it was being conducted by the Rev. D. Lewis Jones, M.A., who shortly afterwards became tutor at the Presbyterian College at Carmarthen; and that he was succeeded in his position at Llandyssul by a series of eminent schoolmasters in almost continuous succession up to the present day.

(*c*) That on the roll of departed schoolmasters who have served this immediate locality in their day, are to be found the names of such distinguished personages as the illustrious DAVIES, OF CASTELL-HYWEL, the prominent classical scholar and poet of the early days of the century; the REV. JOHN JAMES, who afterwards became known to fame as the celebrated schoolmaster of the Swansea Valley, where he became the teacher of the late *Lord Justice James*, a justly distingushed Judge of Her Majesty's High Court of Appeal, and a long array of other successful pupils; the REV. JOHN THOMAS, who for the lengthened period of 40 years conducted here a most successful school, which was attended from time to time by a vast number of youth drawn from the ranks of all denominations, from all stations in life *and from various parts of the country*; and last, but not least, the REV. WM. THOMAS, M.A. (*Gwilym Marles*) whose pupils are now scattered over the world, and occupy in many instances high positions in life.

(*d*) That the old higher-grade school of the past has as its representative here at the present day, the well-attended "Tivy-Vale Academy" of about 60 pupils under the efficient management of the Rev. Thomas James, M.A., and that this Academy will opportunely form a highly advantageous *nucleus*, and assure an auspicious *start*, for the new Intermediate School now sought to be established.

(*e*) That the conspicuous and invariable success of the higher-grade schools of the locality in the past, literally embracing all the years of the century, and the highly prosperous condition of the present agriculturists of the district, as evidenced by their having in a great degree become the owners of their own holdings, afford AN ABSOLUTELY CONVINCING GUARANTEE that an Intermediate School established here under the Act would meet with an abundant support in the future.

*Subsidiary advantages of locality.*

5. (*a*) That the remarkable salubrity of the locality is amply substantiated and established by the abnormal lightness of its published death-rate, and by its almost complete immunity at all times from the scourge of any epidemic or zymotic diseases; and that the effective *natural* sanitation of the town is practically ensured by its favourable situation on the sharp slope of a hill, and on the banks of a fine old river; whilst the whole neighbourhood is justly celebrated for its various types of scenery of surpassing beauty. The death rate of Llandyssul parish for 1890 was 14·3 per thousand

(*b*) That there is ample accommodation available in the town itself for the cheap and economical lodging and boarding of students, whilst in the presence here of Chapels of five separate Nonconformist Denominations in addition to the Established Church, there is satisfactory provision assured for religious worship in the town.

(*c*) That Llandyssul being the centre of a prosperous agricultural district, and having a successful weekly market established in the place, can never fail to have at all times an abundant and perpetual supply of vegetables and provisions of every kind at a low and reasonable rate at its very doors.

*State of elementary education; and present connection of parish with Oxford.*

6. (*a*) That there is at present a complete system of Elementary Education already at work in the district, established both voluntarily and through the agency of School Boards; and that the Elemenrary schools of the district, numbering about 27, and providing education for some 1924·2. pupils upon an average at a time, will necessarily serve at all times as so many efficacious and perennial *feeders* for the new Intermediate School under the Act.

(*b*) That the Living of Llandyssul parish is attached to the Principalship of Jesus College, Oxford, and that the Principal of that College is the Rector of the said parish, which is therefore already in close relationship with one of the older Universities.

(*c*) That by the establishment of an Intermediate School in the place, Llandyssul will be enabled to lay claim to have a complete educational ladder in connection with itself, and its bonds of union with one of the older Universities will be necessarily strengthened and drawn closer, in a manner which may be reasonably expected TO ENSURE TO THE GREAT ADVANTAGE OF EDUCATION IN THE PARISH AND DISTRICT FOR EVER HEREAFTER.

## THE SCHEDULE ABOVE REFERRED TO.

| | £ | s. | d. |
|---|---|---|---|
| Mr. and Mrs. Evans, The Shop, Llandyssul | 200 | 0 | 0 |
| C. H. Ll. Fitzwilliams, Esq., J.P., Cilgwyn, Llandyssul | 100 | 0 | 0 |
| Mr. Benjamin Jones, Draper, Llandyssul | 100 | 0 | 0 |
| Mr. Daniel Evans, Porth Hotel, Llandyssul | 100 | 0 | 0 |
| Mr. and Mrs. Thomas, Blaendyffryn, Llandyssul | 100 | 0 | 0 |
| Mrs. Jones, Gellifaharen, Llandyssul | 50 | 0 | 0 |
| Dr. Enoch Davies, Brynteifi, Llandyssul | 50 | 0 | 0 |
| Thomas Davies, Esq., J.P., Verdre, Llandyssul | 50 | 0 | 0 |
| Messrs. T. E. Jones & Co., Merchants, Llandyssul | 30 | 0 | 0 |
| Dr. Evans, Llandyssul | 30 | 0 | 0 |
| Mrs. Rees, Clifton Terrace, Llandyssul | 30 | 0 | 0 |
| Charles Lloyd, Esq., J.P., Waunifor, Maesycrugiau, R.S.O. | 25 | 0 | 0 |
| Richard Bowen, Esq., Gwernmackwydd, Llanfihangel-ar-Arth | 25 | 0 | 0 |
| Col. Lewes, J.P., Llysnewydd | 25 | 0 | 0 |
| J. H. Evans, Esq., Solicitor, Newcastle-Emlyn | 25 | 0 | 0 |
| Mr. John James, Troedyrhiwfawr, Llandyssul | 20 | 0 | 0 |
| Messrs. Evans & Thomas, Solicitors, Llandyssul | 20 | 0 | 0 |
| Miss Davies, Somerset House, Llandyssul | 20 | 0 | 0 |
| Messrs. Evans, Chemists, Llandyssul | 20 | 0 | 0 |
| Mrs. Davies, Cilgwyn Arms, Pontwelly, Llandyssul | 20 | 0 | 0 |
| Mr John Lewis, Merchant, Ponttwelly Stores, Llandyssul | 20 | 0 | 0 |
| Mr. B. Jones, Coal and Lime Merchant, Ponttwelly, Llandyssul | 20 | 0 | 0 |
| Mr. Evan Davies, Verdrefawr, Llandyssul | 20 | 0 | 0 |
| Mr. William Jones, Pengraigwen, Llandyssul | 20 | 0 | 0 |
| Mr. and Mrs. Thomas, Pantcoch Villa, Talgarreg, Llandyssul | 20 | 0 | 0 |
| D. J. Lloyd, Esq., J.P., Gilfachwen, Llandyssul | 20 | 0 | 0 |
| Rev. W. G. Jenkins, The Vicarage, Llandyssul | 20 | 0 | 0 |
| Rev. Thomas James, M.A., C.M. Minister, Llandyssul | 20 | 0 | 0 |
| Rev. T. P. Phillips, Congregational Minister, Llandyssul | 20 | 0 | 0 |
| Col. L'Estrange, Dolellan, Llandyssul | 20 | 0 | 0 |
| Evan Jones, Esq, Tyssul Castle, Llandyssul | 15 | 0 | 0 |
| Rev. J. T. Hughes, The Vicarage, Llanfihangel-ar-arth | 15 | 0 | 0 |
| Mrs. Lloyd, Penrhiw, Llandyssul | 15 | 0 | 0 |
| James Williams, Esq., Henbant Hall, Llandyssul | 10 | 10 | 0 |
| Mr. David Evans, Auctioneer, &c, Gorrig, Llandyssul | 10 | 0 | 0 |
| Mr. R. M. Davies, Chemist, Llandyssul | 10 | 0 | 0 |
| T. H. Davies, Esq., Solicitor, Llandyssul | 10 | 0 | 0 |
| Rev. W. J. Davies, Unitarian Minister, Llandyssul | 10 | 0 | 0 |
| Mr, David Jones, Watchmaker, Llandyssul | 10 | 0 | 0 |
| Messrs. Evans & Morris, Milliners, Llandyssul | 10 | 0 | 0 |
| Mr. and Mrs. Davies, Alma House, Llandyssul | 10 | 0 | 0 |
| Miss Evans, Cilgwyn Arms, Llandyssul | 10 | 0 | 0 |
| Mr. R. Edis, Wilke's Head Hotel, Llandyssul | 10 | 0 | 0 |
| Mr John Davies, Bridge Shop, Llandyssul | 10 | 0 | 0 |
| Mr. J. D. Thomas, Richmond House, Llandyssul | 10 | 0 | 0 |
| Mr. Griffith Davies, Albion House, Llandyssul | 10 | 0 | 0 |
| Mr. J. D. Lewis, Market Stores, Llandyssul | 10 | 0 | 0 |
| Mr. James Griffiths, Birdlip, Llandyssul | 10 | 0 | 0 |
| Mr. William Davies, Henfryn Mills, Llandyssul | 10 | 0 | 0 |
| Mr. Thomas Thomas, Penwern, Llangeler | 10 | 0 | 0 |
| Mr. D. H. Evans, Merchant, Pontshaen, Llandyssul | 10 | 0 | 0 |
| Mr. D. J. Evans, Alltyrodyn Arms, Llandyssul | 10 | 0 | 0 |
| Mr. Evan Evans, Gorrig, Llandyssul | 10 | 0 | 0 |
| Mr. William Thomas, Fronwen, Llandyssul | 10 | 0 | 0 |
| Mr. Daniel Jones, Nanttegryd, Llandyssul | 10 | 0 | 0 |
| Mr. John Jones, Mail Driver, Llandyssul | 5 | 0 | 0 |
| Mr. D. Beynon Davies, Builder, Ponttwelly, Llandyssul | 5 | 0 | 0 |
| Mr. Rhys Lloyd, Saddler, Llandyssûl | 5 | 0 | 0 |
| Mr. Daniel Jones, Ponttwelly Factory, Llandyssul | 5 | 0 | 0 |
| Mr. Evan Jones, Shoemaker, Llandyssul | 5 | 0 | 0 |
| Mr. D. Harry Thomas, Schoolmaster, Llandyssul | 5 | 0 | 0 |
| Mr. J. R. Thomas, Schoolmaster, Pontshaen, Llandyssul | 5 | 0 | 0 |
| Mr Thomas Evans, Schoolmaster, Tregroes, Llandyssul | 5 | 0 | 0 |
| Mr. E. C. Jones, Schoolmaster, Llandyssul | 5 | 0 | 0 |
| Miss Phillips, Milliner, Llandyssul | 5 | 0 | 0 |
| Mr. D. F. Hughes, Tailor, Llandyssul | 5 | 0 | 0 |
| Mr. Thomas Thomas, Union Inn, Llandyssul | 5 | 0 | 0 |
| Mr. John Rees, Builder, Llandyssul | 5 | 0 | 0 |
| Rev. W. E. Jeffreys, Congregational Minister, Saron, Llandyssul | 5 | 0 | 0 |
| Mr. Edward Jones, Penlôn, Llangeler | 5 | 0 | 0 |
| Mr Henry Jones, Penybank, Llangeler | 5 | 0 | 0 |
| Misses Davies, Gilfach, Llangeler | 5 | 0 | 0 |
| Mr. James, Llwynpur, Llangeler | 5 | 0 | 0 |
| Mr. Jones, Gilfachlas, Llangeler | 5 | 0 | 0 |
| Mr John Lewis, Meiros Hall, Drefach, Llangeler | 5 | 0 | 0 |
| Mr. John Davies, Mountain Hall, Llangeler | 5 | 0 | 0 |
| Mr. Evan Evans, Court Farm, Llangeler | 5 | 0 | 0 |
| Mr. David Jones, Dyffryn Court, Llangeler | 5 | 0 | 0 |
| Mr. James Jones, Black Horse, Llangeler | 5 | 0 | 0 |
| Mr. Benjamin Evans, Danycoed, Llangeler | 5 | 0 | 0 |

| | £ | s. | d. |
|---|---|---|---|
| Mr. John Davies, Pantgwyn, Llandyssul ... ... ... | 5 | 0 | 0 |
| Mr. D. Charles Jones, Camnant, Llandyssul ... ... ... | 5 | 0 | 0 |
| William Thomas, Esq., Bolderwood, Oak Road, Woolstone, Southampton | 5 | 0 | 0 |
| Mr. Thomas Price, Pantfeillionen, Llandyssul ... ... ... | 5 | 0 | 0 |
| Mr. Evan Jones, Penlan, Llandyssul... ... ... ... | 5 | 0 | 0 |
| Mr. John Jenkins, Gwarllwyneidos, Llandyssul ... ... ... | 5 | 0 | 0 |
| Miss Jenkins, The Vicarage, Llandyssul ... ... ... | 5 | 0 | 0 |
| Mr. William Harries, Pantyporthman, Llandyssul ... ... | 5 | 0 | 0 |
| Superintendent Williams, Llandyssul ... ... ... | 5 | 0 | 0 |
| Mrs. Davies, Weinmeirch, Llangeler... ... ... ... | 4 | 0 | 0 |
| Mr. Evan Jones, Abereinon ... ... ... ... | 4 | 0 | 0 |
| Mr. David Jones, Schoolmaster, Saron, Llangeler ... ... | 3 | 0 | 0 |
| Mr. William Davies, Waunwthan, Llangeler ... ... ... | 3 | 0 | 0 |
| Mr. James Davies, Danycapel, Llangeler ... ... ... | 3 | 0 | 0 |
| Mrs. Oliver, Llwynffynon, Llangeler... ... ... ... | 3 | 0 | 0 |
| Mrs. Thomas, Llwynderw, Llangeler ... ... ... | 3 | 0 | 0 |
| Mr. David Jones, Court Mill, Llangeler ... ... ... | 3 | 0 | 0 |
| Mr. William Davies, Ffosesgob, Llandyssul ... ... ... | 3 | 0 | 0 |
| Mr. Evan Isaac Thomas, Cabinet Maker, Llandyssul ... ... | 3 | 0 | 0 |
| Mr. Ben Davies, Blaenythan, Llaadyssul ... ... ... | 3 | 0 | 0 |
| Mr. John Rees, Cilgwynbach, Llandyssul ... ... ... | 3 | 0 | 0 |
| Rev. John Davies, Baptist Minister, Llandyssul ... ... ... | 2 | 0 | 0 |
| Mr. John Davies, Rhydygalfe, Llandyssul ... ... ... | 2 | 0 | 0 |
| Mr. William Evans, Penrhiw, Llanfihangel-ar-arth ... ... | 2 | 0 | 0 |
| Mr. Enoch Jones, B.A. ... ... ... ... ... | 2 | 0 | 0 |
| Mr. T. T. Davies, Draper, Pencader... ... ... ... | 2 | 0 | 0 |
| Mr. John Jones, Tailor, Lincoln-street, Llandyssul ... ... | 1 | 10 | 0 |
| Mr. William Jones, Gelliaur, Llandyssul ... ... ... | 1 | 1 | 0 |
| Mrs. Jones, Gelliaur, Llandyssul ... ... ... ... | 1 | 1 | 0 |
| Mr. David Evans, Currier, Llardyssul ... ... ... | 1 | 1 | 0 |
| Mr. Henry Evans, Painter, Llandyssul ... ... ... | 1 | 1 | 0 |
| Mr. Enoch Davies, Parkyffynon, Llandyssul ... ... ... | 1 | 1 | 0 |
| Mr. David Davies, Wessyn, Llandyssul ... ... ... | 1 | 0 | 0 |
| Mr. John Jones, Login, Llandyssul ... ... ... ... | 1 | 0 | 0 |
| Mr. Davies, Dyffrynllunod, Llandyssul ... ... ... | 1 | 0 | 0 |
| Mr. John Evans, Penlan Gyfeile, Llandyssul ... ... ... | 1 | 0 | 0 |
| Mr. Timothy Evans, Penlan Gyfeile, Llandyssul ... ... ... | 1 | 0 | 0 |
| Mr. Rees Evans, Penlan Gyfeile, Llandyssul ... ... ... | 1 | 0 | 0 |
| Mr. David Jones, Junr., Butcher, Llandyssul ... ... ... | 1 | 0 | 0 |
| Mr. Thomas Lewis, Game Dealer, Llandyssul ... ... ... | 1 | 0 | 0 |
| Mr. David Jones, Penpistill, Llangeler ... ... ... | 1 | 0 | 0 |
| Mr. Morris Isaac, Llanfair, Caereinon ... ... ... | 1 | 0 | 0 |
| Mr. David Evans, Tynewydd, Llanfihangel-ar-arth ... ... | 1 | 0 | 0 |
| Mr. Evan Davies, Talgoed, Llanfihangel-ar-arth ... ... ... | 1 | 0 | 0 |
| Mr. Thomas Jones, Carpenter, Penstar, Llandyssul ... ... | 0 | 10 | 6 |
| Mrs. Elizabeth Jones, Penstar, Llandyssul ... ... ... | 0 | 10 | 6 |
| Mr. E. C. Thomas, Gelliaur ... ... ... ... | 0 | 10 | 0 |
| Mr. David Evans, Gelliaur ... ... ... ... | 0 | 10 | 0 |
| Mr. John Davies, tailor, Llandyssul ... ... ... | 0 | 10 | 0 |
| Mr. John Jones, mason, Rock, Llandyssul ... ... ... | 0 | 10 | 0 |
| Mr. Evan Evans, schoolmaster, Llanfihangel-ar-arth ... ... | 0 | 10 | 0 |
| Mr. John Jones, Penpynfarch, Llanfihangel-ar-arth ... ... | 0 | 10 | 0 |
| Mr. Ben Davies, Llwyncroes, Llanfihangel-ar-arth ... ... | 0 | 10 | 0 |
| Mrs. Lewis, Pantycroy, Llanfihangel-ar-arth ... ... ... | 0 | 5 | 0 |
| Mr. William Davies, Dolbantau Factory, Llandyssul ... ... | 0 | 5 | 0 |
| Mr. James Jones, tailor, Barley Mow, Llandyssul ... ... | 0 | 2 | 6 |
| Miss Rachel Jones baker, Llandyssul ... ... ... | 0 | 2 | 6 |
| | £1747 | 11 | 0 |

**And your Memorialists** THEREFORE HUMBLY REQUEST, that your respective Committees may be pleased to include in any schemes, to be submitted to the Charity Commissioners under the Act, provision for the due and speedy establishment of a Joint Counties Intermediate School at or near the town of Llandyssul aforesaid.

**And your Memorialists,** as in duty bound, will ever pray, &c.

*Please turn Over*

## DOGFEN YN HYSBYSEBU TYSUL GRAMMAR SCHOOL

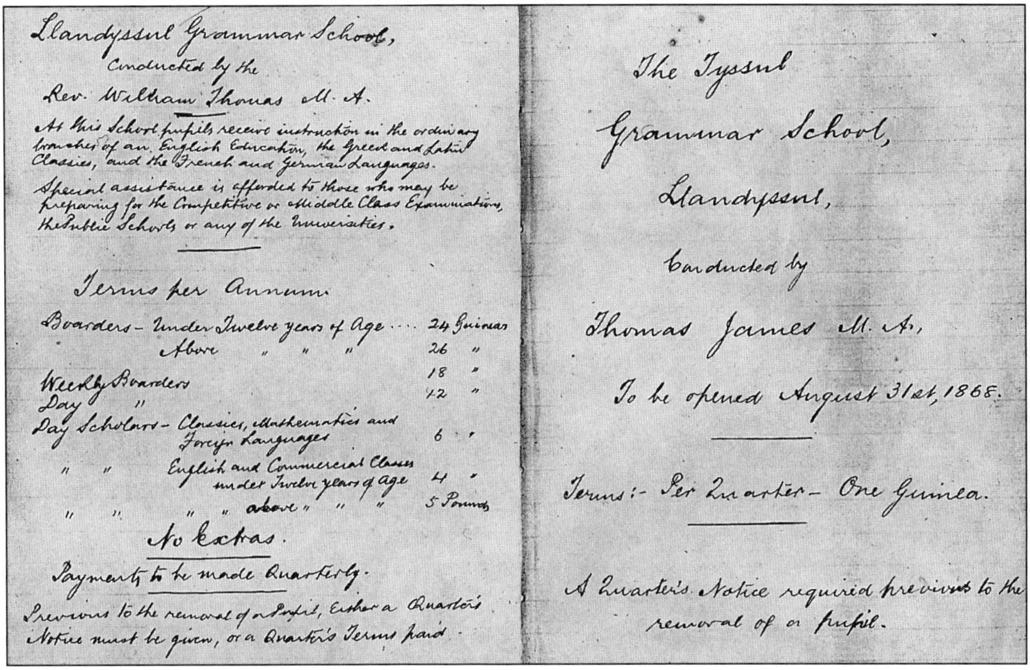

Llandyssul Grammar School,
Conducted by the
Rev. William Thomas M. A.

At this School pupils receive instruction in the ordinary branches of an English Education, the Greek and Latin Classics, and the French and German Languages.
Special assistance is afforded to those who may be preparing for the Competitive or Middle Class Examinations, the Public Schools or any of the Universities.

Terms per Annum

| | |
|---|---|
| Boarders – Under Twelve years of Age | 24 Guineas |
| Above " " " | 26 " |
| Weekly Boarders | 18 " |
| Day " | 12 " |
| Day Scholars – Classics, Mathematics and Foreign Languages | 6 " |
| " " English and Commercial Classes under Twelve years of age | 4 " |
| " " " " above " " " | 5 Pounds |

No Extras.

Payments to be made Quarterly.

Previous to the removal of a Pupil, Either a Quarter's Notice must be given, or a Quarter's Terms paid.

The Tyssul
Grammar School,
Llandyssul,
Conducted by
Thomas James M. A.,
To be opened August 31st, 1868.

Terms:- Per Quarter – One Guinea.

A Quarter's Notice required previous to the removal of a pupil.

## DOGFEN YN HYSBYSEBU YSGOL RHYDOWEN

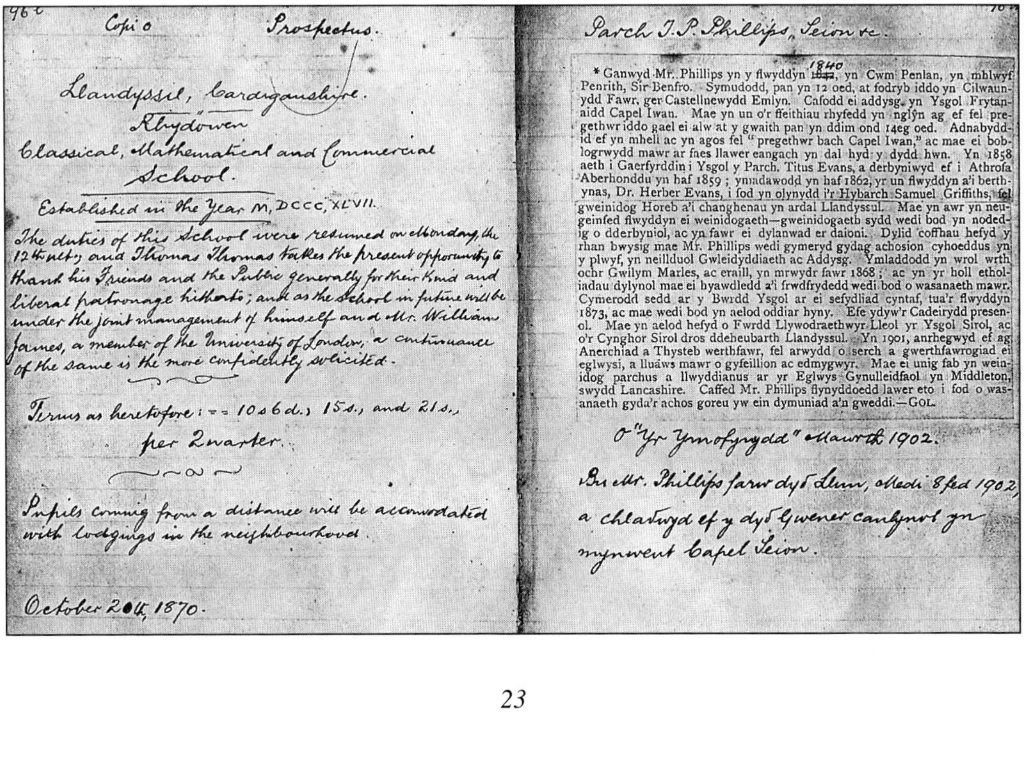

Copi o Prospectus.

Llandyssil, Cardiganshire.
Rhydowen
Classical, Mathematical and Commercial
School.

Established in the Year M, DCCC, XLVII.

The duties of this School were resumed on Monday, the 12th ult; and Thomas Thomas takes the present opportunity to thank his Friends and the Public generally for their kind and liberal patronage hitherto; and as the School in future will be under the joint management of himself and Mr. William James, a member of the University of London, a continuance of the same is the more confidently solicited.

Terms as heretofore: — 10s 6d., 15s., and 21s., per Quarter.

Pupils coming from a distance will be accomodated with lodgings in the neighbourhood.

October 20th, 1870.

Parch T. P. Phillips, Seion &c.

* Ganwyd Mr. Phillips yn y flwyddyn 1840, yn Cwm Penlan, yn mhlwyf Penrith, Sir Benfro. Symudodd, pan yn 12 oed, at fodryb iddo yn Cilwaunydd Fawr, ger Castellnewydd Emlyn. Cafodd ei addysg yn Ysgol Frytanaidd Capel Iwan. Mae yn un o'r ffeithiau rhyfedd yn nglŷn ag ef fel pregethwr iddo gael ei alw at y gwaith pan yn ddim ond 14eg oed. Adnabyddid ef yn mheli ac yn agos fel "pregethwr bach Capel Iwan," ac mae ei boblogrwydd mawr ar faes llawer eangach yn dal hyd y dydd hwn. Yn 1858 aeth i Gaerfyrddin i Ysgol y Parch. Titus Evans, a derbyniwyd ef i Athrofa Aberhonddu yn haf 1859; ymadawodd yn haf 1862, yr un flwyddyn a'i berthynas, Dr. Herber Evans, i fod yn olynydd i'r Hybarch Samuel Griffiths, fel gweinidog Horeb a'i changhenau yn ardal Llandyssul. Mae yn awr yn neugeinfed flwyddyn ei weinidogaeth—gweinidogaeth sydd wedi bod yn nodedig o dderbyniol, ac yn fawr ei dylanwad er daioni. Dylid coffhau hefyd y rhan bwysig mae Mr. Phillips wedi gymeryd gydag achosion cyhoeddus yn y plwyf, yn neillduol Gwleidyddiaeth ac Addysg. Ymladdodd yn wrol wrth ochr Gwilym Marles, ac eraill, yn mrwydr fawr 1868; ac yn yr holl etholiadau dylynol mae ei hyawdledd a'i frwdfrydedd wedi bod o wasanaeth mawr. Cymerodd sedd ar y Bwrdd Ysgol ar ei sefydliad cyntaf, tua'r flwyddyn 1873, ac mae wedi bod yn aelod oddiar hyny. Efe ydyw'r Cadeirydd presenol. Mae yn aelod hefyd o Fwrdd Llywodraethwyr Lleol yr Ysgol Sirol, ac o'r Cynghor Sirol dros ddeheubarth Llandyssul. Yn 1901, anrhegwyd ef ag Anerchiad a Thysteb werthfawr, fel arwydd o serch a gwerthfawrogiad ei eglwysi, a lluaws mawr o gyfeillion ac edmygwyr. Mae ei unig fab yn weinidog parchus a llwyddianus ar yr Eglwys Gynulleidfaol yn Middleton, swydd Lancashire. Caffed Mr. Phillips flynyddoedd lawer eto i fod o wasanaeth gyda'r achos goreu yw ein dymuniad a'n gweddi.—GOL.

O "Yr Ymofynydd" Mawrth 1902.

Bu Mr. Phillips farw dydd Llun, Medi 8fed 1902, a chladdwyd ef y dydd Gwener canlynol yn mynwent Capel Seion.

*Llun o Westy'r Porth a'r Wilkes Head*

*Y Parch Thomas James 1834-1915*

## BLYNYDDOEDD NODEDIG YN HANES LLANDYSUL—1890-1900

Cyfnod bywiog iawn yn hanes Llandysul oedd deng mlynedd olaf y bedwaredd ganrif ar bymtheg. Soniwyd eisioes am sefydlu'r ysgol ganolradd gyntaf yn Sir Aberteifi yn y pentref yn 1895, a'r brwdfrydedd a'r gweithgarwch mawr fu ynglŷn â hi. Hefyd roedd haelioni'r trigolion lleol yn ennyn edmygedd pobl y sir i gyd. Digwyddodd rhywbeth anghyffredin yn y pentref ym mis Mehefin 1892, er na sylweddolai'r pentrefwyr lawn arwyddocâd y digwyddiad ar y pryd. Cadwai gwr ieuanc 23 oed o'r enw John David Lewis siop groser gyffredinol ei dad yn Market Stores, ond gymaint oedd ei hoffter o lyfrau a hanes lleol fel y dechreuodd werthu llyfrau yn ei siop a phrynu peiriant argraffu ail-law yn Aberhonddu. Llwyddodd i sicrhau gwasanaeth argraffydd ifanc o'r enw William John Jones o Lanerch-y-medd, Sir Fôn. Peidiodd J D Lewis â bod yn groser ar ôl 1894, ac fe'i cyfyngodd ei hun i waith llyfrwerthwr ac argraffydd, a bu'r gŵr ieuanc o Fôn yn argraffydd ac yn ddinesydd gwerthfawr yn Llandysul hyd ei farw yn 1955. Digwyddiad arall yn yr un flwyddyn ag yr agorwyd Gwasg Gomer oedd cynnal Eisteddfod fawr mewn cae uwchlaw Capel Seion ar yr 2ail o Awst. Cyhoeddwyd hanes a chyfansoddiadau'r eisteddfod lwyddiannus hon yn 1896.

Wele rai ffeithiau diddorol amdani. J D Lewis a awgrymodd destun i'r Prif Draethawd, sef Hanes Plwyf Llandysul. J Gwenogfryn Evans oedd y beirniad a'r Parch W. J. Davies, gweinidog Capel y Graig Llandysul oedd y buddugol. Cyhoeddwyd y traethawd yn llyfr ym mis Medi 1896—y llyfr cyntaf a argraffwyd yng Ngwasg Gomer. Cafwyd tri hanes plwyfi o dair eisteddfod arall yn yr ardal, sef Hanes Plwyf Llangeler a Phenboyr—Daniel Jones o Eisteddfod Drefach 1899, a Hanes Plwyf Llangynllo—Evan Davies yn 1901, a'r tri llyfr wedi eu hargraffu yn yr un wasg leol. Bu Eisteddfod Llandysul 1894 yn un lwyddiannus iawn hefyd ar waethaf y tywydd gwlyb. Gwnaethpwyd £200 o elw a chyflwynwyd can punt a hanner o'r swm hwn i gronfa codi'r Ysgol Ganolradd newydd.

Ymhlith buddugwyr yr Eisteddfod hon oedd John Isaac Thomas Cabinet Maker, Llandysul a enillodd wobr am draethawd 'ar y ffordd orau i wario canpunt er llesoli tref Llandysul'. Y gŵr diwylliedig hwn hefyd a enillodd y wobr am wneud cadair dderw i fardd buddugol yr eisteddfod. Hyfryd yw cofio i les Llandysul barhau yn danbaid fyw yng nghalon y traethodwr ieuanc am flynyddoedd wedyn, a bod Capel Pen y Bont a godwyd yn 1908 yn aros hyd heddiw yn dystiolaeth i'w grefftwaith.

# 1895 - 1904

## YR YMDRECH I SICRHAU YSGOL GANOLRADDOL I LANDYSUL

Roedd cystadlu brwd yn yr holl siroedd ynglŷn â lleoliad yr ysgolion newydd. Bu ymgyrch hir yng Nghei Newydd ac Aberaeron, ac yn yr ardal hon rhwng Llanybydder, Castell Newydd a Llandysul. Galwyd cyfarfod cyhoeddus ar frys a braidd yn ddi-rybudd yng Ngwesty'r Porth, a daeth tyrfa luosog ynghyd ar nos Lun Mai 25ain 1891, a phenodwyd Evan Evans y Siop yn gadeirydd. Bu'n gyfarfod rhyfeddol o effeithiol ac fe'i disgrifiwyd fel un o gyfarfodydd mwyaf llwyddiannus y pentref. Trodd y brwdfrydedd yn danysgrifiadau ariannol hael a gyrhaeddodd mewn ychydig ddyddiau yn swm o £1747.11.0 a rhagor o gyfraniadau yn dal i ddod i mewn. Ar frig y rhestr rhoddodd Evan Evans swm o £200 (tua £5000 yn arian heddiw). (Gweler y rhestr gyflawn ar dudalen arall).

Paratowyd llythyr cais manwl i'w anfon i Gyd-Bwyllgor y ddwy sir, Caerfyrddin ac Aberteifi, ac roedd ôl meddwl a rhesymau gofalus ar y llythyr cais,—a rhinweddau arbennig Llandysul wedi eu rhesrti'n fanwl fel rhesymau dros ei hawl a'i theilyngdod i fod yn gartref i un o'r ysgolion newydd. (Gweler y cais yn llawn ar dudalen arall). Enwir yn y ddogfen personau oedd i weithredu fel dirprwyaeth i ymddangos o flaen y Cyd-Bwyllgor i gyflwyno'r cais. Cyflwynwyd cais Llandysul gan 16 o bobl dylanwadol, ac er bod Llanybydder a Chastell Newydd yn gystadleuwyr eiddgar ni ellid gwella ar gais Llandysul. Gwnaeth cais y pentref y fath argraff ar y Cyd-Bwyllgor fel y cytunodd Sir Gaerfyrddin i leoli'r ysgol yn Llandysul. Roedd traddodiad addysgol cryf yn ffactor bwysig yn y penderfyniadau hefyd. Bu'r Pwyllgor yn ymweld â mannau addas yn Sir Aberteifi ond yn rhyfedd iawn ni fu yn Llandysul o gwbl.

Penderfynwyd defnyddio adeiladau Ysgol Tysul (lle'r oedd Ysgol Thomas James ac Ysgol Gwilym Marles cyn hynny) yn ysgol i'r bechgyn, a hen adeiladau ysgol Thomas James (Ysgoldy'r Tabernacl) yn ysgol i'r merched. Trefniant dros dro oedd hwn hyd onid adeiladid yr ysgol newydd ar y safle arall.

Penodwyd Bwrdd Rheolwyr i'r ysgolion newydd, a'r Bwrdd fyddai'n gyfrifol am adeiladu a phenodi athrawon. Nid mater o siawns oedd mai Llandysul oedd y gyntaf yn Sir Aberteifi. Ni ellid gwella ar drylwyder a threfnusrwydd ei phwyllgor apêl.

| *Ysgol* | *Agor mewn adeilad dros dro* | *Nifer y disgyblion* |
|---|---|---|
| Llandysul | 24/9/95 | 24 |
| Aberteifi | 4/11/95 | 30 |
| Aberaeron | 12/5/96 | 25 |
| Aberystwyth | 6/10/96 | 55 |
| Tregaron | 17/5/97 | 38 |

Mae'n ddiddorol sylwi mae un o'r disgyblion a ddechreuodd yn 'Myfyrgell' yn 1894 oedd Samuel Morris Powell, Blaenwern, Rhydlewis, a ddaeth flynyddoedd wedi hynny yn Brifathro dylanwadol iawn yn Ysgol Sir Tregaron. Dyma restr a chyfeiriad y disgyblion a gofrestrwyd yn ystod y tymor cyntaf yn 1895.

# Y DISGYBLION CYNTAF

## Bechgyn

1. John Davies, Cilgwyn Bach, Llandysul, 16 oed B.A. mewn Hebraeg yn Aberystwyth yn ddiweddarach.

2. John Owen James, Brynhyfryd, Llandysul 11 oed.

3. John James Davies, Coedfoel, Llandysul—Daeth yn fferyllydd yn 1898 14 oed.

4. John Davies, Blaenffos, Bryngwyn 14 oed—Daeth yn athro ac ennill ysgoloriaeth o £20.

5.Tom Bonner, Black Swan (gyferbyn â Bristol House)12 oed. Aeth i weithio i Fanc Lloyds.

6. John Jones, Bercoed Uchaf, Llandysul 14 oed.

7. Gwilym Llewelyn Davies, Henfryn Mills, Llandysul 12 oed. Daeth yn ddeintydd.

8. David Lewis, Frondeg, Felindre 14 oed. College of Perceptors 2nd class.

9. Gwilym Evan Jones, Teifi Mills, Llandysul 12 oed.

10. John Thomas, Gilfachwen Ucha, Llandysul 16 oed.

11. James Evans, Penrhiw, Llanfihangel 16 oed.

12. John Evans, Temperance, Pontweli 15 oed.

13. Johnny Jones, Manllegwein, Felindre 14 oed.

14. David  Jones, brawd yr uchod 12 oed.

15. William James Jones, Crosslane, Felindre 14 oed.

16. Llewelyn Patrick, Black Lion, Cei Newydd 16 oed.

17. Ebenezer Alexander Harris, Pant y Porthmon, Llandysul 17 oed. Aeth i Fanc y London a'r Provincial.

18. David Parry, Clettwr Cottage, Pontsian 13 oed. Aeth yn brentis saer.

## Merched

1. Bessie Davies, Brynhyfryd, Llandysul 17 oed.
2. Tydfil James fel uchod 15 oed. A.L.C.M. yn ddiweddarach.
3. Rachel Thomas, Cwmeinon, Llandysul 17 oed
4. Annie Muriel Williams, The Tonn, Llandysul 15 oed.
5. Delia Caroline Williams fel uchod 13 oed.
6. Molly Evans, Glanteifi, Llandysul 11 oed.
7. Mary Ann Jones, Spring Gardens, Llandysul 12 oed.
8. Beatrice Jenkins, Castle Green, Llandysul 12 oed merch i feddyg.
9. Lucilla Patrick, Black Lion, Cei Newydd 17 oed.
10. Maria Patrick, fel uchod 13 oed.
11. Mary Anne Langley, 2 Pendre, Llandysul 13 oed.
12. Mary James, Ship Inn, Llangrannog 14 oed, merch i fasnachwr glo.
13. Catherine Lloyd, 257 Cromwell Road, Kensington 12 oed. Ei thad yn asiant gomisiynydd.
14. Sarah Lewis, Pontweli Stores, Llandysul 18 oed.
15. Violet Mary Daniel, Aberteifi 11 oed, merch i gyfreithwr.
16. Annie Hughes, Ficerdy, Llanfihangel 16 oed.
17. Ellen Evans, Dolau View, Drefach 13 oed, merch i gigydd.

O'r 35 disgybl a gofrestrwyd y tymor cyntaf, roedd tri ar ddeg yn blant i ffermwyr a saith yn blant i weithwyr yn y melinau gwlan. Roedd llawer o fynd a dod, ac er i 90 gofrestru yn ystod y flwyddyn gyntaf fe adawodd 30. Erbyn diwedd y flwyddyn rhentwyd 9 Stryd Lincoln fel lle i ddysgu gwyddoniaeth a sicrhawyd man i adeiladu'r ysgol bresennol.

## YR ATHRAWON CYNTAF

Cafwyd pymtheg o ymgeiswyr am swydd Prifathro mewn ymateb i'r hysbyseb 'a practical knowledge of Welsh should be an indispensable qualification'. Tynnwyd rhestr fer o dri i gael cyfweliad sef G. Gwyn Jones B.A. Ysgol Ramadeg Aberaeron, William Lewis M.A. Ysgol Ramadeg Lymm, o Swydd Caer a Henry Price B.A. o Rymni, Sir Fynwy.

Penodwyd Mr William Lewis M.A. brodor o Dalfedw, Pencarreg ger Llambed, gŵr gradd dosbarth cyntaf mewn Maethemateg o Goleg y Frenhines, Caergrawnt. Ei gyflog oedd £150 y flwyddyn a £1 y pen am bob disgybl. Penodwyd athrawes i fod yn gyfrifol am y merched hefyd ar gyflog o £110 y flwyddyn. Penodwyd yr unig ymgeisydd sef Miss Annie Phillips, Green Hill, Caerfyrddin.

Athrawon eraill a benodwyd yn y flwyddyn gyntaf: Ieithoedd Clasurol a Diweddar—J. D. Maillard M.A. (Llundain) B.A. (Rhydychen). Cerddoriaeth offerynnol—C.A. Cooke, Caerfyrddin. Cerddoriaeth Leisiol—Y Parch W. J. Davies Int. B.A. (Llundain). Roedd Mr. Cooke yn organnydd Eglwys Crist, Caerfyrddin, a deuai ar y trên 4:00 o'r gloch, a dychwelyd ar y trên olaf unwaith yr wythnos. Ei dâl oedd 25 swllt y tymor am bob disgybl. Telid £2.2.0 y tymor i'r Parch W. J. Davies o 10 Stryd Lincoln, Llandysul.

*Mr. William Lewis, M.A.*

## Y DAFLEN AMSER GYNTAF

Ar ddechrau Medi 1895 dyma'r Daflen Amser a awgrymwyd gan y prifathro ac a dderbyniwyd gan y Bwrdd Rheolwyr.

**Bechgyn**

9 - 10, 10 - 10.45, 11 - 12, 2 - 3, 3 - 4

*Llun* Writing and English French Reading Arithmetic
Scripture Dictation
*Mawrth* Latin History English Chemistry Algebra
Mensuration
*Mercher* Writing and Geography and Euclid Arithmetic Drawing
Scripture Greek
*Iau* History English French Dictation and Euclid
Mechanics
*Gwener* Latin Geography and Latin Chemistry Algebra
Greek

3:30—4:30 Singing

**Merched**

9 - 10, 10 - 10.45, 11 - 12, 2 - 3, 3 - 4

*Llun* Writing and English Euclid Botany Reading and
Scripture Dictation
*Mawrth* French Arithemtic History Algebra English
*Mercher* Writing and Geography Latin Drawing Arithmetic
Scripture
*Iau* English History Reading and French Geography
Dictation
*Gwener* French Euclid and Latin Botany Sewing
Algebra

3:30—4:30 Singing

Noder nad oedd y Gymraeg yn bwnc dysgu yn y dyddiau cynnar, ac am ryw reswm fe ddysgid Botany i'r merched yn unig.
Codwyd tâl o £1 y tymor ar bob plentyn, a 2/6 y tymor am bapur ysgrifennu ac ati.

*Ald. John Lewis*

*T. Thomas*

# THE SCHOOL BADGE

The school badge originally belonged to the Lloyd family of Gilfachwen, Alltrodyn and Waunifor, and is of very ancient origin, having been given to that family in 1164. The device represents an event in the history of the family.

During the twelfth century when Henry II fought Owain Gwynedd, Lord Rhys and various Welsh princes accompanied him. Under Lord Rhys was his cousin, Cadifor the son of Dinawel, who lived at Castell Hywel near Pontsian. During the war Cadifor, won great renown for himself by his valour. Later, after compelling the retreat of King Henry, Lord Rhys, helped by Cadifor attacked Cardigan Castle and captured it from Earl Clare in 1164.

For his bravery in capturing the castle Cadifor was presented by Lord Rhys with a coat-of-arms consisting of a spear-head between three scaling ladders in the lower panel. It is possible that the ladders were the means by which the battlements of the castle were reached and subsequently won. Under the badge is a scroll bearing the motto 'sic itur ad astra' — This is the way to the stars.

When the Llandysul Intermediate school was opened in 1895, the Lloyd family kindly allowed the coat of arms and the motto to be used for the school.

On one of the school walls can be seen today engraved the following couplet, which is a free translation of the school motto.

'Uwch, uwch ei rwysg:uwch yr êl
Dringed i gadair angel'.

Early in 1895 it was proposed that scholars be required to wear a distinctive black serge cap with the motto and arms of the school there on. The cap worn by girls should be in the form of a Tam-o-'shanter.

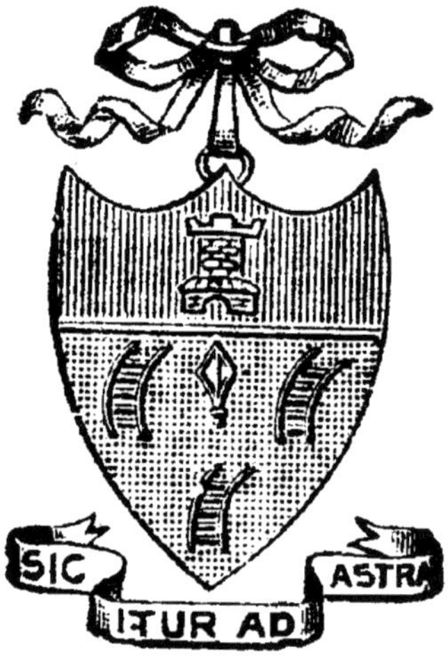


*School Crest.*

## WHAT ELSE WAS HAPPENING IN THE WORLD IN 1895?

The first Welsh Grand National was seen at Ely Racecourse, Cardiff. The world's first international hockey game was played with Ireland beating Wales at Rhyl 3—0. The deaths occurred of Lady Charlotte Guest and Louis Pasteur. Lord Salisbury formed third ministry. Liberals defeated. Thomas Hardy, Rudyard Kipling, Hilaire Belloc and H. G. Wells dominated the English literary scene.

Yma yng Nghymru ganwyd nifer o Gymry a ddaeth yn enwog—Cynan, y bardd, y cyn archdderwydd a'r dramodydd. Syr Ifan ap Owen Edwards, sylfaenydd Urdd Gobaith Cymru. Y Parch Tom Nefyn Williams, a greodd gynnwrf ym mhulpudau Cymru. Yn y flwyddyn hon hefyd ganwyd Gwilym Lloyd George a Sir Malcolm Sargent.

Yn Llundain ganwyd y Brenin Sior VI, a sylfaenwyd Cyngherddau'r Promenâd gan Syr Henry Wood.

Yn lleol roedd pethau'n dawel. Ganwyd Edward Morgan ym Mrynaman—gŵr a oedd i ddylanwadu'n fawr ar fywyd cerddorol Sir Aberteifi yn y 30au a'r 40au o'r ganrif hon.

*Llun o'r ysgol o flaen Seion tua 1896*

COPY OF BALLOT PAPER.

Triennial Election of School Board for Llandyssul Parish, 1897.

| | | |
|---|---|---|
| 1 | EVANS<br>(Evan Evans, The Shop, Farmer.) | |
| 2 | JAMES<br>(William James, Bryn[illegible], Llangeler, Merchant.) | |
| 3 | JENKINS<br>(William George Jenkins, The Vicarage, Clerk in Holy Orders.) | |
| 4 | LLOYD<br>(Charles Lloyd, Waunifor, Farmer.) | |
| 5 | PHILLIPS<br>(Thomas Pennant Phillips, Oswald Villa, Minister of the Gospel.) | |
| 6 | THOMAS<br>(Thomas Thomas, Green Park, Unitarian Minister [Retired]). | |

Printed and Published by J. D. Lewis, Gomerian Press, Llandyssul.

*Copi o Ballot Paper 1897*

— AT —

# DRETH-DALWYR PLWYF LLANDYSSUL.

FY NGHYD-DRETHDALWYR,

Ar ddymuniad lluaws o'r plwyfolion yr ydwyf yn dyfod allan fel ymgeisydd am sedd ar y Bwrdd Ysgol.

Yn ystod y blynyddoedd y bûm yn aelod o'r Bwrdd, yr wyf yn credu nas gall yr un o'r Treth-dalwyr fy nghyhuddo am roddi fy mhleidlais un amser i wastraffu arian y plwyfolion yn ddianghenraid.

Rhoddais i fynu fy sedd ar y Bwrdd presenol, am nas gallwn gydsynio â rhai o fy nghyd-aelodau yn nghylch yr angenrheidrwydd o adeiladu Ysgoldy newydd, heb yn gyntaf ddod i ryw ddealldwriaeth â thrigolion y plwyfi cylchynol yn nghylch cyfranu tuag at addysg y plant, y rhai a ddanfonent i Ysgol Llandyssul.

Os byddwch chwi fel Treth-dalwyr yn fy nhybied yn addas i'ch cynnrychioli ar y Bwrdd, gwnaf fy ngoreu, yn y dyfodol, fel yn y gorphenol, i arfer cynnildeb ym mhob cyfeiriad er arbed y Trethi, ac hefyd i ofalu, yn ol fy ngallu, fod yr addysg ddyladwy yn cael ei rhoddi i'r plant.

Ydwyf, eich ufudd Wasanaethwr,

**Wm. Geo. Jenkins,**

*Ficerdy, Llandyssul,*
*Chwefror 18fed, 1897.*

*Argraffwyd a Chyhoeddwyd gan J. D. Lewis, Gomerian Press, Llandyssul.*

*Llythyr at drethdalwyr Plwyf Llandysul 1897*

*Llun o'r Ysgol fel yr adeiladwyd yn 1897. Llun o gasgliad John Thomas, Lerpwl*

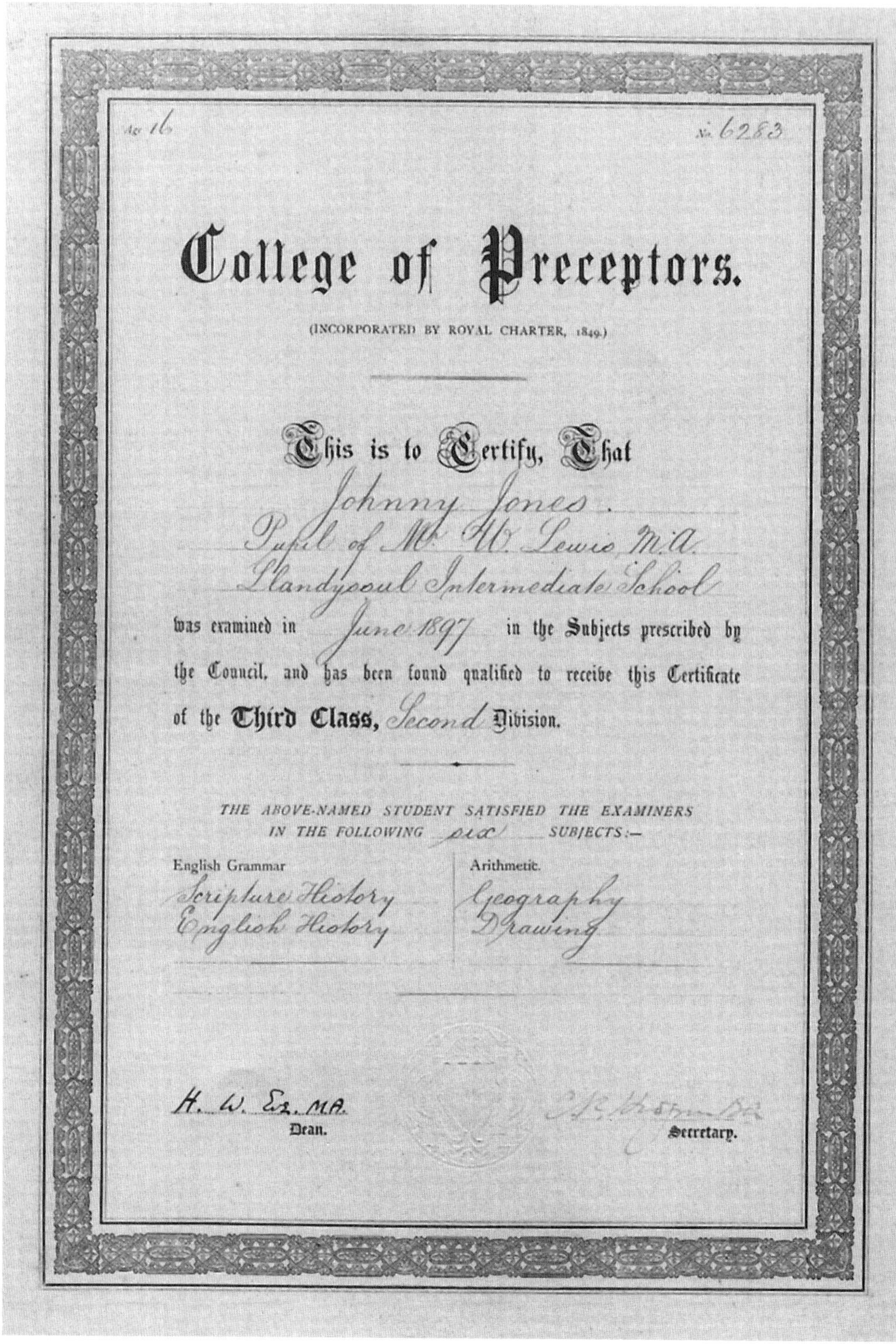

No. 16 No. 6283

# College of Preceptors.

(INCORPORATED BY ROYAL CHARTER, 1849.)

This is to Certify, That

Johnny Jones.
Pupil of Mr W. Lewis M.A.
Llandysul Intermediate School

was examined in June 1897 in the Subjects prescribed by the Council, and has been found qualified to receive this Certificate of the **Third Class**, Second Division.

*THE ABOVE-NAMED STUDENT SATISFIED THE EXAMINERS IN THE FOLLOWING* six *SUBJECTS:—*

| | |
|---|---|
| English Grammar | Arithmetic. |
| Scripture History | Geography |
| English History | Drawing |

H. W. Eve, M.A.
Dean.

Secretary.

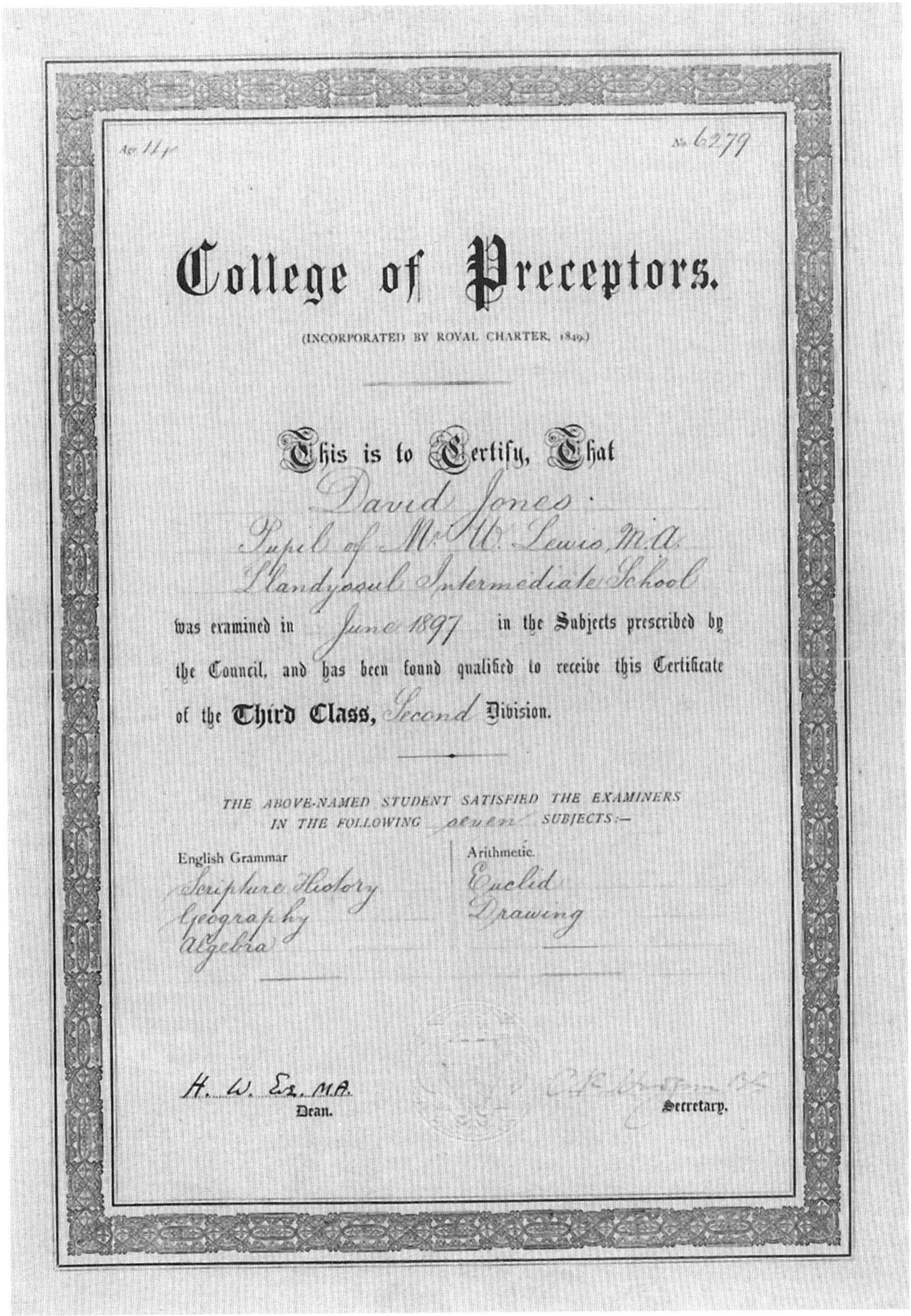

No. 11p

No. 6279

# College of Preceptors.

(INCORPORATED BY ROYAL CHARTER, 1849.)

This is to Certify, That

David Jones

Pupil of Mr W. Lewis, M.A.

Llandyssul Intermediate School

was examined in June 1897 in the Subjects prescribed by the Council, and has been found qualified to receive this Certificate of the **Third Class**, Second Division.

THE ABOVE-NAMED STUDENT SATISFIED THE EXAMINERS IN THE FOLLOWING seven SUBJECTS:—

| | |
|---|---|
| English Grammar | Arithmetic. |
| Scripture History | Euclid |
| Geography | Drawing |
| Algebra | |

H. W. Eve, M.A.
Dean.

C. R. Hodgson, B.A.
Secretary.

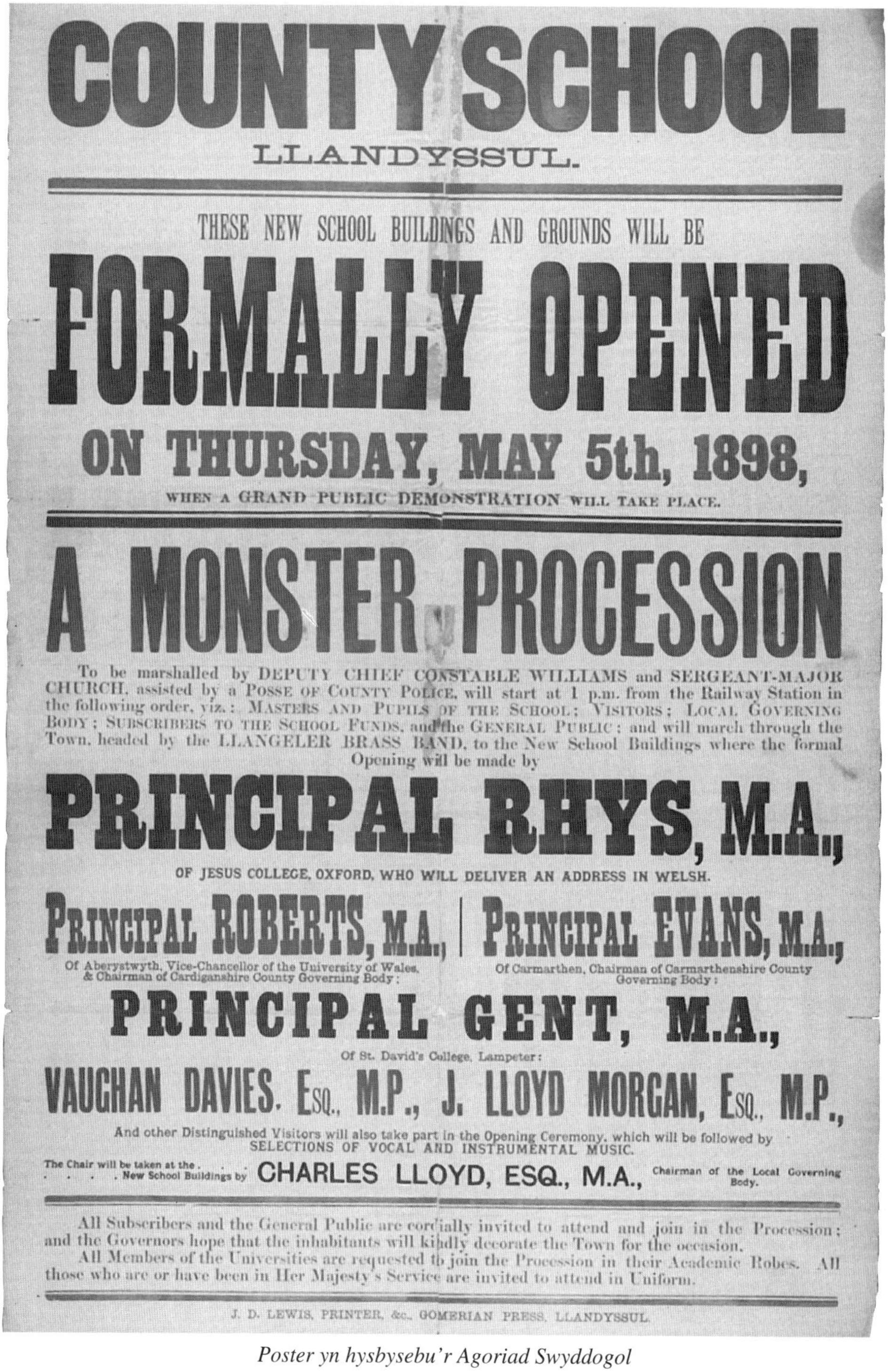


*Poster yn hysbysebu'r Agoriad Swyddogol*

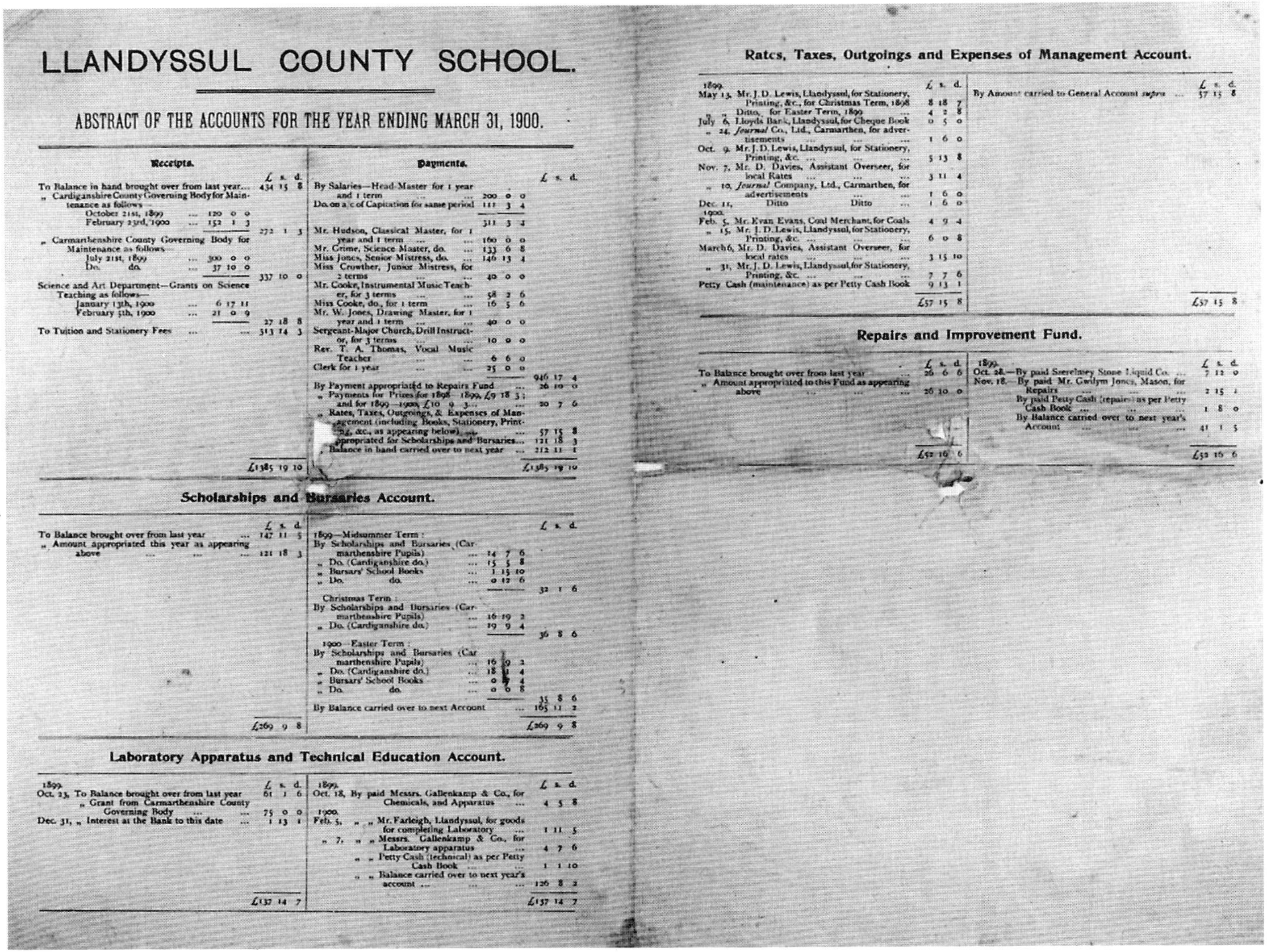

# LLANDYSSUL COUNTY SCHOOL.

## ABSTRACT OF THE ACCOUNTS FOR THE YEAR ENDING MARCH 31, 1900.

**Receipts.**

| | | £ s. d. |
|---|---|---|
| To Balance in hand brought over from last year... | | 434 15 8 |
| " Cardiganshire County Governing Body for Maintenance as follows— | | |
| October 21st, 1899 ... | 120 0 0 | |
| February 23rd, 1900 ... | 152 1 3 | |
| | | 272 1 3 |
| " Carmarthenshire County Governing Body for Maintenance as follows— | | |
| July 21st, 1899 ... | 300 0 0 | |
| Do. do. ... | 37 10 0 | |
| | | 337 10 0 |
| Science and Art Department—Grants on Science Teaching as follows— | | |
| January 13th, 1900 ... | 6 17 11 | |
| February 5th, 1900 ... | 21 0 9 | |
| | | 27 18 8 |
| To Tuition and Stationery Fees ... ... | | 313 14 3 |
| | | £1385 19 10 |

**Payments.**

| | | £ s. d. |
|---|---|---|
| By Salaries—Head-Master for 1 year and 1 term ... ... | 200 0 0 | |
| Do. on a/c of Capitation for same period | 111 3 4 | |
| | 311 3 4 | |
| Mr. Hudson, Classical Master, for 1 year and 1 term ... ... | 160 0 0 | |
| Mr. Grime, Science Master, do. ... | 133 6 8 | |
| Miss Jones, Senior Mistress, do. ... | 146 13 4 | |
| Miss Crowther, Junior Mistress, for 2 terms ... ... | 40 0 0 | |
| Mr. Cooke, Instrumental Music Teacher, for 3 terms ... ... | 58 2 6 | |
| Miss Cooke, do., for 1 term ... | 16 5 6 | |
| Mr. W. Jones, Drawing Master, for 1 year and 1 term ... ... | 40 0 0 | |
| Sergeant-Major Church, Drill Instructor, for 3 terms ... ... | 10 0 0 | |
| Rev. T. A. Thomas, Vocal Music Teacher ... ... | 6 6 0 | |
| Clerk for 1 year ... ... | 25 0 0 | |
| | | 946 17 4 |
| By Payment appropriated to Repairs Fund ... | | 26 10 0 |
| " Payments for Prizes for 1898–1899, £9 18 3; and for 1899–1900, £10 9 3... ... | | 20 7 6 |
| " Rates, Taxes, Outgoings, & Expenses of Management (including Books, Stationery, Printing, &c., as appearing below) ... ... | | 57 15 8 |
| " [Ap]propriated for Scholarships and Bursaries... | | 121 18 3 |
| " Balance in hand carried over to next year ... | | 212 11 1 |
| | | £1385 19 10 |

## Scholarships and Bursaries Account.

| | £ s. d. |
|---|---|
| To Balance brought over from last year ... | 147 11 5 |
| " Amount appropriated this year as appearing above ... ... ... | 121 18 3 |
| | £269 9 8 |

| | | £ s. d. |
|---|---|---|
| 1899—Midsummer Term: | | |
| By Scholarships and Bursaries (Carmarthenshire Pupils) ... | 14 7 6 | |
| " Do. (Cardiganshire do.) ... | 15 5 8 | |
| " Bursars' School Books ... | 1 15 10 | |
| " Do. do. ... | 0 12 6 | |
| | | 32 1 6 |
| Christmas Term: | | |
| By Scholarships and Bursaries (Carmarthenshire Pupils) ... | 16 19 2 | |
| " Do. (Cardiganshire do.) ... | 19 9 4 | |
| | | 36 8 6 |
| 1900—Easter Term: | | |
| By Scholarships and Bursaries (Carmarthenshire Pupils) ... | 16 9 2 | |
| " Do. (Cardiganshire do.) ... | 18 11 4 | |
| " Bursars' School Books ... | 0 7 4 | |
| " Do. do. ... | 0 6 8 | |
| | | 35 8 6 |
| By Balance carried over to next Account ... | | 165 11 2 |
| | | £269 9 8 |

## Laboratory Apparatus and Technical Education Account.

| | £ s. d. |
|---|---|
| 1899. | |
| Oct. 23, To Balance brought over from last year | 61 1 6 |
| " Grant from Carmarthenshire County Governing Body ... | 75 0 0 |
| Dec. 31, " Interest at the Bank to this date ... | 1 13 1 |
| | £137 14 7 |

| | £ s. d. |
|---|---|
| 1899. | |
| Oct. 18, By paid Messrs. Gallenkamp & Co., for Chemicals, and Apparatus ... | 4 5 8 |
| 1900. | |
| Feb. 5, " " Mr. Farleigh, Llandyssul, for goods for completing Laboratory ... | 1 11 5 |
| " 7, " " Messrs. Gallenkamp & Co., for Laboratory apparatus ... | 4 7 6 |
| " " Petty Cash (technical) as per Petty Cash Book ... ... | 1 1 10 |
| " " Balance carried over to next year's account ... ... ... | 126 8 2 |
| | £137 14 7 |

## Rates, Taxes, Outgoings and Expenses of Management Account.

| | £ s. d. |
|---|---|
| 1899. | |
| May 13, Mr. J. D. Lewis, Llandyssul, for Stationery, Printing, &c., for Christmas Term, 1898 | 8 18 7 |
| " " Ditto, for Easter Term, 1899 ... | 4 2 8 |
| July 6, Lloyds Bank, Llandyssul, for Cheque Book | 0 5 0 |
| " 24, *Journal* Co., Ltd., Carmarthen, for advertisements ... ... ... | 1 6 0 |
| Oct. 9, Mr. J. D. Lewis, Llandyssul, for Stationery, Printing, &c. ... ... ... | 5 13 8 |
| Nov. 7, Mr. D. Davies, Assistant Overseer, for local Rates ... ... ... | 3 11 4 |
| " 10, *Journal* Company, Ltd., Carmarthen, for advertisements ... ... | 1 6 0 |
| Dec. 11, Ditto Ditto ... | 1 6 0 |
| 1900. | |
| Feb. 5, Mr. Evan Evans, Coal Merchant, for Coals | 4 9 4 |
| " 15, Mr. J. D. Lewis, Llandyssul, for Stationery, Printing, &c. ... ... ... | 6 0 8 |
| March 6, Mr. D. Davies, Assistant Overseer, for local rates ... ... ... | 3 15 10 |
| " 31, Mr. J. D. Lewis, Llandyssul, for Stationery, Printing, &c. ... ... ... | 7 7 6 |
| Petty Cash (maintenance) as per Petty Cash Book | 9 13 1 |
| | £57 15 8 |

| | £ s. d. |
|---|---|
| By Amount carried to General Account *supra* ... | 57 15 8 |
| | £57 15 8 |

## Repairs and Improvement Fund.

| | £ s. d. |
|---|---|
| To Balance brought over from last year ... | 26 6 6 |
| " Amount appropriated to this Fund as appearing above ... ... ... | 26 10 0 |
| | £52 16 6 |

| | £ s. d. |
|---|---|
| 1899. | |
| Oct. 28.—By paid Szerelmey Stone Liquid Co. ... | 7 12 0 |
| Nov. 18.—By paid Mr. Gwilym Jones, Mason, for Repairs ... ... ... | 2 15 1 |
| By paid Petty Cash (repairs) as per Petty Cash Book ... ... ... | 1 8 0 |
| By Balance carried over to next year's Account ... ... ... | 41 1 5 |
| | £52 16 6 |

*Accounts—Llandysul County School, 1900*

# YR AGORIAD SWYDDOGOL 5ed o Fai 1898
# OFFICIAL OPENING 5th May 1898

Gwawriodd y dydd disgwyliedig, ac yr oedd y pentref yn ferw o frwdfrydedd, a gohebydd y *Carmarthen Journal* yn tynnu ar holl gyflawnder ei eirfa i gofnodi'r gweithgareddau—'The event was rendered memorable in a variety of ways. The procession marshalled by Deputy Chief Constable Williams and Sergeant Major Church was over half a mile in length, and numbered over two thousand persons. Y prif ŵr gwadd oedd y Prifathro John Rhys o Goleg Iesu, Rhydychen, a anerchodd y gwahoddedigion yn y Gymraeg, er mor Seisnig ei naws yw poster cyhoeddi'r agoriad swyddogol. Gwahoddwyd John Rhys, oherwydd fod rheithordy Llandysul yn rhan o ymddiriedolaeth a drosglwyddwyd i Brif Swyddogion Coleg yr Iesu, ac ef a dderbyniodd yr allwedd aur oddi wrth Charles Lloyd, Waunifor, Cadeirydd Bwrdd y Rheolwyr. Roedd Coleg yr Iesu yn neilltuo nifer o ysgoloriaethau yn flynyddol i raddedigion o'r pedwar coleg yng Nghymru. Principal Roberts of Aberystwyth prefaced his address with a graceful tribute to the educational traditions of the Llandysul district. Principal Walter E. Evans of Carmarthen, emphasised that the intermediate system did not progress to create genius, but that in "working the educational soil of the country it could not fail to discover genius where it existed, and to develop it in the service of the public'".

Cyhoeddwyd anerchiad John Rhys yn llawn yn y *Journal* yn Gymraeg—rhywbeth anarferol y dyddiau hynny. Cyfeiriodd yn chwareus at yr orymdaith fawr, 'fod côr y cyrn pres wedi bod yn tywallt ei ddylanwad nerthol i fodiau traed pawb ohonom', a thalodd yntau deyrnged i gyflwr addysg yn y pentref, oblegid ni allai gofio, meddai, braidd un adeg yn hanes Coleg yr Iesu heb fod yno ryw ŵr ifanc o Landysul.

Gorffennodd y Prifathro Rhys ei araith fel hyn—'Ar y cyntaf nis gallwn ddeall pa raid oedd cael yr holl hedd geidwaid yn y golwg y prynhawn yma, ond erbyn i mi sylweddoli fy mod yn cynrychioli Coleg yr Iesu sydd yn derbyn degwm Llandysul, gwelwn fod doethineb dwfn yn rhedeg drwy drefniadau'r orymdaith a'ch bod yn gosod gwerth priodol ar hoedl pennaeth Coleg yr Iesu (chwerthin mawr a chymeradwyaeth!). Llwyddiant a chynnydd i'r ysgol newydd i wneuthir ei hôl ar drigolion ieuengaf glennydd tirion afon Teifi" (cymeradwyaeth uchel!).

Fel mater o ddiddordeb, y mae'r rhifyn o'r *Journal* sy'n cofnodi (er nad oes tystiolaeth bod a wnelo'r digwyddiad o gwbl ag agor yr ysgol) bod yr hyn a elwir yn 'monster cycle parade a midnight maze' wedi eu cynnal y noson honno mewn cae gyferbyn a'r Wilkes Head.

## NEWYDDION ERAILL O DDIDDORDEB O'R PAPURAU LLEOL YN 1898
## OTHER NEWS ITEMS FROM THE LOCAL PAPER IN 1898

Wed. 13 April 1898 A smart wedding was witnessed at the Parish Church, when Miss Hannah Ada Amphlett, the youngest daughter of the late Mr James Amphlett of Llandysul and Mr William Lewis M.A. (Cantab) headmaster of Llandysul County School were bound together in the holy bands of matrimony. The church was crammed to overflowing, people coming from far and near. Lunch was partaken by the happy pair and wedding guests at the bride's residence in Clifton Terrace. Afterwards the couple left by the mid-day train for Aberystwyth, and thence to Barmouth where the honeymoon is being spent. The presents were numerous and costly.

### DYDD GWENER MAWRTH 5ED 1898, LLYTHYR

Syr, Nid yn aml os erioed y gwelwyd cystal mynd ar y fasnach feddwol yn Llandysul ag y gwelwyd yn ystod etholiad y Cyngor Sir eleni. Mewn gwirionedd bydd dydd y pôl yn ddiwrnod bythgofiadwy yn hanes trigolion y lle a'r cylchoedd, ar gyfrif y defnydd helaeth wnaed o'r gwirodydd gan flaenoriaid crefyddol—yn gymaint felly nes gyrru braw ar y cymedrolwyr proffesedig yn gorfod wrth gynhaliaeth cynorthwywyr i hwyluso eu cerddediad. Cafodd dirwest y lle hwn a'r cylchoedd ergyd farwol bron yn ymadawiad Y Parch W. J. Davies awdur 'Hanes Plwyf Llandysul', a'r golled mewn canlyniad yn peri i rai o'i gydnabod ruddfan heddiw dan eu clwyfau.

Yr eiddoch
Llygeidiog

Death of W. E. Gladstone on 19th of May 1898.

Bu farw Thomas Gee ar Fedi 28 1898—y cyhoeddwr enwog o Ddinbych.

Bu farw y Prifathro Michael D. Jones y Bala ar Ragfyr 2ail 1898.

### CRICKET

M.C.C. v Llandysul—July 1898

M.C.C. being Mid-Cardiganshire Cricket Club! and comprising of Croeslan, Horeb, Bryngwyn, Capel Cynon and Wstrws United, M.C.C. opposed Llandysul on the Wilkes Head ground. The visitors included W. Meakin the well known Sussex Cricketer, who was on holiday at Wstrws. Llandysul won by 10 wickets!

# GREAT WESTERN RAILWAY

## EISTEDDFOD AND CONCERT AT LLANDYSSIL.

**On Thursday, Aug. 9th, 1900,**

**CHEAP RETURN TICKETS**

WILL BE ISSUED TO

# LLANDYSSIL

AND

# NEWCASTLE EMLYN

AS UNDER:

| FROM | AT | | | Fares to & fro, 3rd Class | | | | Available to return same day from | |
|---|---|---|---|---|---|---|---|---|---|
| | | | | Llandyssil | | Newcastle Emlyn | | Newcastle Emlyn | Llandyssil |
| | A.M. | P.M. | P.M. | s. | d. | s. | d. | P.M. | P.M. |
| Carmarthen ... | 7 50 | 1 0 | 5 20 | 1 | 9 | 2 | 9 | | |
| Bronwydd Arms ... | 8 0 | 1 10 | 5 30 | 1 | 6 | 2 | 3 | 7 0 | 7 20 |
| Conwil ... ... | 8 10 | 1 20 | 5 35 | 1 | 3 | 2 | 0 | or | or |
| Llanpumpsaint ... | 8 20 | 1 30 | 5 45 | 1 | 0 | 1 | 9 | 10 0 | 10 20 |
| Pencader ... ... | 8 40 | 1 50 | 6 5 | 0 | 6 | 1 | 3 | | |
| Newcastle Emlyn ... | 9 30 | — | 5 30 | 0 | 9 | — | | — | 6 0 or |
| Henllan ... ... | 9 40 | — | 5 40 | 0 | 6 | — | | | 10 0 |

*Children under Three years of age, Free; Three and under Twelve, Half-price.*

Should an Excursion or Cheap Ticket be used for any other Station than those named upon it, or by any other Train than as above specified, it will be rendered void, and therefore the Fare paid will be liable to forfeiture, and the full Ordinary Fare will become chargeable. The Tickets are not transferable

**NO LUGGAGE ALLOWED.**

Paddington, August, 1900. **J. L. WILKINSON, General Manager.**

(D., 4289) PRINTED BY JOHN R. DAVIES, 2 & 3, WELCOME STREET, SWANSEA.
Swansea, 200.

*Poster*

# THE SCHOOL ON THE HILL

Discussions took place regarding the new school as early as 1894. The Governors of the school first met at the Wilkes Head Hotel on 12th June 1894. The first chairman was the Rev. Thomas James a minister of Tabernacl chapel, a native of Ferwig near Cardigan, a graduate of the University of Glasgow. According to his biographer he was not an eloquent speaker, but a master of the classics and modern languages. It is said that he once gave a sermon in German at very short notice for the benefit of visitors in a chapel somewhere in Cardiganshire. He conducted a very succesful school, first at the Tabernacle schoolroom and then at Myfyrgell until 1894. He died in 1916 and is buried in Seion cemetery.

The first clerk to the Governors was Mr Thomas Thomas, solicitor, Spring Gardens. He performed his duties without pay for the first five years and then for a fee of £20 per year ('with back pay').

The temporary premises were of necessity considerably adapted for purposes of tuition, but there was probably an ulterior reason for the resolution that the lower halves of the windows of the Girls' school were to be obscured with white paint! After one year, premises at Lincoln Street were added as a Science classroom, and were used as well as a Committee Room for the Governors, who had hitherto met generally at the Porth Hotel.

In May 1895 after considering several sites for the new school, three acres of land at Gilfachwen Uchaf above Plasdderwen was chosen. The preliminary site was put aside because of unforeseen restrictions, and by December 1895 a site was purchased from the Rev. James Jones the rector of Clydau for £500. In the minutes this was referred to as Cae Blaentir, Tysul Castle. In the opinion of Mr Owen Owen, the first Central Welsh Board School Inspector it was 'a site unrivalled in every respect'. The original design of the new school and ancillary buildings, adopted as early as March 1896, were probably somewhat ambitious, comprising

(a) the school proper, with classroom, library, laundry, kitchen, a music and sewing room, and a workshop.
(b) the Headteacher's house, including his own liberal accommodation (5 bedrooms for instance) and two separate dormitories for 15 boys and 12 girls respectively; and
(c) a separate gymnasium and pavilion.

A sum of £2500 was to be expended on the project, but much to the dismay of the Governors the very lowest tender was almost £1000 in excess of this figure.

Eight sets of plans for the new school were received in response to an advert, and these were sent to Mr David Davies of Penrhiwllan for consideration. On the 22 May 1896 at the Salutation Hotel, Newcastle Emlyn the plans sent in by John Phillips of St John Chambers of Cardiff, were approved.

In early 1897 the tender of Edward Davies and Sons, Treherbert, for £1615 was accepted for the school alone, and six months later by the same contractor for a separate house for the Headmaster was accepted at a cost of £1980. This was the lowest of ten tenders—the highest was for £5073 for the School and House. David Beynon Davies of Wind Street, Llandysul, a builder, was appointed as Clerk of Works at a salary of 21/- a week. He was expected to work full time.

Segregation of the two sexes was apparently rigidly enforced and the privacy of the Headmaster's domestic life was simultaneously ensured to judge from two fairly similar resolutions, the one to build what is called an 'unclimbable railing' not less than 4ft 6inch in height from the corner of the Master's House to just beyond the back entrance to the Boys' Department, and similarly an 'unclimbable steel paling' to separate the Girls' playground from the front of the Master's House.

At a Governor's meeting on 7 February 1898 the Clerk was directed to write to the contractors urging them to 'proceed with greater despatch'.

At the same meeting Mr John Jones of Bryngwilym, Horeb was asked to trim and repair the hedges of the school field at the price of 11 pence per perch of 8 yards for the boundary hedge adjoining Gilfachwen Uchaf and of 1/10 per perch for all remaining hedges.

The Rev. T. Pennant Phillips and Mr William James were appointed to visit and inspect all the registered houses for approved lodgings.

## Y BLYNYDDOEDD CYNNAR/THE EARLY YEARS

Certain features of the establishment of the Intermediate School are worthy of being highlighted:

(a) The enthusiasm and hard work of voluntary committees over a period of four or five years.
(b) The generosity of ordinary people in contributing money was remarkable.
(c) The school was quickly supported by district committees.
(d) The contribution of Nonconformist ministers to the school
(e) The pride of the public generally in the school. This new school was their school in so many ways.

Despite the existence of many private schools in the area, even after 1895, the Llandysul school was an immediate success. 'At an extremely well attended school Prize Day in 1898 it was said that the staff had done excellent work in spite of the rivalry of private schools' (*Carmarthen Journal* 23/12/98).

The school premises were considered the local centres of community activity. Fees to be charged ranged from £3 to £8 per term, and as from 1898, no pupil under 9 or over 17 was to be admitted. Many pupils left school early for financial reasons—some after one term. At Llandysul in two years 133 pupils had registered, but of those 65 had left. People needed to be awakened to the true value of education. The reason why many parents sent their children to intermediate schools was not cultural but economic—so they would not have to work on the farm or in the woollen mills. Many left after a term because the classical/literary curriculum did not meet their needs and aptitudes. Some parents realised that their children would have to be apprenticed to a craft or trade, and that the grammar content of the curriculum was unattractive to those who had no academic aspirations.

## SOME BRIEF NOTES FROM THE MINUTES OF THE GOVERNORS MEETINGS 1897—1905

4 Oct 1897 It was unanimously approved that Welsh be taken as a class subject and that pupils be required to exercise their options as between Welsh or French—no one to be permitted to take both.

6 December 1897 Sergeant Major Church of Cambrian Street, Llandysul to be appointed Drill Master.

4 May 1898 Chief Inspector of Schools' Report—'as regards Drill, attention to be paid in future to Arm Drill as well as marching—equal importance must be given to all limbs of the body'.

15 May 1898 Sergent Major Church appeared before the committee and was thanked for his services on the Opening Day Celebrations ten days previously. His salary was to be increased from £2.2.6 to £2.5.0 per term. He was moreover authorised to obtain thirty Wood Dumb Bells weighing 2lbs and 3lbs for drilling the girls.

21 Dec 1898 A communication had been received from the Science teacher complaining that his working hours were excessive. The aforementioned teacher was interviewed and it was resolved that the chairman should see the Headmaster with the view of obtaining a little further time for preparing his science lectures and demonstrations.

30 Jan 1899 The building fund at the Bank not being enough to meet the necessary amounts the Chairman was authorised to borrow at 3% per annum a sum of £150 from Messrs Evan Evans of the Shop, Llandysul and T. R. Richards, Lloyds Bank.

15 Feb 1899 The contractors having sent in a claim for £326.0.1 for extras, the chairman and clerk were directed to take a special journey to Cardiff to see the architect with a view of having the claim reduced. H. M. Inspector's Report—It would be preferable and more likely to give satisfaction in the end for a normal rent say of £10 per annum to be charged for the Headmaster's House rather than that the caretaking should be in his hands.

6 Nov 1899 The Governing Body resolves to pay the Contractors £164.12.5 for extras in connection with the building.

10 July 1900 H. M. Inspector's Report—The teaching of Welsh was a great help to the learning of other languages, and strongly advocated it, not as a matter of sentiment, but of dry utility. 'We should make very short work of English and French if Welsh grammar was taught properly in the elementary school'.

12 June 1901 The clerk was directed to write to the Board of Education upon the subject of the proposed Girls Secondary School at Lampeter. Its establishment would inevitably take away pupils from our school, and set up a fresh rival for education grants,—a further multiplication of secondary schools could not be commended.

11 July 1901 H. M. Inspector attended meeting. He deprecated the practice where school hours were spent testing what pupils had been doing the previous evening. School hours ought to be spent in teaching. He suggested that the Headmaster should systematically take classes other than his own, and should give model lessons as occasion should require.

10 Oct 1901 Mrs Sarah Howells of Green Hill to act as caretaker of the school and to furnish firewood, dusters and brushes at £16 per year.

15 June 1903 It was decided that the Headteacher should not use the school laundry for his own private use in future as it interfered with the teaching of laundry work to the pupils.

2 July 1904 Headmaster reported that sixteen pupils this year were taking two science subjects of whom only one was a girl. Girls were very reluctant to take science at all.

23 March 1905 Six quotations were received for supplying coal to the school. Quotation of Mr Evan Richards of Llandysul being found the lowest. It was decided to order forthwith, five tons of best Ffaldau Nut coal at 19/8 per ton at Llandysul Railway Station and to pay him an extra 1/6 per ton for delivery.

In 1897 the Governors of Llandysul sent the Headmaster to attend a Woodwork course at Ambleside. In 1898 shorthand became an examination subject and the same applied to Needlework in 1901. The Central Welsh Board system of grouping Latin, French and Welsh was most unfortunate, and it lasted many years. Latin was a compulsory subject together with a modern language and most parents wanted to see their children learn French. As a consequence, Welsh suffered from the grouping. In 1904 Greek had equal status with Welsh on the school Timetable.

## YR ATHRO R.T. JENKINS M.A.,—ATHRO DROS DRO 1904

Pan oedd yr athro clasuron ac ieithoedd modern J. Keeble Hudson ar gwrs yn Ffrainc yn nhymor Nadolig 1904, daeth R. T. Jenkins yn athro dros dro i Ysgol Llandysul. Gwelir ei werthfawrogiad o'r Ysgol ac o'i lety cysurus gyda Mrs Jones, Preswylfa (lle mae siop cigydd Mr Gwilym Lewis heddiw) mewn Pennod o'i lyfr 'Edrych yn Ôl'. Roedd 1904 yn flwyddyn y Diwygiad. Annibynwraig dda oedd Mrs Jones a byddai'n mynychu'r cyrddau gweddi bob nos. Aeth y cyrddau gweddio yn hwyrach, hwyrach eu parhad, ac aeth swper y lojar yn ddiweddarach beunydd. Ond roedd hi'n wraig hael iawn ac fe âi'r swper yn wledd gynyddol haelionus.

Canmoliai'r ysgol yn fawr, a'i disgyblion yn hawdd ei trin. Dyma a ddywed am Gymreigrwydd y plant. 'Yr unig wendid yn y plant—ac fe synnodd gryn dipyn arnaf—oedd eu hanallu i sgrifennu Cymraeg. Nid nad oeddynt yn medru Cymraeg, wrth gwrs, gystal â minnau; Cymraeg a siaradent; Cymraeg a glywent mewn llan a chapel; darllenent a deallent Gymraeg yn iawn: ni chefais unrhyw drafferth gyda detholiad Owen Edwards o *Hanes y Ffydd* Charles Edwards, a baratoem at dystysgrif y C.W.B. Ond pan ddeuai hi at sgrifennu—gwarchod pawb! Y cwbl y wnaent oedd taro i lawr ar papur eu tafodiaith gartrefol, gan ei sillafu mor 'ffonetaidd' ag a allent. 'Doedd neb, mae'n amlwg, wedi eu dysgu i sgrifennu Cymraeg. Ofnaf fod rhywbeth mwy na damwain yn hyn. Flynyddoedd meithion wedyn, yng Nghaerdydd, yr oedd athro o Ysgol Sir Penarth yn gydaelod â mi mewn clwb 'darllen papurau' a gyfarfyddai bob pythefnos—J. D. Maillard wrth ei enw, 'clasurwr' da. Rhyw noson darllenodd Maillard bapur o atgofion ei fywyd fel athro, ac er syndod imi dywedodd iddo fod beth amser yn Ysgol Sir Llandysul. Dyma'r peth a gofiaf: 'When I first went there, I began to learn Welsh; but I was very soon told that I had better not—what they wanted me there for was my English accent!' Gellid meddwl fod yr ardal—neu awdurdodau'r ysgolion yn gwir gredu nad oedd i'r Gymraeg le mewn addysg. Rhyfedd gynifer o bobl sy'n credu nad yw hi'n rhaid i blentyn sy'n 'medru' Cymraeg gael dysgu'r iaith iddo.

Amser mawr wedi i mi adael Llandysul, trewais yn Aberystwyth ar fy hen ddisgybl John Hughes—ond crwt bychan oedd John yn 1904, yn un o'r 'middle forms'. Aethom i sgwrsio am yr hen ysgol.

'Wyddoch chi' meddai ef, 'beth oedd y peth dyfnaf ei argraff a wnaethoch i mi yn yr ysgol?—defnyddio emyn Cymraeg i egluro Horaas!' Trwy ryw 'whim' yn y cof, 'roeddwn innau'n hanner-cofio'r tro. Ceisio egluro i'r dosbarth beth oedd 'anapaestic rhythm', a dweud: 'Well, you all know an example in Welsh—

'Mae munud o edrych yn aberth y Groes' (etc.).'

Ni ddaeth i'm pen nad oeddwn yn gwneud peth hollol naturiol—ni feddyliais amgen. 'Na,' meddai John Hughes, 'dyna'r unig dro imi glywed gair o Gymraeg ond yn y wers Gymraeg, a'r tro cyntaf imi ddychmygu fod barddoniaeth Gymraeg yn yr un byd â barddoniaeth rhyw iaith arall!' Hynny yw, 'doedd gan y Gymraeg ddim 'prestige' yng ngolwg pobl dda Llandysul. Iaith 'i fynd i'r Nefoedd', efallai—neu iaith i regu'r gath ynddi—ond nid i ddim diben rhwng y ddau eithafbwynt hyn!

# 1905 - 1914

## Llandyssul County School

(FOR BOYS AND GIRLS).

**Head Master: WILLIAM LEWIS, M.A., Cantab.**

Late Foundation Scholar and Prizeman of Queens' College, Cambridge; Wrangler, 1890.

Mistresses: Miss Lena Jones, B.A., Wales; Cambridge Teacher's Diploma

Miss M. A. Roberts, B.A., Wales; Cambridge Teacher's Diploma.

Miss E. M. Evans, Inter B.A., Wales.

Classics and Modern Languages: John Keble Hudson, M.A., Oxon. Late Open Classical Scholar of Wadham College, Oxford; 1st Class in Lit. Hum., 1890.

Science: D. James Davies, B.Sc. Wales.

Drawing: Wm. Jones, A.R.C.A., Lond., of the Carmarthen School of Art.

Instrumental Music: Miss L. C. Davies, Senior Cert. R.A.M., R.C.M., A.L.C.M., and Medallist L.C.M.

Vocal Music: Rev. T. Arthur Thomas.

Laundry and Cookery: Miss E. W. Williams, First Class Diplomas in Laundry and Cookery.

Tuition Fee: £1 8s. per Term or £4 4s. per Annum. Music (Pianoforte) £1 1s. per Term

The site of the new School is unrivalled in every respect. The commodious new Buildings are well fitted with Chemical and Physical Laboratories, Laundry and Kitchen, &c., and most healthily situated amidst 4 acres of ground of its own, carefully laid out for cricket, football, tennis and croquet.

*Enwau'r Staff 1907*

Brochure yr Ysgol "County Intermediate School" Llandysul tua 1910

School Hall

Kitchen

Labordy

# .. Llandyssul County School. ..

THE School, which was opened in 1895, is situated on a hill 500 feet above the sea-level, and is surrounded by some of the finest scenery in Wales. The Grounds have a southerly aspect with sandy soil, and the locality is considered singularly healthy.

Llandyssul is situated on the Great Western Railway —16 miles from Carmarthen, and is easily accessible from all parts of South Wales.

The School has a large income, apart from the School fees, and the Governors are therefore able to secure the services of an efficient Staff in all departments, and to equip the School with all modern appliances.

The Buildings consist of a School Hall, Classrooms, Laboratories, Library, Art Room, Workshop, Kitchen and Laundry.

The Head Master receives Boarders in his House and in a commodious Hostel specially built for the purpose close to the School. The whole of the Domestic arrangements are in the hands of the Head Master's wife, and every detail of the home life is carefully studied.

There is a large Playground attached to the School — carefully laid out for Cricket, Football, Tennis and Croquet.

The object of the School is to provide a thoroughly liberal and practical education: to prepare Pupils for the Universities and Professions, and also for Commercial life.

The School and all its advantages are open to all candidates over 9 years of age of good character, who have reached the standard of the Entrance Examination.

Application for admission must be made on the form supplied for the purpose, by the Clerk or Head Master.

SCHOOL FEES.

*Tuition Fees*: £1 9s. per term; £4 4s. per annum.
*Instrumental Music*: £1 1s. per term; £3 3s. per annum.
*Painting*: 12/6 per term.
*Boarding Fees (exclusive of Tuition Fees)—Terminal*: £9 per term; *Weekly*, £6 per term.
*Laundry*: 10/6 a term. *Use of School Linen*: 2/6 a term.
All fees are payable in advance.

*LLANDYSSUL COUNTY SCHOOL.*

Pupils may enter School at half-term for half-fees. Day Pupils who come from a distance may have Dinner with the Boarders at the Head Master's House for a fixed sum of £2 per term, payable in advance. A half-term's notice in writing, or in lieu thereof the payment of a half-term's fees, is required before a Pupil can be removed from the School.

There are three School terms in the year—beginning respectively about September 18th, January 15th, and May 1st. The Vacations consist of about four weeks at Christmas, two at Easter, and seven in the Summer.

The main Examinations for which Pupils are presented in due course are the Central Board Examination and the Matriculation at London University. Pupils may take either or both. As these Examinations are accepted instead of nearly all the Professional Entrance Examinations, it is hoped that whenever possible Pupils will be entered for one or other of these Public Examinations.

The Head Master sends at the end of the term to the parent or guardian of each Pupil a detailed Report, showing his progress in each subject as well as position in Form.

All Pupils are expected to wear either a School Cap or Hat with School Colours, which are Black and Gold.

The authorities insist strongly on the need for regular Physical Exercise as the part of each Pupil, and the co-operation of parents is solicited in encouraging their children to join in those Games, which, besides offering vigorous exercise without waste of time, teach valuable lessons of fair-play and self-restraint, and so re-act on character as well as on health.

The members of the Staff take an active interest in all School Games.

Punctual and regular attendance is demanded. Absence, without the previous permission of the Head Master, is a punishable offence, except for illness or some other urgent reason.

SCHOLARSHIPS.

About a dozen Entrance Scholarships to cover Tuition Fee are awarded every year and tenable for four years or longer under certain conditions. There are also several Leaving Scholarships open to this School amongst others in the two Counties.

Prize Distribution takes place towards the end of the Christmas term, when valuable Book-Prizes are awarded as the result of the Annual Examination in July.

The School hitherto has been most successful. It is inspected annually by the Central Board and the Board of Education, and their reports as to the character of the work and the tone of the School have been uniformly good.

*Tudalenau allan o 'Brochure yr Ysgol'*

Mabolgampau'r ysgol 1908

Tîm Hoci 1908

**THE LLANDYSSUL COUNTY SCHOOL . .**
**. . . . OLD PUPILS' ASSOCIATION.**

*November 1910.*

DEAR SIR (*or* MADAM),—

We beg to inform you that the Annual Subscription of 1/- is now due, which we hope you will forward before December 12th, 1910.

This will entitle you to the Membership of the Association, and to an invitation to attend the Reunion which will take place on December 26th (Boxing Day), 1910.

Please note, that any member of the Association is now permitted, on the payment of an extra shilling, to bring a friend to the Reunion.

The number of Members has been steadily increasing year by year, and it is hoped that all the old pupils will make a personal effort to secure a further increase both in Membership and in attendance at the Reunion.

Information regarding Reunion may be had from the Secretaries, to whom Subscription should be sent.

Yours faithfully,

Miss Maggie Thomas, Pantolwen Mills, Llandyssul } *Hon.*
J. O. Lewis, Bronheulog, Llandyssul. } *Secs.*

*N.B.—Please send Postal Order.*

*Gofyn am 'Subscriptions' i'r ysgol*

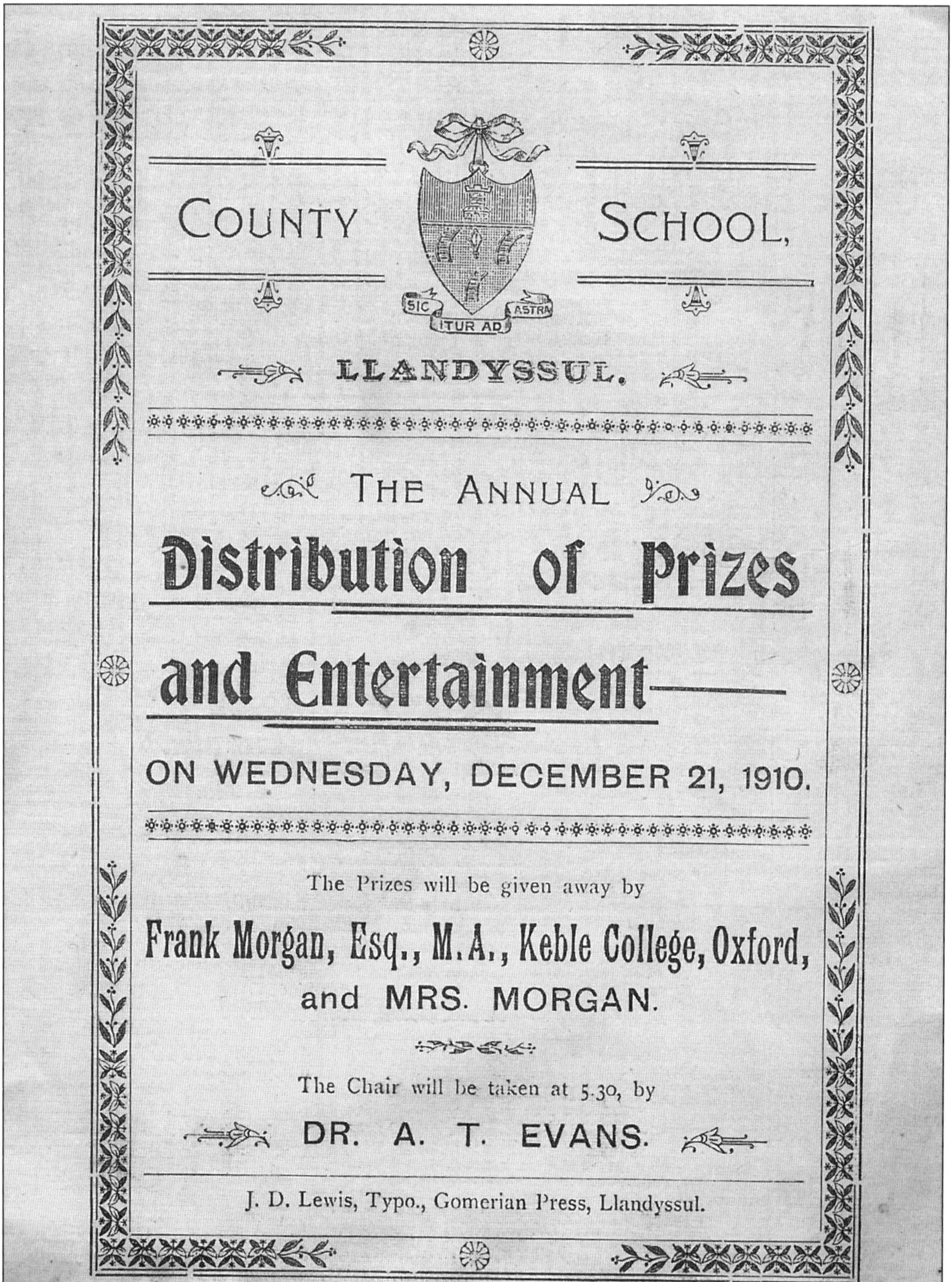

COUNTY SCHOOL,

SIC ITUR AD ASTRA

LLANDYSSUL.

THE ANNUAL

**Distribution of Prizes and Entertainment**

ON WEDNESDAY, DECEMBER 21, 1910.

The Prizes will be given away by

**Frank Morgan, Esq., M.A., Keble College, Oxford,**

and MRS. MORGAN.

The Chair will be taken at 5.30, by

DR. A. T. EVANS.

J. D. Lewis, Typo., Gomerian Press, Llandyssul.

# LLANDYSSUL COUNTY SCHOOL.

## Abstract of the Accounts for the Year ended the 31st March, 1911.

*RECEIPTS.*

| | £ | s. | d. | £ | s. | d. |
|---|---|---|---|---|---|---|
| To Balance in hand brought forward from last year | | | | 879 | 11 | 8 |
| To Cardiganshire Education Committee for Maintenance as follows :— | | | | | | |
| 26th January, 1911 ... | 140 | 0 | 0 | 140 | 0 | 0 |
| To Carmarthenshire Education Committee for Maintenance as follows :— | | | | | | |
| 18th July, 1910 ... ... | 150 | 0 | 0 | | | |
| Ditto ... ... | 37 | 10 | 0 | | | |
| 17th October, 1910 ... | 37 | 10 | 0 | | | |
| 16th January, 1911 ... | 150 | 0 | 0 | | | |
| | | | | 375 | 0 | 0 |
| To Grant from Board of Education as follows :— | | | | | | |
| 21st May, 1910 ... ... | 268 | 0 | 0 | | | |
| 3rd January, 1911 ... | 226 | 0 | 0 | | | |
| | | | | 494 | 0 | 0 |
| To proceeds of Cookery during Christmas Term 1910 ... ... | 4 | 3 | 3 | | | |
| To ditto Easter Term, 1911 ... | 3 | 6 | 5 | | | |
| | | | | 7 | 9 | 8 |
| To Rent for Master's House for 1 year ending 25th March, 1911 ... | | | | 16 | 0 | 0 |
| To Tuition Fees for the year, viz :— | | | | | | |
| Arrears brought forward ... | 21 | 14 | 0 | | | |
| Fees for the year ... | 413 | 7 | 0 | | | |
| | 435 | 1 | 0 | | | |
| *Less* Arrears carried forward at 31/3/11 ... ... | 9 | 5 | 6 | | | |
| | | | | 425 | 15 | 6 |
| | | | | £2337 | 16 | 10 |

*PAYMENTS.*

| | £ | s. | d. | £ | s. | d. |
|---|---|---|---|---|---|---|
| By Salaries :—Headmaster for 1 year | 150 | 0 | 0 | | | |
| Capitation for ditto ... | 118 | 6 | 8 | | | |
| | | | | 268 | 6 | 8 |
| Mr D. J. Davies, Science Master for 1 year ... ... ... | 153 | 6 | 8 | | | |
| Mr C. E. Vowles, Classical Master, for 1 year ... ... ... | 128 | 6 | 8 | | | |
| Mr Evan Jones, Technical Master, for 1 year ... ... ... | 100 | 0 | 0 | | | |
| Miss K. McPherson, Mistress, for 1 year ... ... ... | 121 | 13 | 4 | | | |
| Miss Norah A. M. Parry, Mistress, for 1 year ... ... ... | 103 | 6 | 8 | | | |
| Miss Elizabeth M. Evans, Mistress, for 1 year ... ... ... | 93 | 6 | 8 | | | |
| Miss M. E. Davies, Cookery Mistress for 1 year ... ... ... | 35 | 0 | 0 | | | |
| Mr H. Malkin, Instrumental Music Master, for 1 year ... ... | 14 | 14 | 0 | | | |
| Mr Wm. Jones, Drawing Master, for 1 year ... ... ... | 30 | 0 | 0 | | | |
| Mr Wm. Evans, Vocal Music Master, for 1 year ... ... ... | 10 | 10 | 0 | | | |
| Sergt. James Jones, Drill Master, for 1 year ... ... ... | 6 | 10 | 0 | | | |
| | | | | 796 | 14 | 0 |
| Mr T. Thomas, Clerk, for 1 year ... | | | | 40 | 0 | 0 |
| By Rates, Taxes, Stationery, Apparatus, Printing, Outgoings, and Expenses of Management, &c., as appearing below ... | | | | 188 | 17 | 5 |
| By Grants for School Library for 1 year ... | | | | 4 | 14 | 10 |
| By appropriated for Scholarships and Bursaries Account (see below) as follows :— | | | | | | |
| 1910 December 7th ... | 100 | 0 | 0 | | | |
| 1911 March 31st .. ... | 3 | 0 | 0 | | | |
| | | | | 103 | 0 | 0 |
| By appropriated for Improvements Fund as follows :— | | | | | | |
| 1910 December 7th ... | 36 | 10 | 0 | | | |
| 1911 March 31st... ... | 95 | 5 | 3 | | | |
| Ditto ... ... | 13 | 12 | 3 | | | |
| Ditto ... ... | 12 | 14 | 1 | | | |
| | | | | 158 | 1 | 7 |
| By Transferred to close Building Fund Account No. 2 ... ... | | | | 27 | 0 | 6 |
| By Mr J. D. Lewis, Stationer for Prizes | | | | 12 | 6 | 4 |
| To Balance in hand carried forward to next year... | | | | 738 | 15 | 6 |
| | | | | £2337 | 16 | 10 |

*Mantolen yr Ysgol 1911*

PROGRAMME—ONE PENNY.

# LLANDYSSUL .·. COUNTY .·. SCHOOL

PROGRAMME

—OF—

## Athletic Sports

... TO BE HELD ON ...

THE SCHOOL GROUNDS

ON WEDNESDAY, JULY 19th, 1911

(Under the Patronage of the Governors and Friends).

To start punctually at 2.30 p.m.

### Officials :

JUDGES—Major Cass, D.S.O. : H. H. Coe, Esq. : T. R. Jones, Esq., J.P. ; Dr. A. T. Evans ; P. J. Flower, Esq. J. R. Harris, Esq.

STARTERS—Charles Lloyd, Esq., M.A. ; D. J. Lloyd, Esq. J.P. Dr. Powell, J.P.

CHIEF STEWARD—J. W. Evans, Esq.

### Points for Medal.

| | |
|---|---|
| First Prize ... ... ... | 4 Points. |
| Second Prize ... ... ... | 2 Points. |
| Third Prize ... ... ... | 1 Point. |

*Points will not be given to successful competitors who have started in front of Scratch.*

The Committee reserve the right of re-handicapping on the field.

J. D. Lewis, Printer, &c., Comerian Press, Llandyssul.

*Rhaglen Mabolgampau'r ysgol 1911*

## NOTES FROM MINUTES OF GOVERNORS' MEETINGS 1905—1915

23 May 1905 H.M.I. Report. 'The want of a pubic supply of water and gas in the town rendered it difficult to have satisfactory results in Chemistry.

School roll in 1905—122

Speech Day, Dec 19th 1905.— To announce the meeting by means of posters, and to make an admission fee of 6p for all, excepting school pupils. Proceeds after deducting expenses to be used by Headmaster to buy books for the library.

2 Dec 1909 Headmaster reported that Major Cass D.S.O. of Dol-llan had offered to present the school with one of his grand pianos.

School roll fallen to 110.

15 Sept 1910 Scarletina being very rife in the town, the School staff were charged to see particularly that no pupils were allowed to lodge in any of the infected houses.

H.M.I. Report. School roll—92—a reduction of 18 in one year. (65 Boys and 27 Girls). The organization is more efficient now than it has ever been. There are 22 boarders. Boys live in the hostel recently built nearby (Coolree?) and the girls in the School House. The staff total is seven. Lesson periods of one hour are too long. Adequate period of preparation must be allowed before pupils are presented for examinations i.e. three years for the senior examination. Mathematics—Headmaster takes Mathematics and Arithmetic in the Upper School, but three other teachers with no special qualifications teach the subject in the lower forms.

English—needs re-organization—five teachers share the work but they are not qualified.

It would be advisable to have some linoleum laid upon the kitchen floor so as to get the girl pupils, if it were possible, to go through their drill not in their every-day clothes, but in suitable costumes.

24 Aug 1912 It was reported that the Gas Plant had arrived from America, and that Messrs W & J George of Birmingham were about to proceed with its installation.

14 Nov 1912 After consultation with the Headmaster it was unanimously decided that the use of the School Building be granted to Mr and Mrs D. J. Lloyd of Gilfachwen for Mon. & Tues. 20th and 21st January for the coming of age Dance of their daughter.

11 Mar 1914 H. M.I. Report. — Stated that the vowel sounds of the pupils were Welshy! The Physical Exercises course of one and a half hours per week was too short. Recommended more recitation in lower classes. One Inspector dwelt with the importance of a scientific knowledge of Welsh and of the study of the literature of Wales. School walls should be decorated with the portraits of some Cardiganshire and other Welsh worthies, and with the photographs of some of the prominent buildings in France.

*Picnic ym Mhlas Gilfachwen 1912*

*William Lewis a'i deulu*

# Llandyssul County School.

## Provision as to 'Free Places', Scholarships, &c.

PURSUANT to the Regulations for Secondary Schools (Wales), the Governors of the above School will provide 10 "Free Places" during the coming Session (1913–1914), either by way of County Scholarships or of Bursaries.

Such "Free Places" will be awarded to Children from the Public Elementary Schools not under 11 and not exceeding 13 years of age on the Examination day, upon the result of the County Scholarships Examination to be conducted under the auspices of the Cardiganshire Education Committee at the Llandyssul County School Buildings, **on Saturday, 21st June, 1913.**

There will also be awarded for the same Session, upon the result of this year's Examination for the purpose of the Treasury Grant, **2 Internal Scholarships,** each of the annual value of £2 : 2 : 0.

Application Forms for "Free Places" may be obtained of the Clerk, to whom they must be returned duly filled **on or before 31st May, 1913,** and of whom the Syllabus of the Examination may also be obtained.

N.B. The Governors are also prepared to award a limited sum by way of "Maintenance Allowances" to promising Pupils **in need of financial assistance.**

*Ysgoloriaeth yr ysgol*

*Y bathodyn cyntaf a gyflwynwyd yn yr ysgol yn 1912*

*Tîm pêl-droed 1912-13*

*Athrawon*
*Rhes gefn: Mr. H. Malkin, F.R.C.O.; Mr, C. E. Vowles, B.A.; Mr. F. A. Walker, B.Sc.; Mr. E. Jones, Mr. W. Jones, A.R.C.A.*
*Rhes flaen: Miss M. E. Davies; Miss K. McPherson, B.A.; Mr. W. Lewis, M.A.; Miss N. Parry, B.A.; Miss M. A. Hughes, B.A.*

## AN APPRECIATION. 1913

ALAUDA'S first number I'm glad to receive,
The first from Llandyssul, I'm led to believe;
How neat is the cover with motto and crest:
"Sic Itur ad Astra" inspires the best.

"Alauda," the lark—familiar the name,
For scholars to soar on the highway to fame;
O'er invisible paths which lead to the stars,
E'en higher, to greet co-scholars in Mars.

The Editor's "Intro."—just on the first pages,
With appeal for support to folk of all ages;
Also literary folks, whether humble their cot,
Are asked to contribute and cast in their lot.

Then follow School Notes, Football Hockey & Co.,
S. David's, with Speech Day and Cookery so,
Folk-Tales and also some Welsh by A. O.,
To shew off the Cymry of days long ago.

The "Letter from College' away by the sea,
Gives news of Tyssulians wherever they be;
In College or Aeroplane, or far away land,
We'll know all about them—thro' ALAUDA's band.

The Lampeter Letter and Old Pupil's Notes,
And a "Morn of the Hunt" on which Venator dotes,
And Review of late Books, with Gautier's 'In Storm,'
So ably translated by Students—Sixth Form.

On Dits come again with Advertisement Six,
Potted Proverbs, Rhymes Perverse, but all of a mix,
With Editor's Notes at the end—which is right,
As to misapplied jokes, wit and humour to smite.

So welcome ALAUDA; all pupils, I guess,
Will aim to soar high on their paths of success,
When School-Days are over, ALAUDA, you'll bind
Tyssulians all over the globe of mankind.

N. C. EMLYN.

## THE TRIENNIAL INSPECTION. 1913

This year the school was visited on Wednesday, March 11th, by the Misses Price and C. L. Thomson, and Mr. Robinson, Inspectors of the C.W.B. The day was looked forward to with rather dismal feelings by most of the pupils, and everyone hoped his lucky stars would be in the ascendant. Throughout the day an unusual silence reigned through the school, and solemnity and apprehension cast their shadows on every face as the Inspectors made for one class after another, testing with acute observation the progress of the work done throughout the school.

The Inspectors expressed their appreciation of everything they saw or heard, and we sincerely hope that their report will be as favourable as it has been on similar occasions. The school was last visited in the Christmas Term 1910, so that most of us were new to the ordeal. However, we were quite repaid for our efforts by a short afternoon's work on Thursday, Mr. Lewis kindly granting us the last two sections as a holiday.

*Major Cass a'i staff*

## SPEECH DAY. 1913

Speech day has always been a success in the school, and the last, held in the school Hall on Dec. 18th was no exception. The chair was taken by Dr. A. T. Evans; Eilwen Jenkins opened with a pianoforte solo, after which came the Headmaster's report. It was encouraging to hear the long list of successes, and an account of all the most important functions of the past year. This was followed by the distribution of prizes by Major Cass, D.S.O., Dol'llan, who treated us to an interesting and instructive address full of personal reminiscences. The first part of the programme ended with a speech from the chairman. A pianoforte duett by Marian Davies and Mary Evans served as curtain-raiser to a play entitled "The first day of the Holidays." The acting was, on the whole, of quite a high standard, the most conspicuous figures being P. C. Nobler (L. T. Davies) and Job Shirker (D. L. Jenkins). Then followed a pretty Butterfly Dance. This was wonderfully well done considering that most of the dancers were making their debut in public. The applause which followed had hardly died away when the event of the evening began, a dramatised version of Dickens' "Christmas Carol." The acting was again very good and 'took' well with the audience. Old Scrooge was splendidly acted by Enoch Davies, while R. B. Davies as Bob Cratchit and T. J. Jones as Marley's Ghost left nothing to be desired. In the smaller parts the acting was quite realistic and natural. Emrys Harries made an admirable Mr. Fezziwig and "Sir Roger" evoked great applause. The play went well from the beginning and ended all too soon to please the audience who were delighted with the acting and the carols. The concert ended with "Hen Wlad Fy Nhadau" and "God Save the King."

J. W. Davies.

## LLYTHYR ODDI WRTH SOWLDIWR

2nd P.S. BATT. ROYAL FUSILIERS,
B. COMPANY
EPSOM, SURREY,
Nov., 1914.

To the Editor of THE ALAUDA.

Dear Sir,—

I am urged to comply with your request for a letter to you and the readers of your Magazine.

The subject of Recruiting, is, I suppose, one of the most prominent that is before all Englishmen at the present time, and so as a recruit in the Royal Fusiliers I will endeavour to give you some idea of the training we are undergoing preparatory to our being sent out to the front. And I can say on good authority that we shall be on the lines of communication in France before the end of January.

The Universities and Public Schools Brigade comprises about five thousand men divided into four Battalions, each of which is again divided into four companies. We are all stationed in Epsom and the neighbouring villages and towns within a radius of five miles out of which we are not allowed to go without leave.

The training according to the official time-table is divided into periods. The first being drill in sections and platoons, the sub-divisions of a company and the smallest units in which bodies of men are handled; the second being drill in the company as a whole; the third, Battalion drill and lastly, Brigade drill. These periods are, as it were, cumulative, that is, on passing from one to another, the old one is continued along with the new. We are now doing Battalion drill.

This is, I presume, the official way of looking at it. To us who view our own progress from day to day our course appeared in a somewhat different light.

At first we saw ourselves being taught close order drill; how to spring to attention, to form fours, about turn and do other evolutions learnt at schools but long since forgotten. Most of us however having had previous training, all this was soon brushed up and so our progress was fairly rapid.

Then we got to another stage and were instructed in extended order drill which has now developed into attacking outposts and other field manoeuvres.

The Downs and Common Lands around here are admirably adapted for this kind of training, and we often spend whole days on them having sham fights or doing outpost duty which is the defence of a main body of troops.

Occasionally we have route marches of about 20 miles.

We start each day at 6:30 a.m., and are usually fairly glad to get to bed when "Lights Out" is sounded at 10 p.m. We do about eight hours work a day and have of course, set parade hours, but these are in our present stage continually being varied in accordance with the work to do, and especially when there is night work on hand. For we have to learn the manoeuvres by night as well as day.

In addition to our practical instruction we get lectures on first aid, tactics and many other military subjects, so that we can appreciate reasons, study results and act on our own initiative when necessary.

But you must not think the whole of our time is given to work. We have our "off" moments which I can assure you are fully utilized in various pleasurable pursuits. As for games, each Company runs a "soccer," "rugger," and hockey team and great is the rivalry in inter-company matches.

In the evenings there are many entertainments to go to, and frequently we have Company concerts and Battalion concerts just to show our own abilities, and when I say that we have in our ranks some of the leading men of the London Stage you can guess how good they are.

I believe the usual object of a letter to you is to chronicle some of the doings of your old boys, but that I am afraid I cannot do.

My brother Jack is down here and we are now together in the same Company. He tells me he met Mr. Walker some few weeks ago but more news of him I regret I am unable to give you. But I expect he is like the rest of us, thoroughly enjoying this new mode of life into which we have so suddenly been precipitated, and eagerly looking forward to the time when we shall be called upon to show our enemies a little cold steel.

I fear I have already trespassed too much on your time and patience while dealing very inadequately with the subject, but in the knowledge of its comprehensiveness I commit myself to your leniency.

And in conclusion I say to all old Llandyssulians now serving their King and Country, and there must be many, that we cannot do better than act up to our old ideal "Sic itur ad astra" even though it may have for each of us a more literal meaning than we thought it had when at school.

Yours truly,
IVAN A. EDWARDS EVANS.

## LONDON IN WAR

As I had the good fortune to be in London when war was proclaimed and again three months later, perhaps it will interest some readers of the Magazine to know what the great Capital is like in the present crisis.

Well, I will begin with the last Sunday before war was declared. The Cabinet held a meeting to decide finally what was to be done, while the Socialists made a great stir in Hyde Park, many thousands of them signing a petition protesting against war. But as soon as it became known that the Germans had invaded neutral territory, they were almost as unanimous in declaring for war; and ever since, what impresses one most is the wonderful patriotism displayed by everyone from the highest to the lowest.

Crowds of people congregated around Buckingham Palace every day for the first week or so of the war, in the hope of seeing and cheering some of the noteable people who were in constant touch with the King at this time; at night-time this crowd was considerably augmented by many thousands more, waving flags and singing patriotic songs. Meanwhile the street vendors did a roaring trade in patriotic favours and flags. The King and Queen very often acknowledged the loyalty of the people by coming out on the balcony and bowing to them. It was a sight never to be forgotten. Huge crowds also gathered around Wellington Barracks to see the soldiers who were getting ready to go to the front. The War Office was the centre of another large crowd. This was because the latest news was generally received there, for it always kept in close touch with the front.

The rush to the recruiting office was overwhelming. When recruits were first called for, the recruiting staff were too small to cope with the rush. This shows that the Britisher has not lost his former courage. At White Hall near the War Office several large marquees have been fixed up for use as a recruiting station. Large batches of recruits are sent away every day to the training centres. Even the little street arabs with bare feet and rags had all caught the martial spirit and it was amusing to see them parading the streets with tin boxes, &c for drums.

The leading business houses decided that as far as possible "Business as usual" should be their motto, and although their staffs have been seriously depleted they have succeeded in their endeavour.

At the present time there is very little on the streets of London in the daytime to remind one of war, except the newspaper placards and the preponderance of horse-drawn vehicles over motors; this is due to the fact that large numbers of motor-buses and motor-delivery vans have been commandeered for transport purposes to fight the enemy. But in all the parks and open spaces soldiers may be seen drilling and otherwise preparing for service either at home or abroad. Squads of soldiers march through the streets daily, singing and whistling. Refugees also are to be seen everywhere and many wealthy French people have come to London for greater safety, so that the French language is quite common in the streets The refugees, who are chiefly Belgians, are well looked after by the Government, who have offices in different parts of the city, to which they may go when they first arrive and from where homes are found for them.

## SCHOOL NOTES 1915

It was decided to abandon our Annual Sports this year, as, although such meetings have proved so successful previously, we felt it would be unwise to hold them in view of the great struggle and crisis through which the Nation is passing.

Our drill-instructor, Sergeant Jim Jones, has secured a billet as Sergeant-Instructor in Kitchiner's Army; we shall miss his stentorian voice, and his ever ready help on the Football Field.

Miss Parry is leaving us at the end of the term to be married: we offer her our hearty wishes for her future. Miss Parry came to us in January, 1909, and it would be a truism to suggest that we shall miss her.

To a casual observer, our field this term must have resembled nothing so much as a dust heap: a closer observation would have revealed a few green patches, one of which we have fondly cherished as a cricket-pitch, and with a little imagination to draw upon and the help of Jupiter Pluvius, a pitch might have been evolved: at present it is designated the Alps, and the Practical Geography class might do well to study its contours.

**Cricket**

Owing to the perverse attitude of the C.W.B. in holding its exams during the summer term, and our inability to get together a good fixture list, our Cricket has again proved far from successful. We have had, it is true, two fixtures, with Carmarthen Grammar School, but their superiority in batting enabled them to win both. However, although our matches have been unsuccessful, our practices proved very exciting, and it is only fair to say that we possess some promising players.

Our present pitch is badly in need of repair; nevertheless, the whole school has tried to improve it as much as possible, rolling and mowing being undertaken with avidity.

This year again the Juniors have been very keen. Form III, captained by D. Jones, has inflicted severe defeats on Forms IV and II, and every Form has shown great interest in these matches. Net practices have also been attended regularly and enthusiastically.

*Tîm criced tua 1914*

*Diwrnod mabolgampau'r ysgol tua 1914*

# 1915 - 1924

*Mr. William Lewis gyda rhai o fechgyn yr ysgol*

## SCHOOL NOTES. 1915

We extended a hearty welcome to Mrs. Walker, B.A., who is taking Mr. Vowles' place temporarily as teacher of Classics. She will not misunderstand us when we express the hope that her stay among us will be a short one.

Our Classics and Senior Master, Mr. Vowles, has left us to join the Inns of Court O.T.C. We wish him all good luck and speedy return to the Editorial chair.

Mr. Walker has been on active service with the Royal Engineers since September, and has taken part in the recent offensive. The seniors, to express their appreciation of him, organised a collection, which mounted to £1 12s. 6d. With this they bought a warm and serviceable leather waistcoat which was duly forwarded to Mr. Walker. We hope it will keep him warm on these cold winter nights.

We also have the pleasure of welcoming Mr. J. Edwards, B.A., who takes Miss Parry's place. Mr. Edwards is a graduate of the Welsh University, and hails from Bangor College, where he graduated with 2nd Class Honours in Welsh.

Last June Gwen Lewis passed the London Matriculation Examination in the First Class, at the minimum age of sixteen. She is the first pupil of the school to win this coveted honour.

Miss Parry, who became Mrs. Davies on Sept. 16th, was presented by the staff and pupils with a Set of Silver Toilet articles, engraved with the school crest and motto.

During the holidays, Rev. Thomas James, the oldest member of the Board of Governors, passed away. Mr. James was for many years Headmaster of the Llandysul Grammar School, the forerunner of the present school, and the cause of education in the district owes much to him.

## THE LETTER BAG

Roper writes from Ypres:— "On the second morning, I had just been to "stand down" with my platoon when the "Bosches" started shelling us, and for an hour we had what might well be described as hell! What with "coal boxes," trench-mortars, aerial torpedoes, whizzbangs, etc., we found plenty of work in dodging them. Sometimes there are about five mortars in the air at the same time, but if you squirm up against a traverse and one bursts about fifteen to twenty yards from you, you are fairly safe. But these whizzbangs are awful: you hear a sharp whiz followed immediately by a bang, and if you are anywhere near it—God help you!... This week, one of our Corporals crawled over the parapet and up to the German lines, a distance of nearly a hundred yards, and made a reconaissance of their position, which has been very useful to the staff. He has the pluck of the devil! Two mornings later, he went out again and brought back a Bulgarian flag, which the Germans had put up between their trench and ours when Bulgaria declared war. Imagine the applause! He has been recommended for the D.C.M. We now have the flag flying over our headquarters on the bank here...

Mr. Walker writes:— "Very best thanks for the waistcoat. It is a beauty—almost too good to risk being shot in. It kept me very warm the other night, and I was able to leave my long overcoat behind. Just at present the trenches are about knee-deep in mud and water, and it is not a very joyful task going in. We go over the open as far as possible, and then of course, Fritz & Co. take pot shots at us...Today is a very important one, as we are going to have a bath—a rare but welcome luxury.

## RUSSIAN FLAG DAY

On the 27th of October, in the usually quiet streets of Llandyssul, there was an air of great excitement, which very rapidly spread as far as the dear old school on the hill. It was Russian Flag Day, and we all made up our minds to do our utmost for the Russian Red Cross Fund, so with great satisfaction Ovid and Macbeth were hurled to the wind for the time, and we started fumbling in our pockets for money, and some coppers were immediately exchanged for flags.

Our patriotic Headmaster willingly gave us a half holiday, so that we could do our little bit to comfort the brave Russians. We were told to attend roll-call in the afternoon as usual, but this time our countenances beamed with satisfaction at the thought of calculating the price of Crab Apple Jelly instead of Euclid's theorems and Pendelbury's problems.

We formed fours, and the regiment of black and yellow waving their banners in the air was worthy of admiration, as we marched, or rather ran, down the hill. The generals of this chiefly bantam regiment were our staff, and when it was reviewed near the bridge, on our return, the officers unanimously voted us ready for active service. The children of the other schools joined us, and at Richmond Square we halted and sang the National Anthems.

After a long procession we arrived at Seion Vestry where the industrious ladies had arranged various articles for sale. Before entering the Vestry we went to the adjoining field, and here, Private Fox, who was home on leave from the Front, proved an excellent drill sergeant.

## SOME OF THE TEACHING STAFF WHO JOINED THE SCHOOL BETWEEN 1905 AND 1915

Daniel James Davies — Attended Penboyr C of E School, Tysul Grammar, Emlyn Grammar and Pencader Grammar. University of Wales, Cardiff B.Sc. Taught at Llandysul 1905-1911. Subjects—Chemistry and Physics. Left to become Vice Principal of Methodist College, St Johns, Newfoundland.

Elizabeth Margaret James — Attended Llandysul Ladies School, Llandysul County School, University College Aberystwyth. Taught English at Llandysul 1905-1912. Left to get married.

Charles Ernest Vowles — Native of Bristol. Educated at Pembroke College Oxford. A keen sportsman—turned out for School Soccer and Cricket teams. Contributed to school magazine while on active service. Appointed to teach classics and left in 1919. Spent 1915-1918 as officer in the army.

Kate Mcpherson — Native of Risca. University College Aberystwyth, B.A. in English. Taught at Brynmawr Grammar School from 1906-1908. At Llandysul 1909-1915. Left to get married.

Norah Parry — Llanfynydd Primary, Llandeilo County School. Pencader Grammar School, University College Aberystwyth B.A. in Welsh. At Llandysul 1909-1915. Left to get married.

William Evans — Llandysul Primary, Llandysul County School. Conductor of Llandysul Brass Band and various local choirs. Teacher of vocal and instrumental music—Part time—At school from 1909-1917.

James Jones—Llandysul Primary and County Schools. A Sergeant in the Pembrokeshire Yeomanry—part time Drill Master at school from 1909-15. Returned from school to full time army duties.

Harold Malkin — F.R.C.O. Organist of St. Peter's Church, Carmarthen, and Teacher of Music at Trinity College. Part Time at Llandysul. Fee £1.00 per pupil each term. 1909-1914.

Mary Eia Davies — Llanllwni National School, Llandysul County School, University College, Cardiff. Diplomas in Cookery, Needlework and Laundry. Employed part time 1909-18.

Evan Jones — Llandysul Board School. Pupil teacher at same school. Qualification in Woodwork, Drawing and Clay Modelling. Taught at schools for the deaf at Exeter, Bristol and Swansea. At school 1909-1914. Left for Portmadoc County School.

Frank Andrews Walker — Cardiff Grammar School, University College, Cardiff B.Sc. Chemistry. Taught at Pengam, Southport and Sandbach. Appointed 1911. Was commissioned from the ranks to Captain during the war. Returned to Llandysul after the war, but in 1919 took a teaching post in Essex.

Mary Ann Hughes — Llanllwni C of E school. Llandysul County, University College Aberystwyth. B.A., 1st Class Hons. History. Appointed at Llandysul 1912. Left in 1918 to become Lecturer at Normal College, Swansea. Sister to John Hughes, an old pupil who became professor at McGill University of Montreal, Canada. She married Mr. David Lewis of Gwasg Gomer. Well known nationally for Drama Group.

Margaret Couling — Watford and Edinburgh University M.A. 1st class French. Taught at Shanghai High School China. At Llandysul from 1913-1915 and then returned to a post in China.

Thomas James Davies — Aberaeron and Cardigan County Schools. University College Aberystwyth, B.Sc Chemistry and Physics. Spent two years in the Army, Military medal in 1916. Appointed 1914. Left in 1920 for Machynlleth County School and remained there for 35 years.

John Edwards — Corwen County School, Bala County, University College Bangor. B.A. in Welsh and Geography. Resigned with others in 1923.

## O. P. NOTES.

We are proud to claim Sergeant Gwilym Parry Jones (Llangeler) of the Royal Welsh Fusiliers, as an old pupil. Sergeant Jones was wounded near Ypres, in May last, and was awarded the Military Medal for conspicuous gallantry.

Ivan Edwardes-Evans has obtained his Captaincy in the 20th Welsh Regiment and is now at the front.

Freddie Davies, Llandyssul, has been gazetted 2nd Lieutenant in the Anzac Regiment, and is now on his way to Europe.

**Killed in Action**
Private T. W. Jones (Pontshan), 16th Welsh.
April 1st, 1916.
Private David Jones (Abertysswg), Grenadier Guards.
May 8th, 1916.

"Dulce et decorum est pro patria mori."

## CYMRAEG A SAESNEG LLANDYSSUL

Cymerer, er engraifft, yn gyntaf, frawddegau fel y rhain: 'The book is with him,' (yn lle 'He has the book:') 'Is there a garden with you?' (yn lle 'Have you a garden?') Gwelir ar unwaith mai'r Gymraeg, 'Y mae'r llyfr gydag ef (neu ganddo ef):' 'A oes gyda chwi (neu gennych chwi) ardd?' sydd yna. Nid oes gan y Cymro air ar arfer gyffredin yn cyfateb i 'have' y Sais: pan ddywed if 'I have a spade,' dywed y Cymro yn fwy gwylaidd, 'Y mae gyda mi raw' (There is a spade with me, i.e., I do not lay stress on the fact that it is my personal and private property, but it merely happens to be used by me, to be with me). Y mae'r priod-ddull hwn yn dod i lawr, hwyrach, o'r cyfnod yn hanes Cymru pan oedd pob eiddo yn perthyn i'r tylwyth yn gyffredin, heb ddim yn perthyn i'r unigolion yn eiddo personol. Y mae'n idiom a ddengys ledneisrwydd , mae'n ddiau, ond cadwer ef yn y Gymraeg yn unig; nid yw idiom Sosialaidd fel hon yn teimlo'n gartrefol mewn iaith ymerodrol fel y Saesneg.

## DISABLED SOLDIERS' FUND.

Summer Term (Up-to-date).

| | £ | s. | d. |
|---|---|---|---|
| Collected from Forms VI. and V by Emrys Harries and Ben Evans | 0 | 16 | 10 |
| Collected from Form IV. by Katie Jones and Evan Evans | 0 | 19 | 2 |
| Collected from Form IIIA. by Dilys Young and Rees Lloyd | 0 | 19 | 4 |

| | | | |
|---|---|---|---|
| Collected from Form IIIB. by Nesta Lewis and E. D. Evans | 0 | 14 | 0 |
| Collected from Forms IIA. and B. | 1 | 15 | 10½ |
| Form III. Sports Prize | 0 | 5 | 0 |
| Proceeds of Tennis Match and Sports | 3 | 9 | 8 |
| Sale of Hand-made Garment by Miss Turner | 1 | 5 | 0 |
| Sale of Booklet by Miss Hughes | 0 | 17 | 6 |
| Sale of Lemonade and Sherbert by Miss Davies | 0 | 9 | 6 |
| For work in Laundry by Miss Davies | 0 | 3 | 6 |
| Collected during Spring Term | 2 | 1 | 0½ |

## GOVERNORS MEETING

7 June 1916 There was a feeling amongst members that during the present period of stress (First World War) there might advantageously be a relaxation of compulsory education for pupils between twelve and fourteen.

4 Dec. 1918 Owing to a violent epidemic of influenza the school had been closed as from the 11th November by order of the Medical Officer of Health and the Sanitary Authority, and it was resolved to keep it closed until after Christmas vacation.

## TOMMY ATKINS, ESQ., O.P.

THE COUNTY SCHOOL,
LLANDYSSUL,
March 20, 1917.

Dear Tommy, O.P.,

We are writing to tell you some of the ups and downs and joys and sorrows of the old school. Although you are now in a foreign land fighting for your country, it may still be a pleasure to you to hear some of our doings.

We began this term in a blizzard for six weeks, there was no hockey or football, but our attention was drawn to (our work—I don't think) Llynyfran pond which was one mass of ice. Immediately school was over, boys and girls, teachers and matrons hurried up to the pond for our evening slide and tumble. Many a time we thought of the old quotation "How are the mighty fallen" when we saw some of out school dignitaries measure their length on the cold ice. The hearts of the timid ones of the fair sex were in their mouths when they heard the hob-nailed boots following them at a rate of a hundred miles an hour. We were granted one Friday afternoon off (thanks to you, dear Tommy) when the pond was at its best, and the first part of the afternoon we spent sliding while afterwards we went for a toboggan in the football field.

You will be shocked to hear that the school is haunted; night after night the prep. is disturbed by the screams of a maiden in distress who swears that she has seen and heard a ghost; some spiritualists think it must be the skeleton from the lab. taking the air, others think it is some one with a little more flesh on.

After the frosty weather was over we all went at our games hammer and tongs. You will be glad to hear that the spirit of the modern woman pervades the 1st XI for they boldly tackled the butting monsters (the boys team) and retired from the fray undaunted. We greatly deplore one incident which hurt the feelings of the aforesaid monsters, that is, the blowing of the whistle at a critical moment, but after exuding their venom we were delighted to see them peacefully returning to their beloved marbles.

It is very inspiring to see the boys, great and small, kneeling so devoutly at their favourite game, unmindful of the knees of their trousers and the toes of their boots. It is enough to break one's heart to see the expression on the sad faces of the lads (so big and yet so small) when the inquisitive damsels by accident kick their marbles out of the ring. What is most unbearable to them is the grin of satisfaction of the faces of the cruel ones as they witness the vain search for the lost toy.

Dear old Tommy, O.P. , go on winning your V.C.'s D.C.M.'s, D.S.O.'s, and M.M.'s, if only for our sakes. I think you would feel compensated if you could hear our lusty cheering and clapping when the half holiday for your success is announced in the Hall, at roll call. Wishing you best luck.

We remain,
Your sincere admirers,
S.C.L.
A.R.M.

## A MIDNIGHT 'STRAFE.' 1917

Crash! and a blinding flash of light lit up the room. I awoke out of a deep sleep, and could not think what was the matter, and while I was vaguely staring out of the window another flash came—and a roar. My chum and I who were sleeping alone, jumped out of bed still half asleep, and there was another crash. By this time we were thoroughly awake, and absolutely terrified, when we heard a voice on the stairs shouting: "Quick—it's the Zepps! Get up at once, and run down to the basement." We rushed down just as we were—we were far too frightened to look for dressing gown and slippers, and besides it was pitch dark—and stood shivering with cold and fear in a large room in the basement. We could have no light or heat, as all the gas was turned off for fear of explosions, and at first nobody could produce a candle. In the meantime, someone discovered that two or three of the small children (we were at school at Edinburgh) had been left upstairs in the dormitories. They were fast asleep, and very indignant at being disturbed in the middle of the night. At last a candle was found and lit, while some of us went to look for rugs and blankets. The crashes were now faint and far between, and finally died away. This was at about a quarter past twelve (midnight), and we all sat downstairs for an hour or more, telling stories, and trying to keep the little ones amused. One small boy had clung lovingly to a copy of "Comic Cuts," and sat serenely reading it with many chuckles. He found it much more entertaining than Zepps.

Suddenly, at about 1.30, we heard faint bangs again, coming nearer this time, with horrible rapidity. Louder and louder they grew, and our terror increased with each explosion, though we all tried to grin and look as if we liked it. Still, I think it was the most uncomfortable half hour of all our lives, with the ghastly uncertainty of when the next bomb would drop, and the horrible sensation of waiting for a possible instantaneous and most unpleasant rattle, cooped up in that basement, like rats in a trap. Finally, there came two tremendous crashes, almost simultaneously, while we could hear our windows falling out, and the house tottering as if it was almost going to fall in. Then the roar of the machines died away again, and a silence followed that you could almost feel. After another hour of suspense and waiting, an aide-de-camp to General Ewart, who was in command of the Forth Defences, telephoned to say that all danger was over for the night. We crept back into bed in the cold light of an April dawn—chilled to the bone and too frightened to sleep properly.

Next morning, of course, our first thought was to go and see the damage—two bombs had fallen within a couple of hundred yards on either side of the school; another had taken a ton of solid rock from the Castle Crag, while another had fallen right through five storeys of an hotel, and you could see straight up from the ground floor to the sky, while there was not a window unbroken for nearly half a mile round!

The worst of it was that the only defence that Edinburgh could produce was a hundred recruits who were billeted in the castle, and had no ammunition! So we couldn't pay Fritz the Hun, even a small part of the large debt that is owing to him.

M.B.W.

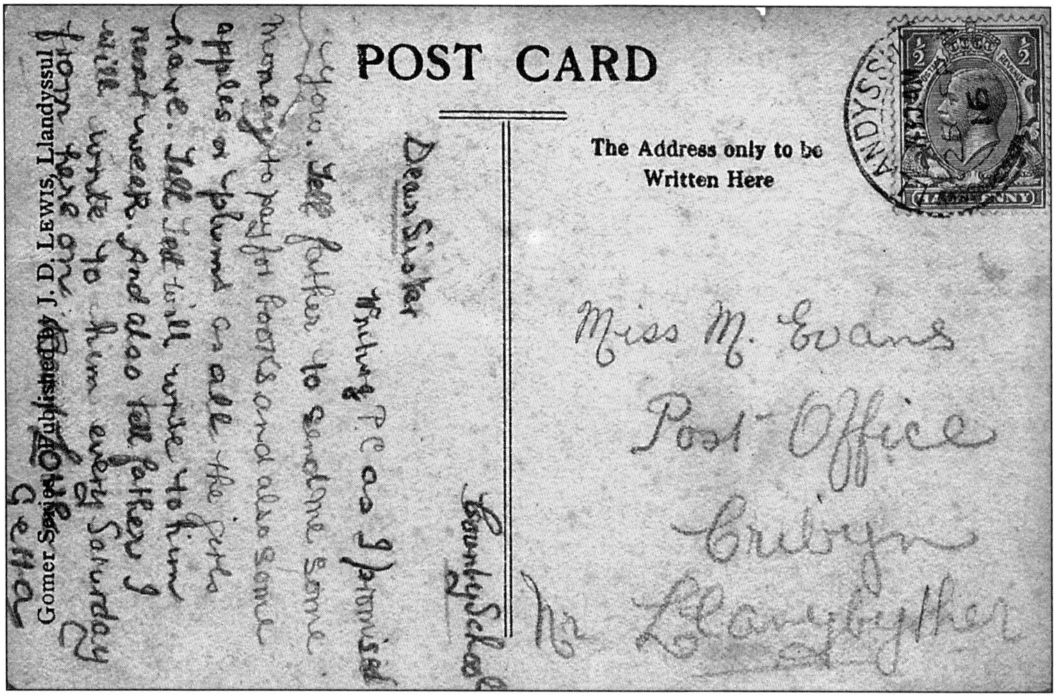


*Cerdyn Post gan 'Boarder' i'w chartref yn Cribyn, 1916*

## O.P. NOTES 1918

**Killed in Action**

Captain Ben Jones Davies (Llandyssul), South Wales Boarders. In school 1899-1902. Afterwards at Llandovery College and St. David's College, Lampeter, from where he went up to Oxford. Before joining the Army Capt. Davies was teaching at Clitheroe.

Lieut. Rees Beynon Davies (Penrhiwllan), R.F.C. In school 1908-1913. He left to go to King's College, London, and from there he joined the Inns of Court O.T.C. He obtained a Commission in the Northumberland Fusiliers, and later was transferred to the R.F.C. Some of us who are in school remember Beynon as Captain of the Football Team 1912-1913, and as Bob Cratchit in "The Christmas Carol," 1912. Both the Scrooge and the Cratchit of that play have lost their lives in the war.

Private John Jones (Ffoshelyg), 4th Welsh. In school 1905-1906. He was killed in the fighting near Gaza, on March 24th.

**Died of Wounds**

Private David Richards (Henllan), R.W.F. In school 1905-1909. Before joining the Army he was a Theological Student at St. Michael's College, Llandaff.

## SCHOOL NOTES

On Oct. 11th, the Rev. Crwys Williams, Secretary of the British and Foreign Bible Society, gave a short address in the School Hall. He made a strong appeal for help in the work of the society, and later a collection of £1 12s. 5d. was made among the pupils.

## EDITORIAL, 1918

We are writing under the shadow of the biggest battle in history, and it is difficult, amid the turmoils of hopes and conjectures which we have in common with millions of others, to apportion their right share of importance to matters which concern us alone. Trivial matter, some may say, but we cannot and will not believe so. School-work of every kind is more vitally important now than it has ever been, for are we not training the men and women who will have to bear the heavy burden of the next generation?

This term the prestige of the school in athletics has been well upheld. Football has had a most successful season, and the captain and officials are to be congratulated on having aroused a fresh interest in the game. A tendency to rough play in one or two matches was to be deprecated, but in subsequent matches the team returned to its usual clean, sportsmanlike tactics. The Girls have kept up their unbeaten record, although they have won no brilliant victories.

## O.P. NOTES

**Killed in Action**

Capt. O. S. Roper (K.O.Y.L.I.). In school 1910-13. Roper was prominent as a football player while in school. He went up to Selwyn College, Cambridge, in 1913, and joined the O.T.C. there. He joined the Army on the outbreak of war. We deeply sympathise with his widowed mother, who has lost her only son.

Congratulations to Mr. T. J. Davies, B.Sc., an ex-member of the Staff, on winning the Military Medal. Mr. Davies left us to join the Royal Engineers.

Lieut. Huw Edwardes-Evans, (M.C.), R.W.F. and R.F.C., has obtained both his wings. We print a letter from him describing some of his experiences in carrying out reprisals against the Huns.

Congratulations to Mr. Dan Davies, B.A. on being appointed Lecturer in Philosophy, in U.C.W., Aberystwyth.

## SCHOOL NOTES

The Library has been enriched this term by the purchase of a new "Standard" Dictionary, a new History of Wales, and a valuable series of Geography books called "The World we live in." It is hoped that the pupils will make full use of these interesting reference books.

The Form III History Expedition, or "picnic," as some prefer to call it, bids fair to become an annual event. On July 2nd, Newcastle Emlyn castle was visited, and the expedition was a great success. We are very grateful to two of the lady governors of the school, Mrs. Hubert Williams and Mrs. Lloyd, for their kindness. Mrs. Williams gave us the run of the castle grounds, and Mrs. Lloyd thoughtfully provided us with "pop" and oranges.

Mr. C. E. Vowles, M.A., Classics and Senior Master, who married on July 9th, to Miss Eva Vivian, of Bristol. All who knew Mr. Vowles will unite with us in wishing him "Priodas dda!"

Hannah Davies (VI.) has won the Gold Medal of the Congregational Union for the third time, having headed the list of candidates under 21. Her brother, Willie Davies (III.), was second on the list of candidates under 16, and won the Gold Centre. Enoch Howell Davies (IV.) obtained third place on the same list.

The articles published in this number were mostly essays set for homework.

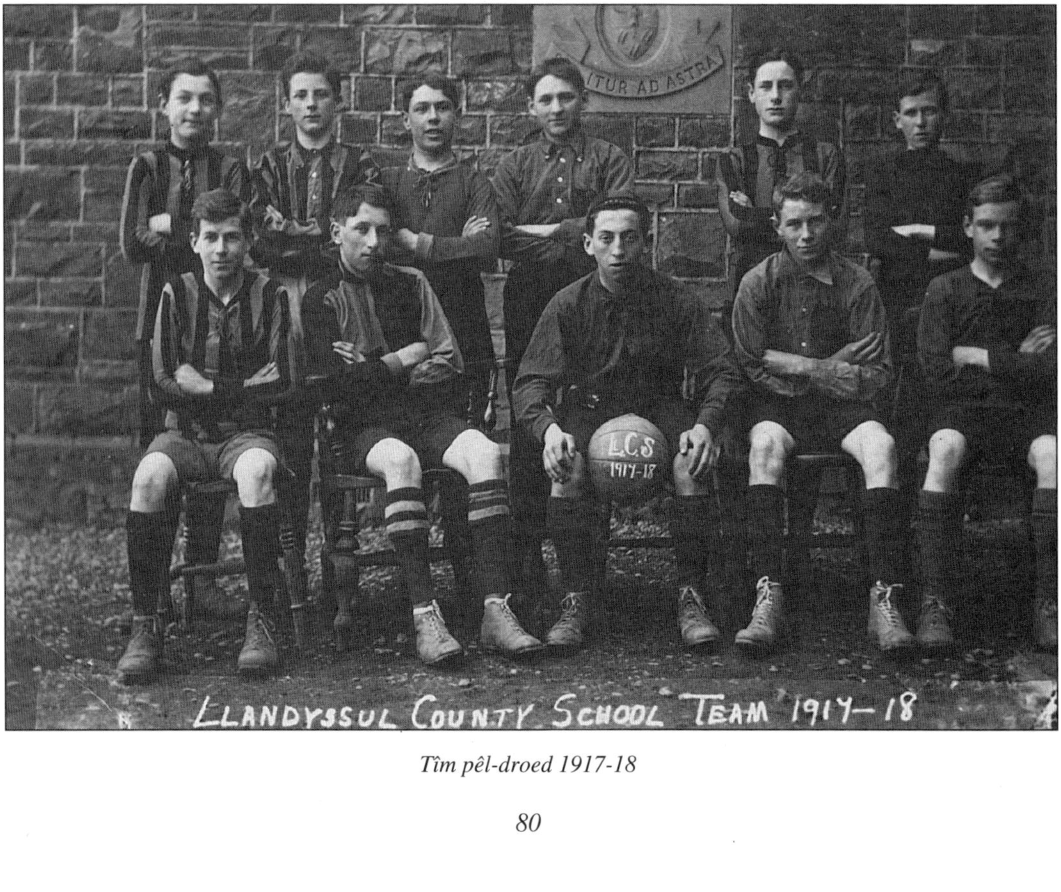


*Tîm pêl-droed 1917-18*

*Tîm pêl-droed 1919-20*

*Tîm pêl-droed 1920-21*

*Mrs. William Lewis a'r Merched tua 1920*

*Tîm Hoci tua 1920. Nesta merch y Prifathro yn y canol.*
*5ed o'r chwith—Enid Evans, Aberporth; 6ed o'r chwith—Getta Evans, Cribyn.*

*Mrs Lloyd George gwraig y Prif Weinidog yn ymweld â'r ysgol ar Chwef 11eg, 1921 i gefnogi Capt. Ernest Evans un o'r ddau Ryddfrydwr yn Sir Aberteifi yn yr etholiad cyffredinol. Enillodd Capt. Evans gyda 3590 o fwyafrif.*

## STREIC FAWR 1923

Daeth Pwyllgor Burnham i fodolaeth yn nechrau'r dau ddegau i benderfynu graddfeydd cyflog athrawon yn genedlaethol. Gan fod hwn yn gyfnod o dlodi a diweithdra mawr, ac yn arbennig felly yn siroedd gwledig Cymru, penderfynnodd Pwyllgor Addysg Sir Aberteifi na allai fforddio talu graddfa Burnham i athrawon ysgolion canolraddol y sir.

Yr hyn a gynigiai'r sir oedd uchafswm o £600 y flwyddyn i Brifathrawon, £400 i ddynion gyda gradd, a £350 i fenywod. Roedd y rhain 5% yn llai nag a gynigid gan Burnham, ac yn is na'r un sir arall yn y wlad.

Ystyrid na allai'r sir fforddio rhagor gan fod y dreth addysg wedi codi i 2/6 yn y bunt, a'r dreth gyffredinol yn 6/10c. Roedd 26 o gynghorwyr dros y pendrefyniad a 14 yn erbyn.

Protestiodd yr N.U.T. yn frwd yn erbyn y penderfyniad gan ragweld dyddiau anodd i ddod. Aeth pethau o ddrwg i waeth pan ddiswyddwyd swyddog Absenoldeb Plant y sir a'r Trefnydd Ymarfer Corff oherwydd prinder arian. Digwyddodd hyn i gyd dri mis cyn dyddiad y cyflogau newydd. Roedd y ddwy ochr yn ddi-ildio yn eu safbwynt.

Yn Ionawr 1923 dywedodd un o'r cynghorwyr yn y *Carmarthen Journal* "The country is crying for a reduction of teachers' salaries—there is no doubt about that. Teachers will fight tooth and nail to retain the huge salaries they are now having. The Burnham scale should be replaced". Mewn cyfarfod o Undeb Ffermwyr Sir Aberteifi ym mis Chwefror dywedodd y Cadeirydd fod cyflog dynion y ffyrdd wedi gostwng 45% ers 1914, ond fod cyflog Prifathro

Ysgol Uwchradd Aberaeron wedi codi £297 yn yr un cyfnod. Roedd y swm hwn dair gwaith yn fwy nag a dderbyniai'r gweithwyr mewn cyflog!

Mewn pwyllgor o athrawon canolraddol y sir yn Aberaeron ar Chwefror 27ain penderfynwyd yn unfrydol i wrthod cynnig cyflog y Cyngor Sir, a golygai hyn y byddai'r athrawon yn streicio o Ebrill 1af. Roedd yr N.U.T. yn genedlaethol yn cefnogi safiad yr athrawon.

Roedd pob argoel y byddai'r pump ysgol ganolraddol ar gau yn nhymor yr haf 1923, sef Aberaeron, Aberteifi, Tregaron, Aberystwyth a Llandysul. Roedd tair o'r ysgolion yn benderfynnol i'w cadw ar agor gan fod hwn yn dymor arholiadau allanol y C.W.B. Hysbysebwyd am athrawon newydd ac nid oedd prinder yn 1923 gan fod diweithdra mor uchel. Derbyniodd Aberystwyth nifer fawr o geisiadau, ond fe dynnodd y mwyafrif yn ôl oherwydd fod Undeb yr athrawon—yr N.U.T. wedi cylchlythyru athrawon ymhob man i beidio â chynnig am swyddi yn sir Aberteifi. Yn ychwanegol i hyn faint o athrawon a fyddai'n barod i newid ysgol am lai o gyflog? Rhoddodd Aberystwyth y gorau i'w hymdrech a bu'r ysgol fel Tregaron ac Aberaeron ar gau am dymor cyfan.

Llwyddodd ysgolion Aberteifi a Llandysul i benodi athrawon newydd gan gynnal cyfweliadau y tu allan i ffiniau'r sir i osgoi ymyrraeth!

Dyma'r wyth athro a adawodd eu swyddi ar ddiwedd Mawrth 1923 yn Llandysul: Mri James Thompson Davies—(daeth ef yn ôl am dymor cyn ei benodi yn giwrad yng Nghricieth). John Edwards—William David Mathias—Edward John Edwards, Miss Rose Eveline Abbott, Miss Enid Mary John, Miss Gwyneth Davies a Miss Annie Rees Lewis Davies.

Yr wyth athro a benodwyd yn Ebrill 1923 i gymryd lle'r rhai uchod oedd Mr Albert Thomas Rees o Aberdâr, Mr Harold Hill o Tadcaster, Swydd Efrog, Mr Edmonde Denroche Swete o Bedford, Mr Gwilym Llewelyn o Gastell Nedd, Mr Richard Harry Clough o Skegness, Miss Joan Owen o Landysul, Miss Mary Lewis o Aberhonddu a Miss Helen Hendry o Aberdeen, Yr Alban. Roedd tri o'r athrawon uchod a rhywfaint o brofiad dysgu, sef Mr Swete oedd yn 43 oed Miss Mary Lewis a Miss Helen Hendry. Daeth y pump arall o'r colegau.

Byddai'n anodd iawn i'r athrawon newydd symud o Landysul i ysgolion eraill gan y cyfrifid nhw yn 'black legs' ac aeth y mwyafrif ohonynt allan o ddysgu yn fuan, ond rhoddodd tri ohonynt wasanaeth maith a chlodwiw i'r ysgol am y gweddill o'u cyfnod dysgu, sef Miss Joan Owen a wasanaethodd yr ysgol am 44 o flynyddoedd, Mr Edmond Swete am 23 o flynyddoedd a Mr. Gwilym Llewelyn am 40 o flynyddoedd.

Rhaid cofio fod y prifathrawon yn cael eu talu yn ôl graddfa Burnham, felly nid oedd y gostyngiad o 5% yn effeithio ar Mr William Lewis, Prifathro Llandysul.

Ar ddechrau tymor yr haf, a staff newydd sbon, fe benderfynodd disgyblion yr ysgol fynd ar streic y bore cyntaf, gan eistedd yn glwstwr yn yr iard ac anwybyddu y gloch naw o'r gloch, a chefnogi'r athrawon a ddiswyddwyd. Ar ôl geiriau taer y Prifathro fe gytunodd y plant i fynd i'r neuadd gynnull, ac fe'i hanerchwyd gan glerc y rheolwyr, Mr T Thomas, ac fe bwysleisiodd bwysigrwydd disgyblaeth a theyrngarwch. Y bore canlynol daeth y rheolwyr i gyd i'r gwasanaeth boreol, ac fe siaradodd tri ohonynt i'r un perwyl ac fe ychwanegodd *Y Journal* "The popular Headteacher who spoke a few words was greeted with cheers".

Ar Fai 18fed wele lythyr yn *Y Journal* gan Mr David Jones o Lambed yn condemio agwedd athrawon uwchradd y sir. "What will our one and a half million unemployed think of the teachers and their bloated salaries? Mammon has affected their heads. It is an everlasting shame and a disgrace to keep one class in luxury and a huge army of unemployed in poverty. I hope that the Education Authority will teach these rapacious scoundrels a lesson that they will not forget!!"

Ar ddiwedd Awst cyfarfu rheolwyr ysgol Llandysul i drafod a ddylid ail-gyflogi y staff a ddiswyddwyd. Yr oedd swyddog cenedlaethol o'r Undeb Athrawon yn bresennol. Oherwydd yr anghydfod diweddar, dywedwyd nad oedd yr ysgol ar restr grantiau y Weinyddiaeth addysg, ac yr oedd posibilrwydd na chaniateid i'r ysgol eistedd arholiadau allanol. Yr oedd bygythiad i'r ysgol felly orfod mynd yn breifat. Roedd y rheolwyr yn awyddus i Mr William Lewis barhau fel prifathro. Er ei fod wedi llanw'r swydd yn anrhydeddus am 28 o flynyddoedd, nid oedd ond 55 oed ym mlwyddyn y streic. Roedd y prifathro yn awyddus i ail-gyflogi'r hen staff. Pleidleisiodd pedwar o'r rheolwyr yn erbyn a phedwar o blaid. Rhoddodd y cadeirydd, Mr Ben Evans, ei bleidlais dros gadw y staff newydd. Oherwydd hyn ni theimlai'r prifathro y gallai barhau yn y swydd.

Daeth y saga a barhaodd ym mhenawdau'r newyddion lleol am fisoedd lawer i ben, ond parhaodd y siarad am flynyddoedd wedyn.

*Tîm Hoci 1924-25*

*"The Alchemist" 1924*

## THOMAS GRIFFITHS SAMUEL, HEADMASTER 1923-1926

*Mr. T. G. Samuel, Prifathro 1923-26*

A native of Treorchy. Attended Pentre Higher Grade School 1888-1891. Llandovery College 1891-1897. Jesus College, Oxford 1898. Oxford University B.A. (Final Honours Maths) 1903. M.A. in 1905. Taught at Tetenhall College, Wolverhampton 1905-1910. Technical College Newport and Ffestiniog County School 1920-1923. He continued at Llandysul after 1932 as Senior Assistant and Mathematics master. When about to leave his home for school on Monday morning 8th February 1937, he was suddenly taken ill and collapsed and died. His grave is in the churchyard of Penybont Chapel.

# 1925 - 1934

*Tîm Hoci 1925*

*Tîm Hoci 1926*

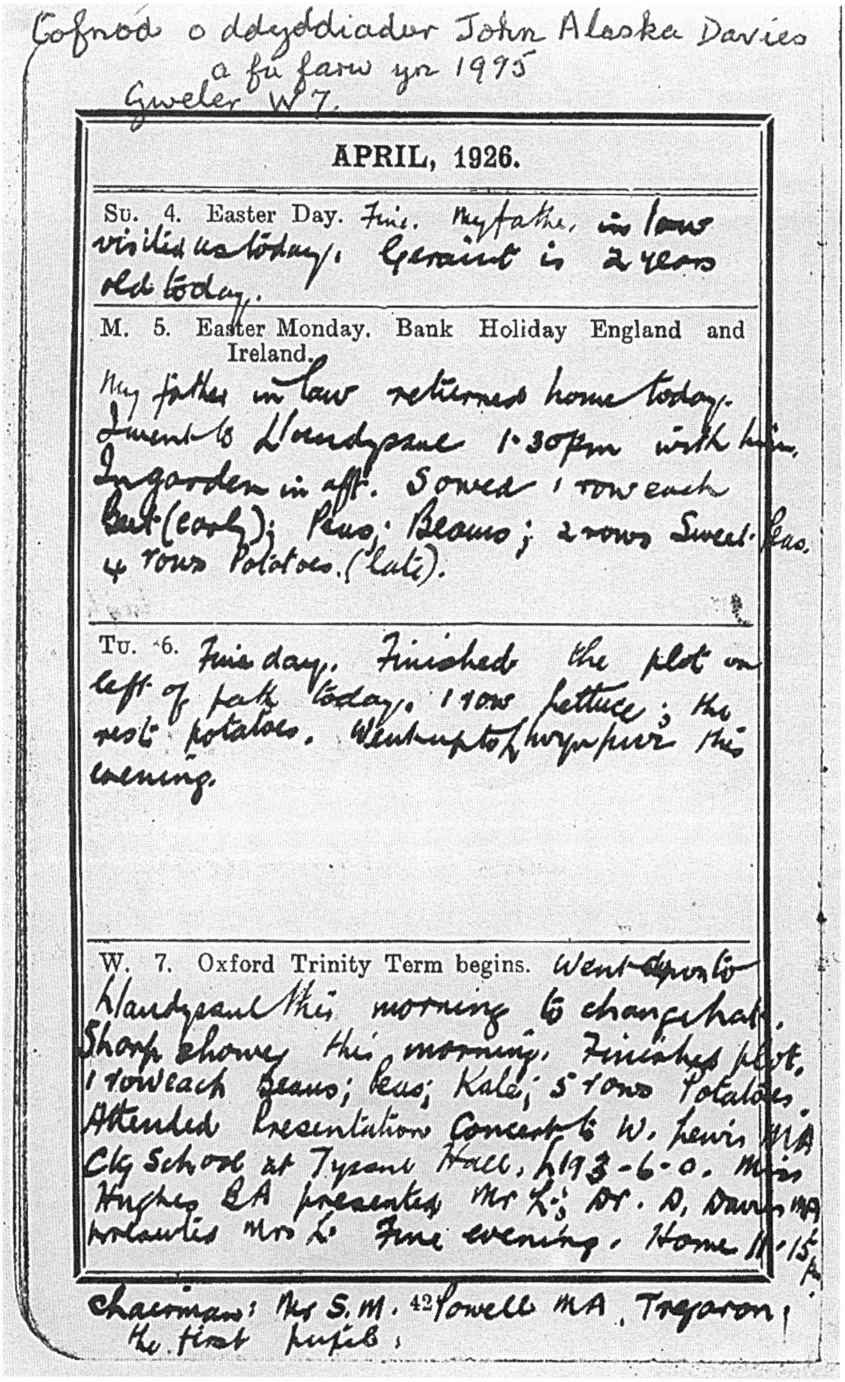

Cofnod o ddyddiadur John Alaska Davies a fu farw yn 1995
Gweler W7.

APRIL, 1926.

Su. 4. Easter Day. Fine. My father in law visited us today. Geraint is 2 years old today.

M. 5. Easter Monday. Bank Holiday England and Ireland. My father in law returned home today. I went to Llandyssul 1·30pm with him. In garden in aft. Sowed 1 row each Beet (early); Peas; Beans; 2 rows Sweet Peas. 4 rows Potatoes (late).

Tu. 6. Fine day. Finished the plot on left of path today. 1 row lettuce; the rest potatoes. Went up to [illegible] the evening.

W. 7. Oxford Trinity Term begins. Went down to Llandyssul this morning to change hat. Sharp shower this morning. Finished plot. 1 row each Beans; Peas; Kale; 5 rows Potatoes. Attended Presentation Concert to W. Lewis MA Cty School at Tysul Hall. £193-6-0. Miss Hughes BA presented Mr L.; Dr. D. Davies MA presented Mrs L. Fine evening. Home 11·15 p.

Chairman: Mr S. M. Powell MA, Tregaron, the first pupil.

*Cofnod o ddyddiadur John Alaska Davies a fu farw yn 1995*

*Tîm Pêl-droed 1929-30*

*(Sefyll chwith i'r dde) Emlyn Evans, Castell Newydd Emlyn (9) Idris Eynon, Castell Newydd Emlyn (Llinellwr) Gwyn Williams, Henllan (2) Sam Davies, Pentrecwrt (1) Islwyn Jones, Llandysul (6) Ieuan Jones, Tregroes (11) Bertie Davies, Drefach, Felindre (3) Geraint Enoch, Llandysul (Cymorth Cyntaf)*

*(Eistedd chwith i'r dde) Roy Jones, Saron (4) Cyril Evans, Llandysul (8) Mr Llewelyn (Rheolwr y tîm a'r Cadeirydd) Glyn Rees, Pentrecwrt (Capten) 5: David Jones, Llandyfriog (7) Gwynfor Jenkins, Saron (10)*

Soccer Team 1932.

*Back Row from left Steven Jones, Bertie Davies, Samuel Davies, Vernon Carter, Mr Llewelyn*

*Second Row Jenkyn Jones, Roy Jones, Islwyn Jones, Gwyn Williams, David Jones*

*Front Row Douglas Davies, Ieuan Jones.*

*Prifathro ac Athrawon Ysgol Ramadeg Llandysul 1929-30 gyda'i Prif bynciau.*
*(Eistedd chwith i'r dde) Miss Owen (Iechydaeth) Miss Pearce, (Saesneg) Mr Parry (Prifathro, Lladin)*
*Mr Samuel (Mathemateg) Miss Hughes (Cemeg)*
*(Rhes ôl chwith i'r dde) Mr Jones (Gwaith coed) Mr I. T. Hughes (Daearyddiaeth) Mr Sweet (Ffrangeg)*
*Mr Llewelyn (Gwyddoniaeth) Mr Harries (Cymraeg).*

*Mr. J. E. Parry, Prifathro*

## JOSEPH EDWARD PARRY, HEADMASTER 1926-1932

A native of Aberangell in the Dovey Valley. Attended Machynlleth County School 1905-1911. University College of Wales, Aberystwyth where he obtained an Honours Degree in Latin and Greek. Proceeded to Jesus College, Oxford, where he took M.A. and B. Litt degrees. Appointed Classics master at Lancaster Royal Grammar School 1916-1919, House master at Bushey, Royal Masonic School, London, 1919-1924. Head of Classics Department, Brighton Grammar School. Appointed Headmaster of Bournemouth Municipal School in 1932, where he remained for twenty five years until his retirement in 1957. He died at Bournemouth in Nov. 1973.

Llun yr Ysgol 1930

Tîm Hoci 1930

Dosbarth Miss Pearce 1930

*Tîm Hoci 1931-32*

## RECENT SUCCESSES OF OLD PUPILS 1931

Oswald Tudor Davies, gained the degree of B.Sc. (Wales).

David John Jones, B.Sc. (Wales) gained the Diploma in Education and has been appointed Assistant Master at Brentwood School, Essex.

William John Herbert passed subsidiary Economics, Final English, and Final Geography in B.A. course.

William Ernest Jones passed Final Pure and Final Applied Mathematics in B.Sc. course.

Harold Myrddin Johns passed Inter. Botany, Subsidiary Chemistry and Subsidiary Zoology in B.Sc. course.

Percy Tudor Thomas passed Intermediate Chemistry, Physics, Botany and Zoology in B.Sc. course.

John Thomas Jones and Goronwy Owen passed 2nd M.B. at the University Medical School, Cardiff.

John Hughes, M.A. (Wales) was appointed Professor of Education at Grahamstown, South Africa.

Joseph Jones, M.Sc. (Wales) was appointed Headmaster of Fishguard County School.

## RECENT SUCCESSES OF OLD PUPILS 1932

Cyril Evans passed 1st M.B. (Wales and London).

William John Herbert gained the degree of B.A. (Wales).

William E. Jones gained the degree of B.Sc. (Wales) with 1st Class Honours in Mathematics.

D. Austin Bowen was awarded a £25 History Prize at Lampeter Coll.

John Jenkins was ordained Curate of the Church of Wales.

Cecil Davies (Boy Soprano—present pupil) won 1st prize at the Port Talbot National Eisteddfod.

Ioan Griffiths (Boy Elocutionist—present pupil) won 1st prize at the Port Talbot National Eisteddfod.

Iwan Davies (Boy Soprano) appeared before Royalty.

David Lewis was elected Councillor of the County of Cardigan.

William John Jones —Headmaster of Llanfihangel y Creuddyn.

Hannah E. Jones—Headship of Brongest Council School.

Annie V. Jones—Headship Bryn, Llangullno.

John Tysul Jones—Welsh Master of Swansea Municipal Secondary School.

Beryl Jenkins, Bangor Normal College—Board of Education Certificate.

Mrs. Dr. Griffiths-Davies, Abergwynfi—Open Recitation National Eisteddfod, Aberafan.

## THOMAS EDGAR DAVIES, HEADMASTER 1932-1957

A native of Ystalyfera. Ystalyfera County School 1904-1909. Bangor University College 1911-1915. B.A. Wales. Honours in Latin and Greek. M.A., (Wales) 1916. St Austell County School, Cornwall 1915-1916. Llandysul County School, Classics Master 1916-1917. Ystalyfera County School, Senior Classics Master 1917-1932.

*Dathlu llwyddiant y Côr yn Eisteddfod yr Urdd, Caerffili 1933.*

## EDITORIAL 1933

WE are pleased that this long-expected and happy event—the revival of the School Magazine—has fallen to our lot. We say "revival" because the School has published a Magazine before. The first School Magazine, "The Alauda" was published for the last time exactly 12 years ago.

It is with a slight degree of diffidence and trepidation that we undertake to bring forth this edition of the Magazine which we have ventured to call "The Adastra". The cover-design in the school colours is symbolic of the human urge in overcoming difficulties, straining towards an ideal, has been designed by Mr. Ieuan T. Hughes, M.A., our Geography and History master. We sincerely believe that this design, which we consider a work of art, will meet with the appreciation of all. We hope that the Magazine will receive support, both financial and otherwise, and that the same interest will be manifested in our succeeding numbers as in this, our first effort.

At the outset it is our pleasant duty to thank all our contributors for their polished articles; it must be announced that our difficulty has been, not to seek for contributions, but to select the best and the most suitable for a School Magazine from the incredible number of well-written compositions received. We acclaim with delight the interest that the Junior School has shown in our effort; and thank them most sincerely for their submissions, the quality of which may be judged from the articles and poems chosen to represent them in this Magazine.

We offer Mr. J. E. Parry, M.A., B.Litt., our late Headmaster, our heartiest congratulations on being appointed Headmaster of Bournemouth Municipal School. We wish him every success in the future.

We also have the pleasure of congratulating Mr. L. Harries, our Welsh Master, on securing his degree of M.A. We hope that he will continue to bring renown to his name, and consequently to the School.

It was with heartfelt regret that we learned of the bereavement of Miss S. M. Hughes, B.Sc., which will necessitate her giving up her profession. During her stay at the School, she has made herself popular with both staff and pupils, and she carries with her our best wishes for a henceforth happy life.

Last year has been a very eventful one, as may be gathered from the notes contained in these, we hope, interesting pages.

## PAST SUCCESSES 1933

**The medical profession is well represented:—**

ISLWYN JONES has been at Middlesex Hospital for over a year, where in addition to studying hard, he has made a name in football. He is a member of the 1st eleven and has twice been chosen to play in the United Hospitals Match.

IDWAL MATHIAS is at Guy's. He, we learn, has taken up rugby and is a member of the 1st fifteen.

A new recruit is ROY JONES who went up to Guy's this October. He, too, it seems, bent on distinguishing himself on the sports field, has already played in the freshers match.

WILLIAM HERBERT is another old pupil up in London. After gaining a solid degree at Aberystwyth, he took up a teaching post at Shoreditch Boys School.

In the banking world HYWEL DAVIES is forging his way ahead and has more than once attracted the attention of those over him by his industry and interest in his work. He has passed his Banker's Institute exams with flying colours and needs only two more to complete the series.

We rejoice at the successes of these pupils and wish them and all those whom we have omitted the very best of luck in the future.

## LONDONER'S LOG 1933

WE are prevented, owing to lack of space, from mentioning very many old friends in London. We have, therefore, limited ourselves to those who have left within the last four years.

DIANA DAVIES left to finish off in Paris where she had an enjoyable and instructive time. In October of this year she succeeded in entering the Royal Academy of Dramatic Art, where she is doing well. She was one of the few out of a large number of applicants who was accepted.

EURWEN MATHIAS, we hear, has moved to London with her family and is at present at home.

MEGAN WILLIAMS, Llanybyther, is a student at Berridge House, where she is preparing to take up studies as a matron.

## COLOFN YR URDD 1933

AR ddechrau'r tymor eleni penderfynwyd ffurfio Adran o'r Urdd yn ein hysgol. Trwy gymorth Miss Owen lluniwyd baner arbennig inni, ac aethpwyd ati o ddifrif i baratoi erbyn Eisteddfod Genedlaethol yr Urdd yng Nghaerffili.

Ffurfiwyd Côr Adran Fawr o dan arweiniad Mr. Ted Morgan, parti wyth, triawdau, etc., ac am fisoedd ni welwyd erioed y fath brysurdeb a brwdfrydedd o fewn muriau'n hysgol yn ystod yr awr ginio!

Fel y gwelwyd, ni fu ddisgleiriach cyfnod yn hanes yr Urdd yn yr ysgol, fel yr ymddengys y nifer gwobrwyon a gipiwyd yn yr Eisteddfod Gylch yn Llandysul ym mis Mawrth, ac yn enwedig yng Nghaerffili ym mis Mai.

Cyn myned y Côr a'r partïon ar eu siwrnau bell i Gaerffili daeth y newydd hapus am nifer o fuddugwyr o'r ysgol yn Adran Llên, Crefft a Chelf yr Eisteddfod, sef:—Ysgrif agored: Dd. Davies [3ydd]; Ysgrif dan 14: Ieuan Rhisiart Davies [ail]; Telyneg: Brinley Jenkins [3ydd]; Limrig: Lizzie May Rees [1af]; Gwely Doli: Brynmor Esau [1af]; Arlunio: Stuart Rees [dau 1af]; Coginio: Mair Jones [3ydd].

Dydd Iau aeth nifer o'n cystadleuwyr o dan ofal Miss Owen i baratoi'r ffordd i'r fyddin gref a gychwynai Ddydd Sadwrn, a gwnaethant eu gwaith yn gampus. Enillodd Cecil Davies y wobr am unawd dros 14, a chafodd dderbyniad gwych. Wedyn cipiwyd yr ail wobr am unawd dan 14 gan Tommy Evans am ei ganu swynol.

Wele, fe ddaeth y dydd y disgwyliwyd ymlaen gymaint ato, ac yn fore iawn Ddydd Sadwrn cychwynodd ein Côr Mawr ynghyd â Chôr Adran Fach Tregroes i'r ornest fawr yng Nghaerffili dan ofal ein harweinydd brwdfrydig Mr. Harries.

Ar ôl taith ogoneddus mor fore cyrhaeddwyd Caerffili a buan iawn yr aethpwyd drwy'r nifer profion angenrheidiol. Nid oes angen manylu dim yma ynghylch y llwyddiant mawr a ddaeth i'n rhan, gan fod yr hanes yn hysbys ers amser bellach i bawb. Cyflwynwyd y wobr gyntaf i'n parti wyth, enillodd Cecil a Beryl y 3edd wobr am y ddeuawd, ac i goroni'r cwbl cipiwyd Cwpan Coffa Edward Davies-Bryan, y wobr flaenaf am ddatganiad gwir orchestol,—chwedl Dr. David Evans y prif feirniad.

Yna daeth ein taith hirfaith adref, ac i orffen diwrnod a erys yn ein cof am byth, gorymdeithiwyd drwy ystrydoedd Caerffili a phob un ohonom yn canu, neu'n bloeddio nerth ein cegau "Llandysul yw y gora', Y GORA'!" Yr hyn a'm synnai i fwyaf oedd fod pob un o'n haelodau mor nerthol a diflino ar ôl diwrnod mor llafurus! Canwyd a chanwyd a chanwyd bob cam o'r ffordd o Gaerffili i Landysul a phob un erbyn y diwedd wedi colli'i lais ac yn gruglyd!

Chwibanu'r trên a dyna ni yn Llandysul! Y fath groeso a'n disgwyliai! Ni allaf yn fy myw a'i ddisgrifio! Yr oedd holl bentref Llandysul yn ein disgwyl, ac yn eu plith, diolch iddynt, gwŷr seindorf Llandysul â'u hofferynnau'n barod i'n croesawu'n frenhinol. Dyma ymddangosiad cyhoeddus cyntaf seindorf Llandysul, a diolchwn yn gynnes am y fath groeso cynnes a gawsom, ac am deimlo diddordeb yn ein gwaith mawr ar ran yr Urdd.

Ar ôl areithio byr a llongyfarchiadau gorymdeithiwyd unwaith eto drwy'r pentref i fyny i'r sgwâr, ac yna aeth pob un yn flinedig a hapus i'w wely croesawus.

Am hyn o lwyddiant rhyfedd yr ydym yn wir ddyledus i allu cerddorol a dycnwch diflino ein harweinydd medrus Mr. Ted Morgan, gweithgarwch a sêl Mr. Harries ein harweinydd, parodrwydd Miss Owen a Miss Pearce i'n cynorthwyo, a ffyddlondeb a brwdfrydedd pob aelod o'r Côr. Yn ddiamau, y mae gennym gantorion gwych yn yr ysgol, a'r gynghanedd berffaith rhyngddynt hwy a'r arweinydd a sicrhaodd y fath lwyddiant gwych.

Rhwng popeth enillodd ein Hadran un ar hugain o sêr, wyth llyfr, tystysgrifau amryw, Cwpan hardd ac yn olaf Tarian brydferth am y marciau uchaf, sef 58.

## SNOW

So softly didst thou come, as thou didst land;
O Snow! sweet symbol of the lands above,—
In fleecy flakes thou floatest down so grand,
On buoyant wings—as silent as the dove.
The heavenly shearer down has dropped the fleece
Into the spinners hand, who weaves
An ermine cloak, which clothes the earth in peace,
And to us beauty in abundance leaves.
In this a message from our God, to all
Who tread the evil ways of earth and sin
To contrast white, so spotless, with their soul
And see if they are good as God's own kin?
So, silent sign of Him Who rules above,
Come thou, and show His true unending love.

D. Jacob Davies, VB.

## AT SCHOOL IN GRANDMOTHER'S DAY

SCHOOL in Grandmother's day was a very different affair from what it is now. Headmasters and Headmistresses have to be respected even today, but when Grandmother was a little girl it was usual to live in positive awe of one's elders.

For example let me describe what used to happen breakfast time at the Boarding School my Grandmother used to go to.

After all the girls had entered the dining-hall and taken their usual seats, the door of the dining hall would open and the Headmistress, tall and stately, dressed in a black silk dress, a lace cap with lavender ribbons on her hair would come in.

There would be no titters such as some modern school-girls would be likely to indulge in at the sight of such a costume, but a signal every girl at the breakfast table would rise to her feet. The Headmistress would advance into the room making a sweeping curtsy towards her pupils, turn, and like a queen walk to the table.

Meanwhile all the school girls would have curtsied and uttered in clear respectable tones "Good morning, Miss P—." They would remain standing until the Headmistress addressed them again, "You may sit down, young ladies".

They would take their seats, ply their knives and forks and indulge in "polite conversation".

There were two offences which school girls of those days had to guard against. Firstly, the chairs were purposely set a little distance from the table and new girls, not knowing how wrong it was to do so, would secretly hook their feet round the leg of the chair and draw it in towards the table. The Headmistress would invariably notice the movements—and punishment followed, but it was most difficult to remember not to do so.

Their second "sin" was to cross one's legs beneath the table and any girl found with her knees crossed would have to put sixpence in the missionary box.

After the meal was over, the room would be cleared and on a raised platform at one side, the Headmistress would sit on a high chair while grouped around her were her assistant mistresses.

The girls would then make a deep curtsy to the Headmistress. For this curtsy it was essential that the schoolgirl should hold a morsel of her frock on either side, and that her little finger should be daintily pointed and her right foot slightly bent and her left foot raised on its toes behind.

*Tîm Pêl-droed 1933*

## Y RADIO

*(Buddugol yn Eisteddfod yr Urdd, Caerfyrddin, 1935).*

UN rydd her i bellterau—yw'n radio'n
Rhedeg heb help gwifrau;
Gwas buan a gluda'n glau
Newyddion i'n haneddau.

Roland Davies, VIA.

*The School Octet, winners at the Urdd Eisteddfod 1933 and 1934*

## RECENT SUCCESSES OF OLD PUPILS

Dilys Lloyd Davies: 2nd M.B., Wales and London.
Cyril J. Evans: B.Sc. (Wales), and 2nd M.B. London and admitted to U.C. Hospital London.
Heilyn Griffiths: Carmarthen Training College, Board of Education Certificate.
Prof. John Hughes, M.A.: Education Dept., MacGill University, Montreal.
Gwenfil James: B. of E. Teaching Certificate.
John Daniel Jones: moderations, St. David's College, Lampeter.
Islwyn Jones: 1st part, 2nd M.B. (London).
Thomas Roy Jones: 1st M.B. (London).
Mr. R. G. Owen: appointed a Member of the Carmarthenshire County Council.
Mr. James Jones, Solicitor, Llandysul: appointed Clerk to the Governors of the Ll.C.S.
Miss J. Owen: 1st Class Certificate in Fruit Preservation.
Tom David Rees: member of the Pharmaceutical Society.
Percy Tudor Thomas: 1st Class Honours in Agricultural Botany, U.C.W., Aberystwyth.
David Lewis, C.C., Gomerian Press: appointed Justice of Peace for Cardiganshire.

## NOTES OF GOVERNORS MEETINGS 1925-1935

30 March 1925 Arrangements for hot cocoa and milk to be provided each mid-day and the cost be met by the Governing Body.

17 June 1926 The clerk reported that there were 33 applications for the post of Headteacher, (Mr Samuel having resigned) including one from former Headmaster Mr Williams Lewis, M.A. A short list of four was drawn up.

[1] Mr Morris Jones, M.A., B.Sc., Llantwit Major, Glamorgan.

[2] Mr Joseph E. Parry, M.A., Brighton.

[3] Mr W.E. Thomas, M.A., Blackburn.

[4] Mr Jeremiah Williams, B.A. Bargoed, Glamorgan.

Mr Parry was appointed as from Sept 1926.

26 Oct 1931 The Director of Education stated that the Authority had resolved a 10% reduction in staff salaries as from 1 Oct 1931. (This was a period of severe poverty and massive unemployment).

21 July 1932 Headmaster reported that he had accepted another Headship in Bournemouth.

21 Aug 1932 Mr T. Edgar Davies was appointed Headmaster as from September.

20 Nov 1932 Appointment of teacher of Mathematics. The clerk laid before the meeting a summary of the qualifications of the 104 applications for this post.

3 Dec 1932 It was resolved to appoint Mr William Ernest Jones, B.Sc., (Mr Jones was a past pupil, and this was his first appointment).

30 July 1934 Resignation of Miss G. M. Pearce, B.A., as English Mistress due to her forthcoming marriage to Mr I. T. Hughes. 103 applicants were received for her post, and Miss Gwyneth Llewelyn, B.A. was appointed from a short list of four.

11 Feb 1935 Mr Edward Morgan was appointed part-time Music Teacher—One day per week at a salary of £30 per year.

## EDITORIAL 1934

This year we have suffered a loss in the retirement of Miss G. M. Pearce, B.A. , our Senior Mistress, on the occasion of her marriage to Mr. I. T. Hughes, M.A., our Geography and History Master. We extend to both our sincerest good wishes for a happy future. During her stay at the School, Miss Pearce became popular with all, and her departure from amongst us is much regretted.

At the same time we offer a warm welcome to our new Staff Representative on the ADASTRA Committee, Miss G. I. Llewellyn, B.A., who has come to us as English Mistress, after serving for three years in Birmingham schools. We also welcome very heartily two other new members of Staff, Mr W. Ernest Jones, B.Sc., who has been appointed to teach Biology and Agricultural Science, two new subjects in the School Curriculum. May all three have a happy time at the School.

We offer our congratulations to Miss Owen, our Cookery Mistress, on obtaining the 1st Class Certificate of the Agricultural and Horticultural Research Station of the University of Bristol, in Fruit and Vegetable Preservation.

It gives us great pleasure to include in this number an article by Mr. T. Thomas, Clerk to the Governors. We wish to thank Mr. Thomas, not only for his splendid contribution, but also his unfailing interest in the School throughout the years.

Our thanks are due to Dr. Lloyd Davies, M.D., F.R.C.S., a distinguished Old Pupil of the School, for the inspiring presidential address which he delivered at our last Prize Distribution and Terminal Concert, and for the donation he has made to the Library Fund.

We wish to express our gratitude to Col. E. C. L. Fitzwilliams, C.M.G. and County Councillor David Lewis, J.P. for their gifts to the Library. We are also grateful to the Governors for repeating their grant to the Library Fund. Other contributions are to be added in the near future, and it is hoped to make the School Library as good as any in Wales, under the methodical care of Mr. Leslie Harries, M.A.

It is with pride we record another increase in the number of pupils attending the School. This year we have 227 pupils on the roll.

As will be seen from the pages which follow, the activities of the School have been varied during the past year.

It is very encouraging to all those who have worked so untiringly to find that the School "Adran" of the Urdd was again successful in winning a large number of prizes at the National Eisteddfod at Old Colwyn. It was the scene of another great triumph for the School Choir. We very heartily congratulate all concerned and look forward to further successes next year. A full account appears in subsequent pages.

In the Easter Term a Debating Society was established under the supervision of Mr. I. T. Hughes, M.A. Details of its activities appear elsewhere. We much appreciate the practice which the Society has afforded us in the art of public speaking.

On the Athletic side the School has more than held its own, as will be seen from the Sports Notes. Mr. Llewelyn, B.Sc. and Miss Owen are indefatigable on the field.

We would bring to your notice the number of advertisers who have contributed towards the financial success of our Magazine. We sincerely thank them, and it is our hope that they will continue to support us.

# 1935 - 1944

## NOTES FROM GOVERNORS MEETINGS 1935-1941

23 March 1936 Applications for post of Teacher of Welsh and History. 93 applications. Miss Catherine Jane Jones, Dolcoed, Pencader. (later to become Mrs Watkins) was appointed.

9 Nov 1936 Resolved that a telephone be installed in the school.

15 Feb 1937 The County Education Authority recommended that a suitable book be presented to each pupil as a souvenir of the Coronation of King George VI. The book recommended was "George VI—King and Emperor". The price was 6p per copy.

Provision of clothing and shoes for Physical Education to be supplied from county funds. One Governor suggested that pupils should be medically examined by the County M.O.H. as to their fitness for strenuous training.

Proprietors of buses conveying pupils be requested to make an effort to arrive in the village by 9.00 a.m. and that they be asked to bring pupils up to Pegglers Square (Bradford Square) rather than to Wilkes Head.

Coronation Holiday—Resolved that 12, 13, 17, 18 and 19 of the month be regarded as a school holiday.

21 Nov 1938 H.M. Inspector Report—Attention drawn to the average age of entry which was 12yrs 8 months—this was too high.

20 Feb 1939 Tower. Resolved that the tower on the new building be proceeded with and that a flag staff be erected thereon.

Clock—A clock with two dials be placed in the tower. Estimates for installation were submitted by Messrs Evan Davies and Edgar Davies, Jewellers, Llandysul. Resolved to accept the estimate of £187 and clock to be manufactured by John Smith and Sons, Midland Clock Works, Derby.

Official opening of New Buildings to be on 7 June 1939. 265 pupils on roll (134 boys and 131 girls).

20 May 1940 Unanimously resolved that arrangements be made immediately for the preparation of mid-day meals at the school and the charge to be 6p per meal.

19 Aug. 1940 Miss Nell Jones, Brynmachnog, Llandysul appointed first cook at a salary of £1.5.0 per week during term time. Miss Dilys Jones, Glanyrafon, Llandysul to be assistant cook at a salary of 12/6 per week.

15 March 1941 Mr Evan Davies, Jewellers, Llandysul to be paid 2/6 per week for his services in winding and maintaining the school clock.

School Choir 1936-37

Prefects 1936-37

## TUCHANGERDD— 'JOHNNY BACH NI'

(Buddugol yn Eisteddfod yr Urdd, Blaenau Ffestiniog, 1936.)

MAE'R teulu sydd drws nesa
Yn cynnwys rhif o dri,
Y tad a'r fam, wrth reswm—
A'r llall yw "Johnny ni".

"Ei wallt sy'n gyrliog felyn,
Mae'n berlyn welwch chwi—"
Fel hyn disgrifiai'i fam
Ei thrysor—"Johnny ni".

Mae iddo glustiau mawrion,
Fel hyn dywedaf i—
A phwy all atal tafod
Wybodus Johnny ni?

Yn gynnar â i'r ysgol,
A mawr y ffus a'r cri
Os teflir smotyn lleiaf
O faw ar John bach ni!

Pa ddiwrnod mewn Eisteddfod
Bu'n wban fel hen gi,—
Ond dwedai'i fam mai canu
Fel ffliwt wnaeth Johnny ni!

Pan ddaeth y llym feirniadaeth
Yn olaf oedd o dri!—
"A welsoch chi fath gam erioed
A wnaed ar Johnny ni!"

A glywsoch am *exam* y Pasg?
Fel hyn yn gywir bu—
"Pe byddai heb wneud *un* mistêc
Fe basiai Johnny ni!"

Fe hoffwn glywed S.O.S.
Yn dod o'r B.B.C.,
Yn dweud fod dyn drws nesa'
Yn chwilio Johnny ni!"

Dd Jacob Davies, VIs.

# CRWYDRO

GAN YR ATHRO JOHN HUGHES M.A.
(Adran Addysg, Prifysgol McGill, Montreal, Canada.) Mai 1936.

Daeth sioc neu ddwy imi yn sgil y neges o Landysul i ofyn am bwt o ysgrif i Gylchgrawn fy hen ysgol. Sylweddolais yn sydyn fod tair ar ddeg ar hugain o flynyddoedd oddiar pan ddringais i'r rhiw i'r ysgol fel disgybl.

Diolch i ymdrechion Mr. David Rees, Llanllwni—athro, Cristion, a gŵr bonheddig, os bu un erioed—enillais ysgoloriaeth i Ysgol Sir, Llandysul. Diolch, hefyd, i aberth rhieni, mi gefais ysgol a choleg—"A'r hen bobol, wrol lin, O'u cyni'n gwasgu ceiniog" ys dywaid Elfed.

Rhwng 1902 a 1907 mi deithais, cyn oed y beic, ddwy fil o filltiroedd i'r ysgol. Bûm ffodus yn fy athrawon, ac yn eu plith yr ysgolhaig rhadlon Mr. R. T. Jenkins a'r hynaws Mr D. James Davies, C.B.E., Y.H., (Prif Swyddog Newfoundland yn Llundain heddiw).

Y sioc arall a gefais oedd i chwi, Mr. Gol., sôn am fy "llwyddiant". Eithr, fy neges i yw hyn,— nid llwyddiant nac elw nac enw yw popeth. Na syrthied plant Cymru i demtasiwn. Yn wyneb hyn cyflwynaf i chwi dri o wŷr da ein bro,—Edward Richard, Ystrad Meurig, y talodd Syr O. M. Edwards iddo deyrnged fe hyn: "Ei rodd gymun i Gymru oedd ysgol, llyfrgell a phedair cân". Henry Richard, Apostol Heddwch; a'r Dr. Timothy Richard, rhodd Cymru i China. Dyma dri Rhisiart sy'n dwyn ar gof i mi mai'r unig lwyddiant gwerth sôn amdano, a gosod pris o gwbl arno, ydyw llwyddo i wasanaethu. Carent Gymru, bob un ohonynt.

A oes ddarlun anwylach o letygarwch hoffus yn hen wlad na'r pennill hwn o waith Edward Richard,—

> "Mae'n bwrw glaw yng Ngwmberwyn, a'r cysgod yn estyn,
> Gwna heno fy mwthyn yn derfyn dy daith,
> Cei fara a chawl erfin iachusol a chosyn,
> A 'menyn o'r enwyn ar unwaith."

Carai Henry Richard yntau ei wlad hefyd, eithr ni chyfyngai ei orwel i un genedl, fel y tystia ei ymdrechion egniol ac arwrol dros heddwch y gwledydd.

Carai Timothy Richard ei wlad hefyd, fel y tystia ei lythyr o Japan i China yn 1912 i'w frawd y Dr. Hopkin Rees. Rhoes y ddau eu doniau Cymreig ar allor gwasanaeth eu cyd-ddyn.

Ac nid yng nghylchoedd addysg a chrefydd yn unig y daw cyfle i wasanaeth. Geill ambell hen ddisgybl, er heb raddio, wasanaethu'n ddistaw gartref, neu ar y fferm, neu'r siop, neu'r swyddfa. Ond, cofier nid yw gwladgarwch ynddo'i hun yn ddigon, fe y dywedodd Nyrs Cavell.

Cofier,—

> "Ti elli fod yn Gymro
> A charu'r byd 'r'un pryd."

eto,—

"Dante—dos i'w ddilyn;
Shakespeare, tro i'w fyd:
Cofia Bantycelyn
Yr un pryd."

Yn ôl Jan Christiaan Smuts, nid tlodi Scotland a wnaeth Livingstone, ond ei chyfoethogi yn hytrach wrth wasanaethu y dyn du. I ddod yn nes adref enillodd William Davies y Talgoed, Llandysul, enw da i Gymru yn ei waith dros frodorion Grahamstown, De Affrig. Bûm i a Chymro arall wrth ei fedd yn 1934, a thystiai'r neges ar y garreg fedd i'w waith a'i gymeriad.

Nid yng Nghymru yn unig y mae aberth arwrol dros addysg a diwylliant. Gwna cenhadon addysgol a meddygol waith penigamp yn Affrica, fel y gallaf dystio drwy brofiad.

Yn nyddiau brwdfrydedd yr Urdd a'r Blaid ni ddylai Cymry ifainc gyfyngu eu gorwelion yn rhy gul i ffiniau yr un genedl, er anwyled a rhagored honno. A pheidied y Cymro gartref â syrthio i'r camgymeriad y bûm i ynddo—sef credu mai Cymro hunan-geisiol, o angenrhaid, yw pob Cymro a drigo y tuallan i Gymru. Mi gwrddais i â rhai ohonynt a holai'n dyner a manwl am Gymru, a bryderai'n amlwg am ei ffyniant, ac a fyddai'n falch iawn, ped agorai'r drws, i wasanaethu Cymru yng Nghymru am gyflog dipyn yn llai nag a gaent oddicartref.

Wel, rhaid tewi. Bwriedais sôn am gyfraniad y pentre i fywyd yr ysgol,—am yr addfwyn J. D. Lewis, Gwasg Gomer, am ei wasanaeth ef ac eraill i'n diwylliant Cymraeg, am 'Steddfod y Groglith, a llawer person a phwnc arall.

Ond ymhelaethais ormod eisoes efallai. Os crwydrais ormod, y mae'r bai (1) ar y testun, (2) ar yr awdur—un o'r "Cymry ar Wasgar" ydyw, wedi'r cwbl.

Pob llwydd i'r hen ysgol hoff.

*Folk Dance group 1936*

## MR. T. G. SAMUEL—AN APPRECIATION

The School sustained an irreparable loss by the sudden death of Mr. Samuel on February 8th, 1937. Educated at Llandovery College and Jesus College, Oxford, Mr. Samuel in his early years was a good athlete, and as became a product of a famous rugby school, he played rugby for the Oxford "A" team, which was largely composed of "Blues".

He was well known to successive generations of school-girls and school-boys, by whom he was greatly loved, but it may perhaps be permitted to a colleague who worked with him for some years to testify to the high esteem in which he was universally held.

Happy indeed is the man who can win the respect and affection of the young, and retain that confidence and esteem when the judgement of immature youth has been mellowed by advancing years—and the popularity of Mr. Samuel with old pupils of the school, who recognised that he had always had their interests near to his heart, testifies to his success as a schoolmaster in the fullest sense of the term.

We who have known him well, regret with a degree of sincerity that words are quite inadequate to express the loss of a sympathetic friend and a loyal colleague.

Here was a man whose character was moulded on large lines, and who possessed in a very marked degree that elusive quality of personality, so difficult to explain, so easy to recognise, but which may be defined as the power of impressing one's individuality upon others.

It is fortunate for us, it is fortunate for the school, that he who was called from our midst while still in harness, was also a just man, a straightforward man, a loyal man.

It was not strange that he loved Oxford—and indeed no appreciation of Mr. Samuel's character would be complete without a mention of his love for Oxford—that 'Alma Mater' of whom it has been truly said that 'to know her is to love her, and to love her is an education in itself'.

## ER COF

Gyda galar a gofid dwys y cofnodwn yma farwolaeth Mr. Evan Jones, ein hannwyl Athro Gwaith Pren. Dioddefodd Mr. JONES yn dawel ynghanol ei waith a'i orchwyloin am amser, a dihoenodd ar wely gwaeledd am fisoedd hyd nes ei ryddhau o'i gystudd poenus Ddydd Sul, Awst 15fed, 1937.

Cydymdeimlwn yn ddwfn â Mrs. Jones, Dannie a'i chwaer Dilys yn eu colled dirfawr a'i hiraeth mawr. Diddaned yr Arglwydd hwy, a chysured hwy er ysgafnhau baich llethol eu trallod.

*Evan Jones*

HYMNS

TO BE SUNG AT THE

FUNERAL SERVICE

OF

THOMAS GRIFFITH SAMUEL

M.A. (Oxon.)

County School House : Llandyssul

Died February 8, 1937

Buried at Penybont Baptist Burial Ground
Llandyssul

February 11, 1937

*Wynebddalen taflen ei angladd, Chwefror 1937*

## DEBATING SOCIETY

The Debating Society which has now become a well established feature of our school life has enjoyed another very successful year.

Eight Meetings of the Society were held.

The season opened on October 15th when the subject of debate was "That life is not worth living". The motion was carried by 52 votes to 3. Ronald Orchard was in the chair.

Tom Jones presided on October 29th and the subject was "Discretion in Speech is better than eloquence". Jimmy Thomas supported by Sallie Rees proposed the motion which was carried by 36 votes to 24. Rayan Rees and Gareth Davies spoke for the opposition.

On Nov. 16th John Owen Jones proposed the motion "Should safety-first be the guiding policy of mankind" with Lynn Evans as seconder. David Davies supported by Margaret Davies led the case for the opposition which defeated the motion by a majority of 20 votes.

The last meeting of the Christmas term was held on November 30th. The motion "That England is not merrie" was proposed by Emily Jones, who was seconded by Eurwen Davies. Ray S. Jones supported by Priscilla Jones opposed the motion which was rejected by 54 votes.

Attendance was disappointing at the first meeting of the Easter term. It was a very wet day and more than half our members were away. In spite of this however the subject "That Deadwood Dick stories are detrimental reading" provoked lively discussion. Joseph Lewis presided and the speakers were for the affirmative David Davies and Leslie R. Jones. The motion was defeated by 24 votes to 3.

The motion under discussion on January 25th was "That the world is getting better". It was proposed by Ieuan Evans, seconded by Dewi Bowen and opposed by Gomer Williams with Gerwyn Jones as seconder. The motion was carried by 33 votes.

The subject for debate on February 15th was "That examinations are not a test of person's capabilities". Ormond Davies and Roland Davies spoke for the affirmative and David G. Rees and Lily Thomas for the negative. The motion was carried by a small minority.

Our last meeting was also affected by weather conditions; this time a snowstorm reduced the attendance. Brinley Newham seconded by Elfed Davies proposed the motion "That the world is given too much sport". Tom Lewis was the leader of the opposition which was seconded by Rita James and the motion was lost by 17 votes.

The society wishes to thank Mr. I. T. Hughes, M.A. for the advice and inspiration given by him at all times.

T.D.J., VI.

*Soccer XI 1938*
*Standing: Mr Llewelyn, John Morgan Jones, Tom Lewis, Brian Williams, Gwilym Ifor Thomas, Mihangel Williams*
*Sitting: Cyril Thomas, Tommy Jones, John Rees, John Charles Jenkins, Daniel Rhys Davies*
*Front: Cecil Williams, Wyn Davies*

## RECENT SUCCESSES OF OLD PUPILS 1936

Mary Christina Davies, Kensington College, Commercial and Secretarial Diploma and appointed on the Staff of Broadcasting House, London.

David Davies, Board of Education Teaching Certificate.

Ormond Davies Va, "Western Mail" St. David's Day Essay Prize,. (2nd time).

Olwen Davies, qualified as State Registered Nurse.

Thomas Eilir Wynne Evans, B.A. (Wales, Hons. Latin, 2a, and Hons. Greek, 2a)

Margaret Eleanor Evans, Medical School Zoology and Botany, Manchester.

William James passed 1st M.B. (London), and 2nd M.B. (London), Part I.

David John Tyssul Jones, Handwriting Competition, "Daily Herald."

Joan Jones, Certificate in Institutional Management at the Training College of Domestic Art, Cardiff, appointed Supervisor at Bon Marche Restaurant, Gloucester.

Maisie Lewis, Kensington College Commercial and Secretarial Diploma appointed on the Clerical Staff of the Royal Free Hospital, London.

Eira Owen, 1st Class Certificate in Institutional Management at Berridge House, London.

Thos. John B. Parkington, Civil Service Customs and Exise Open Examination, 85th place, appointed to the Customs Offices, Cardiff.

## RECENT SUCCESSES OF OLD PUPILS 1937

Diana Lloyd Davies, B.A. (Wales).

Marie Elizabeth Jones, IIIa, Special Prize in Daily Herald "Road Safety" Handwriting Competition.

Beatrice Maud Lloyd, District Nurse, Neath.

Margaret Gaynor Owen, Berridge House 1st Class Certificate in Institutional Management.

Jennie Magdalen Thomas, IIa, Special Prize Daily Herald "Road Safety" Handwriting Competition.

Heilyn D. Griffiths, Manual Instructor at Stradey Central School, Llanelly.

Matthew M. Griffiths, B.A. Lampeter.

Elwyn Jones, Draughtsman at the Ordnance Survey Department.

W. E. Jones, B.Sc., First Prize in Western Mail competition for the best List of the best Six Welsh Books published in 1936.

Thomas John Jones, Teaching Diploma of the Royal Academy of Music.

Percy Tudor Thomas, Ph.D. (Wales) in Agricultural Science.

Hubert James Williams, 1st M.B., London.

*Hockey Team 1937-38*

## UNIVERSITY COLLEGE OF WALES, ABERYSTWYTH

5th November, 1938.

Dear Readers,

I PROMISED some time ago to contribute to this number of your magazine. I thought then that I might write an article on some subject I have a specialised knowledge of, but I doubt if that would interest many of you. In contributing a 'letter' as I am doing I can touch on a number of different points.

I was a pupil at Llandyssul from 1915 to 1919, at the time of the War. I can well imagine that to you that is 'ages' ago. At least that was how I regarded at that time, events such as the Boer War, or the foundation of the School, which were less remote than the Great War is now. In the 20 years or so that have elapsed since that period considerable changes have taken place in School Life at Llandyssul, and of course, elsewhere too.

The most important change has been the practical disappearance of that common life which depended for its existence on the pupils staying in Llandyssul for the whole of the working week. After School was over at 4.30 or 5 we did not in my time rush to catch a 'bus'. Apart from a small minority we stayed in Llandyssul, most of us in lodgings in the village, some at the Headmaster's house. The hours immediately after School were thus available for recreation or leisure. Pupils from different districts mixed together, for talk or play, and we thought of ourselves less as belonging to our respective districts than to the same School. We thus formed a closer-knit society than I can imagine possible under the present conditions, when immediately after School you scatter far and wide. With a large number of pupils staying in Llandyssul and away from home—which by the way taught us how to look after ourselves—the authorities had one or two disciplinary regulations. We had to be indoors by a certain hour in the evening, 6.30 in the winter and 8.30 in the summer. This somewhat curtailed our recreation and adventures and undoubtedly kept us out of a lot of mischief. The rule however ensured plenty of time for evening work, and, being in digs, we were able to carry on with this work free from the many distractions inevitable at one's home. Indeed, taking it all in all, it seems to me that the passing of what may be called the 'residential' nature of the School has been a big loss to the pupils. But I may be entirely wrong, for I have not a full knowledge of things as they are now.

Changes have also come over the School curriculum and examinations. Here the changes are certainly for the better. You may however be interested to know how things were when I was at Llandyssul. Most of us entered School at the age of twelve or so, and I believe that is still the case. After two years in School we had our first taste of an external examination in the form of the C.W.B. Junior. Those who passed proceeded to Form (IV) to take the Senior examination at the end of their third year. Most pupils at this stage would still be taking nine or ten subjects, a pass in six qualifying for the Senior Certificate. Pupils who failed the Senior in Form (IV), took it over again in Form (V). After the Senior stage a few passed on to the sixth form to study for the Higher examination. I am not fully aware of the present system. The Junior examination has, I know, been abolished and this I think is a great loss, though it has of course relieved the Central Welsh Board of a large amount of examining work.

When the Editor invited me to contribute to this Magazine I was given a copy of an earlier number. I have read it with interest, and noticed several activities which did not exist in my time. For instance, the girls did not play Net Ball then, nor did we have a Debating Society. Particularly gratifying as a new activity is the part you play in the Urdd movement, and I would like to offer you hearty congratulations on your many successes in the Urdd Competitions.

In this letter I ought perhaps to say a word about Physics. It is the subject I teach at this College and one which I have studied more that any other since I left School. During even my first year at Llandyssul, Science and Mathematics became my favourite subjects, and I can remember very vividly the pleasure, even ecstasy, with which after the Senior examinations I laid aside my books on History, French, etc., to carry on with Physics and its allied subjects. At this stage I evidently followed my aptitude, but later when I entered College I must confess that I lapsed from that standard, and allowed other considerations to weigh. Thus I first chose Engineering, because it was supposed to offer good prospects! But I never felt easy about my choice and after a while I changed my course to take Chemistry, and it was only when I changed again to take Physics that I felt comfortable. In a matter of this kind, be it choice of subject of study or of vocation, it is generally the best policy to follow your natural aptitude without too much regard for other considerations. After graduating I spent a number of years on research before I started teaching. I have now just started work at Aberystwyth College, and I find it quite a change after many years in English Universities. I naturally take more interest in the students and I was particularly pleased to find at the beginning of the session a new student for the Physics department from Llandyssul.

A University is concerned not only with teaching, but also research, and in the Physics department here there are seven post-graduate students. At the present time a phenomenon of considerable interest in Physics is that of Cosmic Radiation and it is with this that some of the investigatiations which are going on here are concerned. This radiation comes from outside the Polar system, and probably from outside our galaxy. It is not visible like sunlight or starlight, and also unlike these it falls on the Earth with constant intensity throughout the day and night and throughout the seasons. Every second about a hundred particles of this radiation pass through a horizontal area of one square foot, and the majority of these particles have enough energy to penetrate a yard of lead. So far nothing positive is known about the place and mode of origin of this radiation, and even as regards their nature and behaviour, much remains to be unravelled. Even so we have already learnt a lot through the study of this phenomenon, and the final solution of the problem involved will undoubtedly represent a great advance in our knowledge of the fundamental laws of Nature.

I must now conclude but before doing so let me express two things, first, my best wishes to all of you, and for the future of the School, secondly, the deep affection with which I always think of the School, and of the Headmaster and Assistant Staff of my pupil days.

Yours very sincerely,
E. J. WILLIAMS.

## YR URDD 1938

Gyda'r Pasg daeth y newyddion am y rhai a fu'n crynu yn yr Arholiadau, ond yn wir, nid oedd eisiau iddynt gan y gwnaethant yn gampus dros ben. Wele'r buddugwyr:—

BARDDONIAETH: Arholiad y Gadair (Beirniad: Mr. TOM PARRY, M.A.).
Buddugol—Ieuan Rhisiart Davies.
RHYDDIAITH: Chwedl a Chân VI (Beirniad: Miss TEGWEN CLEE)
1af—Nansi Ceridwen Jones.
HEN ATGOFION: (Beirniad Dr. IFOR WILLIAMS) 1af—Ynyr Lewis.
YSGRIFAU: o 12 i 14 oed: Cyntaf—Edna Griffiths; o 14 i 16 oed: Ail—Nansi Ceridwen Jones; o 16 i 18 oed: Cyntaf—Ynyr Lewis; Ail—Ieuan Rhisiart Davies.
STORIAU. Dan 14 oed: Cyntaf—Edna Griffiths; Ail—Evan Tom Lewis; o 16 i 18 oed: Cyntaf—Ynyr Lewis; Ail—Iris Williams; Trydydd—Walter Roland Davies.
ARHOLIAD Y GORON. (Beirniad: W. AMBROSE BEBB M.A.) Buddugol—Walter Roland Davies.
DIRWEST: O 14 i 18 oed: Cyntaf—Iris Williams.
GWAITH GWAU. Siwt Ymdrochi—Cyntaf—Marie Jones.
CYWAITH GWAU. Gwisgo Dol: Ail—Rena Davies a Mary Dilys Thomas.
GWAITH PREN. Stand Tebot: Ail—Gordon Evans; 3ydd—Cyril John Evans.
STÔL BEDWAR TROED O DDERW: Cyntaf—Glanville Daniels; Ail—John Morgan Jones; 3ydd—John Thomas Lewis.
Cyfanswm y Marciau—YSGOL SIR LLANDYSSUL—86.

## RECENT SUCCESSES OF OLD PUPILS, 1939

Marian Davies, IVb: 1st Prize Solo (under 16) at The Royal Welsh National Eisteddfod, Denbigh.
Rena Davies: 1st Prize Needlework at the Royal Welsh National Eisteddfod, Denbigh.
Valmai Owen Davies, Va: Western Mail, St. David's Day Welsh Essay Prize.
Sarah Eleanor Doreen Harries, Secretary to Curator of MSS., British Museum.
Morfudd Thomas, IIb, Special Prize in Daily Herald Handwriting Competition.
David Gwilym Davies, Ll.B.(Wales).
David Gwilym Evans Davies: First Class Honours in the First Professional Examination and awarded the Centenary Medal, the Chemistry Medal, and Biology Medal of the Royal Veterinary College.
Dilys Lloyd-Davies, M.B., B.S., (Lond), L.R.C.P. (Lond.) M.R.C.S. (Eng.).
Cyril Evans, B.Sc., M.R.C.S., L.R.C.P. M.B., B.S. London.
H. Santley Jones, London City and Guilds' Examination in Woodwork. Part II.

Islwyn Jones, M.R.C.S., L.R.C.P., M.B. London.
Roy Jones, M.R.C.S., L.R.C.P., M.B. London.
Rev. Griffith Rees, M.A., Liverpool, Professor of Theology, Bala.
Professor E. J. Williams, D.Sc., U.C.W., Aberystwyth. Elected Fellow of the Royal Society (F.R.S.).
Hubert Williams, 2nd Part M.B. (London); 1st Professional M.R.C.S., L.R.C.P.
D. Glyn Hughes-Davies, 1st M.B. (Lond.).

*Soccer XI 1938-39*
*Back Row: David Lewis, Lyn McKensie Thomas, Gwyn Hughes, Howard Jones, Marles Lewis*
*Front Row: Dan Davies, Thomas John Jones, John Rees, Tom Lewis, Cecil Williams*
*Front :Tommy Jones, Elgan Thomas*

**Notes on some of the above—**

David Lewis, Llandysul—Architect in Aberystwyth died late 80's.
Howard Jones—died in 1950's.
Marles Lewis—Doctor in S. Wales.
Dan Davies—Wing Commander, Retired. Shrewsbury.
Thomas John Jones—Doctor, Llandysul, now retired.
John Rees—R.A.F. Flight Engineer—killed in Air Crash late 40's.
Tommy Jones—R.A.F. Pilot—killed during the War.
Cecil Williams—Headmaster in Junior School, Bucks—retired.

*Hockey Team 1938-39*

## I REMEMBER ...

It is no wonder that I choose this title when it falls to my lot once more to write for the pages of the Llandysul School Magazine. The very thought releases a flood of memories, for it was shortly after my return to the School to teach that the first School Magazine—THE ALAUDA—was started. When its first editor went to the war, I had to take on the editorship, and I can well remember sitting up late at night to compose something—anything—that would fill the gaps in the 'copy.' I remember also with some shame how during the last war I would fling on to the editorial pages scornful references to the enemy. I apparently found the term 'German' too mild; 'Hun' and 'Bosche' seemed fitter. In the sadness of contemplating that we are once again in the midst of a war, it is some consolation to think that such foolishness would hardly occur to the present editor. We are, perhaps, a little wiser and more moderate than we were in those days.

One of the articles I have a recollection of writing was meant as a withering attack on an odd craze that came over the boys some time during the last war—the craze for playing marbles! If the Junior forms only had been involved in this childishness, nothing might have been thought amiss. But even the lordly Sixth Formers fell to the temptation, and the sight on the terrace during recreation times was comic in the extreme. There did not seem to be any reasonable explanation, for the boys were never wholly deprived by war conditions of their football and cricket matches. Whatever it was, no amount of veiled sarcasm or open jeering would wean them from their childish pastime; they just grinned and went on wearing out the knees of their trousers. Then presently the craze passed, as such crazes do.

Very different in character was a pastime we used to enjoy during my 'pupil' days. When a Meet of the Foxhounds took place at Gilfachwen or Dol-llan, it was a row of expectant faces that met the Headmaster as he took roll-call, and the disappointment would have been intense if he had not announced that at a certain period in the morning we would attend the Meet. I think nothing was ever said about further concessions, but it was an unwritten law that we followed hounds on foot. In those days, no stress was laid on a knowledge of local geography as an important part of a child's education. But we unconsciously learnt a great deal of the country round Llandyssul on those wonderful days when we scampered over ploughed fields and through hedges—across the fields of Cwmmeudwy and Trecagal, out on to the Horeb road, then down into Cerdin valley and across Gellifaharen out to the Abercerdin road; or over the brow of Dol-llan woods, through Dolgrogws and in the direction of Graig Gwyrtheyrn, and back on the Llanfihangel road.

Among the heroes of my childhood were some of the riders we loved to watch during those hunts. I can remember now the thrill of getting as close as possible to the horses, partly for their own sakes, but partly, too, so as to get nearer to admire the golden hair of Miss Joan Lloyd, of Bronwydd, or to have a closer look at that amazing horsewoman, Miss Wylie, of Blaendyffryn. When all the School was invited to the tea-party on the occasion of the latter's wedding, we felt it was no more than our due as close friends! Sometimes, as we returned from the hunt tired and hungry, for we had had no dinner, a swede or a turnip rifled from a field was a meal fit for the gods. Only once during my 'teacher' days was this kind of holiday granted. I do not know how the practice came to an end; probably the war curtailed the activities of the Hunt, and a generation grew up in the School that did not know the glories of those days in the open.

Those were the days when we walked long distances to School on Monday mornings. Only a lucky few possessed bicycles, and the bus along country roads was unknown. Those Monday mornings were sometimes a silent and hurried progress; at other times they were leisurely and delightful. We were good at inventing reasons for not proceeding straight to School. One, I remember, for a company of us who walked from Llanllwni, was to reckon by the map that it must be shorter to go along the Teifi instead of entering Llandysul from the direction of Pencader past Penrhiw. Our theory was that to follow the two sides of a triangle must make a longer journey. We therefore turned at New Quay Road down to Llanfihangel bridge and then past Dolbantau and Llanfair and into the village past Penpwll. We even pretended to be surprised when we were disgracefully late, and had to give the odd excuse that we had taken a short cut. In those days we knew as if by instinct what houses on the road side might provide home-made ginger-beer if we called to ask for a drink, and we only experienced thirst as we came near these. These days of convenient and fast transport are no doubt better, but some leisurely joys are gone.

I suppose the economics of School life have changed with the changing conditions. I notice that the practice of lodging in the village is not common now, and the boarding establishment which was attached to the School has gone. They were once an essential part of School life. I am still waiting for a Welsh novel to be written which will take its hero (or heroine) through a rural County School and give a realistic description of the joys and humours of the 'lodging' system. Four, five or six boys (or girls) living together made an interesting little community, and life must have been at least more sociable than in the 'Bus and Bicycle' era of today. When I came back to teach, I used to enjoy the duty of visiting the 'digs' in order to see that the dwellers were obeying School rules. It was customary to find that after a certain time in the evening, boys were liable to be seized by a sudden consideration for their landladies, and might be found anywhere in the village carrying a water can (usually empty) or a loaf. The trick was an old one and usually worked, though not because a member of staff was convinced, but because of a certain understanding twinkle in the eye as the excuse was offered.

Inside the School walls, I do not suppose things have changed very much, though the walls themselves are now much more beautiful. The same things thrill this generation and the same things are found tedious. When, at the end of the summer term, the leaving pupils came to take their farewells, I used to ask them what they had found most pleasant in School, and among many things mentioned, two were invariable—the games and matches, and the preparations for the Christmas Concert. With all the experience I have since acquired of producing and adjudicating plays, I should like to see now one of those performances we prepared so elaborately and thought so wonderful. I wonder what I should think now of our standard of production! But I know that, though I have seen 'The Poacher' for example, acted many times, and by some of the best actors in the country, I have never really enjoyed any performance of it as much as the one given in School in 1917. Nor do I think in my heart of hearts that I have ever seen a better Tomos Shôn than Thomas Owen, of Rhydlewis (who, it was whispered, knew something about poaching!) or a better Dicky Bach Dwl than Joe Beynon. This, of course, is sheer sentimentality, one of the greatest dangers of giving free rein to reminiscence.

To avoid that danger, I must bring this article to a close, with one suggestion to the editor of the 'ADASTRA'—that he should procure an article for the magazine on 'School Nicknames,' unless this has been done already. For one thing that 'I remember' very vividly is that Llandyssul had surely the most amusing and trenchant nicknames that were ever coined by any School, and I do not doubt that the present pupils are as apt and inventive in this direction as their predecessors. For on the whole, I dare say the paradox of the French saying applies to the School as it does to many other things—Plus ça change, plus c'est la même chose.

*Mary Lewis.*

*Ambulance Team, 1939*

*Yr Ysgol a'r Tŵr heb y cloc, 1939*

Clawr Rhaglen yr Agoriad Swyddogol

# *Order of Proceedings*

AT THE TYSSUL HALL AT 2 P.M.
WED. JUNE 7th 1939

*Chairman* : COUNCILLOR JOSIAH JONES, J.P., Chairman of the Governors.

1 SCHOOL CHOIR, " Tro i'r Wig " .......................... (*T. J. Rees*)

2 ADDRESS by the CHAIRMAN

3 MUSICAL ITEMS : SOLO and CHOIR. *Soloist*, Eirwen Davies, Form V.
*Choir* " Tra Bo Dau " [*Welsh Folk Song*].
*Choir* " Ni Aned Neb " ...................... (*Merfyn Roberts*)

4 ADDRESSES : H. J. LEWIS, Esq., M.A., Director of Education for Cardiganshire.
J. EDWARD MASON, Esq., M.A., Director of Education for Carmarthenshire.

5 MUSICAL ITEMS : SOLO and CHOIR, " Mary " ............... (*Richardson*)
*Soloist* : Marion Davies, Form IVB.
*Choir* : " How Beautiful is Night " .................. (*Dr. Lyon*)

6 ADDRESS : W. P. WHELDON, Esq., M.A., Secretary of the Welsh Department Board of Education.

7 MUSICAL ITEMS : SOLO, " Christopher Robin is saying his Prayers " ........
Marion Davies, Form IVB. (*Simson*)

8 ADDRESSES : E. J. WILLIAMS, Esq., D.Sc., F.R.S., Aberystwyth (representing the Old Pupils).
T. THOMAS, Esq., (first Clerk to the Governors).
WILLIAM LEWIS, Esq., M.A., (first Headmaster).
ALDERMAN JOHN LEWIS, C.B.E., J.P., (a member of the first Governing Body).

9 MUSICAL ITEMS : CHOIR, " Cenwch Gerddi Cymru "....*Dr. J. Morgan Lloyd*

10 VOTES of thanks to the Speakers : *Proposed by* Councillor James Jenkins, J.P., Chairman of the Carmarthenshire Education Committee.
*Seconded by* Miss Ellenora James, O.B.E., J.P., C.C.

HEN WLAD FY NHADAU

---

*ADJOURN TO THE SCHOOL BUILDINGS*

*Procession from TYSSUL HALL headed by*

**LLANDYSSUL TOWN BAND**

GOVERNORS.

COUNCILLORS.

GUESTS.

STAFF.

PUPILS.

GENERAL PUBLIC.

*New Buildings—The tower and the gymnasium block*

*The School Governors*
*Standing: H. J. Lewis, Esq., M.A. (Director of Education); Councillor David Lewis, J.P.; Rev. E. O. Jenkins; Alderman David Evans, J.P.; Councillor E. H. Davies, J.P.; Councillor R. G. Owen, J.P.; Councillor B. E. Davies; Mr. James Jones, Solicitor (Clerk).*
*Seated: Alderman Rev. E. J. Davies, B.A.; Mrs. W. J. Williams; Alderman John Lewis, C.B.E., J.P.; Councillor Josiah Jones, J.P. (Chairman of Governors); Mrs. Josiah Jones; Councillor Ellenora James, C.B.E., J.P.; Miss Langley (Assistant Clerk).*

*The School Staff*
*Standing: Mr. H. S. Jones; Mr. W. S. Evans, B.Sc.; Mr. G. Llewelyn, B.Sc.; Mr. I. T. Hughes, M.A.; Mr. W. E. Jones, B.Sc.; Mr. E. Ll. Hughes, M.Sc.; Mr. E. Morgan*
*Seated: Mr. E. D. Sweete, M.A.; Miss G. I. Llewellyn, B.A.; Mr. T. Edgar Davies, M.A. (Headmaster); Miss J. Owen; Miss C. J. Jones, B.A.; Mr. L. Harries, M.A.*

## CYFARCHIAD I YSGOL SIR LLANDYSSUL

### AR AGORIAD YR ADRAN NEWYDD, MEHEFIN 7, 1939.

Hen anedd Tysul Santaidd
A chewri dysg a llên,
Moliannwn fyth dy enw,
Dy iaith a'th hanes hen.

Mae ynot swyn uwch synied
Fel cartref cerdd a chân;
Gorchfygaist ar lwyfannau
Enwogion Gwalia lân.

Yng ngeiriau dy arwyddair
Ti geisi'r seren fry,
Wyt eisoes olau llachar
Yng ngrym dy sêr di-ri.

Atolwg, ti wyt eto
Yn rhodio rhag dy flaen,
Er mwyn sylfeini addysg
Ti roddais faen ar faen.

Ymledodd dy adeilad—
Mawrhawn ei freiniau iach,
Ond eto mewn maintioli
I'th 'blant' mae yn rhy fach.

Ymestyn dy barwydydd
Dros erwau bannau'r byd!
Mae pawb o'th hen ddisgyblion
Yn eiddo it o hyd!

Dring ragot i'r uchelion
A'th lwybrau oll yn wyn,
A bydded tŵr dy addysg
Fel dinas ar y bryn.

D. Jacob Davies
*Coleg Presbyteraidd Caerfyrddin.*

## THE LATE MR. THOMAS THOMAS

IT is with deep regret that, just as this Magazine goes to press, we have to record the death of THOMAS THOMAS, Esq., Spring Gardens, Llandysul. For some time his failing health had caused great anxiety to his many friends. After a lingering illness he passed away peacefully during the late afternoon of Sunday, 10th November, 1940, in his 83rd year.

As a School we are conscious of a profound sense of loss. For over 45 years the Llandyssul County School enjoyed the benefit of his ripe experience and sagacious advice. With his passing there has gone from us one of the last links that bound us so closely to the old Llandyssul 'Grammar School' and one who knew the abiding friendship and warm regard of all the past and present Governors of the School.

Mr. Thomas was the first Clerk to the Governors. He was appointed in 1895, and his active association with the School continued until his retirement in 1925. He was peculiarly well-fitted for the office of the Clerk. His wide legal and rich business experience made him a most valued counsellor. Belonging to what we may respectfully call the "older school," he was always the first to appreciate new and progressive ideas. It was characteristic of him that throughout his illness until the time of his death he took a most lively interest in the welfare of the School.

A man of wide sympathies, Mr THOMAS THOMAS attracted a large circle of friends; and we are conscious that many besides ourselves will be affected by the loss of his virile personality and the charm of his friendship. It is unnecessary to dilate here upon the esteem and respect that was accorded to him. To share his companionship was a treasured experience to many men in places high and lowly.

## MATHEMATICS DEPARTMENT, KING'S COLLEGE, LONDON

October 1st, 1940

DEAR READERS,

I was a pupil at the School during the last war, so I feel I have something in common with you who are in School during this one. Since the war is rather a dominant factor in our lives these days, perhaps it would not be out of place to tell you of some of my contacts with Italians and Germans, who are our enemies.

In 1926 I went to the University of Rome as a student. This was my first contact with a foreign people and with a foreign language. Let me point out here incidentally that those of us whose mother-tongue is Welsh have a great advantage over our monoglot English friends in this respect. We have already mastered two languages and the acquisition of a third is not so hard. So if any of you are thinking of taking up languages seriously, you will be encouraged to hear that Welsh people have established a reputation for themselves on the continent as good linguists. In Rome we were well represented in those days by A. O. Roberts, a distinguished young playwright whose Italian was perfect.

The Italian Universities were then flooded with foreign students, mostly from South-eastern Europe and North Africa. It was part of Mussolini'n propaganda to give foreigners their education at half fees for the first year, and to let them off entirely in any subsequent years. We all talked politics in bad Italian, and it was a shock for me to find that Britain was not thought of as a high principled defender of liberties of small nations, as I had always believed, but as a ruthless world power which had engineered the great war to get rid of German rivalry in trade.

Italians always seemed to know what we in England thought of Italy. When, in reply, I used to refer to our profound respect for Italian art, they did not seem to be at all pleased. What they wanted was not that sort of respect. They wanted Italy to be thought of as a first rate military power. I often used to think of this when Italy was preparing to invade Abyssinia in 1935. One felt that the Italians were going to all that trouble just in order to convince themselves that they could carry out a successful military operation. What they needed was neither Abyssinia nor any other "living space," but conquest.

I find it difficult to believe that Italians can have any enthusiasm for a war against us. It is true that for the last five years they have been subjected to continuous anti-British propaganda, but in 1926 they were certainly very friendly towards Britain, and they had some flattering notions about our colossal strength as an Empire. Their notions about our wealth were sometimes comic. People who should have known better seriously believed that among the tourists who visited Italy there were workmen who could afford to do it on the "dole"!

I am afraid that whereas I was a student and later had a job in Italy, and could therefore see it a little from the inside, my impressions of Germany are more superficial, having been gained entirely at holiday times.

My first long stay in Germany was in 1931, when I attended a course in German at the University of Freiburg. In those days all shades of political opinion were expressed in Germany, and Professors discussed these various issues with delightful impartiality. People would tell you that what Germany needed was a strong man like Mussolini. Since Hitler was already the head of a strong party, one would suggest him for the role, but they did not take him seriously, and the Nazi salute and swastika were looked upon rather as curiosities.

By July, 1934, things were quite different. The purge of June 30th had just occurred, and there was an 'atmosphere' about the place. Your copy of the *Times* was confiscated at the frontier. Then on entering the bureau called "Zimmer Nachweis," where you booked rooms, you would hear telephone conversations beginning and ending with "Heil Hitler" instead of the usual equivalents to "Hullo" and "Good-bye." Brownshirts (S.A.) and the more select Black Guards (S.S.) were very much in evidence. None of them seemed to have a job, but they were in uniform, and felt important as symbols of the "New Germany." There was more singing and dancing than before, and a foreigner was always asked what he thought of the new Germany, to which he would reply (thinking of the singing), that it was marvellous.

Austria that Summer was in ferment. Chancellor Dolffus was murdered, and the Italian army was ready to march in. Machine guns were posted at street corners. We turned up at the University of Innsbruck one day to find that the room we had occupied the day before had been wrecked by a bomb. I had more excitement than I had bargained for in the form of a four-hour period under arrest. The country was empty of tourists, the Germans were not allowed to go there by Hitler's orders, and other foreigners were kept away by the unrest. So that Austria, the traditional home of gaiety, was no longer gay.

This is getting too long, so I must leave the other visits, except for a reference to a stay with a family in Frankfurt in 1935, where I had a chance to read the nonsense which their boys were taught as history in School, and to another stay in Neukôlln, the Whitechapel of Berlin, in 1936, where I had a good insight into the life of the ordinary working man under Nazi rule. It may interest you to know, since you will have to go quite short of butter this Winter, that the inhabitants of Neukôlln had no butter at all for three months even as far back as 1936. In fact most of the food difficulties which we now meet for the first time were already well known to them.

Some day we shall have peace again, and foreign travel will be possible. I heartily recommend it, if only for the lovely feeling which one gets on returning, and after all this country is by far the best to live in.

Yours sincerely,

EVAN T. DAVIES

# BUDDUGWYR EISTEDDFOD GENEDLAETHOL RHYL, 1940

## ADRAN YSGOL SIR, LLANDYSSUL

ARHOLIADAU. Adran Llên/
BARDDONIAETH.

1. O 14 i 16 (Storiau ar Gân):— 1. Glenys May Jones; 2. Gwen Morgans; 3. Edna Griffiths.
2. ARHOLIAD Y GADAIR. (Yr Haf a Cherddi Eraill, Cerddi a Baledi). 1. Ray Davies, VA

RHYDDIAITH.

3. Dan 12 oed:— 1. W. E. Mobberley; 2. Agnes Ann Jones; 3. Megan Lloyd a James Hywel Davies.
4. O 14 i 16 oed:— 1. Owen Geraint Davies; 2. Dewi Evans; 3. G. C. Jones
5. O 16 i 18 oed:— 1. Valmai Owen Davies.

YSGRIFAU.

6. O 10 i 12 oed:— 1. Sidney Ivor Davies; 2. M. A. Richards.
7. O 14 i 16 oed:— 3. Gwen Morgans.
8. O 16 i 18 oed:— 1. Valmai Owen Davies; 3. Ray Davies.

STORÏAU.

9. Dan 14 oed:— 1. Joyce Davies; 2. Mair Jones.
10. O´14 i 16 oed:— 1. Edna Griffiths; 3. Geraint Davies a Gerallt Jones.
11. O 16 i 18 oed:— 1. Valmai Owen Davies.

HANES.

12. O 12 i 14 oed:— 2. Maifis Lewis.
13. O 14 i 16 oed:— 2. Muriel Daniels; 3. Glenys May Davies.
14. ARHOLIAD Y GORON:— 2. Raymond Renowden.

CYWAITH GWNIO.

15. 3. Parti Ysgol Sir Llandyssul.

GWAITH PREN.

16. Dan 13 oed:— 1. Eric Mobberley; 2. J. O. Davies; 3. Ivor Davies.
17. O 13 i 15 oed:— 2. Brinley Davies; 3. Brinley Davies.
18. O 15 i 18 oed:— 2. David John Jones.

LLAW YSGRIFENNU.

19. Dan 12 oed:— 2. Nesta Hafodwen Evans.
20. Cyd-adrodd Parti 12:— 3. Ysgol Sir Llandyssul.

ADRAN CERDD.

21. Parti o 8 o Ferched:— 1. Parti Ysgol Sir Llandyssul.

22. Parti o 12 o Frched dan 18 oed:— 1. Parti Ysgol Sir Llandyssul.

ADRAN AMBIWLANS.

23. Tîm o Ferched dan 18 oed:— 1. Tîm Ysgol Sir Llandyssul.

24. Tîm o Fechgyn dan 18 oed:— 3. Tîm Ysgol Sir Llandyssul.

GWOBRAU ARBENNIG.

1. TARIAN ADRAN YSGOL SIR:— 1. Adran Ysgol Sir Llandyssul (194 o farciau).
2. TARIAN SYR HERBERT LEWIS i'r Parti 12 am ganu.
3. TARIAN BRO DYFI i'r Tîm Ambiwlans (Merched).
4. GWOBR ARBENNIG YR EISTEDDFOD—Cadair yr Eisteddfod.
5. I'R CYLCH UCHAF AM Y FANER GENEDLAETHOL:— 1. Cylch Llandyssul (179 o farciau).

Enillwyd BANER LLOYD GEORGE I'R CYLCH YN LLWYR GAN ADRAN YSGOL SIR LLANDYSSUL (194 o farciau).

## MOT

Ti ddaethost im' bywyd
Yn genau bychan twt,
Â threm direidi'n amlwg iawn
Yn ysgwyd chwim dy gwt.

Fe rodiem hyd y caeau
Yn llawn o nwyf a 'sbri,
Ac nid oedd neb a'th garai, Mot,
Mor annwyl â myfi.

Ond ddoe wrth i'm' dy gyfarch
Fe chwyrnaist drwy dy hun,
A dysgais er fy siom nad wyt
Ond dynol fel pob un.

*Ray Evans, VIA.*

## THE SEA

OFT I have gazed at thee with fearful eyes
When thou art roused to roaring by the wind,
And stirred to fury under frowning skies
On cheerless, starless nights and days cloud-dim'd.
I've seen thee vent thy wrath against the shore
And fling over the rocks thy milk-white spray;
I have known travellers shudder at thy roar,
And trembling, shaking hands put up to pray.
But I have seen thee on a summer's eve
Lapping, with rippling calm, the yellow sand,
While dying sunbeams pause a while to leave
On thy blue limpidness their golden brand—
As on that far-off evening, awful, sweet,
When thou did'st feel the tread of holy feet.

*Ray Davies, V1A.*

Tîm Ambiwlans, 1940

Tîm Pêl-droed 1940-41

*Athletics—1st Prize Winners 1941*

## METEOROLOGICAL OFFICE, R.A.F. STATION, SOMEWHERE IN ENGLAND

Dear Editor, 24:10:1941
It gives me great pleasure to accept your kind invitation to contribute to the School Magazine and give a short account of my experience since I left School to undertake War Service under the Meteorological Department of the Air Ministry.

I wish to state at the outset that prior to April 1941, my knowledge of Meteorology did not go beyond a few well known weather maxims, and although I used to scoff at the St. Swithin's legend, my scoffing was not due to any knowledge of Meteorology. I can say now, if it will interest you, that very few of the common weather maxims stand the test of statistical examination, and the St. Swithin's legend is one of the most unreliable.

In April 1941, I reported to the Meteorological Training School and found myself one of a class of about forty teachers who possessed the necessary basic qualification in Mathematics and Physics. We had been gathered together for the purpose of undergoing an intensive course in the Modern Science of Meteorology, and I can assure you that when I describe the course as intensive, I am not exaggerating.

The course lasted for three months and during that period I found time for very little except hard swotting. The fact that a few of my University days friends were on the same course made the whole period seem like a term at College—one of the Honours' Year terms, when we had to work hard. I found the Science of Meteorology exceedingly interesting and I am very glad to have had the opportunity of acquiring a working knowledge of the subject.

At the beginning of July I left the Training School armed with a good deal of the theory of Meteorology and entered the second phase of my training, namely, practical experience in weather forecasting at R.A.F. Aerodromes. Since July I have been at three different R.A.F. stations and I have gained valuable experience. Now I have come to the end of my training period and I am waiting to be permanently posted. I must admit that I have found some weather forecasting to be difficult work but at the same time interesting. I have also, by now, realised how important a part it plays in modern aviation. The study of atmospheric conditions and the prediction of atmospheric changes is of supreme importance to the aviator, since the air is the medium in which he has his flying being. The wise airman never sets out on a flight over a particular route without first of all obtaining a forecast of weather conditions over that route. All operational and other flights are undertaken these days only if the Meteorological Officer predicts suitable weather conditions, and very often an unexpected development in the weather will mean the last minute cancelling of these flights.

I will mention one or two of the things we constantly have to watch and warn the airman about. Cloud amount and height are important because cloud below 1000 feet is dangerous owing to the fact that it covers hill tops and balloon barrages. Gaps in the cloud are essential for the bombing of any target, and unless these gaps can be forecast over a particular target then it will not be visited. For high level photography the sky must be less than half covered with cloud, and any flight undertaken for photographic purposes will be wasted unless these cloud conditions are found to exist over the target area. Again, poor visibility, and in particular fog, is dangerous to the airman because it is practically impossible to land an aeroplane safely when the visibility falls below about 500 yards.

Anticyclonic conditions, which give us our finest weather in the daytime, are particularly treacherous to the airman because they are ideal for the formation of night-radiation fog. This is one of the reasons why you hear occasionally that our planes were unable to operate owing to bad weather when to the ordinary man in the street the weather is ideal.

A knowledge of the upper winds is also very important to the airman because without them he would be unable to set his course to counteract the drift. When we have supplied him with the magnitude and direction of these winds he has to work out a problem similar to the one many of you have worked and often in Physics about a man crossing a river in a boat. The higher winds are often in the region of 100-150 miles an hour, and so we have to be accurate in our prediction of them.

I have mentioned only a few of the things we have to be prepared to forecast, and although I would like to tell you more about my work, I am sure that I have already taken up more than my allotted space. I wish to add that, although my work is interesting, I am looking forward to returning to School once again to teach Mathematics. I sincerely hope that when I do return I shall not be expected to be able to forecast weather changes, because with the charts and data we have here it is difficult, without them it would be practically impossible.

With sincere wishes for the continued success of the School.

I remain, Yours sincerely,
W. E. JONES.

## EDITORIAL 1942

IT is with pleasure that we take the editorial pen in hand to write the introductory words to yet another edition of the ADASTRA.

The past year has been one of many difficulties in School. Yet in these dark days of war we count our blessings, and in the comparatively undisturbed peace of our countryside we think of the men who are fighting our battles, and we do our utmost to help with a determination and faith in ourselves that are vital to victory.

This time the ADASTRA appears in a new cover, designed by our Headmaster. It is an artistic design representing the School striving ever onwards and upwards, and we hope that it will meet with the appreciation of our Readers.

During the year a Young Farmers' Club under the leadership of Mr. Lloyd Hughes, M.Sc. was formed, and now every pupil is a member of one or more of our three flourishing Youth Organisations, the A.T.C., the Urdd, and the Young Farmers' Club.

It is hoped that we shall soon have a Brass Band at school composed of Boys from Forms II and III under the conductorship of Mr. William Evans, Vaynor, Llandyssul.

Owing to the shortage of paper we have found it necessary to curtail the Magazine this year. This will cause disappointment; but it is a temporary measure, and it can be taken for granted that when the morse signal . . . _ sounds through the five continents the ADASTRA will be restored to its former dimensions.

*Young Farmers' Club—1941*

# EISTEDDFOD GENEDLAETHOL YR URDD 1942

## RHESTR BUDDUGWYR YSGOL SIR LLANDYSSUL

A. Arholiadau:—

BARDDONIAETH:

1.—Dan 14: 1. Mari Elizabeth Rees; 3. Annie Gwenllian Rees.
2.—14 i 16: John Emyr Eirug Davies.
3.—16 i 18: (Arholiad y Gadair): 1. Ray Davies.

RHYDDIAITH:

4.—14 i 16: 1. Meira Daniels; 2. Sidney Ivor Davies; 3. Beryl Evans.

YSGRIFAU:

5.—12 i 14: 2. Mari Rees.
6.—14 i 16: 1. Sidney Ivor Davies; 2. Hywel Jones; 3. John Eirug Davies.
7.—16 i 18 : 1. Ray Davies.

STORÏAU:

8.—14 i 16: 1. Sidney Ivor Davies; John Eirug Davies; 3. Hywel Jones.
9.—16 i 18: 1. Ray Davies; 2. Tom Griffiths Lloyd; 3. Betty James ac Edna Griffiths.

HANES:

10.— 12 i 16: 1. Hywel Jones.
11.— 16 i 18: (Arholiad y Goron): 1. Betty James.

ARLUNIO (PENSEL):

1.— 12 i 15: 1. Roy James Edwards.
2.— 15 i 18: 1. Glyn Arfon Williams.

(PIN AC INC):

3.— Dan 15: 1. Roy James Edwards ac Eric Mobberley. 2. John Roy a Thomas Davies.
4.— 15 i 18: 1. Glyn Arfon Williams; 3. Ceri David a Dd. Jeffrey Thomas.

MARCIAU'R ADRANNAU: Ysgol Sir Llandysul, 130; .Ysgol Sir y Merched, Llanelli, 94; Ysgol Sir Caerfyrddin, 44.

GWOBRAU ARBENNIG: Tarian Adran Ysgol Sir: Ysgol Sir Llandysul.

Y FANER GENEDLAETHOL: (Baner Lloyd George): Llandysul (Marciau, 130).

## CINIO'R YSGOL

"Nid ar addysg yn unig y bydd byw dyn," — dyna'n sicr un o'r ymadroddion mwyaf gwir a lefarwyd erioed. Ac wrth bwyso a manylu ar angenrheidiau dyn, deil bwyd y lle blaenaf ar y rhestr faith. Bwyd sy'n magu cryfder, bwyd sy'n chwyddo'r ymennydd. Heb fwyd heb fathamateg, heb fwyd heb ddaearyddiaeth, heb fwyd heb athrawon, ac yn wir heb fwyd heb ddisgyblion. Byddin wael yw'r un a ymladdo ar gylla â "thwll ynddo," ac nid yw disgyblion ysgol chwaith heb luniaeth ronyn gwell na delwau

Felly, amlwg yw pwysigrwydd cinio'r ysgol. Ar ôl bore caled wrth ein gwersi, pan fyddo'r chwŷs yn llifo megis afon i lawr ein gruddiau, a'r ymdrech gymaint nes bod botymau'r crys yn tasgu fel pys, adferiad cryfhaol ac amheuthun yw plat llawn o datw a chig, ac ail gwrs o bwdin melys moethus. Cyn i'r Lladin, neu'r Ffrangeg lifo'n huawdl o'n gwefusau, rhaid i ddigonedd o fwyd blasus lifo i mewn.

Y mae'r syniad o giniawa gyda thros ddeucant o'n cyd-ddisgyblion yn "magu stumog," ac wrth weld fy nghyfaill yn bwyta mor awchus, a'i feddwl i gyd ar ei waith, a rhyw eneth ffôl ynghanol y ffreutur yn bwyta mor fonheddig a'r fath ystumiau, ond eto yn bwyta, edrychwn ymlaen yn eiddgar am fy mhryd. Beth oedd colli hanner-coron wrth y fath wledd? Daeth fy nhro, ac yn wylaidd iawn dewisiais y plat lleiaf; eisteddais yn gynhyrfus yn fy nghadair a syllais yn hir a dyfal ar y tâl a gawsom am waith y bore. Teimlwn yn wan, a bu rhaid imi ychwanegu at a gafwyd trwy gnoi fy nghil. Erbyn heddiw, naill ai y mae'r cinio yn well neu yr wyf wedi dysgu bod "yn ffyddlon ar ychydig."

Deuthum gydag amser yn gyfaill cynnes i'r corn beef a llawer tro fe'm dygid o dan hud a chyfaredd ei arogl pêr i Chicago bell, a thaeraf imi weld lawer tro holl wartheg eangderau de Amerig yn rhuthro'n wyllt ar draws fy mhlat; ac wrth gwrs, bai y gwartheg yw fod y cig mor flasus.

Ond wedi'r cwbl pwy yn y byd o'r bechgyn a'r merched fyddai'n hoffi paratoi bwyd i ddeucant a rhagor o waedgwn gwancus bob dydd? Amdanaf i, yr wyf yn gydymdeimlad i gyd, a mwy na hynny gwisgais fy arfogaeth a disgwyliaf bob ymosodiad â hyder!

JOHN EIRUG DAVIES, VIA.

## EMYN YSGOL SIR LLANDYSSUL.

Ein Tad, rho in dy fendith
I weithio drosot Ti,
I sylweddoli'n bywyd
Ym mherson Crist , ein Rhi.

I'r sêr y mae'n harwyddair,
Dy lampau prydferth fry;
Rho inni nerth i gyrraedd
At olau'th nefoedd Di.

Dysg inni dyfu'n onest
Â chymeriadau glân,
Ein gwaith a'n haddysg beunydd
Yn ffrwd o ddwyfol gân.

Wrth chwilio yn ein llyfrau
Am berlau addysg gain,
Boed inni gofio'th Lyfr di,
Sy'n drysor llawn o'r rhain.

A phan ddaw dydd ymado
Â'r Ysgol ar y Bryn,
Gwna ni'n genhadon drosot,
Â fflam ein lampau'n wyn.

*Leslie Harries.*

## RECENT SUCCESSES.

Mary Lona Harper Lewis, Secretarial Staff of a London Publishing Firm.
Gerwyn James Jones, IVb, Awarded Certificate of Merit of the British Rabbit Council in School Essay Competition.
Betty Eileen Morgan, IVa, Special Prize in "Western Mail," St. David's Day Essay Competition.
Lorna Mary Morgan, IId, Awarded First Prize in the Cardiganshire Salvage Essay Competition.
Mervyn Thomas, Vb, R.A.F., apprentice Examination, placed 36th in a pass list of 257 out of 496 candidates.
John Lloyd Davies and Idris Woolley, admitted to a Naval Training Institution.
John Gareth Davies, appointed to a London Firm of Solicitors.
Sarah Marion Jenkins, Board of Education, Teacher's Certificate.
Annie Carys Davies, Diploma in Domestic Science and appointed Domestic Science Mistress at Bristol.
Doris Davies, B.A., (Wales).
David Daniel Jones, B.Sc., (Wales), Honours IIa in Physics.
Daniel Oliver Davies, 2nd M.B., London.
Marles Lewis, B.Sc., (Wales).

Lili Muriel Thomas, B.Sc., Diploma in Education and Board of Education Cardiff and appointed Senior Maths. Mistress at Ffestiniog County School.
Nansi Ceridwen Jones, B.A., Diploma in Education and Board of Education Certificate, appointed as Welsh Mistress at Machynlleth County School.
Elinor Evans, Geraint Enoch, Hubert James Williams, M.R.C.S., L.R.C.P., (England).
David Gwilym Evans Davies, M.R.C.V.S., with Honours in all five subjects and 19 medals during his College Career.
Geoffrey Ormond Bond Davies, B.A., appointed Under-Principal at the Colonial College, London.
Rev. D. Joseph Davies, M.A., appointed Professor of Christian Doctrine at Brecon Memorial College.
Edward Lewis, Gomerian Press, elected a County Councillor for Cardiganshire.
T. L. Jones, B.Sc., promoted Works Manager at Richard Thomas, Steel Works.
Ivor Gwyn Davies, appointed Physical Training Organizer for Carms.
J. Tysul Jones, B.A., appointed Welsh and English Master at Llandysul County School.

## The Late ALDERMAN JOHN LEWIS, J.P., C.B.E.

The late Alderman JOHN LEWIS, J.P., C.B.E. Meiros Hall, was a prominent public figure during the past 50 years, having been a worthy member of the Carmarthen County Council since 1889. Three years after his entry to the Council he was elected an Alderman, a position he retained to the end of his life. He always commanded the fullest respect of his fellow members, and in the various spheres of public life his personal influence carried a dignity of impartial consideration ripened in an era of long experience.

He held an unbroken connection with the Llandyssul County School as a Governor since its foundation in 1895. This position enabled him to do a great deal; and his representations to the Council as to the needs and claims of this School were most effective on various occasions. He took a real pride in the School, the staff and pupils, keeping himself well versed in its doings, development, and progress for nearly half a century. We mourn the passing away of a well-known industrial figure and a worthy representative of the public, whose long and varied experience was turned to services of value, consideration and charitable usefulness for the common good, in the proper perspective of:

"Do all the good you can
To all the people you can
In all the ways you can."

*JOHN EVANS (John y Gwas).*

## Mr. THOMAS OLIVER, LLWYNFFYNNON.

AR y 12fed o Fedi, 1943, bu farw'r hynafgwr Mr. Tom Oliver, gynt o Llwynffynnon, yr olaf o deulu a berchid yn fawr yn y cylch. Cafodd oes hir yn llawn o ddyddiau, —ymylai ar fod yn 80oed. Adwaenid ef fe gŵr tawel, mwyn ei air a chadarn ei gymeriad. Un a weithredai yn y dirgel oedd y cyfaill hwn, a phrofodd hynny'n eglur yn ei gymwynasau aml i wahanol achosion dyngarol a chrefyddol. Ein pleser mawr ni, fel Ysgol, yw cofnodi yma iddo gyflwyno £500 yn gymynrodd i'n Hysgol i sefydlu Ysgoloriaeth, yn ei enw, i ddisgyblion disglair anghenus y cylch.

Cydymdeimlwn yn ddwfn â pherthnasau Mr. OLIVER yn eu colled, a gofidiwn na chawsom gyfle i ddod i'w adnabod yn well, a'i groesawu i'n plith cyn myned ohono i'w hir daith at ei wobr.

I Addysg hael gyfrannodd
Y Cyfaill hwn o'i wirfodd;
Ar erwau'i dir fe gofiodd rawd
Y bachgen tlawd a haeddodd.

Ar feysydd Dysg llafuriwn,
Os teyrnged hwn a haeddwn;
Drwy arddu'n Dawn fe fedwn fudd,
A'n Noddwr cudd a barchwn.

*L.H.*

## Er Cof am MR. DAVID LEWIS, Y.H., C.S.

A fu gŵyn fwy geirwir?
Siŵr, sownd, un o sêr y Sir.
Hyd ei fedd bu'n fonheddig,
Llawn, doeth, heb gynllwyn na dig;
Siom sy yma o'i symud,
A gwag yw'r henfro i gyd.

*EVAN JONES, Prengwyn.*

COLLODD "yr Ysgol ar y bryn" ffrind mawr iawn fis Awst diweddaf ym marwolaeth Mr. DAVID LEWIS. Anodd meddwl am neb yn y gymdogaeth oedd â diddordeb dyfnach yn yr Ysgol nag ef. Yr oedd ei gysylltiad â'r Ysgol ar hyd y blynyddoedd yn un arbennig iawn. Adnabu genhedlaeth ar ôl cenhedlaeth o ddisgyblion yr Ysgol â chydymdeimlad deallus nodweddiadol o'i dad llengar, y diweddar Mr. J. D. Lewis, ac â chalon agored groesawgar nodweddiadol o'i fam arbennig, Mrs. J. D. Lewis. Yr oedd ffenestr siop Gomerian fel drych yn adlewyrchu bywyd "yr Ysgol ar y bryn." Yr oedd i'r ffenestr wisg arbennig ddechrau'r tymor Nadolig pan arddangosid y llyfrau gwobrwyon ar gyfer y Cyngerdd-Rhannu-Gwobrwyon. Wedi i'r pedwar mab (a'r wyrion a'r wyresau erbyn hyn) fod yn ddisgyblion yn yr Ysgol, aeth y cysylltiad yn dynnach nag erioed.

Pan ddewisiwyd Mr. DAVID LEWIS yn un o Lywodraethwyr yr ysgol yn 1935, a'i ddyrchafu'n Gadeirydd yn 1941—42, gosodwyd coron ar gysylltiad teuluol nodedig â'r hen Ysgol. Erbyn hyn, yr oedd Mr. DAVID LEWIS wedi priodi â Miss Mary Hughes, B.A., un o hen ddisgyblion a chyn-athrawon disgleiriaf yr Ysgol, a pharhaodd llwyddiant yr Ysgol ac addysg plant yr ardal yn ddiddordeb dwfn i deulu dedwydd Dolanog. Enillodd crefftwaith glân Gwasg Gomer, a hawddgarwch ac addfwynder ei phennaeth hoff, le dwfn yn serch llenorion ac awduron Cymru gyfan. Dymuna holl ddarllenwyr "YR ADASTRA," gydymdeimlo'n ddwfn â Mrs. Mary Lewis, Dolanog; â'r tri brawd Lewis, a'r perthnasau oll.

Wele ddau englyn coffa Mr. D. Gwenallt Jones i Mr. David Lewis

Un a'i holl awch yn nulliau'i waith,—ei nwyd
Yn ei Wasg, a'i afiaith:
Ei graffter yn ei grefftwaith,
Llun a lliw llinellau iaith.

Er i'r bedd yrru o'r byd—ei stori
A'i ystyriol wynepryd:
Ar y silff erys o hyd
Law ei foddus gelfyddyd.

*J.T.J.*

*1581 ATC Squadron Llandysul. May 1944*
*Salute the Soldier Week Parade. Mr. G. Llewelyn leading.*

From the 8th to the 18th of July the School premises were used as an Emergency Rest Centre for 43 evacuees from Fulham, London; from 2nd to 4th August for the Brockham Home Training School, Betchworth, Surrey (46 pupils and 7 staff); from 6th to 21st August for 216 women and children under three years of age from Richmond, Mitcham, and East Sheen; and from 26th August to 31st August for 130 unaccompanied children and 14 adults, including 52 pupils and 6 staff of Woolwich Central School.

## GWERSYLL YR URDD

Diwrnod mawr yn fy hanes oedd pan gychwynais am wythnos o fwynhad o Bencader i Wersyll yr Urdd yn Llangrannog.

Y tu allan i orsaf Pencader yr oedd bysiau cludo'r Urdd yn ein disgwyl, a mawr y miri yn ein plith wrth gludo'n heiddo, ein bagiau a'n hangenrheidiau iddynt.

Cyraeddasom Langrannog tua 1.30. Wedi cinio blasus dangoswyd ein cabanau inni. Yna manylion ynghylch trefn y gwersyll sef: codi am 7.15 y bore; ymolchi a thaclu cabanau cyn 7.45; brecwast 8.30; cinio am 12.15; te am 4.15 a swper am 7.15.

Cefais amser hapus dros ben a dyma rai o gofnodion fy nyddiadur am yr wythnos:

Dydd Gwener: Wedi cyrraedd mynd â llyfrau dogni, pres poced, costau'r wythnos, etc. i'r banc. Yna gorffwys wedi llafur y teithio a noswylio'n gynnar.

Dydd Sadwrn: Pawb wedi codi'n fore, wedi ymolchi a thaclu chabanau ymhell cyn y gloch godi. Mynd am dro i'r pentref a danfon gair adref. Mynd i'r traeth ar ôl cinio, cymryd seibiant ar y tywod, ac yna ymdrochi. Ar ôl te chwaraeasom ar gae'r gwersyll, ac ar ôl swper Noson Lawen a phawb yn chwerthin am y mwyaf.

Dydd Sul: Mynd i'r Cwrdd yn y bore. Ysgol Sul yn y prynhawn. Cyfarfod yn y gwersyll ar ôl te a chanu cynulleidfaol o dan arweiniad Mr. D. O. Evans, A.S. ar ôl swper.

Dydd Llun: Ar ôl brecwast, y siop yn agor a hyfryd oedd gweled hen gardiau lliw Llangrannog. Ar ôl cinio mynd dros y bryniau i draeth arall ac ymdrochi. Te ar y traeth ac ymdrochi eto. Cyrraedd yn ôl erbyn swper a chyngerdd diddorol iawn.

Dydd Mawrth: Chwarae pêl droed rhwng plant y Gogledd a'r Dde. Y De a orfu. Ymdrochi wedi cinio a'r noson yn rhydd i bawb.

Dydd Mercher: Chwaraeon rhwng merched y Gogledd a'r De. Y De a enillodd eto. I'r traeth â ni eto. Mabolgampau ar ôl te.

Dydd Iau: Pob un yn mynd i'r pentre i chwilio am anrhegion ond ychydig a gafwyd o dan yr amgylchiadau presennol! Ymdrochi ac yna'n ôl i Eisteddfod fawreddog y gwersyll.

Dydd Gwener: Pob un yn flin iawn a mud! Daeth awr ymadael wedi wythnos wych. Ond gwnaethom gyfeillion newydd a chasglasom gyfeiriadau lawer.

*HEFINA DAVIES, VA.*

## Y DYFODOL

AR ôl y rhyfel, welwch chi,
Bydd eroplên yn ein tŷ ni,
A gwych fydd gweled newid byd
Pan garia hon y tail i gyd!

Fe gluda'r ŷd yngyd â'r gwair
Heb unrhyw drafferth, ar fy ngair!
Ac os bydd eisiau cant o lo,
Neu sach o fflŵr, gwna hon y tro.

Pryd hynny gallwn werthu'r cart,
Â hon â'r da a'r lloi i'r mart,
Ac ni fydd eisiau bws na thrên
Awn bant i gyd mewn eroplên!

*Dan Lynn James, Va.*

## EDITORIAL 1945

The Llandyssul County Intermediate School celebrated its Jubilee on 24th September, 1945, and we are gratified to have the honour and privilege of presenting this special Jubilee Number of YR ADASTRA.

We feel that Old pupils everywhere will review, with pride, the progress and achievements of the past as recounted in the pages that follow.

The first Headmaster of the School was Mr. Williams Lewis, M.A., and it is with profound regret that we record his death on 25th February. One of the most brilliant pupils of the School was Professor E. J. Williams, D.Sc., F.R.S., Professor of Physics at the University College of Wales, Aberystwyth, whose untimely death at the age of 42 occurred on 29th September. We offer our heartfelt sympathies to their bereaved families.

With the passing of the new Education Act momentous changes are taking place in Education. This year again an additional form has been admitted and the number on the School Role is now 349. Of these 305 take school dinner. New class-rooms and a large service kitchen are urgently needed.

Since our last number one of the greatest events in history has taken place. Peace has been declared, and the second world war has ended. We are proud of the fact that past pupils of this school have played so worthy a part in the great struggle. Some of them will never return; the tradition of our school will be enriched and enobled by the memory of their high purpose, their dauntless courage and their self sacrifice.

## WILLIAM LEWIS, M.A.
(First Headmaster of the School).

I SHOULD like to see a book written on the men who were appointed about half a century ago to be the first Headmasters of the newly established Welsh Intermediate Schools. There were among them many fine men who left an indelible influence on Welsh education. Not the least of them was Wiliam Lewis, the first Headmaster of Llandyssul County School and it is a matter of great regret that he did not live to take part in the Jubilee celebrations of the school that he started on its way.

He was born in 1868, the son of a farmer, and brought up at Talfedw, near Lampeter. He went to Lampeter College School and then to St. David's College, Lampeter, where he got through the three year course in two years and went up to Queen's College, Cambridge at the age of nineteen. There he became a Prizeman and Foundation Scholar of the college, and came out in 1890 with a Wranglership. He began teaching at Llandovery College, and went from there to Lym Grammar School. Then when the first intermediate School in this county was was opened in 1895, he became its first Headmaster and remained in that position for 25 years. He was young for such a responsible post, but the men who had the vision to appoint him knew what they were doing and never had any reason to regret their choice. And succeeding generations of boys and girls who passed through the school while he was its Headmaster had good reason to be very grateful to them.

On other pages of this magazine is a tribute to the most brilliant pupil of the school—Dr. E. J. Williams. When he was a young student at Swansea, to talk to him for any length of time meant facing a series of rapid and searching questions. I recollect one day being asked suddenly: "Will you explain to me why we all remember 'Boss' with so much more than ordinary affection?" I do not know what my answer was then, and now that the necessity of writing this article brings the question up again, I find it difficult to explain just what quality in the man it was that earned for him this more than ordinary affection from his pupils and kept it undiminished through their adult life.

It was due to no conscious effort on his part to win their admiration. Never was there a more modest and unassuming personality than his. A brilliant scholar and mathematician, he never put himself forward as such, self advertisement of any kind was abhorrent, indeed impossible to him. He was content to be simple and kind, and therein lay the secret of his power.

'Boss' was his pupils' affectionate name for him. The first memory I have of my schooldays in Llandyssul is entering what was then Form V Classroom and seeing the words "Sketches by Boz" written by some wit under the Geometry diagram on the board—a joke that he enjoyed as much as anyone. His methods of discipline were kindly and humorous; hundreds of boys will remember the tug at the forelock, and the assumedly severe "What d'ye mean by it, eh?" But all had a wholesome awe of his moments of real wrath, and when the quick whisper of "Boss, Boss" went round, it was enough to quell the most obstreperous. It was characteristic of him that he usually gave a warning cough as he approached—another example of his wise understanding of the young. I think part of the secret of the feeling we had for him was that he found us all so abundantly amusing, and very often the amusement escaped from him in the form of a little explosive laugh. We sometimes found him amusing, too, in an endearing way; when for instance we met him in cap and gown driving his cows into the field. And there were many moments when we cautiously enjoyed feeling proud of him, as on those great occasions when he played cricket for the school and batted with great prudence and precision. Dr. E. T. Davies, in his article (in addition to summing up in masterly fashion Mr. Lewis' greatness as a teacher of Mathematics), makes a very revealing reference to the community feeling in the school in this time; the unifying factor in that snug little community was the mutual love and understanding between the Headmaster and his staff, and the pupils.

I had the privilege also of teaching on his staff for six years. He had a marvellous patience with his teachers when they were new and unskilled. He would laugh at their nervousness and then apparently leave them to work out their own salvation. And a very salutary experience it was. When they found their feet, they could teach and they could manage children; as perhaps they might not have done had he listened too closely to their pleas for help. In this way, he never trained his teachers without appearing to do so. He never appeared, either, to make any demands on them, and perhaps because of that, they redoubled their efforts to please him; it was rare indeed for any teacher to take unfair advantage of his unfailing kindness. If an inspector was over-critical he would say, "But I know you better than any inspector," and life became bearable again, and work enjoyable. He could himself administer a necessary reproof without hurting and his dealings with his staff was completely without rancour. All who knew him need no reminder of the sacrifices he was capable of making, and did make, for those who worked under him.

Of the man, as apart from the Headmaster, what is there left to say? That he carried the same humour and kindliness into his dealings with his fellow-men; that he was scrupulously honourable; that his nature was deeply religious, though he would seldom be found to speak of his faith. I am sure it is true of him, who sought ordinary public honours so little, that being made a deacon of Penybont Chapel was one of the most deeply felt honours of his career.

William Lewis died on February 25th of this year. The children who lined the road leading from the school on the day of his funeral represented many hundreds of boys and girls in whose success he never ceased to rejoice, in whose failures and sorrows he remained a loving friend, and whose lives are richer and happier for having known him.

*MARY LEWIS.*

# THE LATE PROFESSOR E. J. WILLIAMS,
D.S.c. (Wales), Ph.D. (Vict.), Ph.D. (Cantab), F.R.S.

*By Dr. E. T. Davies, King's College, London.*

ONE day I entered the common room of the H. H. Wills Physics Laboratories in Bristol to find that unusual interest was being shown in a short paper which had just appeared in "Nature". The paper was in the form of a preliminary announcement of experiments in progress designed to identify a certain particle (whose existence had been conjectured by theoretical physicists) with the mesotron of cosmic ray theory. That paper would have excited interest in every important physics laboratory in the world, because the experiments concerned a problem which is fundamental in atomic physics, and the results would have formed vital contribution to that knowledge of the disintegration of matter upon which any benefits to humanity are to depend in the coming "atomic era." The experiments were being carried out at Aberystwyth, and the scientist was an old pupil of your school—Evan James Williams.

By that time he was already a world-famous physicist, having published about 40 scientific papers of first rate importance. He had just been made a Fellow of the Royal Society. During the Summer of 1939 he had been giving an account of his researches at a conference of Physicists in America. In preceding years he had accepted similar invitations to conferences at Copenhagen, Zurich, Krakhov and Moscow. He was only 36 years of age was full of ideas, and of the energy and enthusiasm to carry them into fruition. In spite of past achievements, he was still developing as a physicist. He returned to Aberystwyth that autumn and was soon absorbed in the experiments to which I have referred, thinking that the war would not for the time being interfere with his work. But one day, when the magnetic mines were sinking our ships, a telegram called E. J. Williams away from his fundamental research work to serve the more immediate needs of his country at war.

It is a pity that I cannot tell you even the very little I know of his contribution to victory while attached to the Admiralty. It has already been stated publicly that when the whole story is told, it will be found that no individual contributed more to the defeat of the U-boat than he did. I saw him several times in January and February, 1944, just after his return from a visit to the Mediterranean. He was in excellent health to all appeances, and in high spirits. The battle of the Atlantic had been won, and he was hoping soon to proceed to the Far East. That, however, was not to be. Within a month he was told he had cancer, and would have to face a dangerous operation. It was the beginning of the end.

E. J. Williams was brilliant from childhood. The direction of his genius was evident, and it was fostered by his two masters at school. The headmaster, Mr. W. Lewis, was a great teacher of Mathematics, and his Geometry classes are a treasured memory to hundreds of old pupils. We did not know in those days that having a Cambridge wrangler to teach us Mathematics was a rare privilege. This privilege was not lost on young Williams, who always remembered with gratitude this early training in logical reasoning. Then there was Mr. J. Jones the science master. Although the school was so understaffed that formal lessons for the higher school certificate were few, there were ample opportunities for informal discussions at odd moments in the laboratories. It was at these odd times that the master led his gifted pupil to think of academic honours and scientific research. By the summer of 1919, when he was barely 16, and just leaving school, he must have felt that it was in him to do great things. One evening he spoke to two of us of his dreams for the future. He told us that within twenty years he would be an F.R.S. and gave us some of the details of the intermediate steps by which he meant to reach it. His career henceforth was one in which he translated all his youthful dreams into facts.

In 1923, at the honours degree examination in physics, the external examiner stated that in all his twenty five years' experience as examiner for Cambridge and Edinburgh he had never met such a brilliant student. In 1924 he wrote two theses for the M.Sc. (one would have been enough). In 1925 he was made a Fellow of the University of Wales. In 1927 came the Ph.D. of Manchester and the 1861 Exhibition Fellowship; in 1929 the Ph.D. of Cambridge and in 1930 the D.Sc. of Wales. During all these years and until 1939 he produced a steady stream of original papers, mostly in the Proceedings of the Royal Society. While he was a lecturer in Manchester he spent one year in Copenhagen with Niels Bohr, the great pioneer in atomic physics. After a short period as Senior Lecturer under Sir James Chadwick in Liverpool, he was appointed Professor of Physics at Aberystwyth in 1938.

You who are now at school will wonder whether such a brilliant boy could have been at all normal and human. The answer is a very emphatic Yes. If there was fun going on anywhere Dessin (as he was universally called) was there, enjoying himself immensely. In winter he played football, boxed and skated at Llynyfran. In summer he was the keenest cricketer in the school, and was usually the first at the wicket after the mid-day meal. He was extremely energetic, generally had a broad smile on his face, and anyone who lived with him at No. 6, Marble Terrace never knew at what moment he would be the victim of one of Dessin's practical jokes. He was the most 'alive' boy in the school, and he enjoyed every minute of his day. This was his happiest and most carefree period. He was never afterwards so completely part of a community.

The greatest surgeons and radiologists in this country and in America could not halt the cancer which was killing him. By last April he knew for certain that nothing could save him, so he asked his doctors to do what they could to give him as many "effective" working days as possible. A volume of scientific papers was being prepared in honour of Niels Bohr on his 60th birthday, and E. J. Williams was asked to contribute. He wrote his contribution during the summer of this year, under conditions which make anything we have ever heard of as examples of fortitude and courage sound almost prosaic in comparison. History tells us of Socrates disputing as usual before taking the hemlock, and of Lavoisier asking for a postponement of his execution to write a scientific paper. But have we ever heard of a man, in agonizing pain, who calmly estimated the number of days left to him by observing the progress of the disease, and who devoted the few odd periods of each day when the pain was at all bearable to writing a masterly exposition of one of the fundamental problems of modern Physics? The quarter of a century of devotion to science and the long months of terrible suffering had brought forth qualities which can only be described as constituting greatness.

During a long evening together in July he surveyed his whole life and its approaching end. He spoke of the ideas which were in his mind for future research if he had lived. While he spoke of these ideas, he seemed to forget his pain, and escape into a serene state of intellectual activity in which his disease-ridden body and its death could not touch him. Whatever the tyranny that ruled his outward life, his mind was preserved free for the lofty thoughts that ennobled his days.

Much will appear in various scientific journals about E. J. Williams as a scientist. But those of us who knew him and loved him will know that this is not the whole story. When fortune smiled on him he certainly was a great scientist. But when tragedy overtook him in its most horrible form he proved that he was not only a great scientist but also a great man.

*Proffesor E. J. WILLIAMS D.Sc., F.R.S.*

## IN MEMORIAM.

Leonard Pugh,
killed on San Calisto, December, 1939.

F/O John Charles Jenkins.
killed while flying over Hamburg, July, 1941.

Clifford Raymond Jones,
killed in action, May, 1942.

Rev. John Hooper Price, B.A.,
Chaplain with Middle East Forces; drowned at sea.

Seargant-Pilot John Kenneth Jones,
killed in action over Britain, June, 1942.

Evan Glyn Lewis,
killed in action at El Alamein, 22nd December, 1942.

John Granville Davies,
killed in action off Bone, North Africa, 2nd Jan., 1943.

Thomas Alcwyn Lloyd
presumed killed at sea, H.M.S. Charybidis, 23rd October, 1943.

Sergeant Pilot John Morgan Jones,
killed in Scotland, 29th December, 1943.

F/O John Thomas Lewis.
killed in Yorkshire, 16th November, 1944.

Radio Officer Leonard Frederick Ball, M.N.,
presumed killed at sea.

Geraint Owen Davies,
missing, presumed killed over the Atlantic.

Freddie Jones,
missing, presumed killed at sea.

Teify Jones,
died as P.O.W. in the Far East (Borneo), July, 1945.

# EDITORIAL

It gives us great pleasure to include in the present number of the ADASTRA an interesting account by a former pupil, Miss Iris Olga Williams, who is Domestic Science Mistress at St. Augustine's High School for Girls, Zululand, South Africa. We also record school activities for the first full year of the peace. With the lifting of the clouds, the School, conscious of the many and manifold calls to service in the process of building the new world before us, has bounded forth afresh into a new life, bent on endeavour and achievement. That is the spirit of the School today, and, in that spirit, we will strive to do more than uphold its traditions.

## SCHOOL NOTES

We warmly welcome several new Members of Staff—Mr. R. F. Morgan, M.A., as Classics Master; Mr. T. Douglas Jones, B.Sc., as Physics Master; Mr. L.J. Williams, B.A., as Spanish Master, and Miss M. Phillips, B.A., as English Mistress. Prior to commencing service at our School Mr. Morgan was Senior Classics Master at King Edward VI Grammar School, Bury St. Edmunds; Mr. Douglas Jones was Flight Lieutenant in the Royal Air Force; Mr. Williams was a Schoolmaster at the Royal Naval Barracks, Portsmouth, and Miss Phillips was English Mistress at Saltash County School, Cornwall. Mr. Stanley Jones has now been appointed a full-time member of the staff.

Marles Lewis, B.Sc. has been awarded M.B., B.Ch. (Wales) and has been appointed House Surgeon at Swansea General Hospital; Islwyn Jones, M.R.C.S., L.R.C.P., M.B., B.S., has been awarded the Diploma in Public Health, and is now Medical Officer of Health for Glossop, Derbyshire.

Cyril Evans, B.Sc., M.R.C.S., L.R.C.P., M.B., B.S., has been made a Fellow of the Royal Society of Surgeons.

Evan T. Davies, M.Sc., (Wales), Ph.D. (Rome), D.Sc. (London) has been appointed Professor of Mathematics at Southampton University College.

Percy Tudor Thomas, Ph.D. is lecturer in Agricultural Botany at Aberystwyth University College.

Captain Edward Llewelyn Howard Jones, M.A., B.M., B.Ch., has been appointed Registrar of Radcliffe Infirmary, Oxford.

Pêl Droed 1946

Hoci 1946

## A GLIMPSE OF ZULULAND

ST. Augustine's Mission Station, built in 1881, is about four thousand feet above sea level, consequently the months of May, June and July can be extremely cold. The hot rainy season is from September to February.

Fifteen miles to the South East is Isandhlwana, where in 1879 the Zulus fought the British. The white-washed memorial there erected to our fallen contains many Welsh names.

Aproximately eight miles to the South is Rorke's Drift where again in 1879, one hundred Britishers held out for twelve hours against the terrifying onslaught of 4,000 Zulus. When help came it was found that the British had barricaded themselves behind empty biscuit tins. It will be seen therefore that this Station is situated in what was once enemy territory.

The Mission Station covers an area of 200 acres, and includes a Native Boarding School, the Diocesan Hill School, and also a Parochial Day School (Primary School). The total number of pupils is about 400, a hundred of which are High School Pupils, and consequently boarders. There are only three European teachers in the School and eleven native ones. School commences at 8.20 a.m. and continues after one hour's break until 4 p.m. The Domestic Science room which is large an airy is much better equipped than I had anticipated, although, as in all spheres of Mission life, there is much room for improvement if the money were available. I find, however, that teaching Zulu girls is most interesting work. I am fortunate in that all the teaching at the High School is done in English since I find difficulty in learning the Zulu language, which has peculiar "clicked" sounds for the consonants c, q and x.

How I wish you could hear the Zulus singing and harmonising naturally as they do so. It is indeed beautiful for even when singing a lively gay tune there is a sad plaintive tone in their voices which is rather haunting. It is interesting too to watch the girls performing their native dances. There is perfect grace and rhythm in every movement as they dance to the accompaniment of their friends' handclapping.

Cattle are of supreme importance here as they are the means of assessing a man's wealth. Before a prospective bridegroom is allowed to marry, he must pay the father of the bride-to-be, so many heads of cattle. There is a certain innate courtesy in the people, which is very attractive. I am constantly reminded of Hilaire Belloc's words:—

"Yet in my Walks it seems to me that the grace of God is in Courtesy." Their mode of greeting is to raise one hand palm uppermost. This is an interesting survival from the days of the old Zulu kings when a hand was raised to show that no weapon was concealed—and was thus a sign of friendship.

All Zulu children are taught when young to carry everything on their heads. It is a source of delight to watch a child of six or so carrying a can of water on its small head, and appearing perfectly at ease while carrying on a fervent conversation with a young friend.

Space does not permit me to narrate further details, therefore I conclude with Greetings from Zululand.

Ngiyakubirgelela!

*IRIS OLGA WILLIAMS (Domestic Science Mistress, St. Augustine's High School, Zululand).*

# LLEOEDD ENWOG CYLCH LLANDYSUL.

PE bawn yn mynd ar daith i chwilio am leoedd enwog oddeutu Llandysul, ’rwy’n meddwl y cychwynwn yn gyntaf am dreflan fechan Tregroes.

Flynyddoedd maith yn ôl, safai hen eglwys ar dir Dyffryn Llynod o’r enw Llanfraid. Y mae dwy garreg sticyll y fynwent ar gael o hyd, Y mae un ohonynt, carreg wen yn pwyso tua phymtheg can pwys, ger y glwyd gyntaf sy’n arwain i’r fynwent; a’r ail garreg, un lwyd tua phum neu chwe chan pwys ger yr ail glwyd. Yno gwelir pant mawr yn y ddaear ac yn y fan ohonno y safai’r hen eglwys gynt.

Rhyw bedwar lled cae oddi yma down i fan lle bu cartref y gŵr enwog hwnnw, y Parch. Christmas Evans. Ganed ef ar ddydd Nadolig, 1776, yn Esger Wen, bwthyn a safai mewn cae ychydig o’r briffordd, ond nid oes dim ar ôl ohono heddiw namyn un coedwig fechan i nodi man geni un o bregethwyr enwocaf Cymru gynt. Bu Christmas Evans yn was i’r enwog Dafydd Dafis, Castell Hywel, a chydag ef dysgodd ddarllen, a thrwyddo ef yr enynnwyd ynddo’r chwant am bregethu.

O ardal Tregroes awn i lecyn enwog arall, sef amaethdy Pantgwyn, tua milltir a hanner o bentref Llandysul. Yma tua’r flwyddyn 1696 yr addolai un o’r cynulleidfaeodd Anghydffurfiol cyntaf yng Nghymru. Ar glôs y fferm hon yr addolid allan yn yr awyr agored o dan hen dderwen a rhestr o gerrig gwynion wrth ei bôn. Canodd y bardd Mafonwy yn brydferth i’r llecyn yma:—

Dan y dderwen, yr hen dderwen
Dŷf cyn cof ar glôs Pantgwyn,
Caru oedi mae yr awel
Yn addolgar ac yn syn,
Lle gorffwysa’r pererinion
Yma ar eu ffordd i’r glyn
Wrth ei brig mae cangau gwyrddion
Wrth ei bôn mae cerrig gwyn.

Tawel iawn yw’r fro heddiw; nid oes adlais o’r hen erledigaeth a ddioddefwyd ar ôl yma heddiw.

Yna, ymlaen am ddwy filltir arall a down i bentref Rhydowen. Yma dywedir i Owen Gwynedd groesi’r afon Clettwr ryw wyth gant o flynyddoedd yn ôl, a dyna ystyr Rhydowen.

Gerllaw y mae capel Llwynrhydowen, lle bu’r enwog Barchedig William Thomas, neb llai na Gwilym Marles yn gweinidogaethu o 1858—1879. Yn ystod ei weinidogaeth ef trowyd ef a’i gynulleidfa allan o’r hen gapel gan y meistr tir o Alltyrodyn. Clowyd y capel yn eu herbyn un bore Sul, ond pregethodd y bardd bregethwr Gwilym Marles i’w gynulleidfa oddi ar risiau allanol y capel. Ymhen amser adeiladwyd capel newydd ac y mae ei feddrod heddiw ger drws y capel.

Cyn cychwyn adref awn heibio i blas Llanfair. Blynyddoedd maith yn ôl safai hen eglwys ar y ddôl islaw’r plas, cyflwynedig i’r Forwyn Fair, ond nid oes dim ond olion i’w canfod yno heddiw. Ond pan arddwyd y ddôl daethpwyd o hyd i allwedd drws yr hen eglwys ac y mae yng ngofal yr ystâd heddiw.

Y mae'n hwyrhau ac awn yn ôl i swper flasus yn ein tŷ ni, cartref y diweddar Ddr. Pan Jones. Ie fe'm ganwyd i yma, lle ganed a maged yr enwog Ddr. Pan Jones, yr un a frwydrodd gymaint dros iawnderau'r werin dlawd, ac a bregethodd y gair led Cymru.

Wrth fyned adref gwelwn Ben Coed Foel ar y chwith yn edrych i lawr arnom. Yma bu brwydro ffyrnig iawn rhwng y Cymry a'r Normaniaid a cheir olion ymladd ar ben y bryn hyd y dydd heddiw. Ond fel y dywed y Dr. Iorwerth C. Peate yn 'Roncesvalles.'

Lledodd y caddug dros y cwm
(O glodfawr wŷr, mor fyr yw clod)!
Clywn y da'n anadlu'n drwm
(O fywyd, bychan yw dy nod)!

*MATTIE DAVIES, Dosbarth VA.*

*Athletics 1946*

## THE YEAR'S INFANCY

NATURE seldom produces a year equal in severity to the opening months of 1947.

The snow began to throw its white blanket over the earth during the last week of January, and the roads soon became impassable. The number of children in school became fewer and fewer every day from the beginning of February onwards as the buses failed to arrive or indeed even start, for Llandysul. The "Blossom Bus" was the most daring, while the "Old Rattler" continued to arrive at the station at irregular times. The children, especially the boys, were overjoyed at this snowfall, and tobogganing became very popular.

The second week of February opened with a slight thaw, but this soon gave way to "Jack Frost" who tightened his grip for the remainder of the month. At this period the Fuel Crisis continued. It soon affected domestic requirements, as drastic electricity cuts were made, wireless programmes were cut by half, newspapers were reduced in size and periodicals suspended, but worse weather was still to come. At the beginning of the last week of that month snow fell again.

With the arrival of March we thought that the winter was ended, for the temperature suddenly rose, but our hopes were soon destroyed by a blizzard which began on the early evening of Tuesday, 4th March, and continued all through the following day. For the remainder of the week there were less than a dozen children in school each day, and these were dismissed before noon. The road from the school-gates to the corner was covered with very deep snow-drifts which were level with the hedges on either side. This was the final and most serious fall of snow, and its effect continued with the aid of the frost, for nearly a fortnight.

Food soon became a serious problem. The main roads were cleared as quickly as possible by snow-ploughs, German prisoners of war, and Polish displaced persons, to allow provisions to get through. Small country lanes were not as fortunate and many solitary villages and hamlets remained blocked. Some of our boys, it is known, helped to carry sacks of bread to these. Others, who were more fortunate by living in towns, enjoyed the thrills of winter sport. Only very slowly did the school return to normal attendances, if indeed they returned fully before the end of the Easter Term.

With the general thaw came the floods with their usual damage, but these did not hinder school-life. After nearly two months of snow and ice, the fields were once more uncovered, and as an American poet once wrote:

"When country roads begin to thaw,
The Spring is coming round this way."

*GWYN E. JONES, VIA.*

*Spectators at School Athletic Sports 1948.*

## SCHOOL NOTES 1948

A Memorial Tablet and Bust of the late Mr. William Lewis, M.A., first Headmaster of the Llandyssul County Intermediate School (1895—1923), was unveiled by his eldest daughter, Dr. Gwen Lewis, Colwyn Bay, at an impressive service in the Dining Hall on Wednesday, 23rd June.

We congratulate Mrs. Mary Lewis, B.A. on being elected Gorsedd Druid for services to Welsh Drama; Mr. L. Baker Jones, B.A., on being elected Gorsedd Ovate; and Edward Lewis, Esq., J.P., C.C. on becoming a member of the Central Advisory Council for Education in Wales.

On 18th March, the School was highly honoured by the visit, to the Morning Service, of Dr. Elvet Lewis, M.A., C.B.E. (Elfed), the famous divine, archdruid, bard and hymnologist. An inspiring and memorable address was given by Elfed, and the Benediction was pronounced by the Rev. D. Rhydderch, B.A.

Various improvements have been conducted on the School premises. The School buildings have been painted externally and urgent repairs made internally. The unoccupied part of the School House has been converted into classrooms, cloak-rooms, storeroom, etc., while the Service Kitchen is to be enlarged by the incorporation of IVA classroom.

### SCHOLARSHIPS.

James, Dwynwen, awarded a State Scholarship and an Honorary Cardigan County Scholarship: James, Evan Lewis, awarded a State Scholarship; awarded an Honorary Cardigan County Scholarship, also the R. H. Richards' Scholarship of £40 a year at Aberystwyth University College, together with a University Supplemental Award; Richards, Mervyn, awarded a Cardigan County Scholarship of £120 a year; Davies, Aneurin James Jones, awarded a Carmarthen County Scholarship of £80 a year; Britton, William George Bryon, awarded a Cardigan County Scholarship; James, Megan, awarded a Cardigan County Scholarship; Lewis, Gwynne Vaughan, awarded a Cardigan County Scholarship; Morris, Annie Morwena, Agricultural Science Grant from Carmarthenshire County Council; Dwynwen James VIa, and Evan Lewis James, VIs shared the "Babell" Scholarship.

### RECENT SUCCESSES.

Megan Davies, Va, Nansi Lewis, IIIa, Ednyfed Wyn Thomas, IIIa, represented the Secondary Schools of Wales in a Broadcast Programme, 30 Dec., 1947; Deri Alun Evans, appointed interviewer in B.B.C. Dept. of Survey of Listeners; David Howell Jones, B.A. (Wales), Hons. IIa English; James Hywel Jones, B.A. (Wales); John Huw Lewis, awarded the Howard Hazell Scholarship of £100 per annum by the British Federation of Master Printers; Mrs. Mary Lewis, B.A., elected Gorsedd Druid for services to Welsh Drama; Nina Lewis, IIa, awarded an "Evan Morgan" Scholarship of £7/10 by the Cardiganshire Committee; Arthur Wynne Thomas, B.Sc., Diploma of Associate Member of the Institute of

Civil Engineers; Ednyfed Wyn Thomas, IIIa, awarded 1st prize in the "Western Mail" St. David's Day Welsh Essay Competition; Hubert Williams, M.R.C.S., L.R.C.P., appointed School Medical Officer for West Glamorgan; Alan Vaughan Griffiths, 3rd M.R.C.V.S.

## RECENT SUCCESSES.

Margaret Mary Davies, Vb, Pitman's Shorthand Certificate; Sarah Jane Davies, Diploma in Domestic Science; Brenda Esau, to London County Council Administrative Dept.; Nansi W. Jones, B.A., appointed Welsh Mistress at Llandysul Grammar School; Elinor M. Kurowski, M.R.C.S., L.R.C.P., Diploma in Public Health; Dewi Bowen, Meira E. Daniels, Eric Elias, Dewi Evans, Jackie Bowen Evans, Ieuan Edward Jones, Elfin Thomas, John James Thomas, Ministry of Education Teacher's Certificate; Dyfrig Davies, appointed Sanitary Inspector to Aberaeron Urban and Rural and New Quay Urban Councils; James Rhys Evans, assistant in Architect's Department, Cards. County Council; Leslie Harries, M.A., Inspector of Welsh for Flintshire; Daniel Grismond Jones, B.A., (Wales); David Howell Jones, B.A., University of Wales Diploma in Education; E. L. Havard Jones, M.A., M.B., B.Ch., admitted a Fellow of the Royal College of Surgeons; James Hywel Jones, B.A. (Wales), IIA Hons; J. E. Havard Jones, M.A., Law Society Final Examinations; John Tysul Jones, B.A., appointed Headmaster Henllan Secondary Modern School; M. T. Islwyn Jones, M.B., B.S., D.P.H., M.D. (London); Thomas J. Jones, L.R.A.M., appointed Music Master at Llandovery College; David Jacob Lewis, A.R.I.B.A., appointed assistant Architect under Cards. County Council; Gwynn Vaughan Lewis, selected to play for London Welsh Rugby Club; Ynyr Lewis, B.A., D.F.C.., Ll.B. (London) and elected a Fellow of the Royal Society of Arts; Griffith Rees, M.A., appointed Principal of Bala Theological College; Charles Raymond Renowden, B.A., 1st Class Cambrige Theological Tripos; Ednyfed Wyn Thomas, IVa, awarded the "Western Mail" Special Prize in St. David's Day Essay Competition, and selected for the B.B.C. County Quiz and awarded silver pencil; Albert Tiivas, Vb, special prize in *Children's Newspaper* Handwriting Competition.

## SCHOOL NOTES 1949

AT the Annual Prize Distribution the chief speaker was Prof. D. J. Harries, D.Sc., F.R.C.S., the Cardiff Surgeon. Doctor Harries was the twelfth Doctor of Science and the second Doctor of Medicine of the University of Wales, and when at Llandysul County School he was Captain of the Cricket and Vice-Captain of the Football Team. His uncle was one of the pioneering governors of the school.

We congratulate Mr. J. Tysul Jones, B.A., on his being appointed Headmaster of the new

Henllan Secondary Modern School, and Mr. Leslie Harries, M.A., on his appointment as Inspector of Welsh for Flintshire.

Two new members of Staff have joined the team this year. We welcome Miss Nansi Winifred Jones, B.A., from Botwnog Grammar School, Caernarvonshire, back to her old school; and our new Senior History master, Mr. Eifion Samuel George, B.A., of Cross Hands, Carmarthenshire. Mr. George held the William Edwards Open Scholarship to Swansea University College, and served for four years with H. M. Forces.

The number of pupils on the School Roll is 375.

## CINIO'R YSGOL

Mi glywais gan fy Wncwl Twm,
Hanesyn bach diddorol
Sut byddai ef y truan llwm,
Yn cychwyn tua'r ysgol,
Mewn trowser rib a phâr o glocs
A chrafat wedi'i phinio
Ac ar ei gefn fag a bocs
I gario'i damaid cinio.

Ond newid mawr ddaeth dros bob lle
Oddiar oedd ef yn grwtyn
A heddiw yn lle toc a thê
Ceir cinio ffein a phwdin,
A geneth ddel mewn ffedog wen
Yn tendio ar bob galwad
A chapan twt sydd ar ei phen
R'un fath â morwyn ffeirad.

Aroglwch yr aroglau pêr
Sy'n codi yn y gegin
Y cawl yn dew a'i fyrddiwn sêr
Yn wincio'n anghyffredin.
Pa ryfedd bod y gaseg ddu
Yn gwrthod magu ebol?
Ac yn ei hiaith protestia'n hy
Yn erbyn cinio'r ysgol.

Mae'r bwrdd yn llawn o blats a ffyrcs
A'r lliain main yn gyfor,
A llawer potel heb eu cyrcs
I wella ar y "flavour,"
A phawb yn canmol maint eu lwc
Wrth gnoi a thynnu'u gore
Bob cydymdeimlad sydd â'r 'cwc'
Tu ôl i'r 'scenes' yn rhywle.

Os na fydd siwgr yn y reis
O peidiwch wir a chwyno
Mae sacarins yn eitha neis
I stymog wedi'i threinio.
Os bydd i'r custard fod fel pop
Neu ddŵr yn mynd dros ddibyn,
Wel llyncwch ef heb gymryd stop
Fel iâr yn llyncu mwydyn.

Mae hanner coron ddigon bach
Am ginio mor ardderchog,
Fe godir bellach ddynion iach
Nid shildod main a choesog,
Mae Wncwl Twm yn taeru hyn
Mewn geiriau hir ysgubol
Na ddysga neb heb fola tyn
A breintiau cinio'r ysgol.

Tîm Pel-droed 1949-50

Hockey Team 1949-50

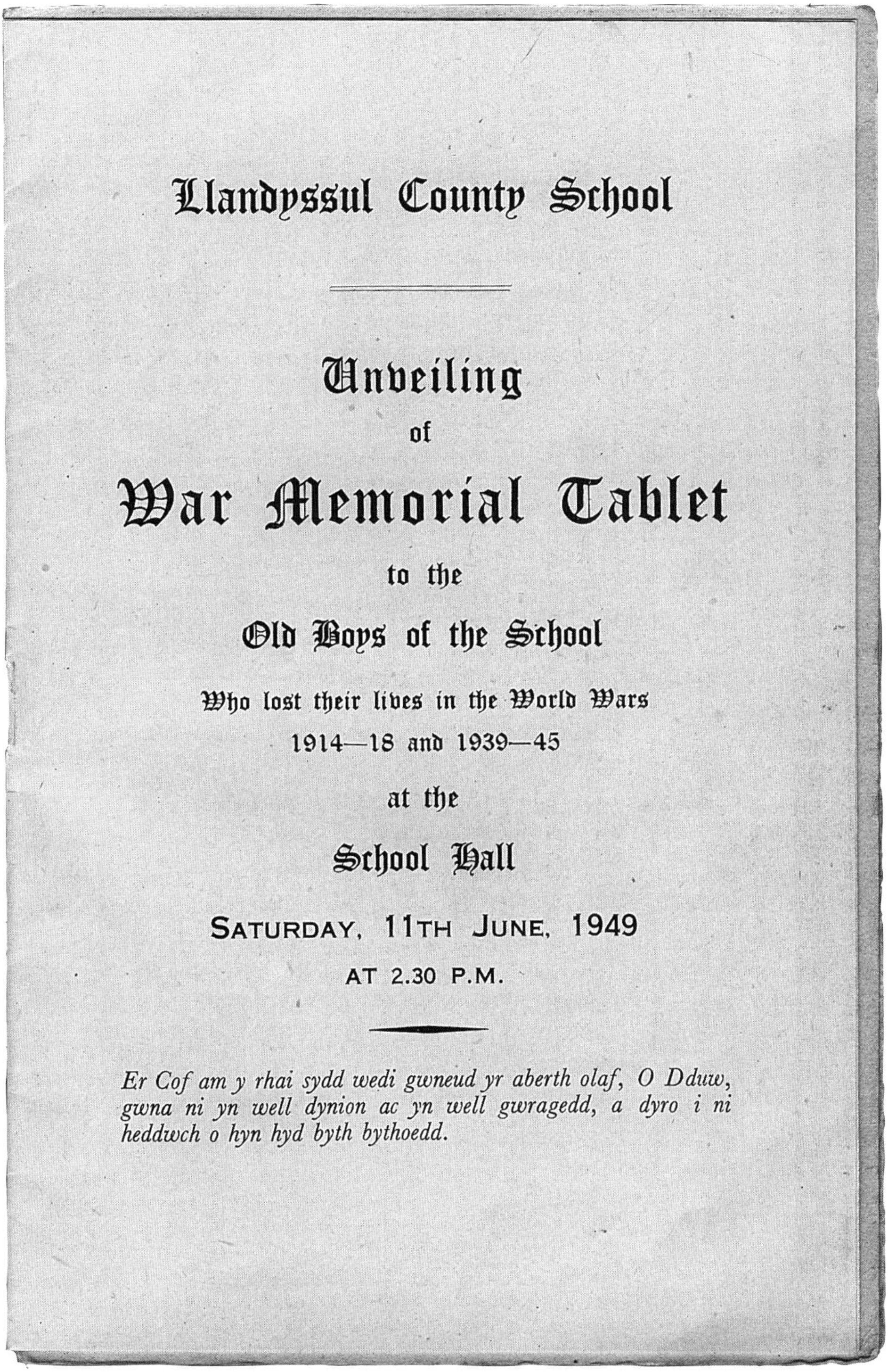

Llandyssul County School

Unveiling

of

War Memorial Tablet

to the

Old Boys of the School

Who lost their lives in the World Wars

1914—18 and 1939—45

at the

School Hall

SATURDAY, 11TH JUNE, 1949

AT 2.30 P.M.

*Er Cof am y rhai sydd wedi gwneud yr aberth olaf, O Dduw, gwna ni yn well dynion ac yn well gwragedd, a dyro i ni heddwch o hyn hyd byth bythoedd.*

1950 Western Mail Prizewinners and supporters

## RECENT SUCCESSES 1950.

Margaret Joyce Davies, Sarah Hefina Davies, Dewi Bowen, Gerallt Cadifor Jones, Min. of Ed. Certificate; Valmai Bowen Davies, Health Visitor, N. Cards; Anne Elizabeth Mary (Betty) Evans, B.Sc. (Wales), Hons IIa; Mrs. Emrys Lewis, Justice of the Peace for Carmarthenshire; Margaret Marian James, IVb, B.B.C. Programme, 31.8.50; Mair Lewis, Nursery Teacher's Certificate; Alun Meredydd Davies, VIa, Gorsedd Ovate, 1950 National Eisteddfod; 1st Prize sight reading, National Eisteddfod 1950; 1st Prize Penillion Singing Urdd National Eisteddfod, 1950; Daniel Davies, Vc., Y.F.C. Open Competition Prize in Public Speaking; David Charles Davies, M.R.C.V.S.; Dewi Davies, M.B., B.S., M.D. (London); Geoffrey Ormond Bond Davies, M.A. (Cantab), Professor of Br. Hist. at University of Br. Columbia, Vancouver; John Emyr Eurig Davies, B.A.; James Hywel Jones, B.A., Diploma in Education; Ieuan Rhisiart Davies, B.A., Chief Asst. Librarian Cards. Joint Library; Sidney Ivor Davies, B.Sc., M.B., B.Ch. (Wales); Ieuan Francis, Ministry of Agriculture and Fisheries Scholarship of £160 per annum; Mr. I. T. Hughes, M.A., Justice of the Peace for Cardiganshire; Gwylon Isaac, B.Sc., Diploma of Associate Member of the Institute of Civil Engineers; David Daniel Jones, B.Sc., M.Sc. (Wales); David John Harries Jones B.Sc. (Wales); David Leslie Baker Jones, B.A., M.A. (Oxon); Gwyn Evans Jones, Gorsedd Ovate, 1950 National Eisteddfod, Licentiate of Tonic Solfa College; Mr. T. Islwyn Jones, M.D., D.P.H., Chief M.O.H., Denbighshire; Thomas James Jones, VIa, 1st Prize Recitation, National Eisteddfod, 1950; John H. Lewis, £50 Scholarship tenable at Cambridge University for 3 years; Tom Griffiths Lloyd, B.A., Asst. Librarian, U.C.W., Aberystwyth; Bevan Prys Morgan, Va, Supplementary Prize, "Western Mail" St. David's Day Welsh Essay; Edward Lyn Rees, IIb, B.B.C. Children's Hour Programme; David Eric Sturdy, M.B., B.S. (Lond.) House Surgeon at Swansea; Llandysul Cadet Team of St. John's Ambulance Assn., awarded the Fossett Roberts' Shield; Ednyfed Wynn Thomas, Va, 1st Prize "Western Mail" St. David's Day Welsh Essay.

## RECENT SUCCESSES 1951.

Lynda Valmai Bonnell Davies, Margaret Joyce Davies, Margaret Mair Madonna Evans, Sarah Margaret Evans, Lorna Mary Morgan, Margaret Valmai Thomas, D. Derrick Owen Lewis, Ministry of Education Teachers' Certificate; Daniel Grismond Jones, Diploma in Education (Wales); Dilys Davies, Marion Jones, Diploma in Institutional Management; Beatrice Myfanwy Evans, B.Sc., D. Pharm. (Glasgow); Megan James, B.Sc. (Wales); Nansi Ceridwen Jones, B.A., to Staff of National Library of Wales; Margaret Hannah Lloyd, B.Sc. (Wales) Class IIa Honours; Alun Meredydd Davies, VIb, 1st Prize (second time) Penillion Singing at 1951 Urdd National Eisteddfod; Elfed Vaynor Davies, Samuel Noel Williams, Members of the Pharmaceutical Society; Alan Vaughan Griffiths, M.R.C.V.S.; Evan Lewis James, B.Sc., (Wales) Class I Honours in Physics; Roy Evan Jones, City and Guild Diploma in Engineering; Gwilym Lewis, First Prize Baritone Solo 1951 Urdd National Eisteddfod; Gwynne Vaughan Lewis, 2nd M.B. (Lond.), Captain of Middlesex Med. School XV; John Marles Lewis, B.Sc., M.B., B.Sc., Diploma in Anaesthetics (Wales); Ednyfed Wyn Thomas, VIs, 1st Prize (third time) in the "Western Mail" St. David's Day Essay Competition; Glyn Arfon Williams, A.R.I.B.A.; Thomas David Duncan Williams, B.A. (Oxon), Honours in Modern Languages and posted to the Bank of India; School Debating Society, the first debate broadcast and recorded by the B.B.C. in "Llwyfan yr Ifanc" programme; Mr. Edward Morgan, invited to conduct Children's Concert Choir of National Eisteddfod at Aberystwyth; Sydney Ifor Davies, B.Sc., M.B., B.Ch., House Surgeon at Glan Ely Hospital; Cyril John Evans, F.R.C.S., Consultant Surgeon, Thoracic Centre, Newcastle-on-Tyne; John Eric Havard Jones, M.A., Solicitor to the Treasury; Percy Tudor Thomas, Ph.D., Professor Agric. Botany, U.C.W., Aberytwyth; Capt. W. Davies M.R.C.V.S., elected a Governor of Llandyssul Grammar School; David Glanmor Jones, Ronald Baynton Jones, Licentiates in Dental Surgery; Matilda Eleanor Jones, VIs., Postal and Telegraph Officers' Competition Examination.

STAFF REQUEST PUPILS NOT TO CYCLE DOWN SCHOOL HILL

"Some un-born sorrow—is coming towards me"
*Shakespeare—King Richard.*

## SCHOOL NOTES 1951

The B.B.C. recording van visited the school on 1st December, 1950, to record the debate, "Y dylid defnyddio'r iaith Gymraeg fel pwnc gyfrwng addysg yn yr Ysgolion Gramadeg." The recording was broadcast on Thursday, 7th December, as the first in a programme entitled "Llwyfan yr Ifainc." This aroused widespread interest and very many letters of congratulations were received from far and near.

Alun Meredydd Davies, VIB, is to be complimented on winning the First Prize (for the second time) for Penillion Singing at the Urdd National Eisteddfod, 1951.

We are pleased to greet two new members to our staff.

Our new Art Mistress, Miss Joyce Fitzwilliams of Newcastle Emlyn, is a Silver Medalist of the Royal Academy of Art, and has had pictures displayed at the Royal Academy Exhibitions.

Our new Engish Master is Mr. D. Howell Jones, B.A., a native of Ffostrasol and a former pupil of the school. He was an education instructor in the Royal Air Force for two years and was stationed at Valley in Anglesey. We trust that both will be happy in our midst.

## RECENT SUCCESSES

Lewis Trevor Owen, Awarded a Royal Air Force Cadetship and admitted to Royal Air Force College, Cranwell; Joan Margaret Davies, Vb, Lynda Rhiannon Howell IIIa, ""Western Mail" St. David's Day Welsh Essay Prize; Gwilym Lewis, 1st prize Baritone Solo (18—25), Urdd National Eisteddfod, Machynlleth, 1952; John Jones, 3rd Prize Recitation, Urdd National Eisteddfod 1952; Gwynne Vaughan Lewis, Principal Baritone Middlesex Hospital Musical Society; Dan Lyn James, B.A., Hons. IIB. in Welsh, President of Swansea University College Students' Representative Council; Godfrey John Curl, Gazetted Captain in the Royal Corps of Signals; Picton Goronwy Davies, Margaret Jones, Marnah Mai Jones, Roy James Edwards, B.A. (Wales); Dwynwen James, B.A. (Wales) Hons. IIA. Latin and 17th out of 600 in L.C.C. Major Establishment Competitive Examination; David Glyn Davies, David John Einion Richards, Ifana Mai Jenkins, B.Sc., (Wales); Benjamin Luther James, B.Sc., (Wales) with Hons. in Physics; Megan James B.Sc., (Wales) with IIA Hons. in Mathematics; William George Bryon Britton, B.Sc. (Wales) with 1st Class Hons. in Physics awarded Travelling Scholarship and a Research Scholarship at U.C.W., Aberystwyth; David John Harries Jones, B.Sc., National Diploma in Dairying; Charlotte Davies, Licentiate in Dental Surgery; Gwyn Evans Jones, awarded the Barker Prize at University of Manchester; John Davies, Alun Howells, Intermediate Law Examination; Cyril John Evans, F.R.C.S., Chief Consultant Surgeon Thoracic Department of South Wales Region; Ann Griffiths, David Stanley Morgan, 1st Prize in Art Section Tylorstown Children's Chair Eisteddfod; Ieuan Rhisiart Davies, B.A. University of Wales Teachers' Diploma, 1st Class; J. Huw Lewis, Diploma in Printing and Graphic Arts, and Diploma of Br. Inst. of Management, Economics and Company Law; Mr. J. Daniel Lewis, President of the Welsh Baptist Union.

Author and cast of 'Squire Lubberley' 1951

NEW
PHYSICS
LAB

# SCHOOL TRIP TO THE INTERNATIONAL EISTEDDFOD AT LLANGOLLEN JULY 1952

"LLANGOLLEN! The source of a new international culture... the one shining star in the gloom of world disunity..." We shall leave all that to the Western Mail, the Welsh Gazette and The Times and content ourselves with recording the facts of our school trip to Llangollen.

The day started with a pleasant surprise. We were due to start from Llandysul at 7 a.m. and to everyone's amazement we were all assembled on time. It was an all-girls trip, but as we had two vacant seats we condecended to include two sixth form boys. So, on a glorious July morning we approached Aberystwyth (at 8 a.m. let it be remembered) with the youngest members wide awake and their enthusiasm for "pop" far from being quenched by the early hour. However, Fate was against them, as the bus sped past the town, and on to Dolgellau where we called a halt. As soon as we had alighted a bus from Henllan school and three more from Newcastle Emlyn swept into the parking ground. This took the wind from our sails as we had entertained secret hopes of showing off to the natives of Dolgellau the purity of "Cymraeg Shir Aberteifi" We clambered back into the bus and were gone to seek pastures new.

Bala Lake delighted everyone. Delight is always closely connected with food and we shall always associate Bala Lake with coffee because here the thermos flasks came into the picture and imparted a deilcate aroma which surely must have rivalled that in the Kardomah in Cardiff.

We sailed into Llangollen at a comfortable cruising speed. We shall be quite honest, no one was very familiar with the town and so we ventured forth rather nervously. The picturesque beauty of the place was immediately apparent as we crossed the bridge into the town. Here foreigners mingled easily with the crowds and great was the demand for autographs.

Once on the Eisteddfod field, we heard weird strains. These turned out to be the folk songs of distant lands. It was also rather strange to hear an eisteddfod being conducted in English, it is so Welsh in character. However, we did not enter the marquee in the morning as we could hear the proceedings through the amplifiers and because the weather was glorious.

Being experienced eisteddfodwyr, we were clever enough to find room in the eisteddfod tent just as the morning session was drawing to a close. Later the place became packed with eager crowds bent on seeing the folk dancing. This has to be seen to be believed; the variety, the colour and grace of the costumes, the choreography without any scenic effects, earn one's most enthusiastic praise. Sword dancing was much appreciated, Spanish costumes delighted the eye, and Yorkshire folk as Morris dancers were popular. Our party had not been forewarned that Morris dancers blackened their faces and a general feeling of "being swizzed" resulted from the "blacks" signing our autographs with honest English names and revealing perfectly white hands! Luckily, they could not understand Welsh...

The highlight of the dancing was a group performing a Hungarian dance. We could hardly believe our eyes; we have seen such sights in film-land but we always had a sneaking feeling that they were false. Here, however, were the real dancers in their gay costumes giving a display of their renowned traditional dances. The trophy was won by Serbian dancers who staged a duel with only a drum as accompaniment. It was very effective for the timing was perfect and it excited the senses even against one's will.

At the conclusion of the afternoon's session we rather unwillingly emerged from the tent and wended our way sadly to our bus. At this point we digress to thank the Town Council of Llangollen for providing the fairly high wall along the canal. Thus, our juniors were unable to catch a glimpse of the barge trips that seemed so popular and we were mercifully saved any repetition of the Toad in 'Toad Hall' escapades. The bus arrived in Aberystwyth just in time for chips, and after that peace reigned supreme—the end of a perfect day.

We were glad to have had the chance of going to Llangollen; we were fortunate that it was a glorious day and that the journey was without mishap. We have no intention of shouting about internationalism; to us it was a trip and a jolly good one; one that we shall always cherish in our memories so that when old we can say,

"When I was young I remember going to Llangollen…"

*N.L., VIs.*
*E.M.J., VA.*

ANOTHER GREAT OCCASION

## CARDIGANSHIRE SECONDARY SCHOOLS A.A.A.

LLANDYSUL Grammar School was well represented at the County Meeting held at Tregaron on Saturday, 15th May. The following gained first prizes:—

Joan Davies: Senior Girls 100 yards.
Ceinwen Jones: Middle Girls High Jump.
Bryan Thomas: Middle Boys 440 yards.
Haydn Jones: Middle Boys High Jump.
Gareth Thomas: Middle Boys Putting the Shot.
John Gareth Lewis: Junior Boys 880 yards Walk.

Nevertheless, special mention must be made of an outstanding performance by Rhiannon Howell in the Middle School Section in gaining two first prizes (100 yards and 220 yards) and a second prize in the Hop, Step and Jump. The Middle School Girls team completed a successful day by winning the Relay and the Silver Cup for the highest number of points in their section.

The boys named above and John Sylvanus Jones were chosen to represent Cardiganshire at the National Meeting at Aberystwyth on Saturday, 11the July where all performed very creditably.

"IT IS SAID THAT THE INTRODUCTION OF RUGBY INTO NEIGHBOURING SCHOOLS HAS ALREADY INFLUENCED SOME OF OUR SOCCER 1ST XI"

Western Mail Prize 1952

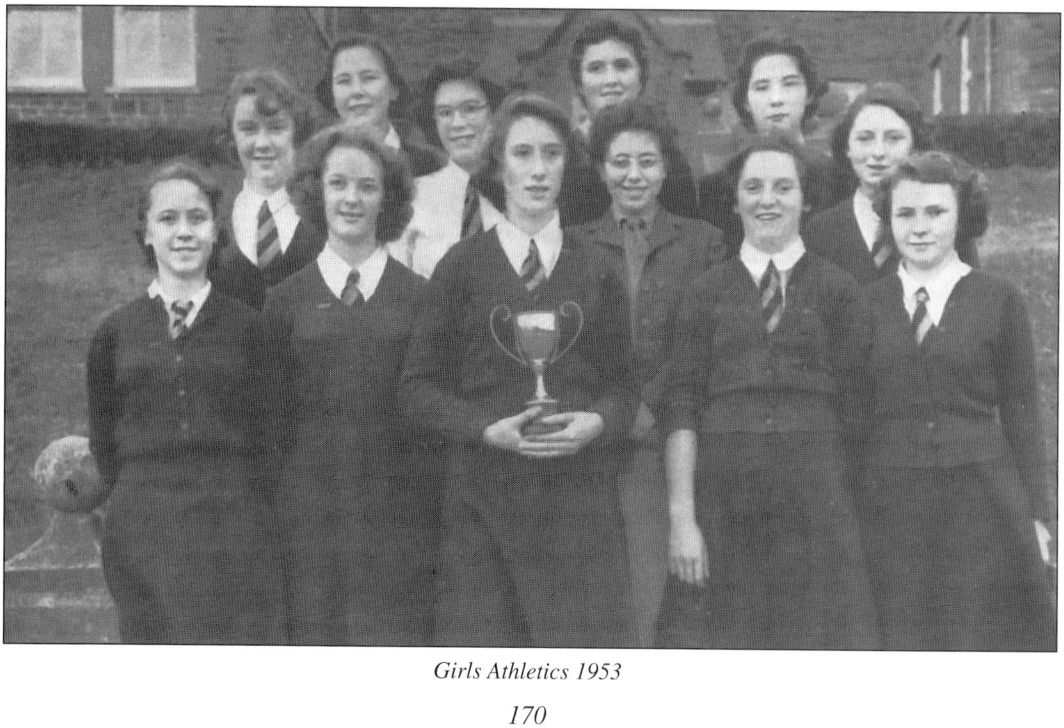

Girls Athletics 1953

# GHOSTS

GHOSTS come in all shapes, sizes, conditions and temperaments. There are little ones, big ones, human-like ones, 'floaty' ones, nice ones and horrible ones. There are the little fellows who hide round corners to peep, there are the big clods who pounce. Some are shapes, some have voices alone.

Ghosts are said to be the spirits of departed human beings who have suffered some great tragedy. This is a little difficult to be believed. There may be some tragic Anne Boleyns, who prefer head under arm to head on shoulders, or run down corridors screaming blue murder, but what about the majority that float above the ground on little, wavering, tapering tails? They may, of course, be wearing haunting-gowns but what do they do with their legs.

As has been said before there are all kinds and conditions in ghosts as in everything else—there are the considerate ones who wake you at two or three o'clock in the morning with a loving little chill up the spine. It is doubtful which is preferable, they, or the clumsy bullies who pounce unscientifically down the attic stairs. But, by far the worst are those who creep up stairs with just that clever little extra creak, and after a suitable pause, to make the victim thoroughly uneasy, commence a series of "low breathings", as Wordsworth said, at the foot of the bed. I remember the work of one of these artists. It was a stormy sleepless night, the clouds were scudding over the moon. Suddenly, something rustled. Something was sidling to and fro at the end of the room, jauntily swishing its silken skirts. What could I do but say my prayers?

But all spirits do not have such tortuous minds. Occasionally you find a well-balanced one to wash dirty dishes left in the kitchen sink. These are very useful at times—the trouble is they drop one at wrong moments.

Ghosts generally roam at night. Seldom is one seen in daylight. Their usual haunt is the churchyard, where they appear on the stroke of twelve to play hide and seek among the tombstones. A few people say they have seen these beings from another world. The village drunkard slouches into the tavern with a mysterious, self-conscious and know-all look on his face. His eyes roll, he shivers, shudders and spits on the floor. "What's the matter, Sam?" he is asked. "Uh? Oh! nothing, nothing". He continues shuddering and spitting. "Come on, Sam, what's wrong?" asks another. "Well, if you must"—slowly—"there...there were things walking last night"—dramatic pause—"White Ladies in the cemetery"—great laughter. He puts on an injured expression and lowering his voice, whispers, "Yes, white'uns as do hundred yards in ten seconds". Of course, he is laughed to scorn.

Ghosts seem to be popular with some people—vampires, poltergeists, etc. are inspected with equanimity. There are professional ghost-hunters who turn the poor things out of comfortable homes. Occasionally the hunted hunts the hunter!

Let us hope that the hunters will not be too successful for surely ghosts add a spice to life.

*EVELYN BUDD, VIA.*

## TEACHING APPOINTMENTS

Hannah Eirona Davies to Birmingham; Lynda Bonnell Davies to Carmarthen High School for Girls; Mair Eluned Davies to a Birmingham Secondary Modern; Rayanne Davies, Aneurin James Jones Davies to Pontypridd; Megan James, B.Sc. to Newtown Grammar; Margaret Jones, B.A. to a Northolt Secondary Modern; Anne Glesni Thomas to Hayes, Middlesex; Nesta Thomas, Roy James Edwards, B.A. to St. Mary's Secondary Modern, Cardigan; Picton Goronwy Davies, B.A. to Sennybridge Secondary Modern; Dan Lyn James, B.A. to Llanrwst Grammar; William Ieuan Thomas Jones to Earsfield, Battersea; William Phillip Llewelyn, Headteacher Sandbach Heath; Edward Gomer Williams, B.A., Headteacher Parkylan.

## SCHOOL NOTES 1954

The Dorian Trio entertained us with their musical concerts on 12th Novermber and 19th March.

Thomas Enoch Jones, VIs, deserves our heartiest congratulations for scoring 1-2-3-4-5-6-7 goals out of 13 for Cardiganshire against the Cambrian Coast League on 19th December. Brian Thomas, VIA, and John Gwilym Jones, VIB, also played for Cardiganshire.

Capt. W. Davies, M.R.C.V.S., Chairman of the Board of Governors, died on 30th January, 1954. Our deepest sympathy is extended to his widow and two sons, Mr. David Gwilym Evans Davies, M.R.C.V.S., and Dr. Daniel Oliver Davies, M.B., B.S., both of whom are old pupils of the school.

We welcome Mr. David Gwilym Evans Davies, M.R.C.V.S., who has succeeded his father on the Board of Governors.

Mr. J. W. R. Havard, a former pupil of the school, returns as Physical Education and Commercial Subjects Master. He has taught at Llandovery and Llandilo Grammar Schools and the Queen Elizabeth Grammar School, Atherstone, Warwickshire.

We offer our congratulations to Mr. David Gwilym Evans Davies, M.R.C.V.S., and to our English Master and Staff Representative, Mr. D. Howell Jones, B.A. on the occasion of their marriages. Both have married former pupils of the school.

Other Successes: William Ernest Jones, B.Sc.—appointed Deputy Director of Education for Merionethshire; David Gwilym Evans Davies, M.R.C.V.S., made Governor of Llandyssul County Grammar School; David Roy Davies, B.Sc. (Wales) with First Class Honours in Agricultural Botany, Research Scholarship of £250 a year at Aberystwyth University College; Gwyn Evans Jones, B.A. (Manchester) with First Class Honours in Geography, a Diploma with Distinction at Lincoln College, Oxford and a United States Government Research Scholarship of £400 a year plus emoluments; Vernon Llewelyn Jones, 2nd M.B., B.Ch. (Wales); John Marles Lewis, M.B., B.Ch., B.Sc., elected Fellow of the Faculty of Anaesthetics of the Royal College of Surgeons (F.A.R.C.S.),; David Eric Sturdy,

M.B., B.S., appointed Registrar in General Surgery, Morriston Hospital; David Thomas James Thomas, selected one of three to represent Young Farmer's Club's of England and Wales in a tour of the U.S.A.; Hubert Cecil Davies, 2nd M.B., B.Ch. (Wales); James Rees Evans, appointed quantitiy surveyor in Nairobi Public Office of Works; Thomas Edward Evans, Architect pupil, Cardiganshire County Council; Dan Lyn James, B.A., first prize for ballad at Royal Welsh National Eisteddfod, 1954; Dafydd Iorwerth Jones, Wrexham Constabulary; John Sylvanus Jones, awarded certificate of merit for being best recruit in his platoon of the Welch Regiment; Thomas James Jones, First Prize for recitation (18-25) at the Royal Welsh National Eisteddfod 1954; Nansi Lewis, First Prize for recitation (18-25) at the Royal Welsh National Eisteddfod 1954; Dennis Young, Baptist Minister at Blaenycwm, Treherbert; Annie Eirith Daniels. Special Prize in Music, Cookery and Needlework; Valmai Gibby Davies, VI—"Mynyddog" Entrance Scholarship of £12 a year at Aberystwyth University College; Joyce Elizabeth Day, selected to represent Cardiganshire Girl Guides as a guard of honour for Princess Margaret at a London function; Gerald Charles Davies, IIIa, First Prize in a Western Mail Painting Competition; Gareth Oliver Evans—Carmarthen County Bursary in Art; Hubert Roy Evans—Evan Morgan Scholarship of £7/10/0 by Cardiganshire Education Commitee; John Gwilym Jones VIa, awarded first prize for 'Cynghanedd' and first prize for recitation (15-18) Bala Urdd National Eisteddfod, and first prize for recitation (15-18) at the Royal Welsh National Eisteddfod 1954; Gareth Jenkin Rees Thomas—qualified F.A. referee; Yvonne Griffiths has entered an accountants office in Newcastle Emlyn; Hefina Lewis is employed at the R.D.C. Offices, Llandyssul.

## SECONDARY SCHOOLS A.A.A.

### COUNTY AND NATIONAL MEETINGS

The Cardiganshire Secondary Schools A.A.A. Meeting was held at Aberystwyth on Saturday, 29th May in most unfavourable weather. There was a steady downpour form early morning; consequently only 20 events were decided. In those events Llandysul did remarkably well, gaining 8 first, 4 second, 2 third and 3 fourth places. The following gained first prizes.

Senior:—

Bryan Thomas—220 yards.
Roy Lewis James—880 yards.
Gareth Rees Thomas—One Mile Walk.
Rhiannon Howell—110 yards (Girls).
Rhiannon Howell—220 yards (Girls).

Middle:—

Haydn Jones—100 yards.
William John Evans—a Mile Walk.
Vernon Colbourne—Putting the Shot.

A number of boys were, as a result of these successes, chosen to represent Cardiganshire in the National Meeting at Cwmbran on Saturday, 10th July. Competition at this meeting is very keen and the standard improves annually. We therefore congratulate heartily Bryan Thomas in being placed fourth in the Senior 220 yards and Roy L. James, Vernon Colbourne and Thomas Jones who also performed well.

## RECENT SUCCESSES.

Eleanor Gwenllian Davies, B.A., (Wales), Honours in Welsh; Margaret Eirwen Davies, B.A. (Wales); Margaret June Davies, B.Sc. (Wales), Honours IIb in Mathematics; Elizabeth Joyce Day, VIb, Patricia Mary Teesdale VIb, members of Girl Guides of Honour for Princess Margaret at a London Function; Margaret Cerys Evans, B.A., (Wales); Amy Elizabeth Kathleen Jones, State Registered Nurse; Marnah Mai Jones, B.A., Ll.B. (Wales) Hons. IIb; Nansi Lewis, 1st Prize Recitation (18-25) Royal Welsh National Eisteddfod; David Gwilym Evans Davies, M.R.C.V.S., a Governor of Llandysul County Grammar School; David Roy Davies, B.Sc., (Wales) Hons. 1 in Agricultural Botany with Research Scholarship of £250 p.a. at U.C.W. , Aberystwyth; Vernon Llewelyn Jones, 2nd M.B., B.Ch. (Wales); Samuel David Davies, B.A. (Wales); David Gwilym John Richards, B.A. (Oxon), Hons. History; David Eric Sturdy, M.B., B.S., Registrar in General Surgery at Morriston Hospital; Benjamin Thomas, B.Sc. (Birmingham) Hons. IIb in Physics; Caleb Mervyn Thomas, B.A. (Wales) Hons. IIa in History; David Thomas James Thomas, Represented Young Farmers Club of England and Wales in Three Months Tour of U.S.A.; Gareth Jenkin Rees Thomas, qualified F.A. referee; Dennis Young, Ordained at Blaenycwm (B.), Treherbert.

*Soccer and Hockey Teams 1953-54*

# 1955 - 1964

*Capt. W. Davies, M.R.C.V.S.*

Eleni fe amddifadwyd Ysgol Ramadeg Llandysul o Gadeirydd Bwrdd y Llywodraethwyr ar ôl cyfnod pur faith o afiechyd. Eithr nid swyddog yn unig ydoedd Capt. Davies i'n hysgol ni; bu yn ddisgybl disglair ynddi ym more oes, ac wedi hynny fel llywodraethwr fe ddangosodd drwy ei wasanaeth gyson y carai ei hen ysgol â'i holl fryd. Parchai y swydd hon, a meddyliai lawer o'r fraint a roddwyd iddo o'i chynnal; a pherchid yntau hefyd gan y cyhoedd fel un a deilyngai'r anrhydedd. Drwy gydol ei fywyd, fe ymroddodd, yn ei ffordd gwrtais a diymhongar ei hun, i wasanaeth ei gyd-ddyn fel gŵr a gymerodd ddiddordeb mawr ym mywyd cefn gwlad. Yn ei fywyd fe roddodd i ni esiampl o gymeriad dilychwin.

## GŴYL DDIAMWND EIN HYSGOL

Tri ugain mlwydd o lwyddiant—trigain gwawr
Trigain gwych heb fethiant,
Y dorf ar yr uchaf dant
A gano eu gogoniant.

Gogoniant yn ei anterth—ei awen
A'i lewyrch uwch prydferth,
Dysgeidion drudion drudwerth
Yno oll ar nawn ei nerth.

A nerth dysg a gymerth dô—ac addysg
A ymguddiodd yno,
Yno, tawel letyo
Wna dawn brin a doniau bro.

Bro annwyl lle bu rhinion—lle bu grym
Lle bu graen y doethion;
Daw gwell o hyd, o hyd o hon—
Eithr clodwiw 'i hathrawon.

Athrawon dysgeidion gant,—a rhagor
Mewn trigain mlwydd llwyddiant;
A ni, o blith mil o blant—
Edrychwn 'mlaen am drichant.

*John Gwilym Jones, VIa*

*Staff 1955*

## WHAT OF THE FUTURE?

When I was approached to write an article for the ADASTRA, and was allowed to choose my own subject, I was for a time unable to decide what line of thought I should pursue. I wondered whether I should delve into the past, browse over the present or attempt to peer into the future. I decided to confine myself to the latter, meanwhile paying special attention to those areas of the country similar to our own, i.e. the rural districts.

I have deliberately chosen this subject because it involves one of the most vital problems of our time, the depopulation of rural areas. This process, gradual in onset and progress has gone on ever since the Industrial Revolution and—in our own case—since the development of the South Wales coalfield and heavy industrial area commenced to recruit its manpower from the country areas, at that time in a state of considerable hardship if not actual poverty. Today this drain of our manpower takes on a different, perhaps even more dangerous aspect, for it is now our better educated young men and women, the products of our Grammar Schools and Universities who seek their livelihood in the evergrowing urban districts and cities of Britain.

The young people we are now losing from the countryside are the ones we are least able to do without, the potential leaders of the community of tomorrow.

When looking into the future one has to consider very carefully the basic industry of rural Wales, agriculture. The future prosperity or poverty of the countryside is inextricably linked with the wellbeing of the food-producing industry. Let us therefore deal briefly with the prospects of agriculture in the foreseeable future. This is very closely linked with—

*(a)* The economic status of the country.

*(b)* The standard of living of our fellow countrymen.

Our financial position vis-à-vis almost all foreign countries has changed very drastically as the result of two world wars. The former great creditor nation has had to use up its vast reserves of credit in overseas countries and it is now essential to maintain a close relationship between exports and imports. This means that food imports must be kept at as low a level as possible in an effort to keep our balance of payments at a satisfactory level. The result of this state of affairs is that home agriculture has to play a much greater part than formerly in the national economy. I feel therefore that I am on safe ground in prophesying that British Agriculture will at least be in a prosperous condition for many years to come.

Agriculture, taken in its widest sense together with its ancillary industries and the professions dependant upon it, needs today more than anything else, new recruits. To maintain and improve the land at present cultivated and to bring into cultivation many acres still idle and uncared for needs people, young men and women who are ready to work hard and who have that faith in the future without which success is impossible. A study of history reveals to us that when civilisation becomes increasingly urbanised, that civilisation is on the road to disaster. Let us accept this warning, let us keep our countryside virile and populated by young people actively engaged not only in agriculture and its attendant industries but in all the vocations necessary in a fully populated countryside.

A balance must be kept between the urban population and the rural population, a balance which must have as its objective the maintenance of a high and a progressive standard of living for fifty million people in this small island. Much is said nowadays of priorities; the chief priority in this country today is a body of young men and women ready and eager to work with enthusiasm and faith to better their lot and that of their fellow citizens. We can never hope to maintain our present standard of living, our social services, and our educational system unless greater urgency is shown to work harder and with a greater unity of spirit to accomplish the tasks which lie ahead of us.

I have not attempted in this short essay to discuss the future problems of the countryside in any detail. I shall be content if I have succeeded in awakening in the minds of my readers, the fact that the foundation of a strong and prosperous country is to be found in the vigour and initiative of its rural communities.

*[Mr. David Gwilym Evans Davies, M.R.C.V.S., Faerdre, was a brilliant pupil of the school from 1932-38. At the Royal Veterinary College, London he had a distinguished career, being awarded Honours in all five subjects and 19 medals. For gaining the highest number of marks in all the professional examinations in all the Veterinary Colleges of Great Britain and Ireland he was awarded the coveted Fitzwygram Prize. He is now a Governor of the School.]*

*Disgyblion yn derbyn gwobr y 'Western Mail'*

Boys Athletics, 1955

## BETH A OLYGA DEWI SANT I GYMRU

*(Traethawd buddugol yng nghystadleuaeth flynyddol Gwyl Ddewi y "Western Mail".)*

Ystyria, Gymru, am funud wrth wisgo'th genhinen, mor ddifater ydwyt; pa beth mewn gwirionedd a olyga dy Nawdd Sant i ti? Diau pe gofynnwn y cwestiwn i rai o'th drigolion, sydd heb fod yn ymwybodol o'th oludoedd pennaf, y cawn yr ateb mai rhyw chwedl tebyg i eiddo'r Groegiaid yw'r holl sôn am Ddewi. Efallai y ceisient brofi eu pwynt drwy fy atgofio fod cymaint o ddirgelwch yn perthyn iddo a'i fod wedi bodoli mewn amser pan nad oedd llawer yn medru darllen nac ysgrifennu.

O, Ddewi Sant, pe baet yn gwylio dy blant heddiw, credaf y chwerthinit o'u gweld yn ceisio mor ddyfal i ddatrys y dryswch sydd yn gysylltiedig â'th enw heb ystyried gwir gyfrinach dy bwysigrwydd. Digon i ni yw fod y bersonoliaeth wedi dylanwadu arnom drwy'r blynyddoedd a bod dy waith a'th fywyd syml yn esiampl i'r Cymro i'w efelychu ac yn nôd iddo anelu ato.

Pregethaist Grist a'i Efengyl mewn cyfnod pan oedd addoli gau-dduwiau yn arferiad ymhlith y werin. Tybed a ydym ni heddiw yn rhydd o atyniadau i'n troi oddi wrth ein Duw? Sefaist dros y gwir gan ddangos cariad Duw fel cyferbyniaeth i'r casineb oedd yn y byd. Oni fyddai pregeth felly yn gymorth i Gymru heddiw ac yn gyfrwng i ddwyn heddwch rhwng cenhedloedd?

Buost fel llinyn arian i'n hysbrydoli ar hyd yr amser i ddal ati yn wyneb pob caledi. Beth ond dy ddylanwad di a gadwodd y Cymro rhag llwyr ddigaloni pan gollodd yr olaf o linach hen dywysogion ei wlad? Yr oedd dy lais fel petai'n sisial,—

"Dal ati daw amser gwell i'th ran."

Pwy ond tydi a roddodd ysbrydoliaeth i William Morgan i gyfieithu'r Beibl i'r Gymraeg? Bu'r llyfr hwn nid yn unig yn werthfawr ym myd crefydd ond bu yn gyfrwng i gadw'n hiaith yn fyw. Oni wyddost beth o gyfrinach dewrder John Penri yn wynebu angau er mwyn ei grefydd. A beth a sibrydaist yng nghlust Grufydd Jones i beri iddo gario dy waith ymlaen drwy addysgu'r werin? Onid tydi oedd arweinydd y diwygiad cyntaf yn ein gwlad ac a gadwodd yr ysbryd yn fyw i Howell Harris ac Ifan Roberts?

Cofia, Gymru, onibai am ddylanwad Dewi Sant efallai na fyddet heddiw namyn chwedl am yr oes a fu. Awn i Dyddewi i geisio adnewyddu'r awyrgylch heddychlon a chrefyddol a fodolai yn ei amser ef ac os gwrandawn yn astud hyderaf y cawn eto glywed ei lais yn sisial yn ein clustiau ac yn sibrwd yn ein calonnau,

"Bydd yn wrol paid a llithro
Er mor arw yw y daith."

O glywed hyn medrwn edrych ymlaen yn ffyddiog i'r dyfodol i weld dy bobl yn dringo eto yn uwch ac yn uwch i binacl anrhydedd, oherwydd—

"Ynni a ddwg i'r neb a fynn ddiwygio,
Sylfaen yw byth i'r sawl fynn obeithio;
Ni heneiddiwn tra'n noddi—mae gwiw f'oes
Ag anadl einioes y genedl ynddo."

*Nansi Eleri Thomas, VIa*

# THE MELODY

I sat relaxed among the eager throng,
When this broke in upon my reverie,
Above the murmurs of the crowd, a song
So sweet and faultless in its harmony.
It seemed to echo of some foreign lands,
Their streams and rivers' songs, their wind's refrain,
Their magic notes, and from those distant sounds
It came to me, this sweet melodious strain.
The strains of this strange song kept soothing me
Throughout my days, and lullabied my nights,
This strange, unknown yet gripping melody,
Which seemed to raise me to some unknown heights.
And ever since I've wished that all mankind
Could share this song and gain my peace of mind.

*Valmai Gibby Davies, VIa*

*Girls Athletics, 1955*

## Y BWGAN BRAIN

Fan draw ar ben y dalar
  Ryw ugain llath o'r glwyd;
Yn gwylio'r had a'r egin
  Y saif y bwgan llwyd.

Y mae ei got yn garpiog
  Hen sgweier mwyn y ddol;
A'r fran a'r sguthan haerllug
  Ni hidiant ar ei ôl.

Hen wyliwr nad yw'n blino
  Ar sefyll ar un droed;
Ni fu wrth blas y brenin
  Un gwyliwr gwell erioed.

Ond pan â'r Gwanwyn heibio
  Fe'i rhoir yn swp diwerth;
I orwedd yn y rhedyn
  A'r drain wrth fôn y berth.

*E. Llewelyn Jones, IVa*

## SCHOOL NOTES 1956

We are glad to note that a new piano, and additional orchestral instruments have been provided for the school. These include five full-size violin outfits, three three-quarter size violin outfits, two loose-desk music stands and two hinged-desk music stands. A tractor and gang mower have been supplied and a new storage shed for the latter has been erected on the playing field. Two Imperial Typewriters have been secured for the Commercial Department, and the School terraces have been resurfaced with tarmacadam.

* * *

We offer our heartiest congratulations to Alderman Edward Lewis, J. P., who is a former pupil of the school, on the signal honour bestowed on him. He was awarded the O.B.E. in the New Year's Honour List for services to printing in Wales.

* * *

The number of pupils in school during the present year is 392.

Hockey XI 1955-56

Soccer XI 1955-56

## THE 'GENERAL CERTIFICATE OF EDUCATION' EXAMINATION

*(With apologies to William Shakespeare)*

To pass, or not to pass; that is the question;
Whether 'tis nobler in the Gym. to suffer
The scowls and anger of outraged teachers,
Or to take up arms against a sea of questions,
And by succeeding, end them? To try, to pass ...
No more; and by results to end
The heartache, or receive the thousand natural shocks
Bad work is heir to; 'tis a consummation
Devoutly to be wished. To try, to pass ...
To pass, and not to fail. Aye, there's the rub,
For from that hazy muddle, what marks may come?
One shuffles home with heavy tread.
No time to pause; that's the mistake
That makes calamity of any work.
One bears the whips and scorns of time,
Until the dreaded day draws nigh.
Trembling, one scans the "Mail's" new-printed page,
And reads in black and white one's own dear name.
O, how it shines on that bless'd, hallow'd sheet,
Its splendour strikes one like a knife ...
A pass!

*F. Clive Ball, IVb    P. John Vare, IVb*

School Prefects as seen by Form I.

Form I as seen by the School Prefects.

THE

**CASTLE CINEMA**

NEWCASTLE EMLYN

ONE OF THE MODERN CINEMAS IN WEST WALES

Equipped with PANORAMIC CURVED SCREEN and CINEMASCOPE

**Visit this Cinema during Christmas Week**
**to see the well known Film :**
**"REACH FOR THE SKY"**

ALSO VISIT

THE CINEMA SNACK BAR

Refreshments etc., at reasonable Prices and a High Class selection of Confectionery, Soft Drinks and Cigarettes.

## MISCELLANEOUS AWARDS AND PRIZES

"Western Mail" St. David's Day Welsh Essay Competition: **Paul Austin Bowen, IVb,** Prize, Senior Section; **Mary Eileen James, IVa,** 1st Prize, Middle Section; "Western Mail" 'National Anthem' English and Welsh Essay Competition: **Paul Austin Bowen,** 2nd Prize, Senior Section; **Margaret Rosina Davies, IVa,** 1st Prize Middle Section; **Sian Leslie Thomas, IIIa, Margaretta Joy James Im, Margaret Laura Jones, IIa,** Prizes, Middle Section; **Ann Griffiths, VIb,** The Saxon Barton Special Prize for Landscape, Royal Cambrian Academy of Art, and 1st Prize for Imaginative Composition in Art, Welsh National Eisteddfod; **Elizabeth Ann Jones, IVa,** Pandit Nerhu's 1st Prize and Vice-President of India's Gold Medal for best illustrated story in Shankar's Weekly out of 35,000 candidates from 57 Countries; **Beatrix Juliana Helena Davies, VIa,** 2nd Prize, U.C.W.

Aberystwyth Classical Association Competition in Latin Reading; **John Evans,** 1st Year Law Prize, U.C.W. Aberystwyth; **John Gwilym Jones,** Bardd Cadeiriol Eisteddfod Prifysgol Cymru; **Thomas James Jones,** The Sir Henry Jones Memorial Scholarship, U.C.W., Aberystwyth; **Donald Davies**, B.Sc., The Western Centre University Prize for outstanding work in Electrical Engineering; **John Elwyn Davies,** The Gold Medal for Painting, Welsh National Eisteddfod.

## DAVID ISLWYN WILLIAMS—PRIFATHRO 1957-1972

Brodor o'r Rhondda—Addysgwyd yn ysgol Ramadeg y Porth a Choleg Prifysgol Caerdydd. Gradd mewn Ffiseg, M.Sc. (Cymru) 1934 A.Inst.P. 1946. Athro yn ysgol Dinefwr, Morgannwg 1929-1941 a 1946-1951 Ysgol Ramadeg Abertawe 1941-1945. Prifathro Ysgol Ramadeg Llanymddyfri 1951-1957. Bu farw yn Aberystwyth ym 1989.

*Mr. D. Islwyn Williams, M.Sc.*

*School Performance of 'Strife', 1957*

*Front Row—Peter H. Griffiths, Dafydd W. Jones, Aled Gwyn, Emyr Llewelyn, John Davies, Rosina Davies. Middle Row—Mr. L. J. Williams, John Vare, Paul Bowen, Jacqueline Quiney, Bryan Lloyd, Geraint Davies, Tom Davies Jones, Eiry Davies, David Lewis, Lyn Thomas, Lyndal Davies, David Davies, Mr. Dewi Howell Jones. Back Row—Lyn Evans, Clive Ball, Donald Thomas, Alan Roberts, Desmond Davies, Dewi Daniels, John Hughes.*

## EDITORIAL 1958

The Silver Jubilee Number of the ADASTRA is an edition which marks the passing of a happy and successful era in the history of the school; and we hope and believe that it heralds another which will be equally illustrious. Last July, we said farewell to our headmaster, Mr. T. Edgar Davies, who served the school faithfully and conscientiously for very many years. Like Tennyson, we remember, "The old order changeth yielding place to new," and we welcome to our midst Mr. D. Islwyn Williams and take this rather belated opportunity to wish him every success and happiness at Llandysul.

We have witnessed the formation of various cultural societies in the school during the past year, and it is sincerely to be hoped that they will not suffer the sad fate of so many of the school's former social activities. We therefore appeal to all pupils, and especially to future members of the sixth, to beware of apathy which, so often, kills these societies.

Lack of support may also prove a potential danger to the School Magazine; for the editor who hoped to select, has often to beg. It is, after all, your magazine, your mouthpiece, and its very existence depends on your co-operation. We hope that this year's magazine will be enjoyed by all, and in conclusion, we thank those who have helped in various ways to produce this, the twenty-fifth Edition of YR ADASTRA.

Dafydd Wyn Jones
Emyr Llewelyn Jones } *Editors*

*Rugby XV 1957-58*
*B. Lewis, J. Vare, A. Jones, J. Hovland, E. Howell, B. Phillips, A. Hughes, Mr. Havard, D. Daniels, D. Davies, I. Jones, T. Williams, G. Evans, E. Ll. Jones, J. Davies, Headmaster, P. H. Griffiths, A. Maher.*

*Hockey XI 1957-58*

*N. Bowen, A. Morgan, S. Davies, I. Thomas, M. Davies, A. Evans,
Miss N. Jones, D. Davies, M. Jones, F. Davies, B. Thomas, M. Griffiths, Headmaster.*

*Y Ciwrad yn y Pair, 1958*

Valedictory Service 1958 in Seion Chapel

*Prefects, 1958*

## Y DRINGWR

Un o hil hen wehelyth,
Yn rhwydd i'w swydd aeth yn syth
Heb wyro, i fro'r barrug;
Dyn a Duw, dyna a'i dug
I ben y mynydd enwog
Lle ni chân lluan na chôg.
Y siarpa o'r Sherpas,
Gŵr llym, a'i rym yn y ras.
Gwel ei war ar y barrug
Mae ei daith yn ffaith nid ffug.
Yn ei ffýr â'n gyhyrog
Yn gras â'i stôr nwy yn grog
Ar ei ysgwydd, i'w lwyddo
I iach frig yr uchaf fro.

Aeth hwyr i'w fachlud, a'r mab i'w gaban
O'r tywyllwch sy'n gordroi tu allan,
Ac yntau'n cysgu'n drwm yn ei gwman
A naws y 'col' fel hin nosau calan.
Yno mae wrth ei hunan—heb solas,
Cria'r gwynt cras a'r cynfas yn cwynfan.

Tensing yw'r gŵr a ddringodd—Everest
I'w fawrhau gan filo'dd;
O haf gomin fe gamodd
I fyd y gaeaf o'i fodd.

O'i fodd fe aeth i faeddu—y bannau
Dan bwn ei barseli,
Gadael nef y cartrefi
A'i geraint —er braint a bri.

Braint a bri a ddaeth i'r brawd—wedi'r dasg
Wedi'r daith ddi-anffawd;
Miloedd yn canu molawd
Hen ŵr ffôl fu'n herio ffawd!

Herio ffawd â rhaffau hir—herio'r hin
Herio'r ôd nas toddir;
Llwyddo i weld ucheldir
Heb ei dwyn a heb ei dir.

Ar diroedd oer y daran—ei enw
Ar faner yn hofran
I gofio wrth gyhwfan,
Am ŵr dewr a'i rym ar dân.

*Aled Jones, VIa*

## SCHOOL NOTES 1958

In September we welcomed, rather apprehensively, Mr. Davies's successor, Mr. D. Islwyn Williams who had been Headmaster of the Llandovery Grammar School since 1951. During the few months Mr. Williams has been with us, we have already learnt to respect his integrity and energy. New vigour has been infused into many aspects of school life: the

Dramatic Society and the Senior School Society are but two of many examples. Many changes have been and are being made in the organisation of the school—soccer being replaced by rugby being perhaps the most publicised but far from being the most important. We sincerely hope that Mr. and Mrs. Williams, Enfys and Elizabeth, will be very happy amongst us.

* * *

It is with deep regret that we record the death of Councillor John Evans (affectionately known as John y Gwas), who had been a Governor of the school for many years. His sense of humour and originality had made him very many friends, and the passing of such a great personality leaves us all the poorer. We were deeply shocked, too, to hear of the sudden death of Mrs. Nesta James, an old Pupil of the School, who had taken a very prominent part in the life of Llandysul. Mrs. James had very close ties with our school, as her father Mr. William Lewis, had been its first headmaster. Another Old Pupil, Mr. Seymour Evans of Pentrecourt, died at the end of last term. Seymour, who was a student at the Trinity College, Carmarthen, was only twenty three years of age, and the news of his death cast a deep gloom over the whole school.

* * *

We are very pleased indeed to congratulate Mr. Tom Llewelyn Jones, an Old Pupil of the School, now Headmaster of Coedybryn C.P. School, on being the Chaired Bard at the Ebbw Vale National Eisteddfod. It is appropriate, too, to note that his son Emyr, Head Boy of the School and Welsh Editor of the *Adastra*, has won an Evan Morgan Scholarship to U.C.W., Aberystwyth. We wish father and son further success.

* * *

A Valedictory Service for School leavers, the first of its kind in the history of the School, was held at Seion Chapel on the last afternoon of the summer term. The Rev. Marles Thomas, Chairman of the Old Pupils' Association delivered a memorable address which was a fitting climax to another school year.

## RECENT SUCCESSES: 1959

Mr. J. Tysul Jones, Headmaster Emlyn Secondary School awarded M.A. (Wales) for his thesis on *"Llyfr Ancr, Llanddewifrefi*; John Gwilym Jones, B.A. (Wales) with 1st class Honours in Welsh; David Gerwyn Lewis, B.A. (Wales) with Honours IIa in Welsh (awarded the Sean McBride Gold Medal for the best public speaker in the University of Wales);

Valmai Gibby Davies, B.A. (Wales) with Honours IIb in Welsh; Ioan Jones, B.Sc. (Southampton) with 1st class Honours in Aeronautical engineering; Roy Lewis James, B.Sc. (Wales) with Honours in Mathematics; Bryan Thomas, B.A. (Wales), Honours in Welsh.

## GWEITHGARWCH Y GYMDEITHAS DDRAMA

Ar Mawrth yr 11, 12 a'r 13 cafwyd perfformiadau gan rai o ddisgyblion yr ysgol, o dair drama fer, sef "*Cyllell Boced Tomi,*" "*Y Ciwrad yn y Pair,*" a "*Marsiandwr Fenis.*" Cynhaliwyd rhagymarferiadau am lawer o wythnosau ymlaen llaw, a ffrwyth y gwaith oedd tri chyflwyniad llwyddiannus iawn, y cyntaf i gynulleidfa o blant yr ysgol, a'r ddau arall i'r cyhoedd.

Stori fach syml sydd i "*Cyllell Boced Tomi*" ac fe wnaeth pump o ddisgyblion y dosbarthiadau isaf y ddrama fer hon yn un hwylus iawn. Yr oedd pob un o'r perfformwyr yn hollol gartrefol ar y llwyfan ar ôl y munudau cyntaf ac yr oeddent fel pe baent yn mwynhau eu hunain yn dda. Yn anffodus fe aeth Barrie Williams yn sâl ar ôl rhoi perfformiad addawol i gynulleidfa o'r ysgol, ond cymerwyd ei le gan Dennis Francis, ac fe wnaeth Dennis, chware' teg iddo, ei orau â'i ran er nad oedd ganddo ond byr amser i'w ddysgu. Cafwyd perfformiad effeithiol hefyd gan Brenda Davies fel geneth fach yn gwneud ei gorau i ddangos ei menter yn gwneud '*chips*' a'r rhain yn cael ei distrywio gan y gyllell a sâm gwydd! Y mae Gaynor Davies, Gareth Scourfield a Ken Jones hefyd yn haeddu clod am eu rhannau yn y ddrama a'i diweddglo hwylus o ddiflaniad y '*chips*'.

Yr ail ddrama gan gwmni'r Ysgol ydoedd "*Y Ciwrad yn y Pair*" a gynhyrchwyd gan Mrs. Martin. Cafwyd actio gwych yma eto gan Elfan Jones fel y ciwrad ieuanc, pwyllog, a gafodd wahoddiad i swper i dŷ'r ffermwr nad oedd ganddo barch i unrhyw un mewn 'coler ci'. Yr oedd John Davies fel y ffermwr gwyllt, naturus yn effeithiol iawn ac hefyd Shirley Davies fel Ann ei ferch. Yr oedd diweddglo hwylus i'r ddrama hon eto pan neidiodd y ciwrad ofnus allan o'r pair, a dywedodd Mrs. Mary Lewis na welodd gystal pair erioed! Â'r clod am hwn i Mr. Santley Jones a'i weithwyr a ymdrechodd yn galed i wneud y golygfeydd i gyd mor effeithiol ac yr oedd hyn yn rhannol gyfrifol am lwyddiant y ddrama.

Fel uchafbwynt i'r rhaglen perfformiwyd cyfieithiad Cynan o olygfa'r cwrt yn un o ddramau Shakespeare sef "*Marsiandwr o Fenis*". Yr oedd yma eto olygfa liwgar a diddorol iawn ac actio da hefyd gan y prif gymeriadau. Cafwyd portreadau gwreiddiol o'r cymeriadau Shylock a Portia gan Emyr Llewelyn Jones a Rosina Davies; tra chwareuwyd rhan Antonio a Bassanio yn glodwiw iawn gan Dyfrig Thomas a John Vare, gydag Aled Jones yn cynrychioli'r Dug pwyllog ac ystyriol. Dyma'r tro cyntaf i gwmni'r ysgol lwyfannu golygfa Shakespearaidd a gobeithio y bydd hyn yn ddechreuad i ragor o arbrofion llwyddiannus eto'n y dyfodol.

*Joyce Morgan, VIa   Eileen James, VIa*

*PREFECTS 1958-59*
*Back Row—M. James, M. Griffith, J. Morgan, M. Davies, J. Hovland, A. Jones, Ll. Davies, E. Howell, G. Rees, G. Davies.*
*Front Row—G. Davies, B. Thomas, R. Davies (Head Girl), Miss J. Owen, Headmaster, Mr. Llewelyn, Emyr Ll. Jones (Head Boy), J. Davies, A. Davies.*

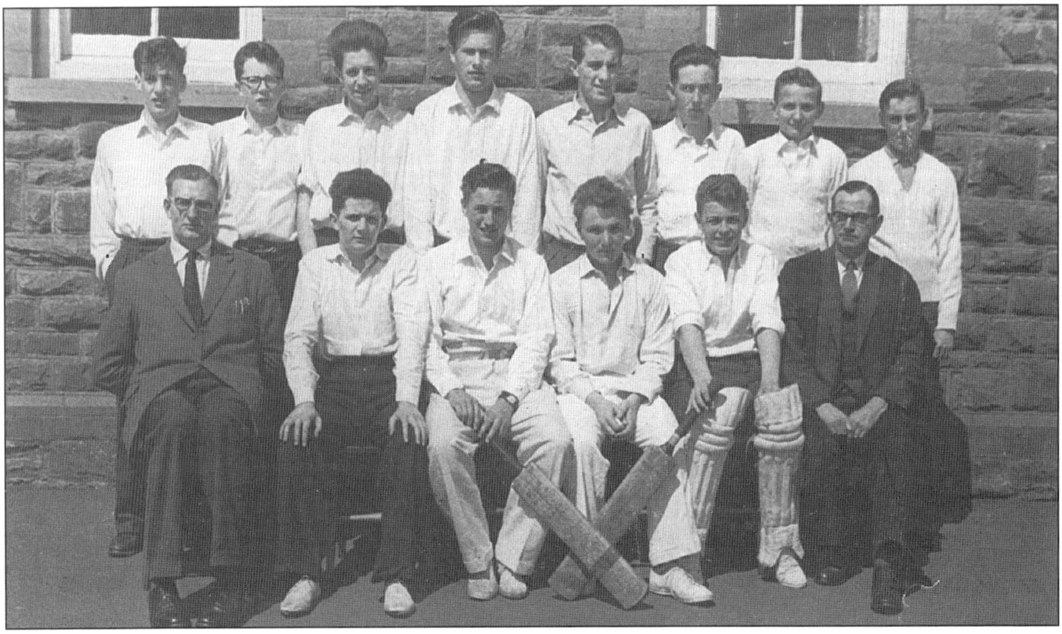

*CRICKET 1st XI 1959*
*Back Row—R. Davies, E. Davies, D. Davies, J. Hovland, A. Jones, D. Daniels, G. Jones, G. Herret.*
*Front Row—Mr. Havard, J. Davies, B. Lewis, E. Ll. Jones (Capt.), R. Evans, Headmaster.*

TENNIS 1959
Back Row—Headmaster, B. Davies, I. Thomas, B. Thomas, Miss N. Davies.
Front Row—S. Thomas, P. Jones (Capt.), M. Griffiths.

*Western Mail St David's Day Prizes 1959*
*Rosina Davies, Towyn Jones, John Hughes and Emyr Llewelyn Jones being congratulated by Ald. M. L. Jenkins, Chairman of the Governors.*

# BRO

Ie! gwlad brydferth yw Cymru, ond 'rwy'n credu mai'r lle prydferthaf yn yr holl wlad yw bro fy mebyd—Dyffryn Teifi. Ac wrth weld yr afon Teifi yn byrlymu i lawr dros ffrydiau Henllan ac yna'n ymdroelli i Gastell Newydd Emlyn meddyliaf mor ffodus yr wyf o gael byw mewn dyffryn mor brydferth â hwn.

Y peth cyntaf a sylwn arno wrth ddyfod i bont Henllan yw'r pinwydd tal sy'n amgylchu'r lle, rai blynyddoedd yn ôl pan dorrwyd un o'r pinwydd yma i lawr credwyd mai hi oedd un o'r coed talaf yng Nghymru. Wrth edrych i fyny'r afon gwelwn y ffrydiau fel y disgrifiodd Dafydd ap Gwilym hwy:

"Lle beirw Teifi."

Yr ochr draw i'r afon yn Sir Gâr saif adeilad llwyd a hwn yw plas Llysnewydd. Credir mai yma'r oedd llys y Ddol Goch yn yr hen amser, un o lysoedd ewythr Dafydd ap Gwilym, a threuliodd y bardd lawer o'i amser yma ac yn y Cryngae, yn is i lawr y dyffryn. Erbyn heddiw mae'r bonheddwyr wedi mynd gan adael y plas yn unig a moel yn y parc ar lan-yr-afon.

Mae'r fro yn le da am anifeiliaid ac adar. Yr ydych lawer tro wedi clywed sôn am ddwrgi ac heb weld un erioed efallai. Wel! os ydych am weld un mae yna ddigon yn byw yn yr afon uwchben y ffrydiau. Yn yr haf daw'r cŵn hela yno a'u meistri. Byddant yn cerdded yr afon i geisio trywydd dwrgi—creadur sydd yn fynych yn rhy gyfrwys iddynt. Mae'r helwyr yn gwisgo esgidiau uchel arbennig yn cynnwys "bamboo". Y rheswm am hyn wrth gwrs yw fod y dwrgi, pan gaiff ei aflonyddu, yn greadur bach peryglus iawn ac os caiff afael ar goes dyn yn ei dymer ni fydd yn gollwng gafael hyd nes iddo glywed yr asgwrn yn clecian. Os caiff afael ar yr helwyr felly, fe wnaiff ollwng gafael wrth glywed y "bamboo" yn clecian.

Ond yr adar sy'n hoff gennyf. A'r ddau aderyn prydferthaf a geir yn y dyffryn yw glas-y-dorlan a'r ffesant. Anaml y cawn olwg ar las-y-dorlan oherwydd ei fod yn ehedeg mor gyflym. Ond cawn gyfle i weld y ffesant bron bob dydd. Y mae hwn yn aderyn dôf iawn, ac y mae ei gig yn flasus. Y ceiliog yw'r prydferthaf o'r ddau am fod ei blu mor amryliw. Llwyd yw lliw'r iâr ac y mae'n anodd cael gafael ynddi yn enwedig yn y goedwig am ei bod bron yr un lliw â'r coed a'r dail crin o'i chwmpas, enghraifft dda o "camouflage", mewn natur.

Ceir yma hefyd lawer ffatri wlân, ond peiriannau sy'n gwneud yr holl waith yn awr. Mae'r hen rôd ddŵr wedi cilio ers meitin i roi lle i drydan.

Ond er fod yr hen drefn yn newid, y mae'r fro yn aros yr un, ac ni all yr holl ddarganfyddiadau modern fyth ddwyn oddi wrth ei phrydferthwch naturiol helaeth.

"Nid hawddgar ond a'th garo
Fy annwyl breswyl a'm bro."

*J. Ainsleigh Davies, IVa*

## Mr. SANTLEY JONES (ar ei ymddeoliad)

Caiff fyw'n hen yn ei genel—o sŵn plant,
O sain plâm yn dawel,
Jones sâr gaiff enjoyo'n swell
A hwrnu yn ei gornel.

Oedd gyfaill haedda'i gofio—fel gŵr ffraeth
Fel gwir ffrind ac athro,
Ac ef yw'r ffafret eto
Hoff y gŵr nid aiff o gô.

*E. J. Ll. VIa*

## SCHOOL NOTES 1960

We extend a very warm welcome to Mrs. Gruffydd, Mr. Huw Jones and Mr. Walter Thomas, who joined the Staff last September. December was a particularly happy and memorable month in the lives of Mrs. Gruffydd, Mr. Byron Thomas and Mr. Walter Thomas for wedding bells were pealing merrily in Aberystwyth, Velindre and New Quay. We are delighted to offer our congratulations, and we wish them all joy and prosperity.

* * *

It is with very deep regret that we record the death of Mrs. Mary Lewis, Dolanog, a former member of the staff and also an old pupil of the school. One of the foremost authorities on Drama in the country, Mrs. Lewis was always generous with her advice and practical help to our school dramatic society.

* * *

We are very grateful to Mr. Jimmy Evans, an old pupil of the school, for sending us a very interesting account of his odyssey (in a 'Volkswagen') across three continents. Unfortunately, the story is too long to include in the magazine in its entirety, while a précis cannot do it full justice. We have, therefore, deposited it in the school library; it is the perfect answer to those pessimists who declare that there is no scope for adventure in the modern world.

## RECENT SUCCESSES 1960

Mr. Tom Llewelyn Jones, Chaired Bard of the National Eisteddfod for the second year in succession; Emyr Llewelyn Jones—awarded a State Scholarship; Aled Jones—Chaired Bard at U.C.W. Eisteddfod; Dan Lyn James—M.A. (Wales); Gerwyn Lewis—M.A. (Wales); Janet Davies—B.A. (Wales) with Honours IIa in Welsh; Bryan Thomas—B.A. (Wales) with Honours IIb in Welsh; Idris Francis—B.Sc. (Wales) with 1st Class Honours in Electrical Engineering. Alderman Edward Lewis, O.B.E., C.C.—appointed Vice-Chairman of the Cardiganshire County Council; Eleri Thomas—B.A. (Wales) with 1st Class Honours in Welsh; Eirith Daniels—B.A. (Wales) with Honours IIb in Welsh; Reginald Evans—B.Sc. (Wales).

Blin iawn gennym i gyd yw ffarwelio â Ted Morgan; hyderwn y gwna barhau yn ei gymdeithas â'r ysgol er i'w dymor ddod i ben yn swyddogol. Dymunwn bob hapusrwydd a dedwyddwch i Mr. a Mrs. Morgan yn y dyfodol.

Pob hwyl i'r hen athro sydd ar godi adain,
O gadair cerddoriaeth 'r ôl chwe mlwydd ar hugain.
Bu'n gymorth mor barod i lu o ddisgyblion,
I feithrin eu doniau, a lledu'u gorwelion.
Cans dysgodd y lliaws drwy'i air a chyfeiliant
Am donic sol-ffa, a goludoedd hen nodiant.
Am hyny, dymunwn y bydd i Ted Morgan,
Flynyddoedd o hamdden, a hwyl wrth yr Organ.

*E. J., B.E., VIa*

## INVASION OF THE MOON

Oh Russian rocket to the moon,
Please return to this earth soon.
Were you welcomed, would you say?
Did they plead with you to stay?

Towards the moon they set your face,
And as you journeyed into space,
Did you wonder what you'd meet?
Would you fall at the moon-man's feet?

Did you meet a flying saucer,
Or perhaps the moon-man's daughter?
Did moon beams your progress bar,
Or perchance a shooting star?

Though scientists a rocket made,
Why should we the moon invade?
Why not leave the moon in peace
'Till all wars on this earth cease?

*Rosemary Davies, IVa*

*RUGBY 1st XV—1959-60*

*Back Row—D. Evans, A. Rees, D. Davies, A. Roberts, E. Howell, J. Ball, R. Davies, G. Jones.*
*Middle Row—Mr. Havard, J. Vare, L. Thomas, G. Evans (Capt.), R. Evans, P. Davies, The Headmaster.*
*Front Row—P. Harries, A. Maher, L. E. Evans, G. Evans*

## HENAINT

Llusg cwmwl o niwl a'i ellyllon nwyd
  Dros foelni gaeafol y mynydd llwm,
A henwr trist yn yr unigedd llwyd
  Yn rhynnu yn y bwthyn uwch y cwm;
Mae'n plygu'n ôl a blaen uwchben y tân
  Breuddwydiwr erbyn hyn am beth a fu,
Ac yn ei gwsg, dychmyga glywed cân
  Neu'r alwad fu'n ei disgwyl oddi fry;
Paham mae Duw yn gwrthod iddo hedd
  Ac yntau wedi cyrraedd pen ei rawd?
O'i annibyniaeth oer pam na chai fedd
  A gwynfyd pur yng nghwmni'r dwyfol frawd?
O'i lesgedd caeth fe ddyry eto lef,
  Fe gura'r drws yn daer—rho iddo Nef.

*J. Towyn Jones, VIa*

# Llandysul Grammar School

## Annual

# Prize Distribution

**Wednesday, December 21st, 1960**

— AT THE —

**Tysul Hall**

*Guest Speaker* :
PROFESSOR E. T. DAVIES, D.Sc., Ph.D., D.Math.
University of Southampton

*Certificates and Prizes to be presented by*
MRS. E. T. DAVIES

*Chairman* :
C. Cr. IFOR T. DAVIES
(*Chairman of School Governors*)

To commence promptly at 2 p.m.

ADMISSION BY PROGRAMME

*Programme Cover Prize Day 1960*

*Prize Day 1960—Prof. E. T. Davies, Chancellor of the University of Southampton—a distinguished old pupil.*

*Taith i Spaen dan ofal Mr. L. J. Williams a Miss J. Owen, 1960*

*Lladd wrth yr Allor'—Rhagfyr 1960*
*Miss C. Jones, C. Williams, G. Jones VIa, Ainsleigh Davies, E. Evans, W. Evans, Mr. D. Williams,*
*Standing: Headmaster, L. Davies, W. Williams, E. Jones, G. Jones, A. Roberts, K. Jones, L. Thomas, D. Lewis.*
*Kneeling: M. Jone , Y. Thomas, G. Hugh, J. Jones, M. Evans, S. Davies, J. Davies.*
*Sitting: B. Williams, B. Elias, E. Jones, B. Davies, N. Bowen, J. James, D. Francis*

*Cricket XI 1961*
*Back Row—Wyn Evans, Lynne Thomas, Eirwyn Jones, James Meldrum, Alun Rees, Alun Thomas.*
*Front Row—Mr. Havard, Alun Roberts, Gareth Jones, Elgan Davies, Lynne Evans, Headmaster.*

*Hockey XI 1961*
*Back Row—Ina Thomas, Margaret Owens, Carol Anne Jones, Gaynor Phillips, Brenda Elias, Marian Davies.*
*Front Row—Mrs. Griffiths, Elizabeth Williams, Shan Thomas, Buddug Davies, Nesta Bowen, Margaret Phillips, Headmaster*

## I GOFIO'R DR. DAN DAVIES

Athro ail amaethwr oedd
Ym maes problemau oesoedd;
Bu'n hel ei fedel hyd fedd
Ar rynnau y gwirionedd.

Dyrnai'r grawn â llaw ddawnus,
A thaer oedd i nithio'r us,
A chadwai fel gwarcheidwad
Y granar grawn i'r gwir had.

Â hoen y bwriai hwnnw
Ar dir nad oedd sicr ei dw,
Ond â hyder dihidio
Yn ei bryd fe'i bwriai o.

Os aeth o'r maes, athro mwyn,
Ar ei âr gwena'r gwanwyn,
A'i hen ddisgyblion sy'n hau
Ei athroniaeth ar rynnau.

*Gwilym R. Tilsley*

*(Allan o Efrydiau Athronyddol 1962, Cyfrol XXV)*

# BRILLIANT WELSHMAN

Mr. E. J. Williams, D.Sc., F.R.S., Professor of Physics at the University of Wales, Aberystwyth died 16 years ago. The consequent loss to the country and indeed to science was not fully appreciated at the time owing to the obscurity in which he worked on matters of military importance during the five years before his untimely death at the age of 42.

This is an appreciation by two members of the staff of the Welsh College of Advanced Technology, Cardiff—Mr. B. Thomas and Mr. J. E. Aubrey.

Under a small memorial stone in a village churchyard in West Wales lie the remains of a man who must surely rank as one of the greatest intellects Wales has produced this century. His name E. J. Williams; his claim to fame, scientific achievements of rare brilliance and a vital contribution to our country's victory in World War II. Yet to the majority of his countrymen, and indeed to the world at large, he remains virtually unknown.

Evan James Williams was born on June 8, 1903 at Cwmsychpant, a small village near Llanybyther on the Cardiganshire side of the River Teifi. He came of typical stock in a rural community, his father being a master stonemason by trade.

Still adorning the family home is a brightly coloured sampler made by his mother when she was a young girl bearing the words 'Gwell Dysg na Golud'—better learning than riches—and it was in a home with this strong emphasis upon education and learning that the boy grew to young manhood.

While a pupil at Llandyssul County School, Evan James, who was universally known as Desyn (possibly a corruption of 'deryn') received the benefit of instruction in mathematics from the headmaster, Mr. W. Lewis, an able mathematician who in his day had been Fifth Wrangler at Cambridge, and it seems likely that the young student's enthusiasm for the mathematical sciences stems from this early influence.

**Precocious**

Professor E. T. Davies, of Southampton University, a boyhood companion and lifelong friend of E. J. Williams, tells how one day the precocious Desyn outlined in a jocular way his ambitions for the future: by the time he had reached his middle thirties he hoped to have become a Fellow of the University of Wales, an 1851 Exhibitioner, a Doctor of Science and a Fellow of the Royal Society.

These distinctions, and many others besides, were all achieved by the time Williams had reached 36 in striking fulfilment of his boyhood prediction.

One day in the summer of 1919 with the Higher School Certificate already behind him, Williams chanced to see an advertisement in the local paper to the effect that examinations were to be held on the following day for scholarships to Swansea Technical College.

One of his brothers, who still remembers the occasion well, relates how upon returning home he found Desyn in a state of despondency because the last train for Swansea had gone and there was apparently no hope of getting to the examination hall in time. This obstacle was overcome, however, in characteristic fashion, by making the 50-mile journey on the pillion of his brother's motor-cycle.

### Radiations

The examination was duly sat on the following day, and a £50 scholarship won with consummate ease.

When the University College of Swansea was founded in 1920, Williams became one of its first students. He graduated with first-class honours in Physics and proceeded to do research for the M.Sc. degree. This he received in 1924, together with a University of Wales Fellowship which took him to the laboratory of Professor W. L. Bragg at Manchester University.

Williams began at Manchester his study of the passage of atomic radiations through matter, a field in which he made many outstanding contributions during the 15 years which followed.

With a Manchester Ph.D. in his pocket, and also having been awarded an 1851 Exhibition, Williams moved on to the Cavendish Laboratory at Cambridge to work under Sir Ernest (later Lord) Rutherford, and here his remarkable power of analysis began to reveal itself.

### Experimental

Most of his work hitherto had been experimental in nature, but while at Cambridge he turned his attention to problems having a fundamental bearing on the theory of his subject. A detailed analysis of some of his earlier work provided concrete evidence for the validity of the newly-discovered quantum mechanics as applied to the scattering of sub-atomic particles, certain predictions of the new mechanics being in contradiction to the predictions of the so-called classical mechanics of Newton.

Having received the degree of Ph.D. from the University of Cambridge (a year later at the early age of 27 he was awarded a D.Sc. by the University of Wales), Williams returned to Manchester in 1929 to join the staff of the Physics Department.

He remained there until 1938, apart from the year 1933 whch was spent working with the Danish physicist, Niels Bohr, at Copenhagen. During these years he developed his own formulation of the theory of the scattering of atomic particles, which had the merit of being untrammelled by excessive mathematics and which allowed the essential physics of the processes involved to be understood clearly.

### Novel results

During this period, Williams also produced some important work on an entirely different subject, namely the theory of alloys now known as the Bragg-Williams theory.

Professor Bragg one afternoon outlined to his junior colleague certain novel results which had been found in the analysis of the crystal structures and electrical properties of various alloys, and suggested that the results might be connected with the degree of regularity with which the different types of atoms were arranged in the alloys.

Bragg himself felt unable to cope with the mathematical complexity of the problem, but Williams immediately threw himself into the task of solving the problem and appeared at the laboratory no later than the following day with a mass of formulae embodying the essential core of the solution.

Williams was appointed to a post under Sir James Chadwick at Liverpool in 1938 and there succeeded in obtaining cloud-chamber photographs of the tracks of cosmic ray mesons. These photographs were among the first ever to have been obtained but the American Nobel Laureate, Anderson, working along the same lines, succeeded in publishing his findings a little earlier than Williams, so that most of the credit for this discovery went to the American.

When the Chair of Physics became vacant at Aberystwyth in 1938 Williams was appointed as professor and immediately set about establishing an atomic physics laboratory at the college.

**Outstanding**

Within a year, assisted by his student, G. E. Roberts, he had obtained a cloud-chamber photograph of a meson decaying into an electron, and in this he had world precedence. In 1939 he was elected a Fellow of the Royal Society in recognition of his outstanding work as a physicist, but at the outbreak of World War II his career in pure science was broken by an urgent call to join the staff of the Royal Aircraft Establishment, Farnborough.

The U-boat menace was looming large when Williams arrived at Farnborough early in 1940, and he was first given the task of devising equipment for the detection of U-boats by means of their magnetic field.

The work successfully completed he moved to the newly-formed Operational Research Section of Coastal Command to study the methods of attack by aircraft on U-boats. His penetrating analysis of the situation involving a detailed study of the statistics of past air attacks led him to suggest radical changes in tactics, which were not well received at first by the professional airmen.

However, they were soon won over by the enormous increase in efficiency which resulted when Williams's ideas were put into practice, and the term "slide-rule strategy" was coined to describe the new scientific approach to the strategy of warfare.

**Vital work**

In December 1941, Williams succeeded P. M. S. Blackett as Director of Operational Research at Coastal Command and did vital work on the analysis of operations in the Bay of Biscay, through which the U-boats had to pass on the way to the hunting grounds in the Atlantic.

Williams saw immediately the potentialities of a concerted patrol of the Bay transit area, and what became known as the Bay Offensive was initiated and became one of the decisive operations of the war at sea.

By June 1943, the U-boat menace had been quelled largely as a result of the intensive efforts on the part of Coastal Command in the Bay of Biscay area.

During the last three years of the war, Williams worked at the Admiralty with a team of men who in peace time were distinguished scientists of his own calibre. A typical change of policy which resulted from the work of this group was the change from the use of small convoys to large convoys for the conveying of merchant ships early in 1943.

**Dying**

Though he knew he was dying, Williams continued to work with tremendous energy and determination at the Admiralty until within a matter of weeks of his death in September, 1945.

The last weeks were spent at his parents' home in an heroic atempt to write a paper for an issue of an American scientific journal published in honour of Niels Bohr's 60th birthday.

His fellow contributors included the world's leading physicists, W. Pauli, Albert Einstein, P. A. M. Dirac and Max Born (all Nobel Prize winners).

Sitting at an open window of the house at Cwmsychpant with his writing materials before him he would jot down a few words when the pain allowed him to do so and would then gaze at the peaceful scenery outside until enough strength returned to continue writing.

Ultimately, he was reduced to dictating to his elder brother, himself a scientist of distinction. The paper was finally completed and remains an eloquent epitaph to a scientist of exceptional brilliance.

*The School Choir in a Scene from the Opera 'Orpheus and Euridyce' with Mair Lewis and Angela Davies in leading roles. Dec. 1962.*

## 'ORPHEUS'

Mawr fu'r prysurdeb a'r brwdfrydedd yn ystod tymor y Nadolig eleni i gynhyrchu golygfeydd o opera 'Orpheus' gan Gluck, a chysylltwyd y caneuon wrth ei gilydd gan gyfaddasiad Mr. Gruffudd Parry o Ysgol Botwnnog.

Rhannwyd y chwareugerdd yn dair act, gan gynnwys dwy olygfa yn yr ail, sef un yn Annwn ac un yn Elysium. Cafwyd cyferbyniaeth ddramatig rhwng yr ellyllon a'r dawnswyr; rhwng llefaru mwyn y cyd-adrodd a sgrechiadau oer y tair ffawd; rhwng canu hyfryd Eurydice, a bersonolwyd mor ddramatig gan Angela Davies, ynghyd â'i chôr yn Elysium a'r taranau erchyll. Portreadwyd Orpheus yn angerddol gan Mair Lewis—yn wir yn ei chân fawr 'Che faro' yn yr act olaf, gwefreiddiwyd y gynulleidfa gan ddatganiad mor rymus gan ferch ysgol. Cyfleodd ddwyster angerdd Orpheus wedi iddo golli ei briod cystal, nes ennill ohoni gydymdeimlad y tair ffawd; a therfynwyd yr Opera yn fuddugoliaethus drwy eu dwyn i baradwys gan Amor,—rhan a berfformiwyd yn wirioneddol dda gan Betty Thomas,—gyda'r côr ar ei orau yn uno gyda'r Triawd, yn dwyn yr Opera i uchafbwynt gorchestol.

## AGORIAD SWYDDOGOL ADEILADAU NEWYDD, MAI 31, 1962

### CYWYDD AGORIADOL GAN Mr. T. Llew Jones

### LLANDYSUL GRAMMAR SCHOOL

Ystyriwn heddiw stori
Gorffennol ein hysgol ni;
Yn wresog rhoddodd groeso
Bore oes i blant ein bro.
Hi fu'n dawel demel dysg
A dyddiol grud i addysg.

Criw annwyl o blant crynion
Yn ymroi rhwng muriau hon;
Diwylliodd, hedai allan
Ei hadar i bedwar ban;
A chawn weld ei chywion hi
Heddiw mewn uchel swyddi.

Yn ôl angen eleni
Ehangwyd ei haelwyd hi;
Helaethwyd ei sail weithion
I roi lle i'r dysgwyr llon,—
Neuadd wych a chegin dda
I eistedd a gloddesta.

A cheir yno'n ychwaneg
Dan ei tho llydan a theg—
Labordai a gweithdai gwych,—
O'u mewn yr offer mynych.
Yno mwy ar ddesg a mainc
Profir y campwyr ifainc.

Ystyriwn nawr ystori
Dyfodol ein hysgol ni;
Hir y deil yn gartre dysg
A dyddiol grud i addysg;
Hir y saif ei chroeso hi
I'r to ifanc ger Teifi.

Kitchen, Hall & Classroom Wing

Science Block (Biology, Physics & Chemistry Laboratories)

PWYLLGOR ADDYSG CEREDIGION

# Rhaglen Agor

## ADEILADAU YCHWANEGOL
## YSGOL RAMADEG LLANDYSUL

DYDD IAU, MAI 31AIN, 1962
am 2 o'r gloch

gan

SYR BEN BOWEN THOMAS, M.A.,
*Pennaeth Adran Gymreig*
*y Weinyddiaeth Addysg*

---

*I Lywyddu:*
MRS. G. O. ENOCH
(*Cadeirydd Rheolwyr yr Ysgol*)

*Rhaglen yr Agoriad Swyddogol*

THE GOVERNORS

*Standing: G. Davies, Esq., B.A. (Deputy Director); Ald. M. Ll. Jenkins; Ald. G. Davies; C. C. H. H. Roberts; D. G. E. Davies, Esq. M.R.C.V.S.; C. C. John Evans, J.P.*

*Seated: E. Powell, Esq.; Dr. J. Henry Jones, M.A. (Director of Education); The Headmaster; Mrs. G. O. Enoch (Chairman); C. C. Gwyn Jones, J. P. (Vice-Chairman); Miss E. M. Rees, J.P.; C. C. W. Harry.*

*Absent: C. C. B. J. Davies; C. C. B. E. Davies, J.P.*

THE STAFF

*Standing:*

*Back Row: Messrs. J. R. Havard; D. W. Thomas; J. B. Thomas, B.Sc.; D. H. Jones, B.A.; A. Meredith, A.T.D.; A. David, B.Sc.; D. G. Williams, B.A.*

*Middle Row: Mrs. J. E. Davies; Messrs. L. Baker-Jones, M.A.; L. J.. Williams, B.A.; H. T. O. Jones, B.Sc.; M. M. Jones, B.A.; R. Morgan, M.A.; Miss J. Mann (Secretary).*

*Seated: Miss L. Jones, B.A.; Mr. I. T. Hughes, M.A.; Miss J. Owen (Senior Mistress); Messrs. D. Islwyn Williams, M.Sc. (Headmaster); G. Llewelyn, B.Sc. (Deputy Headmaster); Mrs. N. Martin, B.A.; Mr. E. Ll. Hughes, M.Sc. Absent: Mrs. R. Griffith, B.A.*

*OFFICIAL OPENING OF NEW EXTENSIONS*

*Left to Right—Ald. Edgar Lewis; Mr. Iorwerth Howells; Mrs. M. M. Jenkins, H.M.I.; Dr. J. Henry Jones; Headmaster; Mr. G. Bruce, County Architect; Mrs. G. Enoch, Chairman; Sir Ben Bowen Thomas*

## A DAY TO REMEMBER

At last the New Buildings, for which we have been waiting so long, are complete. After years of being 'cabin'd, cribb'd and confin'd', in dark, constricted, dilapidated quarters, we find ourselves spaciously accommodated in a light, gaily-painted and modern school.

The Kitchen—Dining-Room cum Assembly Hall cum Theatre, although rather small for its many purposes, is a vast improvement upon the combination of New Library, Gymnasium and Tysul Hall which it replaces. The new class-rooms in which Forms IV and V 'take their ease', are very fine indeed, even if their remoteness from the Main Building imposes an additional burden upon the more aged and less athletic members of the staff. On the other hand, Forms I, although better adapted for rapid, if turbulent, movement between lessons, now have their own classrooms for the first time in many years. The new Science Block and Handicrafts Rooms, are now amongst the most impressive features of an almost completely New School in which generations of fortunate pupils may prosperously pursue their studies.

These thoughts were in the minds of most of us as the morning of the official opening, 31st May, dawned bright and clear—to the relief of all, especially Forms I, II and III, who had been given the day off! The school looked spick and span in the bright summer sun.

The afternoon came and the parents and other guests arrived; the girls were visibly interested in and obviously impressed by a display of feminine fashions which put Royal Ascot to shame.

The official opening ceremony over, the new buildings were inspected, and guests and pupils enjoyed stimulating addresses by the Directors of Education for Cardiganshire and Carmarthenshire, our Headmaster and our chief guest, Sir Ben Bowen Thomas. A few appropriately-selected and admirably-executed musical items were much appreciated.

Distinguished guests were so many that we cannot possibly name them all, but we would like to refer especially to Mr. and Mrs. Edgar Davies, whose presence on this important occasion gave us special pleasure.

One interruption was provided—not from the pupils, may we hastily add, but from a very junior member of the audience (one year old or so), who wanted her daddy. (Who he is, we all know!)

A fine tea brought a very enjoyable afternoon to a suitable close.

*Wendy Williams, VIa*
*Mair Lewis, VIa*

*PREFECTS*
*Standing:B. Davies, P. Jones, J. Jones, M. Evans, A. Enoch, J. Morgan, J. Meldrum, C. Hughes, H. C. Davies, G. Jones.*
*Seated: J. Davies, J. James, G. Davies (Head Girl), Miss J. Owen (Senior Mistress), The Headmaster, Mr. G. Llewelyn (Deputy Headmaster), A. Davies (Head Boy), A. Rees, L. Davies*

## RECENT SUCCESSES

Mr. Eric Sturdy, M.S., F.R.C.S., Consultant Surgeon at the Royal Gwent Hospital, Newport, Mon., has been invited to attend the International Congress of Paediatric Surgeons at Brussels. Mr. Sturdy is only 44 years of age.

Dr. Dewi Davies, M. B., M.R.C.P. of Maesparc, Llangeler won the 1962 Chest and Heart Association's Travelling Scholarship to Canada and the U.S.A.

Mr. Timothy Douglas Jones, once Physics Master at the School, now Head of the Physics Department of a large Birmingham School, has been appointed lecturer in Physics at Swansea Training College.

Keith Thomas of Penrhiwllan has gained 2nd Honours Diploma in Technology at Loughborough. Timothy Davies of Newcastle Emlyn has gained 2a Honours in Electrical Engineering at Swansea.

Sulwen Evans and Matilda Jones are State Registered Nurses.

Joyce Morgan—2a Honours in History.

Barbara Thomas—2a Honours in English.

Emyr Llewelyn Jones—2a Honours in Welsh.

Aled Jones—2a Honours in Welsh.

John Hovland—2a Honours in Engineering.

## THE INVASION OF TWICKENHAM

On the morning of Friday, 19th January, twenty-one Welsh schoolboys and two masters of Llandysul Grammar School prepared to invade Twickenham. At 9.10 we drew off in a Blossom bus thinking nothing of the two hundred miles that lay before us. As soon as the school was left behind, hands groped in kit bags for cards and in the best 'Maverick' tradition we all joined in for a game of whist. We arrived in Gloucester for dinner and were met by a most disagreeable odour which issued from a nearby lard factory. We can assure you that this had little effect on our appetites.

We left Gloucester with fuller stomachs and lighter pockets. Thus replenished, we were prepared for the remainder of our journey. At six o'clock we arrived at Hornsey rather battered and weary. After a meal provided by the kindly Hornsey schoolboys we proceeded to the school gym for table tennis and six-a-side soccer. Led by Lyndall Davies and Christmas Williams, we won easily. We then retired to our respective 'digs' for the night.

The following morning the winkle-pickered Hornsea boys looked quite a formidable side, but they were soundly trounced by a stronger Llandysul team. Immediately after the match we were all rushed off to a nearby school canteen where we really enjoyed a delicious four-course meal prepared by the Middlesex cooks. This was a veritable feast. As soon as we had finished we were packed off in a Finchley coach with the Hornsea boys and were soon on our way to Twickenham led by that worthy stalwart and Head boy, John Ainsleigh Davies, who was gaily bedecked in a red and white striped bobble-cap. We broke out into 'Sospan Fach' much to the amusement of the Hornsea boys and to the amazement of the Londoners, who stood and gaped open-mouthed in awe as the bus rushed past. After the long ride was finished we piled out into a car park outside the Twickenham Stadium and again led by Ainsleigh we made for the gates, having bought red caps, leeks, and rosettes from the crafty pedlars in the car park. The usual formalities were carried out—Welshman plants 'Y Ddraig Goch' and a leek on the halfway line—two Englishmen jump up on Welsh emblems and attempt to remove them—Welshman immediately retaliates, and with the help of a few others attempts to send the Englishmen into orbit.

We stood back to enjoy what we thought was going to be an easy victory—but alas! we were sadly disappointed, for the game turned out to be a rather dreary stalemate with only a few exciting movements sparked off by Alan Rees and Ken Jones. After sundry comments about the Ref., a few Welsh players, and all the English team we returned to the coach. Our spirits were soon raised by the thought that a draw was after all better than a defeat. The Finchley driver was both a character and a magnificent driver. He flicked his thirty-foot bus, in and out of by-roads and round corners, as if he was driving a bubble car.

After supper we decided to go down to the West End theatreland. After spending an enjoyable evening we 'tubed' it back to Piccadilly which was filled with hundreds of Welshmen who incensed by wild patriotism (and no doubt some London beer), were swinging and swaying, jostling and pushing despite the attempts of about 50 policemen (about half of them on horseback) to keep them in order. Then as the throng started chanting E-r-o-s E-r-o-s E-r-o-s, we returned to our digs to get some sleep.

The return trip was uneventful, though one incident deserves report. A London policeman stopped our bus in Parliament Square and in no uncertain tones demanded that we return the brass plate from the Home Office door. We were only rescued by Mr. Havard, who explained that we were only 'innocent schoolboys!'

We hope to have the opportunity of repaying the hospitality shown to us by the Hornsea boys by inviting them to make a return visit during next term.

*Geraint Davies, VIa*
*Gwyn Davies, VIs*

## AN APPRECIATION

As one who owes a great deal to the School on the hill I must confess that this task is for me a very pleasant one.

When attempting to write an appreciation of this nature one's mind is swept back over a period of 30 years and one attempts to assess the nature of the benefits the school afforded us, the manner in which pupils were and are prepared for adult life.

Such an assessment can be made only in retrospect as the pupil cannot realise the impact that school life is making upon his developing personality. I, and hundreds like me, are deeply grateful to the School on the hill for the preparation that was given us for our role as future citizens. A school consists essentially, dynamically, of its staff and students. We know that various facilities are of great importance but the vital dynamism for success comes from the living components of the school, staff and students. The staff have two prime functions; firstly to impart knowledge on particular academic subjects and secondly by their example and influence to foster and nurture the growth of the emergent personalities under their care.

These two functions were performed par excellence by the two gentlemen who are the subjects of the article. I need not discuss their proficiency as teachers—the result at O and A levels in Chemistry and Geography along the years bear compelling witness to this. Their role in the school was however far greater and wider than that of preparing students for their examinations in these subjects. They not only taught us Chemistry and Geography, they also taught us that a grammar school had, as one of its chief functions, the preparation of the pupil to take his or her place in society. I am sure that sometimes consciously and always subconsciously the personality and character of the teacher influences the pupil profoundly. This influence, if powerful, can be a tremendous force in the future lives of the pupils. We, who were privileged to study under Mr. Hughes and Mr. Llewelyn, will never forget the impressions they made upon us; the manner in which they conducted themselves daily, both towards the other members of the staff and towards the pupils, left deep and abiding impressions.Their contrasting personalities were ideally complementary in the two senior masters and afforded a sense of completeness in the upper reaches of the school. If I may precis their contributions to the Llandysul Grammar School I need refer only to one aspect, their approach to the pupils. They gave the impression that they regarded us as girls and boys who were growing up and not merely as children. In this manner they were able to draw the best out of us because we responded to this line of approach. A teacher to be successful must obtain a positive response from his pupil, his teaching can then be vital and active rather than mundane and passive. This is why we must be grateful that the Grammar School has been so fortunate in its staff. It is our profound hope, as members of the Governing body, that the School will continue to be served by men of the calibre of Mr. Llewelyn and Mr. Hughes.

If this wish be granted us, we may be assured that the School will continue successfully in its great work of preparing the young people of the area to take their place in the evolving society of the future.

*D. G. Davies, M.R.C.V.S.*

*Mr. G. F. Llewelyn*

*Mr. I. T. Hughes*

*Golygfa o'r Ddrama 'Y Gŵr Llonydd' 1963*

## BILI BWTSIWR BACH

*Portread o un o gymeriadau'r fro*

Arferai cymeriad diddorol iawn fyw yn ein plith ym mhlwyf Llandysul, sef Bili Bwtsiwr Bach. Mab i gigydd ydoedd, a dyma sut y rhoddwyd iddo'r enw hwn. Trigai Bili mewn bwthyn ar lan yr afon Teifi. Yn nhalcen ei fwthyn 'roedd twll enfawr, a hawdd fyddai i unrhyw un fynd trwyddo, ond, twll neu beidio, nid oedd fawr o wahaniaeth gan Bili, ac fe gloai'r drws yn ddi-os bob nos y byddai adref. Yn wir, ymfalchiai Bili yn ei gartref, a gofynnodd un tro i foneddiges o'r pentref:

'Pwy gortens chi'n fedddwl fydden siwto'r ffenestri co?'

Treuliodd ran helaeth o'i fywyd yn gwneud pwt o waith dros hwn a'r llall—chwilio a thorri coed dros wragedd y pentref, chwynnu swêds, neu weithio ar y cynhaeaf gyda rhyw ffermwr. Cofiaf hanesyn amdano yn cael ei anfon gan Lewis, y cigydd, at y cynhaea' i Faerdre-fach. Pan gyrhaeddodd Bili y fferm ni ddywedodd lai nad dod ohono'i hun a wnaethai. Ar ôl gweithio hyd amser swper cafodd ryw bumswllt gan y ffermwr am ddod i'w helpu. Galwodd, ar ôl dychwelyd i Landysul, yn nhŷ'r cigydd,—Mrs. Lewis yn unig oedd gartref—ac yn ôl ei harfer, rhoddodd bum swllt iddo. Aeth Bili yn wên o glust i glust yn awr, tua'r tafarn, ond pwy a gyfarfu ar y ffordd—wel, neb llai na Mr. Lewis, y cigydd—a dyna Bili yn berchen ar bum swllt arall!

Rhaid cyfaddef, fodd bynnag, nad ystyriai y pentrefwyr ymddygiad Bili yn anonest. Yn wir, yr oedd yn esiampl i lawer o bobl y ganrif hon am ei onestrwydd. Clywais am ddau o fechgyn yn yr ardal, yn hwylio y canŵ, y buont mor brysur yn ei wneud, am y tro cyntaf. Rhag ofn i'r canŵ ddymchwelyd diosgasant eu dillad, a'u gadael ar lan yr afon Teifi. Pwy ddaeth heibio ond Bili; synnai wrth weld fod pobl mor ddifater â gadael dillad fel rhain ar lan yr afon. Felly, penderfynodd eu dwyn adref, a gwneud defnydd ohonynt. Pan ddychwelodd y bechgyn, a gweld fod eu dillad wedi diflannu, aethant yn syth i hysbysu'r plismon. Cofiodd ef pa mor hoff oedd Bili o gerdded ar lan afon Teifi, ac felly ymwelodd âg ef yn ei fwthyn. Ac yn wir, dyna'r lle'r oedd y dillad yn crasu o flaen y tân. Daeth dagrau diffuant i lygaid Bili—na, nid am y rheswm na chawsai'r dillad, eithr yn hytrach am fod hyn yn rhoi lle i drigolion Llandysul i gredu ei fod yn lleidr, ac nid oedd dim yn waeth na hyn ganddo.

Pe digwyddai i chwi gwrdd â Bili ar y stryd, tebyg iawn y byddai'n feddw fawr, er i mi glywed rhywun yn dweud mai cymryd arno fod yn feddw y byddai yn aml iawn! Ta waeth, cofiaf am un o gyn-bregethwyr y pentref yn cwrdd â Bili, ac yntau, fel arfer yn feddw, ac meddai wrtho:

'Wel, Bili bach, yn feddw heddiw eto? Ei di byth i'r nefoedd fel hyn.'

'Dwi ddim am fynd i'r nefoedd, ' meddai Bili, 'achos 'rwy'n gwybod na fydd neb o Landysul yno!'

Dro arall dyma'r un pregethwr yn dweud wrtho:

'Yn feddw heddiw eto Bili bach.'

'A finne 'fyd!' oedd ateb parod Bili.

Un Nadolig rhoddwyd twrci iddo gan ein cigydd lleol. 'Roedd Bili yn ôl yn y siop chwe wythnos wedyn yn gofyn am ychydig o halen i 'gadw'r ffowlyn yn ffresh'. Wn i ddim a berchnogai Bili gyllell, ta beth, cryman oedd ei offer cerfio!

Pan deithiai Bili ar hyd ffermydd y fro, gwae'r wraig honno a gynigiai *gwpanaid* o dê iddo—basin yn unig a wnai'r tro i Bili—a digonedd o siwgr yn hwnnw hefyd! Hwyl Bili bob pryd bwyd oedd ceisio dod o hyd i'w lwy de ynghwaelod y basin!

Syniad anghyffredin iawn oedd gan Bili am wisgo. Os câi het gan rywun fe âi ati yn ddiymdroi i dorri ei hymylon i ffwrdd â bwyell, ac yna rhoi ysmotyn neu ddau o baent arni. Dyna a feddyliai Bili am y ffasiwn ddiweddaraf o Baris.

Camgymeriad hollol fyddai tybied fod Bili yn dwp, oherwydd gwyddai ef am bobl o radd Winston Churchill hyd at yr ymladdwr enwog hwnnw—Tommy Farr. Yn wir, cymharodd ef y ddau un tro:

'Ma' pobl yn meddwl fod Winston Churchill yn ddyn mowr, ond 'dyw e ddim ar bwys Tommy Farr.'

Edmygai Captain Webb yn fawr, oherwydd 'roedd Bili, fel y Captain yn nofiwr brwd iawn. Ni fyddai yn syndod o gwbl i chwi ganfod Bili yn croesi'r Teifi, heb dynnu'r un dilledyn oddi arno.

Bu Bili fyw yn hen, er na wyddai neb yn gywir beth oedd ei oedran. Yn y diwedd cafodd niwmonia, a bu raid ei symud o feudy'r bwtsiwr, lle bu'n cysgu ugeiniau o weithiau, i'r ysbyty. Parhaodd ei hiwmor naturiol hyd y funud olaf. Clywyd ei ffraethineb diwethaf pan oedd un o'r nyrsus yn golchi ei draed—'roedd meddyg du yn y Ward ar y pryd. Yr oedd Bili yn glêd o gorun i'w sawdl a meddai'r nyrs wrtho, 'Wel, Bili bach, lle 'rwyt ti wedi bod fel hyn? 'does dim man gwyn i weld ar dy groen di o gwbl.'

Ond 'roedd Bili, er yn sâl iawn, yn ddigon craff i' w hateb: 'Ma' na un peth yn dda—fe all dŵr a sebon ddod a fi'n lân, ond ddaw dim a crôn y dyn co'n lân!'

Cred llawer y byddai Bili wedi gwella pe gadawsid ef ym meudy'r cigydd—tebyg iddo ddioddef oddi wrth niwmonia o'r blaen. Torri ei galon a wnaeth druan yn yr ysbyty, oherwydd yr awyrgylch ddieithr. 'Roedd yn gymeriad â chanddo hiwmor naturiol—peth digon prin y dyddiau yma, mae'n rhaid cyfaddef. Do, fe gollodd Llandysul un o'i chymeriadau mwyaf diddorol pan fu farw Bili Bwtsiwr Bach.

*Margaret Williams, VIa*

*Bili Bwtsiwr Bach*

*TENNIS TEAM, 1964*
*Back Row (left to right): Shirley Thomas, Betty Thomas, Yvonne Hughes.*
*Seated: The Headmaster, Andrea Jones, Eirlys Evans (Capt.), Bronwen Jones, Mrs. Evans*

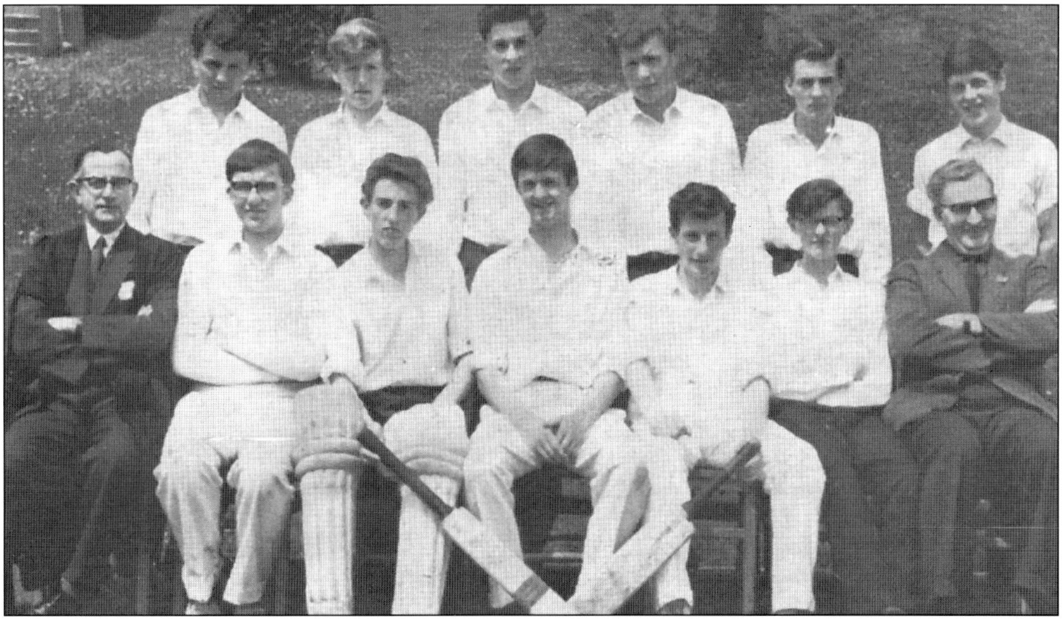

*CRICKET 1st XI, 1964*
*Back Row (left to right): Keith Rees, Emyr James, Raymond Jones, Vivian Cole, Davd W. Davies, Conrad Evans.*
*Seated: The Headmaster, Gerald Ellis, Graham Rees, Ken Jones (Capt.), Barrie Davies, Gerallt Rees, Mr. R. Havard.*

## CHESS

Chess is a game which requires deep thinking and a lot of patience. This has led many people to think that chess is a dull, uninteresting game. This belief is quite unfounded. In fact chess is very often full of intense excitement, as I found out when I played in the Welsh under 18 Championship this year. I played seven games in all, most of which lasted 3½—4 hours at an average speed of 12 moves an hour. This is quite fast for experienced chess players! Yet, if a game is played at a slow pace, it naturally becomes tense, and this makes it all the more exciting.

When I started playing chess about two years ago, I was probably one of the worst players in school. Then with practice gained by frequent games played against my father and with the aid of a chess book, my knowledge of the game rapidly increased. I began to win more and more games at school, and nowadays win 9 out of 10 games against my father, which illustrates my improvement in the game, as it was he who taught me!

Anyone who wishes to become a good chess player must firstly get a few chess books, read them carefully, and ought to memorize about 6 chess openings fully. Then he should have plenty of practice so as to get well-acquainted with the game. If he finds that he is developing rapidly and is winning most of his games against his friends, then he might well find it very worthwhile to enter a Chess Tournament and meet tougher opposition. Who knows, he could well end up as a champion!

*Iolo Jones, Vb*

*Cadeirio Dennis Franics yn Eisteddfod Gŵyl Ddewi 1964*

*Prize Day 1964 in Seion Chapel. Guest Speaker, Dr. Elwyn Davies, Old Pupil.*
*Permanent Secretary Welsh Education Dept.*

# 1965 - 1974

## MISCELLANEOUS AWARDS AND PRIZES 1965

Sulwen Davies—Ail yng nghystadleuaeth Ysgrifau y *Western Mail.*

Anne Winston—Cyntaf am adrodd yn Eisteddfod Genedlaethol Cymru—Abertawe—ac ail yn Eisteddfod Genedlaethol yr Urdd, 1964 a 1965.

Norma Winston—Trydydd am adrodd yn Eisteddfod Genedlaethol Cymru—Abertawe.

Betty Thomas—Cyntaf am Gerdd yng nghystadleuaeth Eisteddfod Genedlaethol yr Urdd 1964 a 1965.

Lennard Alban—Tystysgrif yn Adran Arlunio Eisteddfod Genedlaethol Abertawe.

Owenna Davies—Cyntaf am adrodd yn Eisteddfod Aberteifi; hefyd dewiswyd Owenna yn 'Dairy Queen' dros Sir Aberteifi.

Parti Cyd-Adrodd—Gwobr Gyntaf yn Eisteddfod Ponrhydfendigaid.

Delyth Evans—Gwobr Gyntaf Cerdd Dant yn Eisteddfod Pontrhydfendigaid.

Geraint Evans<br>
Ann Winston } 3ydd yng nghystadleuaeth Siarad Cyhoeddus Eisteddfod<br>
Helena Evans Genedlaethol yr Urdd, 1965.

Rhian Davies—Cyntaf yn Eisteddfod Genedlaethol Abertawe; Trydydd yn Eisteddfod Pontrhydfendigaid.

Owenna Davies—Trydydd yn Eisteddfod Pontrhydfendigaid.

## YSGRIF DYDD GŴYL DDEWI

**Beth Fedr fy Nghenhedlaeth Wneuthur Dros Gymru?**

'Gwinllan a roddwyd i'n gofal yw Cymru, fy ngwlad ...'

Dyma'r geiriau a ddylifa i'm cof, ac oni ddylai eu gwirionedd ein symbylu o'r newydd i ddeffro i'r cyfrifoldeb fel etifeddion y winllan hon? Ac hefyd, 'Eraill a lafuriasant—ninnau a aethom i mewn i'w llafur hwynt.'

Credaf yn gydwybodol y dylai pob Cymro, sy'n deilwng o'r enw, wir bryderu am ddyfodol ei wlad. Nid yn unig i wisgo'i genhinen yn ei gap ond hefyd yn ei galon. Felly mae'n rhaid gweithredu.

Teimlaf y dylid hyrwyddo ein diwylliant drwy wahanol ddulliau, ac, yn hyn o beth, gall fy nghenhedlaeth gyfrannu'n helaeth. Er bod i'r teledu a'r radio eu lle priodol mewn cymdeithas, teimlaf na ddylid rhoddi cymaint o bwys arnynt nes esgeuluso mathau eraill o ddiwylliant sydd yn llawn mor fuddiol. Tueddir i gredu nad oes cymaint bri ar Eisteddfodau lleol yn yr oes hon. Nynni sy'n gyfrifol am gefnogi'r holl sefydliadau Cymreig a fydd yn ychwanegu at ein hymwybyddiaeth cenedlaethol. Nynni a all argyhoeddi'r bobl nad 'iaith y bobl di-ddysg yw Cymraeg'.

Wrth edrych i'r dyfodol, gallaf ddychmygu y bydd yn frwydr i gadw'r iaith yn fyw, ond glynnwn yn ffyddlon wrthi gan gofio na all cenedl fyw heb iaith. Ie, a brwydrwn â'n holl nerth yn erbyn pob gelyn i sicrhau ffyniant ein cenedl.

Gan ein bod yn byw mewn oes wyddonol, credaf y gall ieuenctid fy nghenedlaeth gyfrannu hefyd i'r byd gwyddonol cyfoes. Na thybied neb mai dros Glawdd Offa yn unig y megir glew! Onid o Gwmsychbant, yn sir Aberteifi, yr hannai'r gwyddonydd enwog hwnnw yr Athro E. J. Williams,—ac un enghraifft yn unig yw ef.

Gallwn ddychmygu amryw welliannau'n deillio o'r addysg a geir heddiw. Onid peth da fuasai cael aduniad o'r Cymry sydd ar wasgar yn fwy aml? Ni ddylai hyn fod yn amhosibl mewn oes sydd wedi dwyn y gwledydd mor agos at ei gilydd, drwy gyfrwng trafnidiaeth fodern. Pwy a ŵyr na all ein gwyddonwyr amryddawn ddyfeisio rhyw beiriant asgellog a fedr ddwyn pawb i gyfathrach â'i gilydd mewn mater o funudau drwy wasgu botwm? Er mor llesol yw dathlu Canmlwyddiant sefydlu'r Wladfa ym Mhatagonia eleni, gymaint gwell fuasai ymweld â hwy bob blwyddyn i gynnal y berthynas yn fyw rhyngom.

Gwnawn ein gorau glas i ddiogelu ein hardaloedd gwledig drwy sicrhau digon o ddiwydiannau ysgeifn, megis ffatrioedd gwlân, ymenyn, wyau a llaeth, a thrwy adeiladu cartrefi i'r gweithwyr fel na fydd yn rhaid iddynt adael ardal er mwyn sicrhau bywoliaeth. Os gwneir hynny, nid cymdeithas o bobl ddi-wreiddiau fydd gennym.

Wrth geiso diogelu Cymru, rhaid sylweddoli fod ganddi enaid yn ogystal â chorff. Cofiwn i'r Sabath gael ei wneud er mwyn dyn. Dymuniad olaf ein Nawddsant Dewi ydoedd, 'Byddwch lawen, cedwch y ffydd a gwnewch y pethau bychain a glywsoch ac a welsoch gennyf i.' Pa mor llewyrchus bynnag yr ymddengys ein cenedl, heb yr angor yma, marw fydd. Ymlaen yr awn i adeiladu'r dyfodol ar seiliau sicr y gorffennol, 'a chadwer i'r oesoedd a ddêl, y glendid a fu.'

*Sulwen Davies, VIa*

*The cast of the School Play 'The Rivals'*

*CHESS TEAM 1964-5*
*Standing (left to right): Tegwyn Jones, Gareth Jones, Davd John James, D. Wyndham Davies.*
*Seated: Mr. Roy Thomas, Gareth Ford, Iolo Jones (Capt.), Keith Warren, Mr. D. I. Williams (Headmaster)*

*PREFECTS*
*Back Row (left to right): John Thomas, Gerald Morris, D. Wyndham Davies, Gareth Ford.*
*Middle Row: Ingrid Spencer, Beryl Davies, Eiry Davies, Anne Winston, Betty Thomas, Gerallt Rees, Merfyn Morgan, Alun Williams, Barrie Davies.*
*Front Row: Sulwen Davies, Elizabeth Hinde (Head Girl), Miss J. Owen, Mr. D. I. Williams (Headmaster), Mr. Lloyd Hughes, Robert Jones (Head Boy), Keith Warren*

## A FOREIGNER IN WALES

In this beautiful part of rural Wales, where the villagers are all related, it is not enviable to be a 'foreigner' who has only recently joined the community. The people, however, are so friendly that having got over the initial difficulty of realizing what such phrases as 'sending you home', . . . and '*in* the flu', means, you consider yourself a member of the tiny community and settle down.

The next stage for the newly-installed family is to take the usually necessary building alterations: this is a bit difficult, as no matter how many times the old, soft-speaking Welshman tells you 'I will be round tomorrow', he never seems to come . . .

A foreigner here is usually helped on with the difficulty of the language barrier, and is soon taught such things as . . . 'Nos da' and 'Bore da'. But very often the stranger is mischieveously instructed in phrases that being translated, I realize could never be mentioned here!

The discovery of riots of snowdrops and primroses growing wild in the hedges, and in the late Spring the bluebells carpeting the woods, is a wonderful experience.

Wales, 'the land of song' was something rather new to me. The stranger is rather shut out from the 'Eisteddfodau' but one cannot but be impressed by the way in which an ordinary poem is made to sound like a piece of beautiful music . . . and doesn't there see to be an awful lot of talking in between the items?

At time one misses the life in the cities of the Midlands, but soon looks forward to the peace at home. After joining the streams of traffic and the 'rush hour' chaos, then one gladly returns to the green tranquility and . . . 'Lifts one's eyes to the hills'.

*Sylvia Thompson, Vb*

*HOCKEY 1ST XI, 1964-65*

*Standng (left to right): Anne Davies, Janice Davies, Joy Davies, Shirley Thomas, Eluned Griffiths, Rhian Griffiths*
*Seated: Mrs. E. Evans, Betty Thomas, Mair Thomas, Anne Winston (Capt.), Mary Thomas, Yvonne Hughes, Mr. D. I. Williams (Headmaster).*

*RUGBY 1ST XV, 1964-65*
*Standing (left to right): Nigel Williams, Elgan Jones, Griffith Davies, Mr. R. Havard, Ian Evans, Clive Jones, Gareth Lewis, Alun Willimas.*
*Seated: Mr. W. Thomas, D. Wyndham Davies, Elfryn Jones, Harald Hovland, Keith Rees (Capt.), Barrie Davies, Eric Evans, Mr. D. I. Williams (Headmaster).*
*Front Row: Keith Davies, Peter Esau.*

*Llun Keith Jones—*
*Cap i Gymru, 1968.*
*Ef hefyd oedd y capten.*

## RED

Red ink to write in.
They thought it suitable for news
Of death.

Red flowers.
Scarlet poppies, in a cornfield,
On a grave—
Glory.

Red uniforms for the soldiers.
A brave colour; they couldn't see
The wound
The shot made.

But black for mourning.
Why? when the colour of
Death is
Red?

*Ruth Selcon, VIa*

## TEACHING DIPLOMAS AND APPOINTMENTS

Gwenda Davies, Llandysul—High School in Gloucester
Eiry James, Pentrecourt—Maths Teacher at Tumble Sec. School
Pat Jones, N. C. Emlyn—D. S. Teacher at Kineton High Shoool
Mair Lewis, Rhydlewis—Music Mistress at Kidderminster High School
Beryl Williams, Panteg Cross—Talgarreg C. P. School
Enfys Williams, Llandysul—D. S. Teacher at Clapton Park School (commencing at Milford Haven Sec. School next September)
Joy Davies—R.I. Teacher at Taskers High School for Girls, Haverfordwest
Tom Davies Jones, Talgarreg—Head of Mathematics Department in a London Primary School
John Evans, N. C. Emlyn—Llanegwydd Sec. School, Bridgend
Noel Evans, N. C. Emlyn—a London Primary School
Geraint Jones, Pontshaen—P.E. Master at Billericay Sec. School
Jeffrey Lewis, Cenarth—at Dyffryn Ogwr Sec. School
Gareth Williams, N. C. Emlyn—Ynysybwl Primary School
Alun Tegryn Davies—Headmaster, Cardigan Primary Schoool

## AN APPRECIATION

I am very grateful for this opportunity to express very sincere thanks to Miss Joan Owen for her long and loyal period of service to the school. Her retirement marks the completion of a teaching career which I feel many young teachers entering the profession today would do well to study carefully and seek to emulate.

Her attributes are many and contributed to the very notable position she held in the life of the Llandysul Grammar School over the last forty years. Many have chosen professions or vocations unsuited to their temperament and ability but one can truly say that Miss Owen made a wise decision when as a pupil of this school she decided upon teaching as a career.

I shall dwell briefly on four of those qualities which make Miss Owen a much loved member of the Staff. They are loyalty, interest in her pupils, kindliness, and sound common sense.

She has always been loyal to her School and always ready to support her Headmaster and her fellow members of Staff in any difficult situation. I know how deeply the Headmaster regrets the retirement of his Senior Mistress; she has been a corner-stone in the smooth and efficient running of the School.

Her interest in present and past pupils is another mark of her innate goodness of character. All the girls—and there have been very many in the past forty years—whom she taught, were regarded by her as individuals, each differing from the other, each with her own problems and difficulties. The exceptionally high regard in which Miss Owen is held by her former pupils is sure evidence of her interest in each of them personally and the contribution she made to their success in later life.

There is no work more satisfying than that of the Domestic Science Mistress in preparing girls to run happy and successful homes. Miss Owen has only to look around her to feel very grateful at the results of her work.

While her loyalty and her competence as a teacher made her a highly respected member of staff, a third quality, that of kindliness made her much loved by those who came in contact with her. Always ready to extend a helping hand by word or deed, she has been well repaid by the unique position of love and respect in which she is held. The kind person's chief reward is the satisfaction it gives him or her to be able to be of help to others. Miss Owen must indeed be a truly satisfied lady.

I will dwell only briefly on one further facet of Miss Owen's personality—her sound common sense. Not for her the wild flights of fanciful thought, her conversation is always full of logic and reason. We must be very grateful that people like Miss Owen with their rational approach to life and its problems still staff our schools. Long may this state of affairs continue.

In conclusion, Miss Owen leaves our school with the good wishes and grateful thanks of all her former pupils. She enters upon a retirement in which I feel sure that her gifts of service and helpfulness will not be allowed to languish. She will, I am certain, continue to be a source of strength and comfort to all those around her.

'Da, forwyn dda a ffyddlon.'

*D. G. Davies, M.R.C.V.S.*

**T. V. JONES Proudly Presents**
SOME 'SCHOOLBOY HOWLERS'

1. He wears mittens on his hands which are joined to the sleeves of his anorak.
2. In the beginning women had to carry the heavy burdens; then they discovered that horses were stronger.
3. Before the Indians could get the Bisen's skin, they had to kill it.
4. This area has developed, and it would take all day to go into detail. (Denzil Davies, VIa in a Geography exam).
5. The reason for Falmouth's less frost is that it is influenced by the naval atmosphere which bears salt.
6. The Cantabrian mountains of the Lake District—Coniferous Limestone.
7. The natives don't wear clothes because the moisture is damp.
8. Their favourite meals are Eucalyptus shoots which you usually find on Eucalyptus trees.
9. Coffee trees want rich soil and abandoned moisture.
10. From there—the sheep are transformed into pens.

*1st RUGBY XV*
*Standing (left to right): Charles Rycraft, Denzil Davies, Goronwy Evans, Peter McGarrigle, Gwyn Lewis, Jeffrey Thomas, Edward Jones, Neville Morgan, Peter Rycraft.*
*Seated: Mr. Havard, Headmaster, Nigel Williams, Ian Evans, Elfryn Jones (Captain), John Morgan, John Davies, Arnold Evans, Mr. Walter Thomas.*
*Front row: Goronwy Jones, Geraint Hughes.*

Mr. Isaac Evans, Groundsman 1949-1967. Now 93 years old.

Mrs. Bessie Davies, Cogyddes yn yr ysgol o 1949-1974.

Gwilym Evans, Gofalwr 1958-1974

*THE CORN IS GREEN—DEC. 1967*
*Emyr Thomas (VIb), Alun Jones (VIa), Bethan Enoch (VIa), Peter Sault (VIs), Keith Evans (Vd),*
*Arwel Roberts (VIa), Marilyn Oakwell (Vd), Christine Evans (Vd), Delyth Evans (VIa).*
*Dilys Davies (VIa), Ruth Selcon (VIa), Iwan Jenkins (VIb), Yvonne Watters (Vd)*
*Lynne Davies (VIb), Sian Evans (IIIm), Rhian Evans (1m)*
*Huw Lewis (IIIm), John B. Jones (IIId), Twelly Griffiths (IIIm), Phillip Davies (IIId)*

## 1968 SCHOOL OPINION POLL

During this term a Senior School Opinion Poll was conducted by VIs pupils. Questionnaires were distributed to Forms VI, V, and IV (55 boys and 70 girls), an analysis of which revealed some interesting facts.

1. *Do you smoke?*

22% of the senior school smoke (compared with 42% four years ago). Possibly more interesting is that 24% of the girls smoke, only 20% of the boys. Most girls smoke only occasionally, most of the boys smoke heavily. 29% smoke during school hours; 71% parents disapprove of the smoking habit.

2. *Should School Societies function during the school day?*

96% want an afternoon free every week for societies. Transport problems prevent many pupils from taking part in society work after school hours.

3. *Are you taught the facts of life at home?*

15% of the boys, 57% of girls are given some kind of sex education at home. 99% want sex education in school. 93% hope that the staff (and the caretaker) will turn a blind eye to courting couples.

4. *Various Questions on the Colour problem.*

93% believe a coloured person to be no different from us. 80% would like to get to know a coloured person, 18% do. 40% were prepared to marry a coloured person.

5. *Which political party do you support?*

60% Plaid Cymru; 18% Conservative Party; 9% Labour Party; 5% Liberal Party; 8% undecided.

74% in favour of self-government for Wales; 63% against the investiture of Prince Charles as the Prince of Wales.

80% opposed the use of force in Rhodesia, 77% wanted to ban the bomb, and 76% wanted America to withdraw from Vietnam.

*Alan Jones, VI*

## CERDD FUDDUGOL EISTEDDFOD YR YSGOL 1968

### GWREIDDIAU

Â'r gwynt yn chwipio'n oer ar draws y dyffryn
Gan fwrw'i lid ar y llechweddau llwm:
Yn lladd a difa'r borfa. Edrychwn ar y defaid,
Swatiant yn glos dan gysgod y derw,
A'u llygaid llwyd yn llawn ofn.

Saif hithau y dderwen yn gadarn
Â'i changhennau cnotiog yn cribo'r nen.
Ni chân un aderyn ynddi heno.
Saif yn noeth; yn dyst o'r farwolaeth
A'i rhysgl rhychiog fel grudd gweddw.

Bu aml y bygylu yn erbyn Hon hefyd.
Daeth Gaeaf ar ei gwarthaf lawer tro
Gan rewi'r dyfroedd ac anrheithio'r tir.
Lladdwyd ei Llyw a phydrodd y plasau
Gan ei gadael ar drugaredd y gwyntoedd.

Ond er tolcio'r pren a thocio'r brigau
Nis difethwyd yn llwyr,
Er rheibio'i nodd a gweld y crach
Yn maeddu'r cnawd; a'r sanctaidd gorff
Ar alwad marsiandwyr byd.

* * *

Saif y dderwen eto ar y ddôl, a chyn hir
Daw haul y Gwanwyn i lacio'r pridd;
Y pridd a ddyry faeth; y pridd
Lle deil gobaith a ffydd yr oesoedd.
Caiff y gwreiddiau ddeffro eto i fywyd newydd.

* * *

A welir ymlid y gwae o'r tir?
A gyfyd gwerin a'i gobaith yn fflamio,
A ffrwydro o'r canrifoedd pell,
Wrth gofio'r gwŷr a roddodd iddynt gân?
A flodeua Hon i ryddid Hâf?

Ynteu a wenwynwyd y clai?
A falwyd y gwreiddiau yn ysgyrion mân?
Gwir y tlodwyd y wlad, ac i'r
Cancr ei chlafychu. Ond y mae i'r tir ddeiliaid.
Oni werthant ef am ugain darn o arian.

*Alun Ffred*

Hockey XV 1967-8

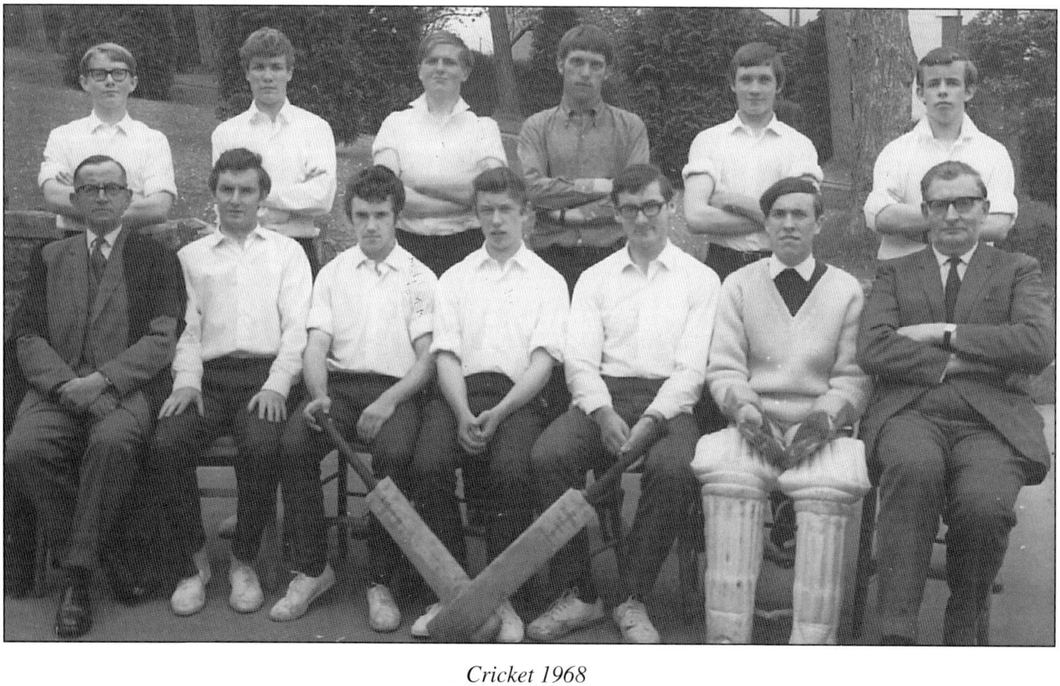

Cricket 1968

## SCHOOL SUCCESSES 1967-68

### SCHOLARSHIPS

*War Memorial Scholarship*—Stephanie Williams
*Babell Scholarship*
*Mary Lewis Memorial Scholarship*
*Bangor University Entrance Scholarship*
*Dr. Williams Jones Williams Award* } Alun Ffred Jones
*Thomas Oliver Llwynffynnon Scholarship*—John Davies
*E. J. Williams Memorial Scholarship*—Goronwy Jones
*Evan Morgan Scholarship to First Year Pupils*—Elaine Davies and Llŷr James

### COUNTY AWARDS TO UNIVERSITIES

Wendy Bowen; John Davies; Alan Jones; Ruth Selcon; Alun Ffred Jones; Goronwy Jones; Stephanie Williams; Geraint Hughes; Lynn Jones

## OLD PUPILS SUCCESSES

### HONOURS DEGREES

Harald Hovland—1st Class in Cybernetics at Reading
Ann Davies in English & Art at Aberystwyth
Beryl Davies in Welsh at Cardiff
Bryan Davies in Electronics at Bangor
Mervyn Morgan in Welsh at Bangor
Keith Davies & Raymond Jones in Chemical Engineering at Swansea
Gareth Ford in Spanish at Birmingham
Ken Jones (Pass Degree) in Agricultural Engineering at Bedford College
Barrie Davies Graduate of Royal Institute of Chemistry (G.R.I.C.)

## EDITORIAL 1970

On Monday, 21st July, 1969, Neil Armstrong, with the immortal words, "That's one small step for a man, one giant leap for Mankind" became the first man to set foot on the surface of the Moon.

America alone has spent £10,000,000,000 in order to put a man on the Moon. To what result? What has been the net gain for the human race? We are now able to make radios smaller than ever before; a full three course meal weighs no more than an ounce or two; new plastics and metals have been developed. But these 'toys' of the affluent societies of the west will not help the 2,000,000,000 people who are underfed and starving in the world. The Great Powers of the world are busy arming themselves with sophisticated nuclear weapons which have the power to destroy the whole world. Wars are being fought throughout the Third World; millions have died in S.E. Asia, the Middle East, West Africa, and many other minor battlefronts. In many countries—Greece, America—there has been a breakdown of democracy and law and order—even in Britain we encounter the terrible problems of drugs, disorder, pollution and a resurgence of the "Teddy boy" type violence of the 1950's in the form of the "Skinheads" and "Hell's Angels".

Space exploration has the effect of distracting Man's attention from the more pressing needs on Earth. But, paradoxically, Man's reaching out for the Universe may put him in a situation where he will be able to look at his world objectively, possibly leading to a solution of the strife of the present time.

When the Apollo 13 mission failed in its goal to reach the moon, and when it seemed as if the astronauts were doomed, nearly every nation in the world offered all possible assistance to the Americans. The British Fleet was at the disposal of N.A.S.A.; France, Germany, Japan, and even America's avowed enemy, Russia, offered help. This may lead to greater co-operation between the Great Powers and eventually to a state where there is no possibility of a Third World War.

*Roy Hicks, VIb*

*PREFECTS 1970*
*Standing (left to right): Toni Saraccini, Alan Jones, Ieuan Walters, Glanville Evans, Colin Evans, Yvonne Watters, Anne Luke, Auriol Thomas, Ann Davies, Stella Evans, Sandra Davies, Delyth John, Sylvia Jones.*
*Seated: Ian Jones, Christopher Jones, Ben Davies (Head Boy), Mr. Lloyd Hughes, Mr. Williams (Headmaster), Miss M. Evans, Elin Jones (Head Girl), Marion Elias, Helen Wynne.*

*RUGBY 1st XV 1970*
*Left to Right (Back Row): John B. Jones, Wyn Ll. Davies, Malcolm Davies, David Selcon, Ian Lloyd, Malcolm Evans, Glanville Evans (Secretary), Hywel Evans, Malcolm Charlton, Aldwyn Jones.*
*Front Row: Mr. Havard, Mr. W. Thomas, Colin Evans, Keith Jones (Vice-Captain), Ian Jones (Captain), Christopher Jones, Ieuan Walters, Mr. Williams (Headmaster)*

## GEOG. HOWLERS OF THE YEAR

1.—"Stalactights" from fashion conscious 4th former.
2.—"She Cargo" (Chicago).
3.—"Chicago lies at the bottom of Lake Michigan . . ."—an underwater city?
4.—Irritation is essential for crop growing in California.
5.—Synclines and Aunty Clines.
6.—Farming is poorly developed in India as most of the people are illegitimate.
7.—Coventry is a place where nuns live.
8.—"Pornogrphic rain" (orographic)—VIth former with one track mind!
9.—"G.B." means "Getting Better".
10.—The Japanese ride about in "Jigsaws".
11.—More calories are needed in adultery than in childhood.
21.—Cruel needles with long narrow eyes (crewel).
13.—Raphael was an electric painter (eclectic).

## SURVEYS 1970

Questionnaires on Bilingualism and on the Prefect System, devised by VIs, were answered by 80 pupils of the school during the early weeks of this term. A cross-section of the school, both in age and in sex, was chosen, and the questionnaires were completed under supervision. We believe these surveys to be interesting enough to be published in full, without comment.

### Language Survey

| | | | *Seniors (over 14)* % | *Juniors (Under 14)* % |
|---|---|---|---|---|
| Q1. | Percentage of mothers born in Wales | | 87 | 88 |
| | Do. | England | 4 | 12 |
| | Do. | elsewhere | 9 | — |
| Q2. | Percentage of fathers born in Wales | | 85 | 85 |
| | Do. | England | 12 | 13 |
| | Do. | elsewhere | 3 | 2 |
| Q3. | Percentage of parents preferring to speak Welsh | | 68 | 83 |
| | Do. | English | 24 | 9 |
| | Do. | other languages | 4 | 5 |
| | One prefers Welsh the other English | | 4 | 5 |
| Q4. | No. who regard themselves as Welsh | | 89 | 84 |
| | Do. | English | 11 | 16 |
| Q5. | No. who think Welsh and English should hold equal status in Wales | | 91 | 85 |
| | No. who think Welsh and English should not hold equal status in Wales | | 9 | 15 |
| Q6. | No. who think Welsh should be compulsory | | 59 | 85 |
| | No. who think Welsh should not be compulsory | | 41 | 15 |
| Q7. | No. who think other subjects should be taught in Welsh | | 26 | 48 |
| | No. who think other subjects should not be taught in Welsh | | 74 | 52 |
| Q8. | No. who think Primary School teaching should be mostly in Welsh | | 24 | 19 |
| | Do. | English | 2 | 12 |
| | Equal in both | | 74 | 69 |

| | | |
|---|---|---|
| Q9. No. who read Welsh books outside school | 26 | 26 |
| No. who don't read Welsh books outside school | 74 | 74 |
| Q10.No. who read Welsh newspapers | 17 | 18 |
| No. who don't read Welsh newspapers | 83 | 82 |
| No. who read English newspapers | 83 | 85 |
| No. who don't read English newspapers | 17 | 15 |
| Q11.No. who think there are too many Welsh programmes on T.V. | 22 | 12 |
| too few do. | 43 | 31 |
| right number do. | 35 | 57 |

## SCHOOL SUCCESSES 1969—70

*War Memorial Scholarship*
*E. J. Williams Memorial Scholarship* } Ben Davies
*Babell Scholarship*—Kay Beardall
*Thos. Oliver Llwynffynnon Scholarship*–Jacqueline Jones & Hilary Thomas
*Mary Lewis Memorial Scholarship*—Delyth John
*J. Jones Memorial Exhibition*—No award
*Entrance Examination to Cambridge University*—Ben Davies
*St. Godric's Secretarial College: London Entrance Scholarship*—Hilary Thomas
*Exhibition*—Judith Roberts

## THE 1970 NORTH ATLANTIC EDUCATIONAL CRUISE

The morning of July 5th dawned a very miserable day. Breakfast was devoured very quickly because of the excitement of going to Swansea to embark on the *s.s. Uganda*, which was going to take about 900 children on a very enjoyable cruise, visiting Madeira, Canary Islands and Tangier. By one o'clock everything was ready, suitcases full of summer clothes, cameras packed away in kitbags and last of all, the hurried goodbyes, before taking the bus journey to Swansea.

The *s.s. Uganda* was a large ship of 17,000 tons, owned by the British India Steam Navigation Co. Ltd. and this was to be our home for the next fornight. The *Uganda* was especially adapted for educational cruises, with 41 dormitories, 14 classrooms, an assembly hall, swimming pool, games facilities, map reading and library room, and a hospital. We were given an opportunity of visiting the Bridge and Engine Rooms, and to see how modern equipment such as radar was used.

Most of the time aboard ship was spent in attending lectures, talks, keeping diaries of the cruise, learning about foreign currency, playing deck hockey, table tennis and swimming. In the evening there were film shows, dances, concerts and a fancy dress carnival. The food was very good—it was prepared by an Asian galley crew.

After four days at sea, the ship docked at the volcanic island of Madeira, where we stayed for one and a half days. It was almost 7 a.m. and outside the ship men were in rowing boats loaded with all kinds of articles. The port-holes were open and passengers were leaning out bargaining for these articles. They would send the money down in the baskets the men sent up, and then receive the article in the same way. On the deck, the traders had set up stalls selling post cards and souvenirs.

We disembarked and went to coaches which were waiting to take us on a half-day tour of Funchal, the largest town. A guide accompanied us. While on the tour we saw crops of vines, pineapples, bananas and sugar cane being grown on terraces, and irrigation being used. We also passed a Tunny fish Cannery. We went up a mountain slope, and stopped at a view point where there were fruit sellers and Madeirans selling lace goods. Here we saw the Cape Girao, which is the second highest cliff in the world. We also visited the small fishing village of Camana de Lobos, which Sir Winston Churchill made famous with his paintings.

In the afternoon we visited the Grande Curral, which is a village set in the middle of the volcanoes. There was a drop of 2,000 feet to the valley below. In this valley we visited a beautiful church, and were taken to see a typical school. It was a very small, unhygienic place, with no light. Inside, forty children were seated singing, and in return we sang "Calon Lân". We shall never forget that little school as long as we live.

In the evening we went on a scenic drive around Funchal to see the beautiful illuminated port and surrounding areas. The Friday morning was spent shopping. We purchased a number of articles made in Madeira—embroidery, lace, wickerwork, leather goods, and national dolls. Some of us had rides in bullock carts and toboggans.

In Teneriffe we spent a day touring the island. Leaving Santa Cruz, the largest port, we travelled through La Laguna towards Mount Teide (12,172 feet). On the journey we passed many dormant craters, volcanoes and almost desert scenery, beautiful rock features carved by weathering, Eucalyptus forests, and the Guimar and Orovator Valleys. At Mount Teide, there was an enormous crater, and we saw a quaint old church. In the evening as at Madeira, we were entertained by dancers on the quay and on board ship. Many of us joined in the dancing.

On Sunday evening we arrived at Arecifl, the port of Lanzarote, where we stayed for one day. Lanzarote is a volcanic island characterised by a large number of volcanoes, lava flows, craters, geysers and many types of volcanic rocks. We disembarked in the early morning and went on a coach tour of the volcanic area. The main peak is known as Fire Mountain from where we could see over 100 craters and lava flows. It was here that our guide threw some brushwood into a hole and at once it flamed like a geyser because the earth was so hot. We also saw an oven carved into the rocks, and relied on heat from the volcano—it could roast a chicken in 25 minutes. There was little vegetation, although vineyards were found in areas where the lava had become powdered; the vines were protected from the wind by semi-circular walls. Our guide allowed us to sample some of the grapes. Before our return to Arecifl, where we went shopping, and visited a local beach, we saw the famous Salt Flats.

On Wednesday after a very rough sea crossing, when most of us felt ill, we arrived at Tangier. It was a strange feeling to set foot on African soil for the first time. In the morning some of us went on a coach journey to Tetuan, which is the administrative capital of Morocco. It was a beautiful city with narrow winding streets, old walls, mosques and fountains. We visited the Institute of Moroccan Handicrafts and the Moorish Museum of Arts and Crafts. We saw the craft of weaving, making carpets, pottery, mosaic and woodworking being perfected. We visited the Old town, and made many purchases at the bazaars, where we had to bargain with the traders. Our return journey was made through the beautiful rolling countryside with the famous Atlas Mountains in the background.

The afternoon was spent touring Tangier. We toured the modern section with its boulevards, and visited the famous lighthouse at Cape Spartel, the most northwesterly point of Africa. A visit was also made to Hercules' Cave, where Hercules was supposed to live and accoding to legend, from where he separated the African and European continents. It was a beautiful sight seeing the sea crashing on the rocks below. Near to the caves we visited a camel camp, where we were given the opportunity of riding the camels. We returned to Tangier—the city of Moslems, Jews and Europeans—where we visited the Kasbah—the ancient Moslem sector; here we saw many museums, bazaars and a snake charmer. Most of our purchases were made on the quayside where there were a large number of traders.

But all too soon, our cruise was over, and we were back in Swansea—only to be met with rain after a fortnight of glorious sunshine. We all felt a little tired, but having thoroughly enjoyed ourselves, and having visited some of the places that previously had only been map and classroom names to us.

*Non James, Cheryl Jones, Donna McGlinchy, IId*

## INTERVIEW WITH CARWYN JAMES

Assistant Manager and coach of the British Isles Rugby Union Team to tour Australia and New Zealand 1971

1.—"*What do you think about the All Blacks tour to South Africa and what will be the effect on their morale in the coming test series?*

The All Blacks played well in ther Provincial matches in South Africa but they lost the Test series. On the one hand it probably means that they will have to rebuild their side, but on the other it will make them more determined to win against the Lions.

2.—*Had you won the seat for Plaid Cymru in the 1970 Election, would you have accepted the post of British Lions coach?*

No. Apart from the Tour itself, the preparation for it has meant travelling thousands of miles and hours and hours of work. One could not possibly have been a conscientious M.P. as well.

3.—*Is it better to tour at the beginning or at the end of the Home Countries rugby season?*

A difficult question, but on the whole I think I would prefer to tour at the beginning of a season.

4.—*If French players could be included in the touring party, which ones would you have chosen?*

Obviously, I would pick their big locks and back row forwards, the Spanghero brothers, Dauga, Cester; in the backs, Villepreux and Cantoni.

5.—*Apart from the rugby, what will this tour give you the chance to see?*

Apparently there are beautiful sights to see, places like Roturua to visit, but the main thing is to meet the people and observe how a comparatively small agricultural country is run.

6.—*Which New Zealand players do you most admire and which of them pose the biggest threat to the Lions' chances of success in the coming test series?*

While individual players are important to a side, players of the calibre of Kirkpatrick, Sutherland, Graham, Going, and Bryan Williams, I think that the main problem confronting us is to break their pattern of play, a pattern which has been developed by their coaching over a long period. At the same time, we must develop our own pattern of play based on the attacking qualities of our own players.

7.—*Will this present squad succeed in New Zealand where previous Lions have failed to win a test series?*

I think this present squad has a much better chance of success because players are now used to coaching, and the preparation for this tour has been most meticulous.

8.—*What exactly will your post with the Lions be?*

(a) Assistant to the Manager, i.e. deputise for the Manager when it is necessary; assume the responsibilities if he were taken ill.

(b) Coaching the side, creating the pattern of play; selection, etc.

9.—*How much preparation will there be before the party departs and how many games will the Lions play on Tour?*

We assemble on April 30, and leave on May 7. After two games in Australia, we have a further week before we play our first game in New Zealand. We play 24 games in N.Z. including four Tests, 26 games in all.

10.—*Has the gap between the standard of New Zealand rugby and British rugby narrowed in recent years?*

Yes, I think so. Coaching started here because we were a long way behind New Zealand—we are steadily narrowing the gap. If only we could match the physique of their forwards!

*Llŷr James, IVd*

*TÎM HOCI HŶN (HOCKEY 1ST XI) 1971*

*Yn sefyll (o'r chwith i'r dde)—Heulwen Morgan, Vicky Knight, Iau Davies, Rhiannon Morgan, Lisbeth Evans, Janice Evans.*
*Yn eistedd—Miss Joan Jones, Freda Rogers, Jane Enoch (Is-Gapten), Margaret Evans (Capten), Wendy Evans (Ysgrifenyddes), Eleri Jones, Mr. Williams (Prifathro).*

*A HAPPY END TO THE TABLE TENNIS MARATHON!*
*This picture shows the players—Christopher Jones, Euryl Jones, Tweli Griffiths, Goronwy Evans, Roy Hicks, Dafydd Wyn, John Evans and Barry Stone; the cooks—Jane Enoch, Margaret Evans, Jennifer Jones, Gwendoline Davies and Michael Evans, and enthusiastic supporters.*

# AN ARTICLE BY JANE ENOCH

*'The young generation has a lot of permisiveness, but it also has an immense care about human suffering, and a longing to serve suffering people'*—
Dr. Michael Ramsay, Archbishop of Caterbury

It is inevitable that everyone suffers, mentally or physically, at sometime or another. There are different degrees of suffering and some people are not as able to bear suffering as others. But whoever suffers, suffers alone.

Outsiders may genuinely sympathise with the sufferer. It is these people who usually feel so helpless, because they are so much aware of how little they can contribute to relieve the sufferer from his pain. But this is no reason for surrendering. Whether one succeeds in helping or not will not be known until one tries to help. The trying is all important.

The trouble with many people is their "I'm alright, Jack" attitude. They are people who will not help others unless there is something in it for themselves. The sense of satisfaction is not sufficient. Or they are poeple who, if the sufferer is not a relation, or close friend, are just no interested—"Why should I bother? If I were in trouble I'm sure they wouldn't help me?" Yet it is strange how these people seem to be the ones who expect everything to be laid out for them. They are all SELF.

You think I am being too critical? Ask yourselves, what you have done during the last year, to help unfortunate people. Are you satisfied?

Even excluding the great tragic disasters one hears so much about, there are people suffering all the time. While you are reading this article now, there are millions of people in the world calling for your help.

Ignore the bright-spark who tries to excuse himself by delcaring "The Lord helps those who help themselves". He is the ignorant person who does not realize, or should I say refuses to realize, that there are millions of people in the world who are incapable of helping themselves. Another example of cowardice is the contemporary "hippie" or "drop-out". These people are too frightened to face the real hard facts of life, they turn to a world of fantasy—the world of drugs. They are desperately trying to escape from any kind of responsibility at all.

The people I greatly admire are not those who get their names in the paper for rioting, demonstrating, etc., but, those who do something constructive to help others, i.e., the people who are involved with various charities. There should really be no need for any kind of charity; Governments should realize that the old fashioned belief that a country's greatness lies in the military power is completely outdated. The welfare—physical, moral, spiritual of its people should come first. And, if this happened, there might be hope for a happier country.

During this last year in school, we, the sixth formers, have become very conscious of the fact that millions of people are calling for our aid. Last December we organized a Christmas Party for about fifty handicapped children (whether the children or the sixth formers enjoyed themselves most is doubtful). The warmth, love, and happiness of the children made us feel highly satisfied.

The three nights preceding Christmas Day were spent happily Carol-singing in Pencader,

Llandysul and Newcastle Emlyn. We raised £60 for "Shelter", the voluntary service to help the homeless. It shocked me, however, to learn that many people had not heard of this charity. Perhaps charities are not having sufficient publicity.

Then came the Table-Tennis Marathon, and I would like to take this opportunity here of thanking the majority of the staff who voluntarily supervised this event for the whole 53 hours. Without them the marathon would not have been possible, and we are very grateful for their encouragement and support.

Eight boys played (for, as usual, the girls were kept in the kitchen!). Nevertheless we all enjoyed ourselves immensely; Dafydd Wyn (or better known to us, as god) admirably kept our spirits high. Was he sleeping on his feet, or did he just happen to be standing in his sleeping bag looking through his closed eyelids? We finally decided that he must have been awake especially as he went to play table-tennis—still with his eyes closed though!

We made £125 profit which went to the N.S.P.C.C. (Oh! and while I remember, we eventually sent off the "Red Cross" blanket, which the girls in school knitted). Again, there were many people who were not sure if the N.S.P.C.C. dealt with children or animals. One person even refused to sponsor us once he realized it was in aid of children! So in order that this gentleman need not be embarrassed again—N.S.P.C.C. is the abbreviation for "The National Society for the Prevention of Cruelty to Children".

If we manage to survive the exams this June, we are hoping to organise a Jumble Sale and finish our school life doing something we think very valuable.

Remember one day we may be collecting for you, or the one you love.

*Jane Enoch, VIa (Head Girl)*

## CYMERIAD BRO RHYDLEWIS

### Dafi Dafis, Penpurlip

Cymeriad doniol yn llawn afiaith ydoedd Dafi. 'Roedd yn ŵr tal, heini o gorffolaeth, a chadwai fwstash sylweddol ar draws ei ên. Priododd forwyn y fferm, ond pan gyfarfu â'i ffrindiau wedi hynny, eglurai iddynt yn syml:

"Oni fûm yn chwilio am iâr ffesant ar hyd fy oes, bachan, ond dal deryn llwyd-y-baw ar y domen gartref".

Pan fyddai'n aros i'w geffylau gael eu pedoli yn yr efail, neu'n cymryd seibiant ar dalar y gystadleuaeth aredig, o'i amgylch ef y byddai'r dyrfa'n crynhoi. Os byddai gan un o'r gweision broblem ynglŷn â'i waith, dywedai Dafi'n sydyn:

"Beth yw'r blemish dirgeledd, bachan?"

Rhyw fore Sul sychodd y dŵr a ddeuai yn rheolaidd drwy'r biben blwm ar draws y cae. Aeth yntau i weld beth oedd y dirgelwch, a thrwodd i gae ei gymydog lle'r oedd y gronfa ddŵr. Gwthiodd ei law i lawr i geg y biben a chael llygoden fach wedi ei thagu. Ar hyn dyma ei gymydog yn cyrraedd, ac meddai Dafydd—

"Ond 'rwyf yn gwybod fod dy wagar di yn fras, bachan, paid a rhacanu beth a welaist ar draws y pentref 'nawr, neu ni chaf werthu rhagor o fenyn iddynt".

Ei hoff lwyfan oedd y stondin laeth ar ochr y ffordd, ac wedi gorffen gorchwylion y dydd eisteddai yno i wylio y rhai a ddeuai heibio. Ar ei dro, daeth un o fechgyn y fro adref o'r coleg mewn siwt "plus fours"—ffasiwn newydd i Dafi.

"Pwy wnaeth y britch?" meddai. "Ond yw e' wedi ei cholli hi, bachan!"

Pan welai gymydog yn cyflawni rhyw weithred ofer, ei ddywediad fyddai:

"Wel, 'rydyn ni oll yn mynd i 'dre-din,' ond fod hwnna yn tynnu plet arni".

Clywsai ei gyfaill fod Dafi yn newid ei was ar ddiwedd tymor, ac aeth ato i wybod y rheswm am hynny.

"Mae e'n grwtyn lysti hefyd,' meddai.

"Odi,' meddai Dafi, "mae buwch yn ddigon mawr ond ddal hi ddim ysgyfarnog".

Ar y clos, gwisgai Dafi sach dros ei war yn wastadol, ac anfynych iawn y dioddefai annwyd. Ai ef oedd y blaenwr o'r fintai sy'n gwisgo'r "Poncho"?

Er ei fod yn gapelwr selog gwlychai ei big ar dro siawns,—oni chymerai Paul ychydig win at ei fynych wendid? Un garw dros ddirwest oedd y Parch. John Green, Twrgwyn; bu'n gyfrifol am gau dau dŷ tafarn yn Rhydlewis, sef Penrhiwpal a Bwlchgwyn. Clywodd Dafi fod y gweinidog wedi derbyn galwad i rywle arall, ac meddai wrth ei gyfaill:

"O, mi fuaswn yn fodlon colli diwrnod da wrth y gwair i hebrwng llwyth iddo".

"I ble mae e'n mynd te, Dafi?" gofynnai ei gyfaill.

"Dim hanner digon pell, bachan," oedd yr ateb.

Ac eto, pe gofynnid i Dafydd weddio'n gyhoeddus yn y capel ar y Sul, gwnai hynny gydag arddeliad nes gwefreiddio'r gynulleidfa. 'Roedd ganddo feddwl a sylw craff, a dygai ei hiwmor iach wên ar wefusau pawb.

Mae'r byd fel drych yn taflu yn ôl wynepryd y sawl a edrych iddo.

*Geoffrey Jones, IIIb*

## SCHOOL NOTES 1971-72

The Headmaster retires at the end of this term after 15 years at Llandysul. A full appreciation of his services to the school appears elsewhere in this magazine, but we on *Yr Adastra*, on a more personal note, wish to thank Mr. Williams for the complete freedom he has given us throughout the years in the preparation of this magazine and for his constant support and encouragement. Mr. Williams's successor as headmaster will be Mr. Arwyn Pierce, B.A. at present Headmaster, Junior Section, Holywell Comprehensive School, Flintshire.

Two Old Pupils of the school have been in the news recently. Denzil Davies of Cenarth, hopes to cross the English Channel by coracle, a distance of 22 miles, to prove that the Teifi Coracle is not as frail a craft as it looks. Denzil has been generous enough to suggest that any money made from the school's sponsorship of his attempt should be given to the proposed Teifiside Swimming Pool Project. Clive Ball, of Drefach, on the other hand, has just completed a seven year journey across 38 countries in his vintage car.

We offer our congratulations and good wishes to Mrs. Joan Davies on her marriage last Summer; to Mr. Martell on his marriage last August; to Mr. D. L. Baker Jones on being made a J.P. We are confidentially but reliably informed too, that our Senior Mistress, Miss Mary Evans, will be Mrs. Joan Dunn next term. Anticipating the happy occasion, we offer Miss Evans and her future husband every good wish. Finally, good wishes to Mrs. Nia Jones, leaving the school at the end of this term to live in North Wales.

## TEYRNGED Y PRIF SWYDDOGION I ISLWYN WILLIAMS

Fel prif ddisgyblion teimlwn hi'n anrhydedd i dalu teyrnged i Mr. Williams ar ei ymddiswyddiad fel Prifathro. Â ni'n ffarwelio â'r Ysgol ar y Bryn, trist yw meddwl mai dyma'r flwyddyn olaf i Mr. Williams yntau. Wedi pymtheg mlynedd o fod yn Brifathro, cymysg fydd ei deimladau. I ninnau daw tristwch o'i golli fel Prifathro, ond mawrygwn y fraint a ddaeth i ni o gael bod yn ddisgyblion iddo. Yn sicr, bydd bwlch mawr ar ei ôl.

Ei brif ddiddordeb fel Prifathro oedd ei ddisgyblion, ac fel pob bugail da, ni arweiniodd un ar gyfeiliorn. Y disgybl a ddoi yn gyntaf bob amser. Fel gwyddonydd, hawdd deall fod ei ddiddordeb yn fawr mewn gwyddoniaeth, ond, fel disgyblion sydd yn arbenigo yn y celfyddydau, gallwn dystio fod gan Mr. Williams ddiddordeb mawr yn y maes hwn hefyd. Yn ystod ei yrfa yn Llandysul mae wedi rhoi llawer disgybl disglair ar y gris cyntaf i fyd llwyddiannus iawn. Mae gan y ffaith fod disgyblion yn medru siarad yn eofn â'r prifathro lawer i wneud â hyn, a chyda Mr. Williams nid oes raid i neb bryderu, mae ganddo amser i wrando ar broblemau pawb. Ond er yr agosatrwydd rhwng disgybl a phrifathro, eto i gyd gall ymfalchïo yn ei ddisgyblaeth. Er i safonau ysgolion Cymru a Lloegr ddirywio yn ystod y blynyddoedd diwethaf, nid yw hyn yn wir am Llandysul, ac i'r prifathro mae'r clod am hynny.

Hyd yn hyn, 'rydym wedi sôn am ei ddiddordeb ar ochr academaidd yr ysgol. Ond rhaid cofio hefyd am ei gymorth a'i anogaeth i wahanol gymdeithasau'r ysgol, ac fel Cymry ieuanc rydym am ddiolch yn arbennig iddo am ei gyfraniad tuag at y Gymdeithas Gymraeg a'r Gymdeithas Ddrama. Hefyd yn ystod y blynyddoedd diwethaf gwelwn fod cynlluniau pendant ar y gweill er mwyn datblygu'r ysgol yn ddwyieithog ac 'rydym yn ddyledus iawn i Mr. Williams am hynny. Ar wahan i hyn mae ganddo ddiddordeb mawr yn chwaraeon yr ysgol, a phan oedd amser yn caniatàu, nid oedd dim yn well ganddo na mynd i fyny i gae'r ysgol i wylio gêm rygbi, ac yn sicr, roedd ei bresenoldeb yn rhoi hwb ymlaen i'r chwaraewyr brwdfrydig.

We came to know Mr. Williams as a friend through the medium of these different activities. The black cloak and mortar board which represent authority were put aside for a while and he joined in the fun like a pupil himself.

We sincerely wish him a long and happy retirement.

"Seibiant yw ei haeddiant o
A ninnau'n falch ohono."

*Eleri Jones, VIa (Prif Ferch)*
*Tweli Griffiths, VIa (Prif Fachgen)*

## WYTHNOS YN EISTEDDFOD GENEDLAETHOL BANGOR

Enillodd Eleri Jones VIa a Philip Davies, VIa ysgoloriaeth i dreulio wythnos yn yr Eisteddfod Genedlaethol ym Mangor mis Awst diwethaf, fel cynrychiolwyr Sir Aberteifi. Treuliwyd wythnos ddifyr a diddorol; gwnaed llawer o ffrindiau newydd o bob cwr o Gymru. Mwynhawyd pob agwedd o'r Eisteddfod yn fawr iawn ond uchafbwynt yr wythnos i ni oedd cyflwyno'r Fedal Ryddiaith, pan gawsom y profiad o fynd i fyny i lwyfan yr Eisteddfod am y tro cyntaf.

Llanwyd yr wythnos o fore Llun hyd y nos Sadwrn dilynol hyd at yr ymylon gan wahanol weithgareddau a chyda'r nos, cawsom y pleser o weled actorion mwyaf Cymru yn perfformio gwahanol ddramâu, ac un noswaith cyngerdd "Sach Liain a Lludw", yng nghwmni Tebot Piws, Meic Stevens, Heather Jones, Y Dyniadon ac eraill. Bydd yr wythnos yma yn un fythgofiadwy ac edrychwn ymlaen yn fawr am Eisteddfod Genedlaethol 1972 yn Hwlffordd.

*Eleri Jones, VIa* *Philip Davies, VIa*

## CWRS CYMRAEG I'R CHWECHED DOSBARTH YN ABERYSTWYTH

Ym mis Tachwedd cafodd disgyblion Cymraeg y Chweched Dosbarth wahoddiad gan Adran Coleg y Brifysgol Aberystwyth i fynychu tair darlith gan ddarlithwyr o'r coleg. Yn y bore, yn adran hynaf y Brifysgol, cawsom weld ffilm o "Siwan" gan Mr. Saunders Lewis, yn ogystal a chlywed dwy ddarlith ar y ddrama gan Mr. John Gwilym Jones, a Dr. Geraint Gruffydd. Yn y prynhawn aethom i adran newydd y Brifysgol ar riw Penglais. Yno cafwyd dwy ddarlth, un gan Dr. Derec Llwyd Morgan ar nofel Dr. Kate Roberts, *Traed Mewn Cyffion*, a'r llall gan Dr. Bobi Jones ar *Storiau'r Tir* o waith D. J. Williams.

Gwerthfawrogwyd y cwrs gán y disgyblion, a bydd yn fuddiol inni yn y dyfodol. 'Roedd y trefniant o'r cyrsiau yn arbennig o dda, a chawsom ddiwrnod diddorol ac addysgiadol iawn.

*Enfys Evans, VIa*

## Y NEWYDDION

A dyma'r Newyddion.

Y mae Ysgol Ramadeg Llandysul yn gwadu honiadau taw'r Labordy Cemeg sydd yn gyfrifol am ladd 5,000 o bysgod yn yr Afon Teifi. Medd yr athro, "I only washed my hands".

Wrth hedfan ddoe rhwng Llundain ac Efrog Newydd daeth Tywysog Cymru o fewn deg milltir i Gymru. I nodi'r achlysur hedfanwyd yr "Union Jack" ar do adeilad y *Western Mail.*

Mewn gêm rygbi ddiweddar rhwng tîm o Gardis a thîm o Iwerddon, methwyd dod o hyd i geiniog i ddechrau'r gêm.

Gadawodd Cymro ei wlad neithiwr gan daflu ei bib a'i "Players Ready Rubbed" dros ei ysgwydd. Dywed ein gohebydd: "Cas gŵr na char'i wlad, a'i faco".

Cafwyd rhaglen Gymraeg ar y BBC neithiwr.

Gwadwyd honiadau fod Arglwydd Hailsham yn ymuno â Chymdeithas yr Iaith Gymraeg ar ôl i rywun ei weld yn yr Ysgol Haf yn Aberystwyth. Dywedodd: "I'm only here for the pier".

Y mae Cyngor Celfyddydau Cymru yn rhoi gwobr o £5,000 i *Adastra*, am fod cymaint o bethau da gan Philip Davies ynddo.

Derbyniwyd Dafi Dafis, Ffos-y-Ffin, Ceredigion, i Ysbyty Glangwili, Caerfyrddin yn gynnar heddiw. Ni roddwyd unrhyw wybodaeth am ei afiechyd na'i gyflwr.

Dywedodd cadeirydd Clwb Peldroed Caerdydd mewn cinio diwedd y tymor neithiwr y dylai pob Cymro fod yn falch bod chwaraewyr prifddinas Cymru yn ail adran Cynghrair Lloegr. "Mae'n dda i weld Cymry yn dal eu lle o flaen Saeson," dywedodd. Ar ôl cinio aeth chwech chwaraewr adref i Loegr, tri i'r Alban, un i Iwerddon, ac arhosodd un yng Nghymru.

Siaradodd George Thomas, A.S. air o Gymraeg ddoe. Digwyddodd y peth wrth iddo agor adran newydd i'r gwaith haearn a dur yn Llanwern. Ei union eiriau oedd, "I now pronounce this 'plant' open".

Y mae cymaint o wrthwynebiad yn Llandysul i'r Farchnad Gyffredin, fel bod nifer o'r athrawon yn meddwl symud i fyw yn Brussels.

Cafodd un o ddisgyblion Ysgol Ramadeg Llandysul ei daflu i mewn i'r Teifi neithiwr am ddweud pethau cas am y labordy Cemeg, y tywysog, Cardis, baco, y B.B.C., Arglwydd Hailsham, Cyngor y Celfyddydau, allweddi, Clwb Peldroed Caerdydd, George Thomas, Brussels, ac am ei fod yn hoffi gweld ei enw mewn print. Ni ddatgelir ei enw.

A dyna ddiwedd y Newyddion.

*D. Philip Davies, VIa*

## ARWYN PIERCE—PRIFATHRO 1972-1990

Brodor o Ddyffryn Dyfi, Maldwyn, Addysgwyd yn Ysgol Sir Machynlleth a Choleg y Brifysgol Aberystwyth, gradd B.A. yn y Gymraeg. Dwy flynedd "National Service". Athro yn Ysgol Ramadeg Treffynnon, Sir Fflint 1954-1967 a Phennaeth yr Adran Gymraeg. Dirprwy Brifathro Ysgol Gyfun Treffynon 1967-1972. Prifathro cyntaf Ysgol Gyfun Ddwyieithog Dyffryn Teifi.

## "LET US NOW PRAISE FAMOUS MEN"

(Professor Duncan Williams, an old pupil of the school, is now Dean of Academics at Alvescot College, Oxford. His recently-published book, *Trousered Apes*, received high praise from several distinguished critics. We are grateful to Professor Williams for his contribution to our magazine.)

Since the publication of *Trousered Apes* last year, I have received many requests for articles, lectures, T.V. and radio appearances, bu none has pleased me more than the one I received recently from the editor of *Yr Adastra* asking me if I will supply a few words for the school magazine, of which I was editor exactly 28 years ago. Oddly enough, had it not been for the war, I should never have attended Llandysul School at all, but after the blitz on Swansea, my father packed my mother and myself off to Newcastle Emlyn, in, I think, 1941 and I then spent some 4 years at the school. As the editor has given me complete freedom to write on whatever subject I wished, I thought that I might indulge in unrestrained nostalgia and I can only hope that what follows will be of some interest.

It is difficult at this distance to recapture the ethos of war-time Britain but what I remember most vividly were the blackouts, the prisoner-of-war camp at Henllan, the comparative absence of traffic apart from endless convoys of troops on their way to and from Aberporth, the throbbing of bombers overhead on their way to Liverpool and the excruciating dilemma as to how one would have one's monthly egg done—boiled, fried, scrambled or, daringly, even poached. I think that this problem will remain with me to the end of my life because even now, in a restaurant I find the task of choosing any one single dish from a menu almost an impossibility.

In those days, those of us who travelled to school from Newcastle performed a grand tour of Cardiganshire before arriving in Llandysul. So far as I remember the school bus went first to Rhydlewis, then to Ffostrasol and then through Horeb to Peglers' Square where the exhausted passengers disembarked before climbing what seemed an interminable hill to the school. In my day, the headmaster was T. Edgar Davies (the Gŵr Bach), a man of Napoleonic appearance. Publicly, he displayed a ferocity reminiscent of the legendary Dr. Keate of Eton. It is said of the latter that on one occasion he found a group of boys outside his study door and proceeded to thrash them one by one. When he came to the eighth boy, the lad attempted to explain the situation. "Please Sir," he blurted out, "we are the confirmation class." This, however, did not deter Keate. "How dare you add blasphemy to your original offence," he roared and carried on with his execution. The Gŵr Bach never descended, or perhpas ascended to such dealings with the boys and girls, although I can well remember even in the sixth form, trembling at morning assembly when some luckless miscreant had offended him.

One occasion guaranteed to rouse his ire was the annual visit of the Dorian Trio which consisted of three elderly and bespectacled spinsters, one at the piano, one on the violin while the third drove, for want of a better word, an enormous cello. The "concert", which at the time seemed to last about 10 days, but in retrospect could not have exceeded 2 hours, was to us Philistines, a source of endless entertainment and an occasion for gross ribaldry, but every year the morning after was a painful experience as the headmaster, who, I suspect, shared our opinion of the Trio privately, denounced us all in thunderous terms.

Various other members of the staff will always linger in my memory, I. T. Hughes ("Hughes Joyous-Gard") who taught history as if all the characters, such as Gladstone and Disraeli, were old personal friends of his and who really brought the subject to life in a totally unorthodox but extremely effective eay. His lessons were always punctuated with the last "news flash" from the war scene for he was a Major in the Home Guard and had served in World War I in Salonika with an aunt of mine. I well remember him one morning during the really dark days of the war when we fully expected at any moment a German invasion, striding into the class, confident and smiling, announcing to us all? "Don't worry. If the Germans land, they will get the thrashing they deserve at the Battle of Panteg Cross when they meet the full strength of Britain in shape of Hughes Joyous-Gard and his men."

Another great character was Edmund Sweete (Dai Losh) who presided over a perpetual pandemonium known as the French class. Socially he had an impeccable background—had been educated at Cheltenham and Oxford, but had been very badly shot up in World War I and walked with a painful limp. His gown was green with age and despite his inability to communicate his knowledge to the boys, he yet had a Don Quixote atmosphere about him which taught some of us far more than we could ever learn from a more orthodox teacher. I am convinced that it was his stories of life at Oxford before World War I which first prompted me to decide to go to that University and perhaps in fairness I should add that under his tutelage, I obtained a credit in French in Higher School Certificate (today's A Levels) with very little difficulty and not very much work on my part.

Then there was Miss Llewellyn who taught English in a most sympathetic and intelligent manner. She was a magnificent and gifted teacher and I still remember that the only time I ever saw her discomfited and indeed in tears was when the headmaster called her out of the class one day to tell her that her nephew had been killed on a bombing mission over Germany. I owe these three and others on the staff more than I can ever adequately express and anything I may have subsequently done in my life I owe in a great measure to them and I am very grateful for this opportunity (too late, alas in the case of Sweete) of publicly acknowledging my debt.

School lunch, always I suspect a hairy experience, was, in war time, an even more sobering odeal. There was a shortage of domestic help so when one had a period off (which in the sixth form happened fairly frequently) one either volunteered, or was coerced (I forget which) into peeling potatoes in the school kitchen or washing up the dishes or even so far as I remember, occasionally, and nearly always catastrophically, actually being involved in some of the cooking; the results I leave to my readers' imagination.

The school in those days was comparatively small and the new buildings erected subsequently on the playing field did not exist. There were only six or seven of us in the entire sixth form, which had all the air of a rather exclusive club about it. VIa in particular, which then lived in a room opposite the headmaster's study and which I couldn't find again when I revisited the school some four years ago, exhibited this club-like atmosphere whereas VIs was housed in a small lab off the main one and seemed to consist of extremely eccentric latter-day alchemists presided over by an erratic genius, one Eric Mobberly. Under his persistent care and supervision, a weekly explosion was routine and even daily ones not unknown. In his second year in the sixth, he gave up dynamite for wireless and the most extraordinary looking apparatuses appeared on the scene for communicating breathless intelligence from one end of the school to the other. I have not seen him or heard from him for 28 years but I very much hope that if he reads these words, he will get in touch with me. I should like to re-live some of the more extraordinary scenes with him.

Since leaving the school, I have led a fairly varied and full life. First, a couple of terms at Oxford, then 3½ years in the Royal Marines and the Royal Welch Fusiliers chiefly in Berlin, back to Oxford again for 3 years followed by some 4 years as a District Officer in the more remote parts of what was then Tanganykia, back to Oxford again, this term to teach, then some 7 or 8 years teaching and lecturing at various American universities.

But when I look back, as occasionally everyone does to one's school days, certain things always flash upon what Wordsworth called "that inward eye" and I suppose that what the school gave me was a deep and abiding love for the past and for the historical perspective coupled with a great fondness for Cardiganshire in particular and Wales in general. I can think of no aesthetically lovelier place to be educated than Llandysul and if the teaching there is half as good now as it was in my time, then those of you who attend it are fortunate indeed. Quiller-Couch dedicated the *Oxford Book of English Verse* to Trinity College, Oxford which he describes as a "house of learning, ancient, liberal, humane and my most kindly nurse." When I look back, I can very sincerely say the same thing of my own school.

*Duncan Williams*

*PRIF-DDISGYBLION—PREFECTS*
*Front Row: D. Morgan, Tweli Griffiths (Head Boy), Mr. E. Ll. Hughes (Deputy Headmaster), Mr. D. Islwyn Williams (Headmaster), Miss E. M. Evans (Senior Mistress), Eleri Jones (Head Girl), Iau Davies.*
*2nd Row: D. Elias, D. Roberts, A. Evans, A. Jones, S. Carlisle, P. Williams, M. A. Jones, E. Rees.*
*Back Row: G. Evans, P. Davies, G. Davies, Ll. Thomas, E. Morgan, R. Mathias, S. Evans*

## SCHOOL NOTES 1973

Bu nifer o ddisgyblion yn llwyddiannus mewn gweithgareddau y tu allan i'r ysgol. Cafodd Adrian Havard ei ddewis i chwarae yn nhîm peldroed ieunctid Cymru. Bu'n chwarae mewn dwy gêm—yn erbyn Lloegr a'r Alban. Ymddangosodd Non James a Katie Jones ar y rhaglen gwybodaeth gyffredinol "Siwrne Dda". Hefyd, bu pedwar disgybl o'r ail a'r trydydd dosbarth yn cystadlu ar y rhaglen "Cant a Mil" lle daethant yn ail. Enillodd Jeffrey Jones y wobr gyntag mewn cystadleuaeth ysgrifennu traethawd yn Eisteddfod Sir y Ffermwyr Ifainc. Bu Penny Rogers hefyd yn fuddugol yng nghystadleuaeth traethawd gyda chymdeithas Ceredgion, Llundain.

Mae'n ddrwg gennym golli aelod o'r staff, sef Mr. Havard, sydd wedi gwasanaethu'r ysgol yn ffyddlon am tua ugain mlynedd. Dymunwn iddo bob hapusrwydd yn ei ymddeoliad. Hefyd, y mae Mrs. Joan Davies yn ein gadael. Hyderwn y gwna edrych ar ôl yr aelod newydd o'i theulu cystal ag y mae wedi edrych ar ein hôl ni yn ystod y blynyddoedd diwethaf.

Llongyfarchiadau i dri o lywodraethwyr yr ysgol, sef yr Henadur Heulyn Roberts, Mri. Trevor Enoch a D. G. E. Davies, ar fod yn llwyddiannus yn Etholiad Cyngor Sir Dyfed. Yn enwedig estynnwn ein llongyfarchiadau i Mr. Roberts ar gael ei ethol yn Gadeirydd cyntaf y Cyngor newydd.

## AN ARTICLE BY MISS LONA THOMAS

(Miss Lona Thomas of Pencader, an old pupil of the school is now, after a varied and exciting career, headmistress of Wilberforce Junior School, London. We are most grateful to Miss Thomas for her contribution to our magazine.)

My one burning ambition throughout my schooldays was to become an Air Hostess. I read avidly about the glamorous lives of Air Hostesses and wasted much valuable time, on reflection, lost in day dreaming of future days when I would be flying around the world visiting exciting places and meeting famous people. I have realized that anticipation is usually far more exciting than reality, and so it proved in this case.

My parents persuaded me to first qualify as a teacher and if I still felt that I wished to become an Air Hostess then they would raise no objections, after I had gained my Ministry of Education Teachers' Certificate. I now find myself extremely grateful for the sound common sense they displayed at this impressionable stage of my life. On gaining my teachers' certificate I started my teaching career in a large Seconday Modern School at High Wycombe, and much to my surprise enjoyed every minute of my work during the two years I stayed there.

However, I had spent far too many years cherishing my dreams of a glamorous life in the air and, therefore, as soon as I had reached my 21st birthday (which was the age stated in the requirements for becoming an Air Hostess) I applied. The other requirements briefly were that height should be between 5ft 4ins and 5ft 8ins and weight should be in proportion to the height. The candidate should enjoy perfect health and not be a wearer of spectacles! They should have a good knowledge of at least one foreign language, and have some experience of First Aid and Catering. The interviewing panel consist of people who are adept at generally summing up a variety of girls for suitability for the work of an Air Hostess. They need to be, I suppose, when you consider that each air-line receives hundreds of applications each year. The girls are not chosen for being exceptionally glamorous or extroverted, but rather for their willingness to work hard, put in long hours at their job and still retain a pleasant manner in their dealings with passengers, and have enough intelligence and calmness to deal with any situation as it may arise.

The life of an Air Hostess is an arduous one. During each flight she is expected to act as nursemaid, waitress and barmaid. She may be called upon to be many other things as well—such as midwife, firewoman, life-saver or skipper of a rubber dinghy. She is on the aircraft to comfort the nervous, appease the querulous, tactfully repel the amorous and even to ration the over indulgent—I have known a girl to dip a surreptitious fingertip into the brandy and run it lightly around the rim of a drunken passenger's glass before filling the glass to the brim with water, saying: "This one's on the house, sir" the passenger replying, "Cheers" and drinking it all down without being any the wiser.

One of my friends took a pedometer on a trip from London to Paris and back and found that she had walked six and a half miles up and down the cabin during that short space of time.

I flew for three years, first with British European Airways and then with British United Airways (now British Caledonian.) The life is certainly not as glamorous as most people imagine. It is very hard work but certainly has its compensations. I visited countries that I would never otherwise have had the opportunity of seeing, viz. Africa, Malaya, India, Australia, South America, as well as various European countries, and I met many interesting and famous people. There are moments in my flying experience that I shall never forget, like the time we were flying over the Alps as the dawn was breaking, or over the Arabian desert in the sunset—breathtaking sights that will always be deeply ingrained on my memory.

## THE NATIVITY

It was on a Christmas Eve and it occurred in Llandysul Parish Church.

The children of the Sunday School were taking part in a Nativity Play. As a member of the Church Choir I had been handed a torch which had been made up specially to resemble a candle, and the boys and girls of the choir held these torches in front of them as they walked in procession from the choir vestry, down the aisle to the Choir Stalls.

As this was a special occasion, there were many more present in the choir than usual, and we sat very cramped together in our seats. There was very little room, also, to place our torches in the desk in front of us, as normally we have only our hymn books and prayer books there.

However, we managed quite well and the Nativity Play had passed off to everyone's satisfaction. The Vicar was now in the Pulpit preaching his sermon and, except for his voice, all was silent.

I reached for a book in front of me, rather clumsily I'm afraid, for Lo! and behold, my torch flew suddenly from the desk to the middle of the chancel. What a clatter that caused! The Vicar looked round to see what the noise was. The boys and girls all giggled and the grown-ups looked stern, with great frowns on their foreheads. I could feel myself getting red right from my collar to my ears. As quietly as I could, I left my seat and crept out to pick up the torch in full view of everyone and this, I think, was the most embarrassing moment of my life.

At the end of the service the Vicar gave his Blessing, and I remember thinking that there was someone who really needed blessing.

*Martin Griffiths, 1d*

## TREIALON CŴN DEFAID

I un fel fi a anwyd a'm magu yn y dref, peth dieithr iawn oedd Treialon Cŵn Defaid. Clywais ddisgrifiad ohonynt gan gyfnither i mi a oedd yn byw ar fferm mewn ardal wledig lle'r oedd treialon yn un o ddigwyddiadau pwysicaf y flwyddyn. Wedi symud i bentref gwledig ar lannau'r Teifi deuthum innau i ganol diddordebau a digwyddiadau gwledig ac yn eu plith treialon cŵn defaid. Yr oedd y cyntaf yr euthum iddo i'w gynnal ar fferm mewn pentref cyfagos. Cychwynais yno gyda'm rhieni heb fod yn siwr a wneuthum beth doeth i wrthod mynd gyda'm ffrindiau i lan y môr, ond wedi cychwyn nid oedd modd troi nôl.

Ond buan y diflannodd fy amheuon ar ôl cyrraedd. Yr oedd yn brynhawn braf a'r wlad yn hynod o brydferth. Llonnais hefyd wrth weld bod fen hufen iâ a melysion ar y maes a phabell eang i gael pryd o fwyd. Yr hyn a roddodd fwy o fwynhad i mi na dim oedd cael cyfle i fod ymhlith cymaint o gŵn cyfeillgar, a'u bronnau mor wynned a'r eira a'u cefnau'n ddisglair ddu. Pob un yn cadw'n glos at sodlau eu perchen fel petai llinyn anweledig yn eu glynu wrtho ac eraill yn eistedd wrth eu troed.

Ar y maes yr oedd dwy gât, dwy ffens gyferbyn â'i gilydd a llwybr cul rhyngddynt a rhyw dri lloc yn amrywio mewn maint a siâp ac esboniwyd i mi mai'r gamp i'r cŵn a'r bugeiliaid oedd cael y defaid i mewn iddynt a thrwyddynt yn yr amser a roddid.

Ymhen draw'r cae roedd y defaid yn pori fel pe baent adref ar eu meysydd cyfarwydd.

Wedi i ni eistedd ar sedd o bren caled, dechreuodd y treialon ac yn fuan anghofiais y sedd galed a'm ffrindiau a aeth i lan y môr gan mor hudol oedd yr olygfa o'm blaen. Cai pob bugail a chi bump o ddefaid i'w cyrchu o ben draw'r cae a'u gyrru trwy'r gatiau ac i'r llociau, o dan lygaid chwim y beirniad a edrychai am ufudd-dod buan o gyfeiriad y ci i chwibaniad y bugail, a'u dull wrth weithio gan roi i bawb o'r cystadleuwyr eu pwyntiau yn ôl teilyngdod. Byddai rhai o'r defaid yn fwy gwyllt nag eraill ac oherwydd hynny yn fwy anodd i'w trin.

Nid oedd yno gymaint o sŵn ag ar faes pêl droed, yn wir yr oedd tawelwch mawr pan fyddai'r cŵn a'r bugeiliaid wrthi'n cystadlu, ond wedi i bob bugail orffen byddai curo dwylo a gweiddi brwd yn enwedig pan fyddai bugail lleol a'i gi wedi gwneud yn dda.

Yr oeddwn yn synnu bod y bugeiliaid yn gallu trafod un ci cystal, ond 'roedd eu gweld yn trafod dau a thri yn ryfeddod.

Daeth yr amser i gyflwyno'r cwpan arian i'r buddugol yn llawer rhy fuan a bu'n rhaid troi am adref wedi cael prynhawn diddorol iawn. Ar y ffordd adref cefais amser i feddwl am yr amynedd a'r caredigrwydd rhy dyn at greadur a roes gymaint o fwynhad i'r bobl y prynhawn hwnnw. Dim ond un peth a'm blinai, sef nad oedd un ferch ymhlith y cystadleuwyr. Paham bod rhaid i bob bugail fod yn ddyn?

*Lona Walters, 1d*

*UNDER 15s SEVENS TEAM 1973*
*(Winners Cardiganshire and Carmarthenshire Schools Sevens)*

*Back Row—L. to R.: Dafydd Hughes, Caerwyn Davies, Michael Nash, Adrian Thomas, Gwyn Morgans.*
*Front Row—L. to R.: Mr. D. George, Brian Worrell, David Keri Williams, James Davies, Meurig Evans (Capt.)*

## BETH YW CYMRO?

Dyma gwestiwn a ofynnir fwy-fwy bob dydd, gyda'r cynnydd yn yr ymdeimlad cenedlaethol. A yw'r Cymro yn berson cwbwl wahanol i'r Sais neu'r Gwyddel neu'r Albanwr, neu unrhyw un arall? A ellir ei basio ar y stryd a meddwl ar unwaith "Dyna Gymro"? Ateb nacaol a geir i'r ddau gwestiwn hwn—yn arwynebol beth bynnag. Mae lliw ei groen a'i ymddygiad allanol yn union yr un fath â'r cenhedloedd eraill. Felly, mae'r cwestiwn yn codi—a oes gan y Cymro unrhyw nodweddion arbennig?

Gofynnwyd y cwestiwn "Beth yw Cymro"? i Sais ac Albanwr ar y teledu beth amser yn ôl, a'r teimlad oedd mae'r unig beth a olygai Cymru a Chymreictod iddynt hwy oedd y corau meibion, yr Eisteddfod, a'r tîm tygbi. Braw oedd sylweddoli'n syfrdanol, y pryd hynny, na fyddai'r fath beth yn bod â Chymru i'r rhain onibai am y nodweddion hyn. Gofynnodd rhywun iddynt beth am yr iaith Gymraeg—a oedd honno yn nodwedd arbennig i'r Cymro, yn eu tŷb. Na, meddent, rhywbeth i'r Cymry Cymraeg yn unig oedd honno; rhywbeth nad oedd gwerth cymeryd rhyw lawer o sylw ohoni, gan ei bod yn cyflym edwino. Ni sylweddolent ei bod yn un o ieithoedd hynaf Ewrop, gyda'i mesurau barddoniaeth arbennig a'i thraddodiad cerdd dafod a cherdd dant, ac fod llenyddiaeth yr ugeinfed ganrif yr un mor safonol â llenyddiaeth "ein doe a'n hechdoe ni". Dywedodd un Cymro o fardd unwaith bod Cymro Cymraeg yn cario'i iaith fel cario croes.

Erbyn heddiw, mae tynged yr iaith wedi dod yn destun llosg iawn, ac yn anffodus mae fel petai yn rhwygo'r genedl yn ddwy. Dywed y Cymry-Cymraeg mae'r iaith sy'n eu gwneud yn Gymry, iaith, meddent yw "enaid" a "chalon" cenedl. Ond dywed y Cymry di-Gymraeg yn llawn mor frwdfrydig a chadarn eu bod hwy llawn cymaint o Gymry er nad ydynt yn siarad yr iaith Gymraeg. Felly ai rhywbeth haniaethol, na ellir ei ddiffinio yw bod yn Gymro?

Dywed rhai fod tristwch yn nodwedd arbennig o'r Cymro. Gwell yw ganddo ganu emynau lleddf a chaneuon trist, ac edrych yn ôl ar y dyddiau braf a chysurus a fu. Ond tybed a yw hyn yn wir? Beth am y canu gorfoleddus ar gae rygbi, neu mewn tŷ tafarn, a lleoedd tebyg? Fy mhrofiad i yw lle mae un neu ddau Gymro wedi dyfod ynghyd, yno hefyd mae llawenydd a chwerthin braf. A beth am ddawn ddigamsyniol y Cymro fel cerddor? Nid oes eisiau addysg gerddorol ffurfiol i beri i Gymry ganu yn y pedwar llais—mae canu'n rhan o'u hanian. Oni fuont yn creu eu hadloniant eu hunain ac yn swyno tyrfaoedd â'u cân a'u llefaru ymhell cyn oes y teledu gyda'i "hymborth' parod di-flas.

Efallai mai yn yr Eisteddfodau,—yn enwedig yr Eisteddfod Genedlaethol—y gwelir nodweddion y Cymro ar eu gorau. Yma gwelwn y ddawn i ganu ac adrodd, barddoni a llenydda, yn ogystal â'r holl bethau eraill sy'n ynghlwm wrth ddiwylliant y Cymry. Dyma hefyd, yw un o'r mannau prin lle gwelir yr iaith Gymraeg yn cael ei dyledus barch. Gwelwn yn yr Eisteddfodau, yn enwedig yn Eisteddfod Llangollen groeso a lletygarwch y Cymro i ymwelwyr—lletygarwch sy'n arwain at oddefgarwch y dyddiau hyn gyda'r "bythynnod gwyliau" yn gwneud argyfwng prinder tai yn waeth.

Ar ôl ysgrifennu am nodweddion da y Cymro, mae'n bryd sôn am wendidau. Mae'n hoffi pwyso yn ormodol ar draddodiad—byw ar ei orffennol gwych yn hytrach na wynebu'r byd a'u broblemau cyfoes.

Heddiw, rhaid i'r Cymro wynebu'r her fwyaf a wynebodd erioed. A oes lle i un bach mor ddi-nod â'r Cymro mewn cyfundrefn mor fawr â'r Farchnad Cyffredin? A yw yn mynd i ddal ei gymeriad a'i nodweddion a bod yn Gymro ai peidio yn Ewrop? Amser yn unig a ddengys.

*Enfys Evans, VIa*

*OPEN DAY, JULY 1973*

*A group photographed at the successful "Open day" held at Llandysul Grammar School. L-R: Mr. Arwyn Pierce (headmaster) and Mrs. Pierce; Mr. I. T. Hughes, M.A., J.P., former geography master at the school, who performed the opening ceremony; Mrs. Hughes; Mr. James Thomas (chairman of the Old Pupils' Association)*

## GWOBRAU EISTEDDFODOL

EISTEDDFOD GENEDLAETHOL YR URDD
Deuawd Cerdd Dant—*Cyntaf*—Hilary Rees a Glenda James
Deuawd Agored—*Ail*—Hilary Rees a Glenda James

EISTEDDFOD SIR YR URDD
Yr Adran uchaf ei marciau drwy'r Sir—Cwpan Coffa Brynmor Williams

EISTEDDFOD GENEDLAETHOL BRO MYRDDIN
Unawd dan 15—*Ail*—Huw Davies, IId
Adrodd dan 19—*Trydydd*—Siân Davies, IVd

CYNGOR LLYFRAU CYMRAEG
Cywaith ar Ffermio—*1af*—Dosbarth IIIm
Hanes Ardal—*Ail*—Glenda James, IIIm
Cyfrol o Farddoniaeth—*1af*—Dosbarth III a IV
Telyneg—*3ydd*—John Jones, IIm

CYSTADLEUAETH GŴYL DDEWI Y "WESTERN MAIL"
Gwobr Gysur—Elaine Davies

# OBITUARY

## PROF. E. T. DAVIES—(*The Times,* October, 1973)

Mathematician of Breadth

Professor Evan Tom Davies, who has died at Waterloo, Canada, in his sixty-ninth year, was a mathematician of great breadth, a man of many interests and accomplishments. Fluent in five languages, he delighted a friendship of an interenational range, from world-renowned academics to the simplest people.

An old pupil of the Llandysul Grammar School, he was born in Pencader, Carmarthenshire, of farming stock, and throughout his life retained a passionate regard for the Welsh culture.

Graduating from the University College of Wales, Aberystwyth, he was prompted by the Hungarian mathematician, Paul Dienes, to seek his postgraduate experience in Europe. In 1926 he travelled to Rome to study under Tullio Levi Civita, leaving in 1928 for the Sorbonne and College de France, where he came under the influence of Eric Cartan.

Steeped in this atmosphere of mathematical excellence for two years he started his career as a university teacher at King's College, London. His steady stream of publications is testimonial to his authority in the fields of Riemannian geometry and the calculus of variations. His Celtic fluency and enthusiasm, together with his fertility of ideas, surrounded him with research students, in whom he took a keen and friendly interest.

In 1946, Ianto, as he was affectionally known, was appointed to the chair of mathematics at University College, Southampton. Research flourished under his guidance and the department's growth from a staff of six to a multi-professorial one of more than sixty was accomplished with typical zeal.

His home was a centre for his many associations. On his retirement at the age of 65, the university conferred on him the title of Emeritus Professor and established the E. T. Davies annual prize.

The retirement was in name only. Davies proceeded to Canda, where for two years he was chairman of the department of pure mathematics at Calgary University. Finally he joined the staff at the University of Waterloo as Professor of Mathematics.

He was married with a son.

## MR. ROBERT MORGAN

Mr. Robert Morgan retires at the end of the term after twenty nine years as Head of the Classics Department at the school. A graduate of U.C.W. Swansea, Mr. Morgan gained his M.A. degree in 1936, and after teaching appointments in Carmarthen, Brentwood (Essex) and at King Edward VI School, Bury St. Edmunds, he came to Llandysul in 1946 and has been with us ever since.

An appreciation, however full, of Robert Morgan's service to the school, must fall far short of what he accomplished. An outstanding teacher, he insisted at all times, on the highest standards in discipline, in behaviour and in academic work. He never spared himself and expected equal effort from others.

A man of many parts, his versatility showed itself in his contribution to a wide range of school activities. His first love, was, of course, to the Classics, but at one time or another, he taught a variety of subjects on the curriculum, more especially Welsh and English. The school library which he built up from almost nothing, is a lasting memorial to his dedication. He advised on careers and his stylish performances in cricket, tennis and hockey for the staff against the school impressed even his most lethargic colleagues.

The school will be poorer without Robert Morgan. His retirement will give him a well deserved opportunity of devoting himself to his recently found passion for golf and to his long-standing love of gardening. An awesome prospect for rival golfers and gardeners.

We wish him and Mrs. Morgan health and happiness in a long retirement.

## MR. E. LLOYD HUGHES

Brodor o Ddyffryn Gwendraeth yw Mr. Hughes ac ar ôl cyfnod yn yr ysgol leol aeth i Goleg Prifygsol Aberystwyth. Ar ôl gyrfa academaidd ddisglair a derbyn gradd B.Sc. gydag anrhydedd mewn Botaneg, aeth ymhellach a chwblhau gradd M.Sc. Ym mis Ebrill 1934 daeth yn athro i Ysgol Sir Llandysul, ac yma bu am dros ddeugain mlynedd.

Yn y cyfnod cynnar hwnnw pan nad oedd ond rhyw 200 o ddisgyblion yn yr ysgol, fe ddysgai'r athrawon amryw o bynciau. Bu Mr. Hughes yn dysgu Cymraeg, Saesneg, Daearyddiaeth, Gwaith Coed, Mathemateg ac Addysg Grefyddol yn ogystal a Bioleg yn y blynyddoedd cyntaf hynny. Ond i genedlaethau o blant Llandysul, athro yn gyfrifol am

Bioleg drwy'r ysgol oedd Mr. Hughes. Teyrnged i'w allu, a'i bersonoliaeth oedd i rheolwyr yr ysgol ei benodi yn Ddirprwy Brifathro yn 1963.

Gŵr dirodres, boneddigaidd gyda gwên siriol, ddireidus ar ei wyneb bob amser. Ni chlywir ef yn dweud drwg am neb, ac nid rhyfedd fod athrawon a phlant yn mynegu parch mawr iddo. Mewn cyfnod ansefydlog fel hwn, hyfryd yw cofnodi y fath deyrngarwch i un sefydliad am gyfnod mor faith.

Llawenhawn fel ysgol gyda Mr. a Mrs. Hughes fod John eu mab, sy'n gyn-ddisgybl o'r ysgol yn llwyddo mor dda ym myd Celfyddyd. Fe fu arddangosfa o'i waith eisoes yn rhai o brif ddinasoedd Ewrop a'r Amerig, ac 'rwy'n siŵr y clywn lawer mwy am ei orchestion.

Wrth ddiolch i Mr. Hughes am ei gyfraniad gwerthfawr i fywyd yr ysgol, a'r hiraeth o'i golli o blith y staff, dymunwn iddo ef a Mrs. Hughes flynyddoedd eto o iechyd a hapusrwydd.

*'The Women Have Their Way', 1971*

# 1975 - 1984

## THE FILM SOCIETY

Chairman: C. Lawrence James,

Committee: E. T. Myrddin Jones, VIs; Nigel M. Jones, VIs; Mark B. J. Heneghan, VIs; Richard C. Ferraro, VIs.

As always the Film Society attracts a large number of members, who regularly watch the films shown during and after school.

This year has indeed been a successful one; the films shown include: Hamlet, To Sir with Love, Lost Horizon, Godspell, I saw what you did, No Sex Please, We're British, and The Italian Job.

Plans are already being made for next year, when we intend to show a film every month. We try to cater for every taste, and I think we have succeeded in this—Forms 2 and over being invited to attend most showing and enjoying themselves.

This year's selection of films ranged from comedy, Shakespeare, thrillers, musicals; the most popular being probably the musical 'Godspell'. The Committee would like to thank Mr. D. Howell Jones and Mr. Wynford Johns for all their encouragement and advice, during the year.

We would also like to thank Mr. Reed, from the Audio-Visual Aids Department at Aberystwyth, for all the trouble he has taken to help us throughout the year.

*Lawrence James, VIs*

### ODE TO THE ENGLISH TEACHER AT A QUARTER TO ONE, FIFTH LESSON ON A TUESDAY

Oh Sir! I'm starving for my lunch,
'Tis true, I'm fond of English,
But this grammar lesson without end
Will surely drive me round the bend!
I don't care for who and whom
I care about my dinner.
You gabble on 'bout who and which,
My patience fast wears thinner.
Oh Sir, can't you even see
I'm in such awful agony!
It's ten to one,
The bell has gone!
At last, you've heard my desperate plan,
And after lunch, well sir, you'll see,
I'll do the dratted grammar!

*Bethan Thomas, IVd*
*Helen Jones Vm*

# A WELSH LANDSCAPE

I have lived all my life in a typical Welsh landscape. This is the landscape of rugged yellow uplands broken by fast streams, snaking down to the 'cwm' of lush fern and dense woods. There is an all-encompassing peacefulness, except for the tiny dots of concentrated activity, which are the Welsh villages. They form rich tapestries set against a dull background of sparse grassland—tapestries of character; of petty, but nonetheless, vital relationships and quarrels; of life and death; of Man against Nature, of Man with Nature, of Man against Man. Is this the "impotent people, sick with inbreeding, worrying the carcase of an old song"? It is hard to believe.

The typical Welsh landscape always excites me; beneath the sleepy exterior lies a Force, teeming with vitality. It fills the countryside with a burning beauty, it fills the throat of the patriotic tenor; it fills the void in my heart. Surely this is the Force which inspired Wordsworth and Dylan Thomas; "the force that through the green fuse drives the flower"? Here, in the quick gleam and dazzle of the mountain stream, the bright snake, is a living poetry. Here, in the bleak hills and hidden, dormant valleys is the TRUE voice of Wales, not in the harsh, fanatical minds of the nationalists.

Wales is dominated by her landscape; the countryside seems to be, as yet, untamed. The people live on a volcano's slopes—the ground beneath rumbles and vibrates with a violent Force, but is calm and subservient on the surface. This double quality of apparent impassivity hiding a vibrant spirit is reflected in the Welsh people themselves.

I do not find it surprising that Welsh life has long been dominated by religion. The Force in nature was felt by all; it was obviously something super-natural, so the conclusion was given that GOD was the force. I myself am not an intensely Christian person, but I feel compelled, just as did Dylan Thomas, to believe in the something behind that Force, after living for seventeen years in this unique Welsh landscape.

> "There is no present in Wales,
> And no future.
> There is only the past,
> Brittle with relics . . ."

I agree with R. S. Thomas that Wales has no present or future, but I don't believe the past is important, either. Welsh life for me has a perennial quality, which is as stark and ageless as the bare Welsh hills themselves. I believe the Welsh landscape has influenced the people of Wales more than almost any other environment has affected its inhabitants. The people are tough, impassive, yet have a boundless vitality and a quality of everlasting hope.

*Katie Jones, VIa*

## H.M.S. PINAFORE

1. Yn neuadd hardd yr Ysgol
Fe gafwyd gwledd fendithiol
Tair noson wych o actio da
O'r Opera ffasiynol.

2. Bu June Lloyd Jones a Susan
Am bron ddau dymor cyfan
Yn brysur yn addysgu'r criw
'D oedd wiw i'r un bendwmpian.

3. Y criw o forwyr heini
Y "Pinafore" wna'n deidi
Ac yn eu plith Huw bach a'i ddawn
O hyd yn llawn direidi.

4. Syr Joseph efo'i gampau
A'r Capten dewr ei gastau
A Dick Dead-eye a Ralph yn wir
Yn glir oedd ar eu gorau.

5. Syr Joseph a'i gwmpeini
O Ferched glân bro Teifi
Yn dawnsio'n iach a chanu'n llon
Pa galon na wnai doddi?

6. 'R oedd Buttercup ferch radlon
A Hebe a'i gwên dirion
Tra hithau Josephine yn siŵr
Gadd ŵr wrth fodd ei chalon.

7. Y "Boatswain" a'r Mor-filwyr
Y Saer a'r chwech o ddawnswyr
Ymuno wnant â'r criw o'r bron
I blesio'r llon wrandawyr.

8. I helpu'r prif ddisgyblion
A chynorthwyo'n gyson
Y "Staff" ac eraill ddaeth ynghyd
Nid gwiw eu henwi'r awron.

9. Pob hwyl rown i'r dyfodol
I'r criw a phawb o'r ysgol
A mawr hyderu 'nawr a wnawn
Am flwyddyn lawn fendithiol.

*Safle'r Pwll Nofio. Torri'r Dywarchen Gyntaf gan H. Heulyn Roberts, Ysw.
Cadeirydd Cyngor Sir Dyfed, 5ed Rhagfyr 1973*

*Officials and Chairmen of District Committees—Llandysul Swimming Pool*

Tîm Hoci 1975

*Back Row*: Miss Beti Thomas

*Middle row:* Carol Jones, Caroline Evans, Ann Jones, Margaret Harries, Elinor Davies, Yvonne James, Gwenllian Beynon, Hilary Rees.

*Front row:* Carol Hughes, Audrey Bevan, Nelian Harries (*Capt.*), Glenda James, Siân James.

## EISTEDDFOD GENEDLAETHOL YR URDD

Deuawd Cerdd Dant—*Cyntaf*—Janet a Glenda James
Parti Cerdd Dant–*Ail*—Parti Hŷn yr Ysgol

## EISTEDDFOD SIR YR URDD

Yr Adran uchaf ei marciau drwy'r Sir am yr eildro'n ddilynol—
Cwpan Coffa Brynmor Williams

## CYMDEITHAS CYMRY LLUNDAIN

Traethawd Hŷn (Cymraeg)—*Cydradd Cyntaf*—Helen Jones

## GŴYL FAWR ABERTEIFI

Côr Ysgol—*Cyntaf*

## DEBATING SOCIETY

Chairman: Byron Davies, VIa

The Debating Society was established with the aim of inducing among members of the senior school a feeling of confidence when speaking in public, and also to encourage them to take an active part in discussing topics of direct interest. The Society thus forms a most useful function, both politically and educationally, giving an experience which will be invaluable in university debates and other fields of life.

This first year has been a successful one for the Society. Three debates were held:

December 19:

Motion: "Most subjects in this school should be taught through the medium of Welsh within ten years".

Speakers: For: Janet James, 6a, and Rhiannon Mathias, 6s
Against: Lynda Chapple, 6a, and Nigel Jones, 6s

Result: For: 52
Against: 38
Majority for: 14

January 23:

Motion: "Secondary School Education in the Teifi Valley should be re-organized on Comprehensive lines".

Speakers: For: David Robinson, 6a, and Michael Selcon 6s
Against: Peter Evans, 5m, and Brian McGlinchy, 5d

Result: For: 3
Against: 84
Abstentions: 6
Majority against: 81

March 1:

Motion: "Wales within Britain and not independent Wales".

Speakers: For: Lynda Chapple, 6a, and Dana O'Sullivan, 6a
Against: Mark Heneghan, 6s and Euros Jones, 6a

Result: For: 60
Against: 58
Majority for: 2
Abstentions: 17

The Debating Society is organized on a bilingual basis, with the principal speakers and members of the floor, free to voice their opinions in either language. The debates were conducted in orderly manner and the high level of attendance is most pleasing. It is the earnest hope of many six-formers that the foundations laid will be built upon and that the society will flourish in future years.

Thanks is extended to Mr. H. Jones for his invaluable encouragement and advice during the year, and also to the other teachers who gave up their time to attend these debates and contributed to the success enjoyed.

*Byron Davies, 6a*

# THE TALL SHIPS

4.30 p.m. 13th July, I entered an unknown world. For the next fortnight the stable comfort of the land was to be rejected in preference for a fortnight on board the "Sir Winston Churchill".

The schooner was purpose-built for sail training and belongs to the Sail Training Association. She had three masts, the force being square-rigged and the mizzen having Bermuda sails.

The schooner has five resident crew: Captain, Deck Officer, Boatswain, Engineer and Chef. There were 39 trainees of whom I was one, and including the leaders the total numbered 52. This meant that there had to be a high degree of organization with so many people on a ship 150 feet by 25 feet.

Next day we sailed out into the Mersey, our early attempts at tacking being closely surveyed by numerous people with binoculars. As it happened we sailed out into a gale, but high seas did not stop us hoisting more sails. Nearly every wave topped the bow and left me flat on my face more than once.

The following morning began at 4.00 a.m. as I was a member of the fore watch. This lasted until 8.00 a.m., when we changed watch. During that time we were responsible for the complete running of the ship except deciding where we were going. The rest of the time was occupied in painting, tarring, scrubbing, brass polishing, eating, sleeping and other little jobs.

Day to day life was hard, the leaders being immune to human sufferings! On arrival at port, everything had to be just so! Every rope had to be coiled to perfection, sails had to be pleated without creases, and every corner was inspected with a torch.

It was not like this *all* the time especially in rough water when one was 100 feet up on the masts pulling the sail in. This was a thrilling experience.

The route taken gave us 971 miles of sailing giving an average speed of 6.14 knots. The fastest speed attained was 10.1 knots.

Though my stay on ship lasted only a fortnight, I learned an immense amount. The main objective of the S T A is to develop a sense of responsibility, self-discipline and the ability to work in a team. I am sure we all benefitted from the experience.

*David P. Robinson*

## GŴYL O HWYL A HEULWEN

Fe ddaw y brifwyl 'leni
I Aberteifi'n llon,
A dathlwn wyth-can-mlwyddiant
Ei sefydlu'n y fan hon.

Dilynwn ei datblygiad
Yn ôl i'r Arglwydd Rhys:
Ef, ei harloeswr cyntaf
A roddodd iddi lys.

Fe ddeil yr orsedd heddiw
Yn wrthrych parch a bri,
A braint ydyw cael "aelod"
Yn dysgu cerdd i ni.

Bydd June, pan fo'n yr orsedd,
Mewn glas yn ddestlus iawn;
Mae'n arwain côr yr ysgol,
Yn amlwg iawn ei dawn.

'Rôl treulio oriau lawer
I'n cael i ganu'n iawn,
Gobeithio bydd ei hymdrech
Yn ffrwytho iddi'n llawn.

Mae y partion adrodd
Yn brysur baratoi—
Fe'u dysgir gan Miss Caron
Ac Ainsleigh'n ddi-ymdroi.

Rhaid cofio am y gronfa
Sy'n cael ei chwyddo'n awr,
Drwy ymdrech y Prifathro
Daw cyfraniadau mawr.

Mae merched hŷn yr ysgol
Yn trefnu mynd am hwyl,
Fel stiwards i'r pafiliwn—
A dyna beth fydd gwŷl!!!

Dowch bawb i Aberteifi
I rannu'r ŵyl a ni,
Pob lwc i'r cystadleuwyr,
Rhwydd hynt i'w llwyddiant hi.

*Olwen Davies, 6a*

## EISTEDDFOD YR URDD PORTHAETHWY

Cynhaliwyd Gŵyl yr Urdd eleni ym Mhorthaethwy ar Ynys Môn. Teithiodd deuddeg o ddisgyblion Ysgol Ramadeg Llandysul i fyny ddydd Mercher, aros noson ar Ynys Môn, a chystadlu ar y dydd Iau canlynol.

Teithiodd dwy athrawes gyda'r plant sef Mrs. June Lloyd Jones, ein hathrawes gerdd, a Miss Elis-Williams, a oedd yn mynd i fyny am wythnos i'w chynefin.

Cychwynasom o Landysul am ddau o'r gloch, mewn bws o Bencader. Tair o ferched, naw o fechgyn, dwy athrawes a gyrrwr y bws, felly yr oedd digon o le.

Aeth pethau'n hwylus hyd at ymyl pentref Tal-y-bont (ger Aberystwyth), pan sylwodd y gyrrwr fod trafferth yn injan y bws. Aeth i mewn i'r garej yno, a bu'r plant yn aros am tua awr a hanner yn y bws yn disgwyl i'r garej helpu'r bibell.

Beth bynnag, ar ôl aros, fe ail gychwynasom ar ein taith. Yr oedd y bechgyn yn felltigedig iawn ar y ffordd, yn canu a chael tipyn o hwyl. Ond, yr oedd rhaid iddynt dawelu rhag colli eu lleisiau i ganu 'Cân yr Ŷd' ddydd Iau. Yr oedd y daith i fyny yn bleserus iawn, diwrnod braf a chlir, golygfeydd deniadol o Fachynlleth i fyny at Ddolgellau, hefyd yn Nhrawsfynydd a Phenrhyndeudraeth.

Pan gyrraeddasom Borthmadog, arhosom am rhyw hanner awr. Yna, yn syth ymlaen am Ynys Môn. Un jôc dda a gawsom oedd, pan oeddem yn nesau at Bont Menai, dywedodd rhywun "Rydym yn nesau at Menai Suspension Bridge". Ateb un o'r bechgyn oedd "O! suspenders sy'n dala hi lan".

Ar ôl cyrraedd Ynys Môn, a'r Ganolfan Llety, gosodwyd ni mewn tai. Cafodd pawb noson hwylus yn eu gwahanol dai, a chroeso twym galon. Yn wir, yr oedd croeso Môn fel croeso mam, a phob darpariaeth ar ein cyfer.

Y bore canlynol, yr oeddem i gyd i gyfarfod yn 'Star Garej', Gaerwen, erbyn 7.50. Cafodd y parti bechgyn un ymarfer byr, ac yna, i ffwrdd â ni i Faes yr Eisteddfod.

Cynhaliwyd y rhagbrofion am 8.15 a'r gweddill am ddeg o'r gloch. Gwahanwyd y plant i'w gwahanol rhagbrofion.

Mi fum yn ffodus yn y rhagbrawf piano 12-15, a chipiais yr ail safle ar y llwyfan. Pan glywodd y bechgyn fod eu parti hwy i ymddangos ar y llwyfan yr oeddynt yn gorfoleddu. Daeth clod ac anrhydedd mawr i'r ysgol pan gipiodd y Parti Bechgyn y cyntaf, ac ennill tlws hardd Ysgol Gyfun Ystalyfera. Braf oedd gweld athrawon eraill yr ysgol yn ymgasglu i gefn y pafiliwn, sef, y Prifathro, Mr. Arwyn Pierce, Mr. Ainsleigh Davies a Miss Elis-Williams i gyd o wahanol gyfeiriad. Yr oedd Mrs. June Lloyd Jones yn llefain o lawenydd pan enillodd y bechgyn.

Yr oedd lleoliad yr Ŵyl ym mhentref y Bont yn un trawiadol a rhyfeddol o brydferth, ac awyrgylch Gymreig i'r fro.

*Gwawr Owen 2d*

## RECREATIONAL SUCCESSES

*Ceredigion Colours won by the following—*

*Hockey*—Audrey Bevan, Caroline Evans, Margaret Harries, Glenda James
*Rugby*—John Davies, Huw Davies, Dafydd Hughes, Michael Selcon
*Athletics*—Audrey Bevan, Gwenllian Beynon, Gillian Evans, Hilary Evans, Angela Harries, Carol Hughes, Sian Meredith, Rosemary Tilson, Huw C. Davies, John Davies, Mark Day, Alan Evans, Huw G. Evans, William Griffiths, Steven Highley, Dafydd Hughes, Gareth Hughes, Gareth Jones, James Lewes, Kevin Reynolds, Adrian Thomas, Huw Thomas, Eurfyl Williams.

### WELSH SCHOOLS A.A.A. CHAMPIONSHIPS SWANSEA

*Middle Girls Long Jump—First* —Rosemary Tilson
*Senior Discus—Seventh*—Gwenllian Beynon

*Junior VII's Rugby Team*
*Back row: Philip Davies, Huw T. Evans, Jonathan Lewis, Huw Davies*
*Middle row: Michael Lewis, Huw G. Evans (Capt.), Richard Lloyd*
*Front row: Peter Evans, Mr. Wynford John, Gary Evans*

*Tîm Hoci Iau 1976*

## SCHOOLS INTERNATIONAL ENGLAND v. SCOTLAND & IRELAND v WALES

*Middle Girls Long Jump—Third*—Rosemary Tilson

## CEREDIGION ATHLETICS CHAMPIONSHIPS

School gained 10 Firsts, 14 Seconds, and 12 Thirds

*Victrix Ludorum*—Carol Hughes
*Victor Ludorum*—Adrian Thomas

## EISTEDDFOD GENEDLAETHOL ABERTEIFI

Parti Cerdd Dant dan 21—*Cyntaf*
Unawd Piano dan 15—Gwawr Owen—*Cyntaf*
Adrodd dan 19—Siân Davies—*Cyntaf*
Parti Cerdd Dant dan 15—*Ail*
Côr o dan 19—*Ail*
Adrodd o'r Ysgrythur—Siân Davies—*Ail*
Unawd Cerdd Dant dan 19—Glenda James—*Ail*
Deuawd Piano Agored—Gwawr Owen a'i brawd Hefin—*Cyntaf*
Côr o dan 15—*Trydydd*
Deuawd Cerdd Dant o dan 25—Janet a Glenda James—*Trydydd*

## EISTEDDFOD GENEDLAETHOL YR URDD

Parti Deusain Bechgyn dan 15—*Cyntaf*
Unawd Piano dan 15—Gwawr Owen—*Ail*

## EISTEDDFOD SIR Y URDD

Saith gwobr gyntaf

## GŴYL LYFRAU DYFED

Darlunio darn o farddoniaeth Dylan Thomas—*Cyntaf*—Helen Jones

## MR. LEWIS JOHN WILLIAMS

### *An appreciation*

Mr. L. J. Williams, Senior Master and Head of the Spanish Department, died very suddenly at the school on Wednesday evening, 9th November 1977. He was 61 years of age.

Born and bred in the Vale of Glamorgan and an old pupil of Porth County School, Mr. Williams had a distinguished academic career, graduating with honours in Spanish at the University of Manchester. After service as Lieutenant Instructor in the Royal Navy in World War II, he was appointed Head of the Spanish Department in September 1946, and taught at the school until his death.

During a period of over thirty years, L. J. Williams dedicated himself unsparingly to his school and his pupils. His success as a teacher of Spanish can be measured both by the outstanding results achieved by his students in external examinations at school and university levels and by the respect and affection which he inspired in everybody he taught. A man of sound judgement and practical common sense, he represented his colleagues on the governing body of the school, he was second master in the English Department, and he looked after the school library with care and devotion. The many educational visits to Spain which he and Mrs. Williams organised and led, and his enthusiastic productions of many school plays, will be long remembered.

But L.J. will be best remembered as a good man. He never thought ill of anybody, he never spoke ill of anybody, he never did ill to anybody. The immediate response to his sudden death is an overwhelming feeling of pain and grief, and loss. It is very difficult to imagine the school without him. Time will heal the wound of his passing and our recollections of L. J. Williams will be happy ones. He was a happy man, with a tremendous zest for life, a huge delight in words, a warm, friendly colourful human being. We feel it a privilege to have known him.

We sympathise deeply with his wife, his children, and all the family. He was a devoted husband, father and grandfather.

"He was a man, take him for all in all,
We shall not look upon his like again".

HOCKEY TEAM

*Back Row*—Dewina Jones, Eleri Thomas, Eleri Evans, Mandy Thomas, Helen Carlisle, Carys Evans, Mair Hughes, Virgina Davies, Ceridwen Davies.

*Front Row*—Miss B. Thomas, Miss L. Jones, Elinor Davies, Caroline Evans, Glenda James, Nerys Lewis, Mr. A. Pierce (*Headmaster*).

RUGBY TEAM

*Back Row*—Mr. C. Griffiths, C. Raybould, G. Evans, H. Thomas, N. Thomas, P. Davies, S. Jones, L. Davies, H. T. Evans, H. Davies, Mr. D. K. Evans (*Coach*).

*Front Row*—K. Reynolds, D. Williams, Mr. A. Pierce (*Headmaster*), A. Jones, L. Evans, E. Williams (*Capt.*), M. Day, J. Lewis, H. G. Evans, P. Evans, M. Lewis.

## B.B.C. TOP OF THE FORM

The School entered the 'Top of the Form' B.B.C. radio quiz programme for the first time this year, winning the first battle against Flint High School. However, we were knocked out in the second round by Macclesfield High Schoool for Girls. This was, of course, inevitable! The judges were in the pay of the opposition! However, numerous congratulations were received from home and abroad for the brilliant performance in the first round.

To the Captain, Byron Davies . . .

'. . . so I must take this opportunity of congratulating you and your team upon your victory by ten points over your North Wales opponents`.

To the Captain . . .

'. . . again my heartiest congratulations to you all'.

To the Headmaster . . .

'We offer our warm congratulations to your 'Top of the Form' team for their deserving and winning marks'.

To the Captain . . .

'I would like to congratulate you and your team on your magnificent performance'.

To the Captain . . .

'I can imagine you as being tall, dark and handsome'

'I listened breathlessly to evey word you spoke'

'Your mellow voice haunts me all day'.

We offer thanks to Captain James Peters of West Looe, Cornwall, Mr. D. D. Lewis and friends, of Ross-on-Wye, and mysterious Mandy, of Ruston, Berwickshire, for their congratulations and best wishes.

*Nerys Lewis, 6a*

## ANRHYDEDDAU PRIFYSGOL

Daeth Llinos Evans ac Olwen Davies a chlod aruchel i'r ysgol wrth i'r ddwy ohonynt ennill Ysgoloriaeth Evan Morgan (gwerth £185), i Goleg Prifysgol Cymru, Aberystwyth. Tair ar ddeg o'r ysgoloriaethau yma a gynigir trwy Gymru gyfan yn yr un flwyddyn. Estynnwn ein llongyfarchion cynnes iawn iddynt a'n dymuniadau da yn ystod eu gyrfa golegol.

*Gwawr Owen a Glenda James cyn canu yn Neuadd y Brangwyn, Abertawe, Rhagfyr 1977.*

*Schools International v England*
*Rosemary Tilson—3rd, Girls Long Jump*

## WELSH SCHOOLS A.A.A. CHAMPIONSHIP, CWMBRAN

Senior Girls 100 metres—*First*
Senior Girls 200 metres—*First*—Rosemary Tilson
Senior Girls Long Jump—*First*

*Victrix Ludorum*—Rosemary Tilson
*Victor Ludorum*—Eurfyl Williams

## EISTEDDFOD GENEDLAETHOL WRECSAM

Deuawd—*1af*—Janet a Glenda James
Unawd dan 21—*1af*—Glenda James, VIa
Adrodd dan 25—*Ail*—Siân Davies, VIa
Adrodd darn o'r Ysgrythur—*Ail*—Siân Daves, VIa

## EISTEDDFOD GENEDLAETHOL YR URDD

Deuawd Cerdd Dant dan 25—*1af*—Janet a Glenda James
Unawd Piano dan 15—*1af*—Gwawr Owen, 4d
Unawd Telyn dan 15—*Ail*—Gwawr Owen, 4d

## GŴYL FAWR ABERTEIFI

Cyd-Adrodd—*3ydd*—Dosbarth VI

## EISTEDDFOD RHYNGWLADOL LLANGOLLEN

Unawd Piano dan 16–*1af*—Gwawr Owen, 4d

## GŴYL LYFRAU DYFED

Traethawd Beirniadol Hŷn–*1af*—Llinos Evans, VIa
Gwobrau Cysur (Cwis)—
Tîm Dosbarth VI dan 19, Tîm Dosbarth IV dan 15, Ail Dîm Dysgwyr dan 15 oed

## SCHOOL NOTES 1978

Two people who had a successful Christmas term were Bryan McGlinchy and Sian Enoch. Bryan sat and passed the Oxford entrance examination in English at the end of November and on December 7th he went to Oxford for an interview. He was accepted conditionally (2 'E' grades at 'A' Levels). Sian won the 'Annie Elizabeth' Scholarship to Aberystwyth by examination.

In February, London was the centre of attraction. First to go were the Rugby squad, who spent half term beating the life and lights out of a London school team. If you want the gory details, try the sports section! After their return, the city had about ten days to recuperate before the next onslaught. This time we infiltrated in two separate parties on the same day. On the 25th a group of Canoe Club members and satellites went down to Crystal Palace for the International Canoe Exhibition. I ychwanegu at y llif o Gardis i Lundain aeth rhai aelodau cyfoethog!! y côr i wrando ar Janet a Glenda yn canu yn Neuadd Albert, gan ddychwelyd ar y 26ain.

To end on a happy note. Congratulations to Mr. Ken Evans and Mr. Clive Griffiths—some broken hearts in school are slowly mending! Congratulations also to two school governors who have been highly honoured this year: Ald. J. O. Williams (New Quay) will be Chairman of Dyfed County Council next year (we recall with pleasure that Ald. Heulyn Roberts was chairman of Dyfed C.C. during the first two years of its existence); and Cllr. D. G. E. Davies (Llandysul) who will be Chairman of Dyfed Education Committee.

Perhaps the greatest event which has united the school musically this year is the recording of 'Caniadaeth y Cysegr' which took place, after a slight mis-understanding on the part of the B.B.C., on May 11th, in Seion Chapel. It was a glorious sight to see and hear the whole school singing so enthusiastically, and joined by about 100 Primary School Children, to the accompaniment of a very accomplished School Orchestra. What a pleasure it was to hear the senior boys singing bass—not to mention the male staff, to whom, according to some, it was an experience of a life time!! We all came away humming our respective part of 'Uno wnawn â'r Nefol Gôr!!

Nid oes seibiant i Gôr Rhiannedd Tysul. Bu'r Côr yn rhoi Cyngerdd yng Nghapel Peniel, Aberaeron, ar Mawrth 10, ar wahoddiad y Parch. Gwynfryn Jones, ac er bod llawer aelod yn sâl, mawr fu'r gwerthfawrogiad yno. Hefyd byddant yn canu mewn Cyngerdd a drefnir gan Glwb Cinio, Llandysul, ar Mai 24 gyda'r canwr enwog, Delme Bryn Jones, sydd yn awr yn byw yn Llanarth.

I gloi'r flwyddyn mae'r Côr yn gwneud record gan Gwmni Sain, ar Mai 26. Gan fod traean y Côr yn gadael yr ysgol eleni, trueni byddai gadael y cyfle fynd heibio heb wneud rhywbeth parhaol i gofio'r canu swynol maent wedi rhoi ers dwy flynedd bellach.

Er hynny, cymaint yw brwdfrydedd yr aelodau, maent yn daer i gystadlu yn Eisteddfod Genedlaethol Caerdydd, ym Mis Awst. Gobeithio bydd hyn yn uchafbwynt i'w gyrfa.

*J.Ll.J.*

## A HYN SYDD OFID IM

"Pam 'da ni'n cefnu o hyd ac o hyd
Ar yr anobaith sydd yn y byd?
Pam yr holl falais, pam yr holl drais?
Mae'n hen bryd i rywun i godi ei lais."

Ceir calon y gwir am gymdeithas soffistigedig a di-hid yr ugeinfed ganrif yng ngeiriau sensitif 'Cân mewn Ofer' Cleif Harpwood. 'Rydym bellach yn perthyn i gymdeithas ddi-deimlad a chalon galed. Cymdeithas hunanol sy'n mabwysiadu'r arwyddair 'Pob un dros ei hunan, a Duw dros bawb', heb sylweddoli nad ydym i gyd o'r un cryfder a gallu. Talwyd y pris drud o golli ymwybyddiaeth sensitif am wybodaeth eangach, a datblygiadau chwyldroadol. Dywedodd Bob Lewis wrth ei fam yn y nofel 'Rhys Lewis' fod y byd yn mynd yn ei flaen. Yr un yw'r cwestiwn heddiw—I ble?

Tristwch mawr yw sylweddoli nad yw marwolaeth arall yng Ngogledd Iwerddon yn effeithio arnom. Mae'r newyddion erchyll yn cael eu fflachio ar sgrîn deledu, ac nid ar sgrîn eangach y galon a'r ymennydd. Ni allwn uniaethu ein hunain â phrofedigaethau eraill. Rhaid imi gyfaddef fy mod wedi gwylio rhaglenni teledu, ac wedi darllen erthyglau ar effeithiau cyffuriau trwm fel L.S.D. a heroin, ac erbyn y diwedd 'roeddwn wedi fy imiwneiddio i'w derbyn. Y sioc a ddadebrodd fy sustem meddyliol i ddeall trasiedi croes y cyffur oedd y cancr a effeithiodd ar fro fy mebyd.

Disgynnodd fy llinyn rhyw ganllath o'i fan lle saif cofeb i'r gwron annwyl, yr Apostol Heddwch o Dregaron. Ymffrostiaf yn y ffaith fy mod yn rhannu'r un filltir Sgwâr â Henry Richard, Ambrose Bebb, Kitchener Davies, Gruffydd John Williams, a Cassie Davies. Braint yw perthyn i fro a fagodd gewri cenedlaethol a dewrion yn eu cylchoedd eu hunain, rhagfur pennaf crefydd, Cymreictod, a moesoldeb gwerinol. Dysgais ei charu am iddi roi i'm sugn a maeth a golau'i ne'. Ond bellach daeth mewn-lifiad o estroniaid nid yn unig yn wahanol ei hiaith, ond yn ddieithr eu ffyrdd.

"Gwinllan a roddwyd i ni . . .', a daeth y moch aflan i sathru ac i lygru enw da bro a enillodd le amlwg a themau Hanes Cymru. Briw i'm calon oedd clywed byth a beunydd ar radio neu deledu 'At Bristol Crown Court, Christine Bott, a doctor from Tregaron appeared on charges relating to the Drug Offences Act'. O na châi pererinion a droediodd i Eglwys Sant Caron a Llanddewi Brefi, i Flaen Caron, Bwlchgwynt a Soar y Mynydd yr amlygrwydd a roed i'r droseddwraig a'i chyfeillion?

Nepell o'r fan lle cafwyd o hyd i'r cyffuriau, y pregethodd ein nawddsant hynaws ar fryn. Unwaith fe fu Penlleine yn gartref i Jack, y bugail annwyl a wnaeth gymwynasau lawer, a drwg i neb. Mae pob un yn chwilio am ei Afallon, ond ni ddaw neb o hyd iddo drwy lygru corff â chyffur, ond yn hytrach drwy ddiwyllio'r meddwl a chysuro'r enaid.

Yn y pum degau ysgrifennodd J. Kitchener Davies eiriau'n llawn ystyr i ni sydd heddiw wedi gweld y 'moch' yn 'sathru bro', ynghyd â thraddodiadau canrifoedd.

"Heddiw,
daeth awel fain fel nodwydd syring
Oer, fel ethr-meth ar groen
I chwibanu am y berth â mi".

A hyn sydd ofid i mi.

*Nerys Lewis, 6a*

## FFYNHONNAU

Paham mae Cymru dan ddylanwad estron,
A'i henaid blin mewn nychdod ac heb faeth?
A oes 'na obaith y caf weld f'afallon
Yn codi o'i chell, yn rhydd o'i chadwyn gaeth?
Pan gaewyd hen ffynhonnau Gwalia dirion
I'r dŵr gael llifo drwy ryw biben ddur,
Disgynnodd mwy na chlawr ar ffresni'r ffynnon—
Llygrwyd y nant, a'i gwneud yn Gymru sur.
Ond er bod urddas Cymru'n cael ei sathru
A glendid ei chymeriad yn cael cam;
Cyn hir, ei thraddodiadau gânt eu parchu,
A'i hiaith, a'i chrefydd heb fod arnynt nam.
Er llwyddo'i chau, y bwrlwm claer a dardd
Mewn arall le, yn faethlon ffrŵd i'r Ardd.

*Hefin Jones, 6s*

## WELSH SCHOOLS A.A.A. CHAMPIONSHIP, COLWYN BAY

Middle Girls Long Jump—*Third*—Mair Hughes

## CEREDIGION ATHLETICS CHAMPIONSHIPS

School gained 8 Firsts, 9 Seconds, and 14 Thirds

*Victrix Ludorum*—Glenda James
*Victor Ludroum*—Mark Day

## EISTEDDFOD GENEDLAETHOL CYMRU—CAERDYDD

Gwawr Owen—Tair gwobr gyntaf a gwobr arbennig am y perfformiad unigol gorau yn yr Adran Gerdd

## EISTEDDFOD SIR YR URDD

Naw gwobr gyntaf

## EISTEDDFOD GENEDLAETHOL YR URDD—LLANELWEDD

Unawd Piano dan 19 oed—*1af*—Gwawr Owen
Unawd telyn dan 19 oed—*1af*—Gwawr Owen
Deuawd Cerdd Dant dan 19 oed—*Ail*—Glenda James a Hilary Rees
Côr dan 19 oed—*Trydydd*

## GŴYL LYFRAU DYFED

Stori Fer—Dosbarth 6—*1af*—Lona Walters
Arlunio dan 15 oed—*Ail*—Ann Griffiths
*Trydydd*—Sally James
Cwis Llyfrau dan 15 oed—*Trydydd*
Cwis Llyfrau Agored—*Trydydd*

## CYNGERDD JIWBILI ARIAN Y FRENHINES–
Neuadd y Brangwyn, Abertawe

Dewiswyd Côr Rhianedd Tysul mewn cystadleuaeth i ganu o flaen Tywysog Cymru

## SCHOOL NOTES 1979

Dechreuwyd y flwyddyn yn llawn brwdfrydedd. Cawsom y fraint o groesawu nifer o athrawon newydd i'n plith sef, Mr. Ian Jones i ddysgu Ffiseg; Mr. Michael Cawson, Bioleg; Mr. Martin Williams, Ffrangeg; Mr. Geraint Davies, Ysgrythur; Miss Rhian Davies i ddysgu gwnio a Mrs. Rowlands a fu yma dros dro yn gwneud Gwyddoniaeth a Mathemateg. Yn ystod y tymor cyntaf ffarweliwyd ag aelod ffyddlon, hoffus o'r ysgol, sef Mrs. Nancy Evans a fu'n gweithio yma am un mlynedd ar hugain. Gwelwyd colled ddirfawr hefyd pan ffarweliodd Gwawr Owen â ni er mwyn astudio cerddoriaeth yn ysgol fyd-enwog Yehudi Menuhuin yn Llundain. Dymunwn bob llwyddiant i Gwawr yn y dyfodol.

In October to everyone's surprise, a section of the old school wall was declared dangerous, and sealed off (confirming the feeling of many past pupils who considered that

*John Thomas, Gofalwr, Caretaker—1974-1994*

they had kept the school together in their time). Forms one and two were kept home for a week each, and at the end of the month two large temporary classrooms were placed on the tennis courts. This has been a source of terrible disappointment for the Sport Department which has always been sadly lacking in facilities, and particularly since the playing areas were re-surfaced at great expense only last year.

On the sunnier front, the school's notably friendly, generous reputation was strengthened immensely. At the Harvest Thanksgiving Service, £200 worth of goods was collected and distributed to elderly people in Pencader. Nevertheless, the cheerful reaction of the recipients was far more valuable than anything we could offer them. A collection was made after the school Remembrance Service, and a substantial sum of money was raised by selling poppies. It was at Christmas time that our 'Good will to all men' was shown most clearly. £470 was raised by means of three perfomances of a Christmas Service in Seion Chapel, of which £400 was contributed to Glangwili Hospital to help provide a gastroscope. The Sixth form pupils trudged through snow and ice to spread a glow of Christmas warmth by singing carols, which raised £137 for Cancer Research. Meanwhile, back at school, pupils swam to raise money for 'Help the Aged', sold Spastic Charity Stamps, and collected £20 for the Mentally Handicapped. Indeed, these efforts show clearly that the younger generation today are grossly misjudged when they are criticized for their un-caring attitudes.

The first half of the Easter term could be entitled 'the term that never was', or alternatively 'the term that time forgot'. Strikes and snow caused a great deal of disruption and very little time was spent at school. After the exams everything seemed to revert to a normal pattern, but one can't help wondering why everyone except those dedicated teachers go on strike . . .!!

*Eleri Evans, 6a*

# FY MYWYD YN YSGOL YEHUDI MENHIN

Saif Ysgol Yehudi Menuhin ynghanol prydferthwch gwladfa Surrey. Amgylchir yr ysgol gan goed a meysydd. Mae arwyddion o weithgareddau awyr agored ym mhob man, cae pêl-droed, maes tenis a phwll nofio bychan. Hefyd, mae afon yn rhedeg ychydig y tu allan i'r ysgol. Er fod bwrlwm Llundain heb fod ymhell i ffwrdd, mae'n anodd credu hynny wrth eistedd o amgylch yr ysgol.

Mae tri a deugain o blant yn yr ysgol, plant o bob lliw a llun. Daw tua chwarter y plant o wledydd tramor megis India, yr Unol Daleithiau, Canada, Ffrainc, Llydaw a'r Dwyrain Pell. Derbyn yr ysgol blant o wyth hyd at ddeunaw oed. Nid oes neb wedi cychwyn yma mor hen â mi o'r blaen. Y cwlwm rhyngom yw ein bod ni i gyd yn rhannu pwrpas cyffredin. 'Rydym ni oll yn teimlo'n ddwys am gerddoriaeth.

Mae un wythnos ym mhob blwyddyn pan gynhelir rhagbrofion yn yr ysgol. Daw plant o bob rhan o'r wlad i chwarae o flaen y staff cerddorol. Derbynnir tua phump o blant bob blwyddyn, yn cynnwys y rheiny o wledydd tramor. Yn aml, mae'n rhaid iddynt hwy ddanfon tâp o'i chwarae i'r ysgol.

Anelwn at safonau uchel, nid dim ond mewn cerddoriaeth, ond hefyd yn y maes academaidd. Yr offerynnau a ddysgir yw'r ffidil, y fiola, y soddgrwth, a'r piano. Gyda'r cyfuniad yma, 'rydym yn medru chwarae cerddoriaeth siambr, ac mae gennym gerddorfa linynnol ein hunain. Ni ddysgir ffordd sefydlog o chwarae technegol. Anogir ni i gadw agwedd eang, a meddwl agored tuag at y ffyrdd niferus o chwarae offerynnol.

Ar yr ochr academaidd, mae'r pynciau yn amrywio o bynciau gwyddonol at Fathemateg, Ieithoedd a Chelfyddyd. Mae pob plentyn yn anelu at rhyw nifer o arholiadau lefel 'O' ac 'A', a 'rydym yn rhydd i ddewis pa bynciau a ddymunwn.

Mae ein hymddygiad yn cael ei symbylu'n gryf gan y staff, grŵp o bobl arbennig, yn canol-bwyntio ar ddelfrydau sydd, ar yr olwg gyntaf, yn uchelgeisiol pan sylweddolir ein bod ni yn medru bod mor ddioglyd ag unrhyw blant eraill. Ond gan fod agwedd y staff yn un bendant, o weithio tuag at safonau uwch 'does neb am droi i ffwrdd. Mae pob diwrnod yn llawn gweithgareddau prysur. Mae'r athro yn ceisio cynhyrchu teimlad ymwybodol o'r angenrheidrwydd i ddyfod yn berson teimladol. Maent yn ein hannog i werthfawrogi a deall ein rhan mewn cymdeithas fel unawdwyr, ac yn fwy na dim yn agor ein llygaid i weld ehangder gorwelion gwybodaeth, celfyddyd a chrefft, a'r llawnder y medrwn ei deimlo ynddynt.

Rhan o'r ymddygiad delfrydol yw'r ysbryd cryf o ryddid yn yr ysgol. Mae'r ychydig reolau sydd yn bod yn dangos cyfrifoldeb. Teimlad o ymddiriedaeth yw ein nod. Gwneir hyn yn haws yma oherwydd ein bod yn gymdeithas fechan, lle mae pawb yn adnabod ei gilydd, ac mae'r berthynas rhwng athro a phlentyn yn anffurfiol.

Er ei bod yn braf i fod mewn man mor hyfryd, mae gan y neilltuaeth rai pethau sy'n tynnu 'nôl. Teimlwn, ar adegau, ein bod wedi torri i ffwrdd oddi wrth y byd y tu allan, yn enwedig wrth dyfu'n hŷn. Er hynny, mae ymweliadau oddi wrth bobl diddorol yn gwneud i fyny am hyn—megis actorion, athronwyr, meddygon, arlunwyr, cerflunwyr, heb sôn am yr amrywiaeth o gerddorion.

Cyflwynir hanner pob diwrnod i gerddoriaeth. Yn ystod ein cyfnod ymarfer, rhaid cadw at wersi harmoni, damcaniaeth gerddorol ac yn y blaen. Ceir dwy wers, o awr yr un, ar eich offeryn bob wythnos. Hefyd arolygir peth o'n hymarfer. Y nôd ymhlith y rhan fwyaf ohonom yw cael cymaint o brofiad ag sy'n bosibl yn y byd cerddorol. Daw cyfle i chwarae mewn cyngerdd bob yn awr ac yn y man, ac mae'r canolfannau o natur hollol wahanol o bentrefi gweithwyr y lofa hyd at Neuadd Wigmore. Gan fod Llundain a'i holl gyfleusterau o fewn cyrraedd, mae'n weddol hawdd i fynd i ambell gyngerdd hefyd.

Rhoddir cyngherddau o bob math yn yr ysgol. Hawdd credu mai dim ond Cerddoriaeth glasurol sy'n apelio atom, ond cawsom gyngerdd o gerddoriaeth India, a 'jazz' y diwrnod o'r blaen.

Wel, gobeithio fy mod wedi llwyddo i gyfleu argraff o'r ysgol; gallaf eich sicrhau ei bod yn brofiad helaeth i fod yn fyfyriwr yma. Mae hi'n darparu yr amodau delfrydol i un i ehangu a datblgu—nid dim ond i fod yn gerddor da—ond yn berson ymatebol, gyda meddwl agored a phendant.

*Gwawr Owen*

## DIWRNOD YNG NGWLAD DYLAN THOMAS

Codi gyda'r wawr a phenderfynu fel teulu i fynd am daith gerdded o amgylch rhan o arfordir yr hen Sir Gaerfyrddin. Penderfynu dechrau'r daith yn Nhalacharn, ac yn paratoi bwyd a diod. Cychwyn yn y car a mwynhau edrych allan drwy'r ffenestri nes cyrraedd Talacharn. Cerdded o gwmpas y 'lle bach anghysbell ond anghofiadwy' yn ôl Dylan Thomas, a gweld rhyw debygrwydd rhwng y pentref bach hwn a Llaregib yn 'Dan y Wenallt'.

Ymlaen at adfeilion castell Talacharn—castell o'r ddeunawfed ganrif wedi ei ail adeiladu tua'r ail ganrif ar bymtheg. Gadael y car yn y maes parcio ger y castell ac yna croesi pompren fechan dros Afon Coran ac oddi yno dechrau dilyn y llwybr ar arfordir Sir Gaerfyrddin. Cyrraedd hen dŷ bychan, y 'Boat House', cartref Dylan Thomas a'i wraig Caitlin pan ddaethont i Dalacharn gyda dau o'u plant yn 1949. Ychydig yn nes ymlaen, y llwybr yn mynd i ganol y goedwig. Edrych ar y map a gweld mai hon oedd 'Rhodfa Dylan'. Rhyw ddwy lathen eto, a dod at sied fechan, lle y bu Dylan Thomas yn ysgrifennu rhai o'i gerddi olaf ac hefyd 'Under Milk Wood'. Synnu dim fod yr olygfa o'r fan hon wedi rhoi cymaint o ysbrydoliaeth iddo.

Cerdded ymlaen nes dod at adfeilion tŷ wedi ei losgi, tŷ a gafodd ei ddinistrio ar ôl i lofruddiaeth gymeryd lle yno. Ymlaen, a dilyn lôn garregog. Croesi drwy glôs fferm a chyrraedd heol mwy llydan. Dilyn yr heol i lawr bryncyn a chyrraedd eglwys Sant Martin. Hen eglwys o'r bedwaredd ganrif ar ddeg wedi ei hail-adeiladu yn y bedwaredd ganrif ar bymtheg. Mynd i mewn i'r fynwent ac edrych am fedd Dylan Thomas. Gweld croes bren wen yn y seithfed rhes o waelod y rhan newydd o'r fynwent ac arni'r ysgrifen:

**'In Memory of Dylan Thomas,**
**died November 9, 1953.**

Gadael y fynwent a throi at lôn fechan, werdd a'i dilyn nes dod at 'Lôn y Farchnad'. Gweld Neuadd y Dref ac yna dychwelyd i'r Maes Parcio ger y castell. Teimlo'n flinedig a bron â newynu. 'Roedd cerdded tair milltir wedi peri rhyw wacter yn ein stumogau. Bwyta ein brechdanau ac ymlawenhau wrth gofio ein bod wedi cerdded dros y tir a roddodd ysbrydoliaeth i weithiau mawrion fel 'Under Milk Wood' a 'Poem in October'.

Wrth baratoi i fynd adref, penderfynu na fyddai'r daith yn gyflawn heb ddychwelyd yn ôl i Gei Newydd a gorffen y dydd drwy ymwled â chartref arall Dylan Thomas, sef 'Majoda'. Cael sioc enfawr wrth weld mai byngalo taclus, gwyn oedd yno wedi ei leoli ger parc carafanio ac nid 'tŷ unllawr wedi ei leoli ar glogwyn uwchlaw'r môr, pogoda pren-ag-asbestos' fel y disgrifir ef gan Dylan Thomas ei hun. Dau led cae i ffwrdd gweld Eglwys y Santes Ina sef yr 'eglwys wedi ei gwlychu gan y môr, yr un maint â malwaden' a ddisgrifir yn 'Dan y Wenallt'.

Dychwelyd i'r dref i gael pryd o fwyd ac yna yn ôl gartref. Teimlo'n fuddugoliaethus o fod wedi ymweld â sylfaen 'Dan y Wenallt' a llawer o benillion mawr eraill o waith Dylan Thomas.

*Bethan Jones, 5m*

## ETHOLIAD '79—ELECTION '79

Un o weithgareddau mwyaf llwyddiannus y Gymdeithas Ddadlau eleni oedd y ffug etholiad a gynhaliwyd ar ddiwrnod yr Etholiad Cyffredinol, Mai 3ydd.

Cyn i ddisgyblion hynaf yr ysgol fwrw eu pleidleisiau cafwyd dadl etholiad gyda'r pump ymgeisydd yn trafod ac ateb cwestiynau ynglŷn â pholisiau'r pleidiau oeddynt yn eu cynrychioli. Mawr oedd y brwdfrydedd o'r gynulleidfa a chodwyd rhai materion y byddai unrhyw ymgeisydd seneddol wedi eu cael yn anodd i'w hateb.

Cyhoeddwyd canlyniad y pleidleisio adeg cinio a gwelwyd fod yr awel Geidwadol a chwythodd drwy Gymru adeg yr etholiad wedi cyrraedd 'yr ysgol ar y bryn'. Dyma'r canlyniad:

| | |
|---|---|
| John Huw Davies (Plaid Cymru) | 49 |
| Gary Jenkins (Llafur/Labour) | 6 |
| David Jones (Rhyddfrydwr/Liberal) | 9 |
| Ben Martin (Plaid Genedlaethol yr Heb Benderfynu/ National Don't Know Party) | 13 |
| Gwilym Richards (Ceidwadwr/Conservative) | 84 |

This was the result of the mock election which was held in school on Election Day and it is seen that the result was only a fore-runner to what was going to happen on a national level.

The voting was preceeded by an election forum with the five candidates expressing their political views and answering questions from the audience composed of Form Four, Five and Six pupils. Both questions and answers were of a very high standard and it is encouraging to find the upper eighteen age group being able to discuss and debate political views. It has become increasingly important that the younger generation should be encouraged to think politically for themselves and activities such as a mock election prove invaluable in fulfilling this need.

*Hefin Jones, 6s*

## AD ASTRA SPECIAL

Earlier this year the school was proud to learn that out swimming instructor and Llanelli full-back, Mr. Clive Griffiths, had been selected as a member of the Welsh 'A' Rugby squad, and then as a first team substitute. At the end of the season Wales's brilliant No. 15, J.P. R. Williams, was unexpectedly injured during the crucial match against England, and was effectively replaced by Mr. Griffiths, whom we now hope to see as the 'A' team's permanent full-back after J.P.R.'s retirement. This provided the school magazine with a golden opportunity for a scoop, and though Mr. Griffiths has been much sought after by reporters since his performance on March 17th, he was perfectly happy to give yet another interview.

*Mr. Griffiths, you have doubtlessly been asked many times already about your feelings on playing for Wales, but had you expected to make an appearance in the first team this season?*

No. As a substitute I always hoped for a chance of making an appearance, but being realistic I did not expect the opportunity to arise. It was the proudest moment of my life since I achieved something I had been working for for many years.

*At what age did you begin to play rugby?*

In Junior School when I was about nine years old.

*Were you an enthusiastic player at school?*

Yes, I represented my school on Saturday mornings, and then played for my local club, Penclawdd, in the afternoon.

*When did you decide to pursue the sport at senior level?*

It was more or less decided for me. The Llanelli club asked me to train with them whilst still at school in Gowerton. I played my first game for Llanelli as an eighteen year old, in the sixth form at school and that started everything off.

*Do you enjoy being a member of a club such as Llanelli?*

Yes, or I wouldn't have played with them for so long. It's a club with a great history, playing record and tradition. Obviously it's an honour to play for such a club, and with the many great players in it.

*Whom do you admire most in the sport?*
My team mates, because without them I wouldn't have achieved any honours. If I had to pick individuals they would probably be Phil Bennett and J.P.R. Williams.
*Do you base your game at all on their skills?*
Not really, I don't model myself on anyone's play. I have my own style, but obviously by watching good players one tries to pick up certain aspects of their play and copy them.
*Is there anyone of whom you are particularly afraid on the pitch?*
Bad referees!
*Are there any other sports in which you have a particular interest?*
The majority of sports interest me, and having gone to a specialist Physical Education College in Cardiff, I enjoy most sporting activities. Athletics, tennis, squash, golf, and swimming are the ones in which I participate mainly, and I enjoy beating the school in hockey every year!

## SENIOR VII's SUCCESS

Firstly, the seven had to win in their particular group which included Graig Comprehensive School, Whitland Grammar School, and Queen Elizabeth Grammar School, Carmarthen. After their triumph in this group, the seven won their semi-final against Tenby, and eventually won the cup in the final by beating Preseli Secondary School.

Llandysul v Graig Comprehensive School: Won: 16-4
Llandysul v Whitland Grammar School: Drew: 10-10
Llandysul v Queen Elizabeth: Won: 16-10

Semi-final:
Llandysul v Tenby: Won: 6-0

Final:
Llandysul v Preseli: Won: 16-6

### CARDIGANSHIRE SEVENS

In the Cardiganshire Sevens on the 27th April, the Senior seven didn't do as well as they did in the Dyfed Sevens, in that they lost in the semi-finals against Cardigan, 12-6. This was mainly due to injuries in the side.

Llandysul v Penweddig: Won: 34-0

Semi-final:
Llandysul v Cardigan: Lost: 6-12

The Senior seven would like to thank Mr. Evans and Mr. Griffiths for their support, and help during the weeks of training for the various sevens competitions.

*Huw Davies, 6a*

*SENIOR VII's*
*Back row, L to R: Geraint, Julian, Huw, Kevin*
*Front row: Mr. Ken Evans, Grant, Mark, Colin (Capt.), Jonathan, Michael, Mr. Clive Grittiths*

*SENIOR HOCKEY SQUAD*
*Back row, L to R: Miss Lynwen Jones, Miss Betty Thomas, Ceridwen, Eirian, Virginia, Susan, Fiona, Elenid, Mr. Arwyn Pierce. Front row: Janice, Meinir, Nerys, Mandy (Capt.), Eleri (Vice-Capt.), Sarah, Marion.*

## THE EDITORIAL 1980

Right, here it is! The magazine whose staff not even *The Observer* can rival or buy! Put away all that Shakespearian rubbish! Enter Form VI culture, aided by various individuals from the lower forms, who completely ruin the magazine's image, by trying, and eventually succeeding, in making it uncomfortably good.

But I must be serious. Editorials over the years have tended to be full of misery and condemnation, and unfortunately, there is very little on a local, or even national scale to make this editorial any different. Mass unemployment, strikes, violence and an ever-increasing lack of co-operation between employer and employee; we hear these topics every day, and there appears no magic solution on the horizon.

The scarcity of money affects us all, especially at local level. The school is not immune from a dearth of wealth. Severe cuts over the past two years could have meant disillusionment, but it is to the school's credit that despite all problems, there is no lack of success, academically or recreationally.

The loss of sports facilities (the rebuilding of the gymnasium, and the presence of four mobile classrooms on the tennis courts), only furthers the point that I made to Mr. Ken Evans that there is no incentive for the dying breed of keep-fit addicts. Something has to be done! We aren't a vain lot, I know, (ask VIa girls), but it is depressing to see our school in such a plight.

But hark! At the end of the long tunnel of darkness, I spy a ray of hope (you can always tell who the 'A' level English students are, can't you?). The building foreman assured me yesterday, amidst various expletives, that the gymnasium would be ready by the Olympics. (When further pressed, he declined to sepcify which Olympics he was referring to!)

But enough of this jocular mood! I now get unbearably soft and thank everyone. Seriously, thanks to the magazine committee, without whose constant interruptions, it would have been impossible to produce. My thanks obviously go to Mr. D. H. Jones for his unflagging guidance through the desperate days of February and March, as well as to Mr. Clement Lewis and to Miss Caron Jones, for their aid. We are equally grateful to Mrs. Ann Jones and the Art Department for their excellent illustrations; to Mr. D. Peregrine for his arduous work at the typewriter; to all advertisers for their support. My thanks to you all.

Despite what is written in the editorial, I AM proud of the magazine's high standard, and I simply adore VIa girls!!!

*Euros Walters, 6a*

## SCHOOL NOTES 1980

Among the school successes this year was Michael Davies, 6a, who was chosen to play soccer for Wales against the rest of the world during the Cymru Cup in August. Also Susan Cook, 6s, who won second prize in a *Western Mail* Science Fiction short story writing competition.

Many major events have occurred this year, the most important of which was the School Drama Society's production of 'Toad of Toad Hall'. It was an excellent play and a very popular one. Three performances were held for local schools which about a thousand children attended. Over two thousand people came to see the play in three public performances.

In November a sponsored walk and spelling were arranged, most of the school taking part in a 10 mile walk. A total of £3,300 was collected towards a school mini bus.

Mr. D. Peregrine held a Swiss Night at the school in November, showing slides and exhibiting souvenirs collected on the 1979 European Tour which took place in July.

Charities featured prominently in this year's events. A very successful Thanksgiving Service was held with many items of food collected and distributed among the pensioners of the Pontsian and Capel Dewi area. As usual much money was collected when poppies were sold in school in November. Just before Christmas, a number of pupils went Carol singing around School while several sixth formers braved the frost and went Carol singing in Llandysul and Newcastle Emlyn. A total of £140 was collected towards the Spastics Organisation.

*CHRISTMAS PLAY—TOAD OF TOAD HALL*
*Mr. Mole—Andrea Davies; Mr. Toad—Ben Martin; Mr. Badger—Mandy Thomas;*
*Alfred the horse—Dyfrig Davies & Tony Bowler; Mr. Rat—Fiona Howells*

## BWLETIN NEWYDDION

1. Ar ei ymweliad ag aelwyd yr Urdd, Penrhiwllan, fe ddygwyd wig Hywel Gwynfryn. Nid oes neb yn gwybod pwy oedd yn gyfrifol am y di-WIG-iad hwn.
2. Yn Eisteddfod Gadeiriol Plwmp, fe lyncodd y bardd enwog, T. Llew Jones, ful, ar ôl iddo golli y gystadleuaeth unawd bâs dan 16. Mae e nawr yn cael triniaeth llaw-feddygol gyda Mr. Jâms Dafis, y fet byd enwog.
3. Ddoe, yn ystod amser cinio ysgol Ramadeg Llandysul clywyd ochenaid fawr yn dod o gyfeiriad ystafell fwyta foethus y staff, wrth i Mr. Ainsleigh Davies ddarganfod llond plât o sglodion silicon yn gymysg a'r pysgodyn a'r pys yn lle y tato arferol. Dywedodd Mr. Davies wrth ein gohebydd wedyn, iddo deimlo rhyw wynt nerthol fel dyfodiad yr ysbryd glân yn rhuthro drwyddo yn yr oruwch ystafell yn ystod y prynhawn.
4. Cynhelir Taith Gerdded yfory i godi arain i drwsio campfa'r ysgol. Disgynnodd llawr yr adeilad yn ystod disgo yr Adran Gymraeg pan ddaeth grŵp yr 'Eliffant' o'r ysgol i ganu hoff gân y Prifathro, 'Mae'r ysgol wedi cau'.
5. Yn ystod bore ddoe fe gafwyd glaw trwm, ac fe orlifodd y Pwll Nofio yn Llandysul. Fe gyrhaeddodd y dŵr yr Ystafell Gerddoriaeth, lle 'roedd yr athrawes gerdd, Mrs. J. Lloyd Jones, yn arwain y gerddorfa yn chwarae darn o waith, Handel, 'Water Music'.

Rhagolygon y Tywydd i gloi:

Heno, mi fydd hi'n dywyll iawn drwy'r nos. Bore fory cewch weld yr haul rhwng 7.30 a 7.35 yn tywynnu ar y cae rygbi.

Yn y prynhawn cawn haul twym gyda'r tymheredd yn cyrraedd 100°C a chawn weld Mr. D. Peregrine yn mesur y glawiad yn ei wisg draddodiadol o'r cyfandir. Erbyn yr hwyr fe fydd y tymheredd yn disgyn i 20°C a bydd y gwyddonwyr yn gorfod cynnau y 'Bunsen burners' yn y labordy bioleg i gadw'r 'gerbils' rhag rhewi.

Dyna ddiwedd y newyddion. Nos Da.

*Anwen Pierce, 1d*

## Y BONT

Cerdd fuddugol yr Eisteddfod 1980

Trwy'r dagrau syllaf ar y gadwyn ddur
A'r daeog Gymry'n gaeth wrth wlad y Sais
Sy'n atal sain ein tafod fwynedd, bur,
Er mwyn cael acen estron yn ein llais.
Pont Hafren saif fel craith ar gnawd y wlad,
Y cancr sy'n rhoi gwenwyn yn y gwaed.
Ei chlwyf yw etifeddiaeth ein hoff frad
Am fethu byw'n gytun a ffurfio plaid.
Ond mae 'na bont sy'n arwain yn ddi-ffael,

Tu hwnt i boenau bydol dyn a'i waith,
Yr iaith Gymraeg sy'n gadarn yn ei sail,
A thua'r nefoedd honno mae fy nhaith.
Draw yn Afallon mae ein hanthem lân
A chalon Cymru'n chwyddo gyda'r gân.

*Eleri Evans, 6a*

## THE FLEA

The little flea
Jumped here and there,
Going nowhere,
Without a care.
But soon a message came to him,
One which induced his heart to sing.
And soon he made a long journey,
From hip to knee
And knee to toe,
Where, many moons ago,
His parents had romantically met
Under the shadow of a bare instep.
And lo and behold,
What did he see,
A friend, a good companion flea.
So, if one night
You try to fight
To remove a painful itch,
Try not to twitch
Too much, for who knows
What sad widows
You might make
By killing an irritable, biting mate.
So do not scratch
The lover's patch
Lest you should spoil
A perfect match.

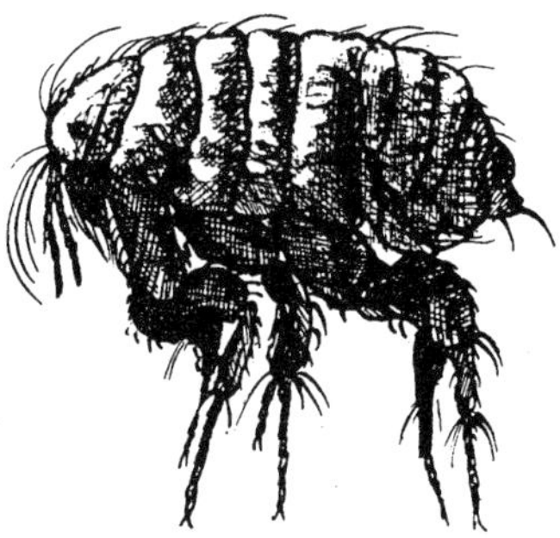

*Susan Cook, 6s*

SENIOR HOCKEY
*Back row, L to R:* Miss B. Thomas, Louise Saddler, Hazel Morgan, Kyra Segal, Karen Jones, Helen Slater, Wendy Jones, Ceridwen Davies, Janice Parry, Miss L. Jones.
*Front row:* Sarah Besley, Catrin Owen, Fiona Howells, Mandy Thomas (*Capt.*), Eleri Evans, Rhian Lewis, Mr. A. Pierce.

SENIOR RUGBY
*Back row, L to R:* Julian Davies, Johnny Thomas, Stephen Doyle, Steven Rimmer, Huw Thomas, David Wilson, Wyn James, Bedwyr Davies
*Front row:* Mr. Ken Evans, William Griffiths, Michael Davies, David Jones, Huw Davies (*Capt.*), John Huw Davies, Gareth Hughes, Chris Mossman, Mr. A. Pierce.

# MR. EDWARD MORGAN

Er taw ym Mrynaman y ganwyd Mr. Ted Morgan, yn Llandysul y treuliodd y rhan helaethaf o'i oes. Symudodd i Landysul i fyw yn 1923 wedi cael swydd fel organydd yng Nghapel Seion. Ers yn ifanc iawn 'roedd Ted Morgan wedi datblygu ei ddawn gerddorol. Pan oedd yn ddeuddeng mlwydd oed fe fu'n cyfeilio mewn cyfarfodydd cystadleuol. Cafodd y profiad mawr o ganu'r piano gyda chôr a cherddorfa Brynaman ac yntau ond yn bymtheg oed. Nid cyfeilio a wnaeth yn unig i wahanol gorau yn Eisteddfod Genedlaethol Rhydaman yn 1922 ond fe enillodd y gystadleuaeth datganiad ar yr organ.

Wedi symud i Landysul dechreuodd ddysgu cerddoriaeth yn breifat i ychwanegu at ei gyflog. Cynyddodd ei ddisgyblion wrth i bobl ddod i'w adnabod yn well. Yn 1928 apwyntiwyd ef i ddysgu cerddoriaeth am un diwrnod yr wythnos yn Ysgol Ramadeg Llandysul. Drwy'r swydd hon cafodd gyfle i ddangos ei ddawn a chyn fawr o dro 'roedd Ysgol Llandysul yn enw cyfarwydd yn Eisteddfodau'r Urdd a'r Genedlaethol.

Bu Gwawrfryn, Pontweli yn ysgol i gannoedd o blant a wyneb Mrs. Morgan bob amser yn groesawgar. Yn ystod y deugain mlynedd olaf 'does yna'r un Eisteddfod Genedlaethol wedi mynd heibio heb i ddisgybl iddo ennill. 'Roedd yn athro amyneddgar ac ymroddgar, ac 'roedd ei wersi bob amser yn ddifyr.

Yn sgîl ei lwyddiant cynnar cafodd Mr. Ted Morgan ei apwyntio fel athro cerddoriaeth ar bedair ysgol—sef Llandysul, Llambed, Tregaron ac Aberaeron. Yn nes ymlaen fe fu'n dysgu'n llawn amser yn Llandysul. Ym 1963 fe ymddeolodd Mr. Morgan o'i swydd ar ôl 35 mlynedd o wasanaeth ond fe barhaodd i ddysgu'n breifat. Cerddoriaeth oedd ei fywyd, ac er ei fod yn mwynhau dysgu'r piano, 'roedd yn dweud droeon taw cyfansoddi oedd ei gariad cyntaf. Fe gyfansoddodd lawer o emynau adnabyddus ac ar un adeg 'roedd yna emyn i bob disgybl. I ni, fel ysgol, fe gofiwn Mr. Ted Morgan am gyfansoddi Emyn yr Ysgol ac am chwarae'r organ ym mhob cyfarfod gwobrwyo ers cyn côf.

Bum yn ddisgybl i Mr. Ted Morgan am gyfod o wyth mlynedd a theimlaf ei golli yn golled bersonol fawr yn enwedig gan fy mod wedi cael y wers olaf a roddodd. Cawsom sgyrsiau difyr yn ogystal â gwersi, ac fe'i cefais yn athro annwyl iawn. 'Rwy'n dal i alw yng Ngwawrfryn i weld Mrs. Annie Morgan a gallaf dystio fod ei chroeso yr un mor gynnes ag erioed. Bu'n golled fawr i'r ysgol, i Seion ac i'r gymdeithas pan hunodd Mr. Ted Morgan ond mae ei gerddoriaeth yn fyw ac mae yna ddawn o'i grefft gerddorol wedi ei blannu yng nghôf pob un o'i ddisgyblion.

'Am iddo fod drwy gydol oes
Wrth bethau moes yn ddyfal
Heb chwennych bri, na cheisio clod
Awdurdod yn ei ardal,
Fe bery'r gerdd o fewn ein bro—
A hyn fo'i destumonial'.

*Rhian Lewis, 6a*

## I. T. HUGHES, J.P., M.A., 1896-1979

For forty years Ieuan T. Hughes taught history and geography at the Llandysul Grammar School. He died in August 1979 after a long, useful and honoured life. His passing is a sad loss to all who knew him.

After service in the 1914-18 War, I.T. was educated at the U.C.W. Aberystwyth and belonged to a circle of gifted pupils under Professor Fleure. Afterwards there followed a period of research—an investigation into the pattern of hill forts in Mid Wales. He collaborated wth eminent archaeologists—Willoughby Gardner and Raleigh Radford. After coming to Llandysul he made a study of historic sites in the lower Teifi Valley, such as Craig Gwrtheyrn and Castell Gwynionydd. Publications appeared and he was a valued member of the many learned societies—the Cambrian Archaeological Association, the Cardiganshire Antiquarian Society. He was elected a Fellow of the Royal Geographical Society.

I.T. had wide interests—he stalwartly campaigned for the Liberal cause in Cardiganshire; he was a past-member of the Peterwell Lodge of Freemasons, he was an active and conscientious Justice of the Peace. He and Mrs. Hughes travelled extensively; they loved literature and music—and I.T. was an amateur composer of considerable merit.

Generations of former pupils will remember 'Hughes Mawr'—the wit and sparkling humour, the anecdotes, the contrived turn of phrases and cleverly aimed barb—for he did not suffer fools gladly! Yet as the adage has it 'the frown of a friend is better than the smile of a fool!' I recall with special gratitude his encouragement, help and unfailing kindness over the years—as one who was privileged to be his pupil, colleague and 'student' of the history of Wales in general and that of Dyfed in particular.

*D. Leslie Baker-Jones*

## CANOE CLUB

Chairman: Mr. D. Selcon
Secretaries: Mandy Thomas, 6a; Rhian Lewis, 6a
Committee: Gary James, 6s; Steven Doyle, 6b; Simon Gray, 6s; Emyr Thomas, 5d; Philip Doyle, 4d

The Canoe Club made a promising start this year, enrolling over 40 members. A few members later competed in the Welsh National Slalom Championships held in Llandysul on October 27/28, 1979. In the team event, our team won with U.W.I.S.T. coming second—two of these were former members of the school club. In the Junior Individual Event Philip Doyle was first, Emyr Thomas second, and Tim Newby fifth. The winner of the men's novice event was Simon Gray, while in the Men's Intermediate Event Mr. David Selcon came second losing the title by a very small margin. Philip Doyle was adventurous in entering the C1 event and did tremendously well to come second.

Later in the year members took part in the Welsh Canoe Polo Regional Tournament held in St. Athans. Although our team did win their way through to the semi-finals they lost to an Atlantic College team that then went on to win the tournament.

The Canoe Club had some publicity lately when they appeared on the Welsh Television programme 'Sêr'. Bryn Fôn was coached on the basic skills of canoeing and then he was taken out on a river trip. A few days after filming, Mr. Selcon and Carl Jones were invited down to the studio to Cardiff; evidently, they thoroughly enjoyed their day.

Even though the winter has been mild, there have been only a few river and sea trips. We hope that the ambulance will be in working order again before long and then some trips will be arranged.

We would all like to thank Mr. Selcon for his instruction and help, and for giving up his valuable time throughout the year.

*Rhian Lewis, 6a*

STAFF 1980

*Back Row:* Ian Jones, Wynfford Johns, Walter Thomas, Michael Cawson, David Selcon, Clem Lewis, Ken Evans, Ainsleigh Davies.

*Middle Row:* Hazel Evans, Eiry Davies, Rhian Davies, Erica James, Lynwen Jones, Betty Thomas, Llinos Dafis, George McLean, David Peregrine.

*Front Row:* Byron Thomas, Howell Jones, Brenig Williams, Arwyn Pierce, Mary Dunn, 'Caron' Jones, June Lloyd Jones, Iris Arlington.

*Not present:* Mrs. Ann Jones, David George.

Llun: Ann Griffiths

## DYDD SADWRN

Codais i brydferthwch pelydrau'r wawrddydd,
Gan wybod a theimlo rhyddid syn,
Cydiais yn fy ngwn a'i fodio mewn ffydd
I mi heddiw gael cwningen neu aderyn o'r llyn.
Slefiais allan yn ddistaw i fryniau'r fro
Gan deimlo bywyd yn hapus a llon,
Yna daeth y gwningen ar ei thro
A saethies innau fwlch crwn yn ei bron.
Wrth weld yr afon goch a'r olwg ddug,
Daeth i mi ryw dyndra yn fy mhen.
Gwelais golled y fam a orweddai yn y grug
A theimlais innau boen y gynffon wen.
Ai dyma bwrpas dyn ar y byd crwn
I wneud drygioni fel y drygioni hwn?

*Dyfrig Davies, 6a*

*Llun: Ann Griffiths*

# DYFFRYN

Wrth afon Clettwr, ar ei thaith i'r môr,
Bu cynulleidfa fawr o Sul i Sul
Yn Llwynrhydowen deg yn moli'r Iôr,
A hithau ar ei llwybr troellog cul.
Ac yna daeth yr anawsterau lu
A'r 'troad allan' oedd yn dristwch mawr.
Trwy ymdrech Gwilym Marles dewr, a chu,
Yn Nyffryn Clettwr, torrodd newydd wawr
Ar werin Capel Dewi a Phontsiân,
Dau bentref bychan, nythu maent gerllaw.
Hen afon Clettwr, mae dy swynol gân
Yn hudol, hyd nes cwrdd â Theifi draw.
'Rwyt annwyl iawn i mi, hen ddyffryn hardd,
Magwrfa fuost ti i lawer bardd.

*Jane Williams, 6a*

UNDER 16 TENNIS TEAM

Mr. A. Pierce, Sarah Bernard, Buddug Davies, Ann Davies (*Capt.*), Ruth Williams, Miss B. Thomas

Mr. Roy Jones, Bargoed Garage, presenting the keys of the new school mini-bus to the Headmaster.

*The choir is pictured above with Mrs. June Lloyd-Jones and Mr. David Peregrine.*

## CÔR RHIANEDD TYSUL AR EI DAITH I'R ALMAEN—GORFFENNAF 1981

Dyma'r manylion a ymddangosodd yn y 'Teifiseid' am daith Côr Rhianedd Tysul i'r Almaen, Gorffennaf 14eg i'r 24ain, 1981.

Côr Rhianedd Tysul which consists of senior girls from Llandysul Grammar School, has been invited to perform in Bielefeld, Germany, next month. They will sing at a special church service to celebrate the 125th anniversary of a high school there, and will give numerous concerts in and around the area.

The invitation came as the result of the close association between Bielfield and this part of Wales, and the choir will be staying with the families of the famous Bielefeld Youth Choir, which has paid several visits to this area in the past.

Côr Rhianedd Tysul was formed in 1976, from a nucleus of the senior and junior choirs which took part successfully at the Cardigan National Eisteddfod. Since then, the choir has given numerous concerts, locally, and across the border in England, many for charitable causes. The repertoire includes all kinds of music from 16th century motets to 20th century popular songs, various arrangements of Welsh folk songs, and Cerdd Dant.

In 1977, the choir was chosen from all Wales to sing traditional Welsh music at a Royal Gala Concert given in the Brangwyn Hall, Swansea, in the presence of Prince Charles, who presented the conductor with a silver plaque to commemorate the occasion. The choir has also sung on radio, appeared on television and has been featured on two records. Recently its members won two major awards at the 'Dyffryn Teifi' Urdd National Eisteddfod namely the Girls' Party, and Girls' Choir under 19.

The trip to Bielefeld will be the last occasion on which many of the girls will sing in the choir, as at least 10 of the original members are leaving this summer to take up studies elsewhere. The choir will be accompanied to Germany by Mr. David Peregrine—the Geography Master, Mr. Tom Lewis, Penrhiwpal—who is no stranger to Bielefeld, and Mrs. June Lloyd-Jones, the conductor and Head of Music at the school. The harpist will be Jane Williams, a first year Form VI pupil, who is studying music as her main subject, and the accompanist is Janice Parry, a second year Form VI pupil who is leaving this year to study music at University College of Wales, Aberystwyth.

WELSH LAWN TENNIS/COCA COLA TOURNAMENT

Under 16s Girls Team—
Ceredigion winner, Regional winner, Welsh finalists
*Team:* Ann Davies, Helen M. Davies, Jann Jenkins, Llinos Davies

CARMARTHENSHIRE OPEN TENNIS TOURNAMENT UNDER 16
CHAMPION/RUNNER UP IN THE JUNIOR WELSH TENNIS CHAMPIONSHIPS

Ann Davies

PENCAMPWR CENEDLAETHOL CHWARAEON YR URDD 1981

Gareth Hughes

*Rugby*—Senior VII—Finalists in Ceredigion 7's
*Athletics*—Dyfed Junior Shot Champion—Lyn James

*Victrix Ludorum*—Sarah Besley
*Victor Ludorum*—Gareth Hughes

EISTEDDFOD GENEDLAETHOL YR URDD DYFFRYN TEIFI

Côr Merched dan 19—1af
Parti Merched dan 19—1af
Tîm Siarad Cyhoeddus-1af
'Collage' dan 16—Jennifer Jones—1af
Parti Bechgyn dan 15—2ail
Hefyd 7 ail a 6 3ydd gwobr yn yr Adrannau Celf a Chrefft a Chyfansoddi

EISTEDDFOD SIR YR URDD

16 gwobr gyntaf

SIOE AMAETHYDDOL FRENHINOL CYMRU

Arlunio dan 14 oed—Kate Strong—1af
Arlunio dan 18 oed—Ann Griffiths—1af

YOUNG ENGINEER FOR BRITAIN COMPETITION 1981

British Final at Wembley—Julian Maddocks—2nd uner 15

GŴYL DDIWYLLIANNOL DYFED

Arlunio Dosbarth 2 a 3—Kate Strong—1af
Arlunio Dosbarth 6—Ann Griffiths—1af
Barddoniaeth Dosbarth 1—Lowri Davies—1af
Rhyddiaith Dosbarth 1—Lowri Davies—1af
Adolygu gwaith Awdur—Vera Bowen—1af
Cywaith—Cylchgrawn Dosbarth 2 a 3—Dosbarth 2d Yr Ysgol —1af
Ail iaith—Dosbarth 2 a 3—Sarah Johnson—1af

GAS BOARD COOKERY COMPETITION

1st in Area and 2nd in Dyfed—Wendy John

GWOBR A NODDWYD GAN FANC Y WESTMINSTER

£50 i'r Ysgol am ei Gwaith yn y Gymuned gyda'r Henoed

## MISS LENA JONES (CARON JONES)

Un â'i chrefft yn ei chraffter—a harddwch
Ei hurddas difalchder,
A'i chywirdeb dichwerwder—
Y ddirodres feistres fer.

Hi fynegai gefnogaeth—hi a roes
I ni rin barddoniaeth,
Ein porthi â'r cerddi caeth
A'n noddi â llenyddiaeth.

## Mr. DEWI HOWELL JONES

Doethur ym maes dwyieitheg—a'n lediai
Drwy dlodi ein Saesneg,
A medrus y tywys teg
Drwy amodau'i ramadeg.

Ymlyniad y tri deng mlynedd—roes ef
I'r swydd â hynawsedd;
Mewn bywyd gwyn fyd a fedd
Reol aur ei drylwyredd.

*Y Prifardd John Gwilym Jones*

## Mr. DAVID GEORGE

Mr. George came to Llandysul Grammar School in January 1967 and within a short while established himself as one of the school's respected members of staff. He had a very distinctive method of teaching, based on discussion and argument. Chalk was anathema to him. He converted the History Department from one dealing with Kings and Queens and threw it headlong into the twentieth century when the subject became Economic History. It was not long before pupils were being informed of Tsarist Bolshevik Communist Fascist Socialist to Nazi ideals, along with the problems associated with them. The end result was a long string of very good 'O' and 'A' level results.

Away from the classroom he was a keen sportsman and helped for a period with rugby. Later he turned to swimming and keep fit routines and was a very familiar figure in the lanes around school during lunch hours. He also organised the school's team that took part in Radio's 'Top of the Form'.

His departure in July 1981 has resulted in considerable loss to the staff room as he was always a mine of information ready to impart it to anyone prepared to listen.

We wish you a long, healthy and prosperous retirement.

*G. McLean*

*Mrs. Dunn, Mr. Howell Jones, Miss Caron Jones*

## Mrs. MARY DUNN

At the end of the present term Mrs. Mary Dunn retires from her post of Senior Mistress and Head of the Home Economics Department of Llandysul Grammar School. She has held this post since her appointment in 1967 and although being primarily responsible for the Girls' Welfare it must be said at the outset that Mrs. Dunn has shown equal concern for all the pupils of the School irrespective of whether boys or girls and offered sympathetic treatment to all during illness, the various injuries that school pupils seem heir to and indeed has been at all times a 'confidante extraordinaire' who could be relied upon in troubles of a more confidential and discreet nature. So many of her pupils have benefitted from her advice in this respect and would, I am sure, want to take this opportunity of expressing their gratitude to her.

Unquestionably a gifted teacher and a strong disciplinarian, her charges have always found her to be firm but very fair. Always ready to listen to both sides of any argument and then act according to her judgement. Offenders quickly dealt with too, but then the misdemeanour equally quickly forgotten and forgiven and the maintenance of a well-run and happy school being her main objective.

Forever looking for the good in people, she has always been a person to give praise quickly to any pupil of the school who has made a worth-while contribution and constantly remarks how well everyone works in out-of-school activities. Certainly there has never been a lack of volunteers when the call has been given, however late and inconvenient the hour and however menial the tasks to be performed. This reveals the excellent rapport that she has with her pupils and of the respect and affection that they hold for her.

*J. B. Williams*

## Mrs. JANEM JONES

Fel Pennaeth yr Adran Gymraeg carwn ddiolch a thalu teyrnged fer i Mrs. Janem Jones, M.A., am ei gwasanaeth o fewn yr Adran am nifer o flynyddoedd. Cawsom y cyfle eisoes i'w llongyfarch ar ennill Gradd M.Ed. Prifysgol Cymru, ac yn ddiweddarach ar dderbyn swydd fel Swyddog Cyswllt yn Adran Addysg, Coleg y Brifysgol, Aberystwyth. Dymunwn iddi bob llwyddiant gyda'r gwaith hwnnw eto'n y dyfodol.

Gellid dweud llawer am ei gwasanaeth i'r ysgol yma; 'roedd yn athrawes ddawnus ac ymroddgar, a'u dulliau o ddysgu yn newydd a ffres. Bu'n gefnogol i'r Gymdeithas Gymraeg a'r Gymdeithas Ddrama, ac yn Ysgrifennydd Pwyllgor Llên Eisteddfod yr Urdd, Dyffryn Teifi. Gweithiodd yn ddyfal i gynnal ac i atgyfnerthu awyrgylch Gymraeg yr Ysgol, a theimlwn yn ddyledus iddi am lawer awgrym a gweithred i'r cyfeiriad hwnnw. Llawer o ddiolch iddi am 'ddiwrnod teilwng o waith', a phob dymuniad da am y dyfodol.

*L. Jones*

## SCHOOL TOUR TO ISRAEL

The week beginning on Saturday, October 24th, 1981 marked the school's first ever religious pilgrimage to Israel. Joining our happy crew of Christians were members of Tregaron and Lampeter Schools, but generally the tour was dominated by Llandysul pupils. For many of us, it was the first time we had travelled by air, and the spaghetti-corridored chaos of Heathrow was an awesome experience. We were all individually interrogated by armed men and asked if we carried bombs in our cases. After all the searching and opening cases, the flight began. It was long, stuffy and the food was positively plastic, but then no one minded.

If I were to go into great detail about the holiday, I would end up writing a thesis, but I can safely say that it was one wonderful experience. Our hotel on the Mount of Olives was clean, and the food diabolical; however we thoroughly enjoyed ourselves there. Each day was spent in the hot sun walking around places of interest. George, our guide, made sure we saw just about all there was to see; the moslem mosques with their ornate interiors, many tombs including Golgotha, Gethesmane, Bethlehem, Nazareth, Jericho, Bethany, and of course the multi-coloured city of Jerusalem. We spent our days in awe at the respect the people had for each other's religions; Jerusalem was a 'strange harmony of contrasts' with Jews, Moslems, Christians and Arabs going about their own ways of worship; the Moslems brayed like cattle at the skies at 4 a.m., the Jews wailed at their wall in their black suits, and the Arabs dwelt among the foul-smelling bazaars trying to sell us souvenirs at exorbitant prices. On selected days we wandered through the bazaars in the hot sun, passing by the beggars at Damascus gate. We walked Palm Sunday's walk, bathed in the Dead Sea (and literally walked on water, even Mr. A. Davies) and we swam in the Sea of Galilee. We also read from the scriptures everywhere we went, thus making the Bible come alive. Perhaps it is not for me to speak about the strengthening of faith, for it is a personal thing, but I cerainly felt very moved as I recited the Lords's Prayer in the tiny inner-chapel of the Pater Noster, as I watched the Passion Play on Mount Zion under the stars, as I sang in the shepherds fields. Israel was an almost magical experience with its high red deserts of Masada, its fruit bearing palms and dusty roads.

Our holiday involved much walking, but we also travelled by camel, by cable-car up to Masada's great heat of 115°, and by steamer across Galilee from Tiberias to Capernaum and Mount Beatitudes. The last day arrived and this was spent under the azure skies of Tel Aviv beach. After swimming in the sun, it was hard to leave this country of red sunsets over the Golden gate, and palm tress swaying in the wind. But, home we came via Amsterdam to rainy Wales, where we sang our beloved anthem once more.

*Andrea Davies, 6*I

## CÔR RHIANEDD TYSUL'S TOUR TO GERMANY, JULY 1981

This summer may have been memorable because of many events, but to those who went on the above holiday, it will be remembered for just that. Our choral holiday was to Bielefeld, Germany, where we were the guests of the Bielefeld Youth Choir. After crossing via the Olau Line to Holland, our T. S. Lewis coach carried on with our journey to Germany where we met some of the most generous, welcoming people we have ever come across.

Our German friends not only accepted us as friends, but had gone to great lengths to fill our every moment with enjoyable activities. Apart from singing at many school and church concerts, we helped celebrate the centenary of a special church in a Sunday Service. As well as concerts, press cuttings, and flowers, we were given three blissful days at a country mansion to relax, numerous tours (including one to an army barracks, to a zoo and to the funfair), and many hours in which to realise that young people are all the same, whatever their race and language—happy and fun to be with. To go into detail about our holiday would mean writing a book, but to say we were well-received would be an understatement!

The choir will never forget its 'German Premier' or indeed the great dedication and effort of Mr. Tom Lewis, Mr. Peregrine, and Mrs. June Lloyd Jones. We are grateful to them all for their help and organization, and I'm sure we apologize to Mr. Peregrine for all the noise we made with our 'night music'.

*Andrea Davies, 6I*

*EISTEDDFOD GENEDLAETHOL YR URDD, CASTELL NEWYDD 1981*
*Rhoddwyd y Gadair gan Ysgol Ramadeg Llandysul*
*Mr. Walter Thomas, Gwneuthurwr, Mr Arwyn Pierce, Mr Ainsleigh Davies, Cadeirydd y Pwyllgor Gwaith*

LOWER JUNIOR RUGBY VII
Winner of Cardiganshire Sevens
*Back row:* Andrew Giles, Simon Locke, Michael Jones, Bleddyn Davies, Gethin Jones
*Front row:* Mr. A. Pierce, Mr. C. James, Richard Hopkin, Tim Davies, Matthew Jacob (*Capt.*), Arwyn Jones, Mr. K. Evans

## SCHOOL NOTES 1983

School started much as usual on the 2nd of September, but with a certain element of sadness as the beautiful grounds were taken over by ugly machinery. The first part in the final chapter of Llandysul Grammar School has begun.

Trist yw cofnodi marwolaeth Mr. Lloyd Hughes, M.Sc., ym mis Hydref 1982. Bu yn aelod llwyddiannus a gweithgar o'r staff am 40 mlynedd. Pan ymddeolodd yn 1974 Mr. Hughes oedd y Dirprwy Brifathro a Phennaeth Bioleg yr ysgol. Cydymdeimlwn yn fawr â Mrs. Hughes a'r teulu yn eu hiraeth.

At the beginning of the year £186 was collected for the Spastics Society and in March over £100 for the Children in Ethiopia.

Congratulations are in order for Andrea Davies, 6II, after being accepted to study at Oxford University next year. We wish her every success in the future.

Ar ddiwedd Chwefror bu tri aelod o ddosbarth chwech sef Llinos Davies, Siân Pierce ac

Alun Thomas yn cystadlu yng nghwis radio yr Eisteddfod Genedlaethol, 'A oes heddwch?'. 'Roedd y gystadleuaeth rhwng Llambed, Aberteifi a Llandysul, a'r canlyniadau'n agos iawn—Aberteifi 42, Llandysul 41, a Llambed 40.

*Wendy John, 6I*

## THE COMPUTER

The computer although thought of as a modern development is in fact very old. The abacus is actually a simple computer and that has been around for thousands of years. Various kinds of computers were used by Greeks, Romans, and other advanced civilizations. It has been suggested that Stone-Henge is an ancient computer used for calculating the movements of the stars.

It was not until the valve was invented that electronic computers came into being. These were slow, large and not very good compared to today's. It was during the fifties that modern computers began to take shape. Since then their development has been so rapid that it has been estimated that if the Beatle car progressed at such a speed, then by today, it would be capable of several thousand miles to the gallon, would only need servicing once every hundred thousand miles and would cost fifty pence. The modern digital watch or a basic calculator can do the same job as an early electronic computer which filled a room the size of a classroom.

Already computers are more common in our life than we may be aware of. An electronic washing machine with a programme is an example. Aeroplanes consists of computers; the pilot still does the same job, but computers make it safer. Although the computer is relatively common it still required special programming by a trained person.

As for the future, well who knows? Many people regard the computer as a menace, responsible for unemployment. Perhaps that is the price we must pay for development. But the world would be very different without the computer. Already the computer can do thousands of jobs from controlling traffic lights to launching space craft, printing newspapers to driving tractors. So sometime ahead it will be able to cook meals and just about anything else.

So where is all this technology going to at such a rate? Looking into the future, a day may come when the intelligence of the computer exceeds that of man!

*Anatole Makepeace, 6I*

## MY GRANDFATHER

The thing that springs into my mind as I think of my grandfather is wrinkles. His face is embedded with blue wrinkles. His name is Jack Rogers and he retired as a miner three years ago. He now lives in Cefneithin with my grandmother on a small Council Estate. He is a small round man with a 'beerpot'. They owned a pub in Porthyrhyd five years ago before they moved, and my grandfather is constantly drinking beer. He is a very kind, thoughtful man of average intelligence and is very good with his hands and has just finished building an extension onto their house.

He is always spoiling us and forever buying us presents, especially my younger brother. Whenever we go to their house he always treats us perfectly. In many ways he is like an old woman, as he is small and is always cooking us food and it is no wonder that we love him a lot. He was a great friend of Carwyn James and is Barry John's uncle. He seems to have a million relatives and everyone knows him. He is a very jolly man and always seems to have a smile on his wrinkled face. He is friendly with all the neighbours and especially the children, who all love him as he spoils them so much.

He gets up at six o'clock every morning to go and clean the local pub, where he sometimes works if the owners go away. He is a member of the Rugby Club and helps them in every possible way. He works very hard even though he has retired and he still has plenty of energy. My grandmother is much bigger than him and whenever they come to visit us, my grandmother seems to be the boss, shouting at my grandfather all the time. Yet, when only one of us visits them, or when they think we are not listening, my grandfather is the boss. I really don't understand them and why my grandfather lets my grandmother boss him around when they're out, whereas at home, he rules.

He dresses quite casually but always looks smart. He has short hair at the back and side, whilst on one side his hair is very long. as he sweeps it over his bald patch on top. His hair is the only thing I dislike about him as he still puts grease on it making it look lank. It is a treat to go out with them, especially to go shopping, as they know exactly what you like and they often treat you to something small. My grandfather has no sense of money as he is always buying things for everyone. When we go out he always spends a fortune, regardless of any shortage of money, although they never seem to be short of anything. They live very comfortably and are happy together.

Altogether, I am very fond of my grandfather and I think he has a lot of character.

*Sioned Rogers, 4d*

## QUOTATIONS

'I have not yet begun to fight': Mrs. J. Ll. Jones in morning assembly
'I am the Rose of Saron': Aneurin Jones, 6II
'I agree with nobody, and disagree with everything': Anatole Makepeace, 6I
'Every day in every way, I get better and better and better': Mr. I. Jones learning to drive
'Who's sorry now?': Form 5 after G.C.E. examination results
'They labouriously do nothing': Form 6I
'Our law consists of the written and the unwritten': School Rules
''Tis sad to be caught out': Caught smoking in the boys' toilets
'I believe that nothing is impossible': Miss B. Thomas' motto
'He knows not who he is, nor if he is, nor if he is not': Mr. C. Lewis
'Praise from thee, my father, a much lauded man, makes me glad indeed': the words of Sian Pierce, 6I
'A healthy mind in a healthy body': Mr. C. James

## MOCK ELECTION

The returning officers for the constituency of Ceredigion and North Pembroke in the Extra Election held at the school on Wednesday, 8th June, for the John Craven's Newsround announced the following results:

Total Number of Votes Cast: 156
Spoilt ballot papers: 1
Davies, Jeremy (Communist): 5 votes
Grey, Alison (S.D.P./Liberal Alliance): 32 votes
Makepeace, Anatole (Conservative): 60 votes
Thomas, Alun (Plaid Cymru): 46 votes
Thomas, Helen (Labour): 12 votes

Anatole Makepeace was declared elected for the above constituency.

TENNIS
Mr. A. Pierce, Helen M. Davies, Kay Jones, Jann Jenkins (Capt.), Suzanne Cook, Miss B. Thomas

HOCKEY 1ST XI
*Back Row:* Jann Jenkins, Ceris Jones, Mary Besley, Heather Jones, Gaynor Jones, Meleri Jones, Emil Bohnet.
*Front Row:* Miss L. Jones, Mair Jones, Llinos Davies, Ann Davies (*Capt.*), Delyth Jones, Helen M. Davies, Miss B. Thomas, Mr. A. Pierce

SENIOR RUGBY XV
*Back Row:* Andrew Evans, Eilir Willams, Robert Smith, Huw Cole-Jones, Edward Cooper, Gwyn Evans, Ian Wakelin, Aled Hughes, Mr. D. Williams.
*Front Row:* Mr. K. Evans, Ellis Griffiths, Paul Reynolds, Geraint Thomas, Justin Evans, Gareth Hughes (*Capt.*), Simeon Baker, Ian Desbottes, Gerwyn Williams, Mr. A. Pierce.
*Not present:* Lyn James, Huw Evans

## Y WEFR

Fe fydd rhai yn gofyn i mi weithiau pam nad awn i ar wylie tramor. Fe fu un cyfaill yn arbennig yn pwyso ers blynyddoedd am i fi fynd gydag e' i Balesteina. "S'da ti ddim syniad," mynte fe, "y wefr o feddwl dy fod ti'n cerdded tir mor gysegredig." Fe fydde hi'n anodd egluro iddo fe i fi gael y wefr yna unwaith tua'r drydedd flwyddyn yn ysgol Llandysul, ac na chaf ei thebyg byth eto. Trip ysgol o ryw fath oedd hwnnw, nid ar long i'r Môr y Canoldir nac i sgio yn yr Alpau, ond trip mewn bws i Gaeo a Rhydcymerau a Phantycelyn.

'Roedd hi'n anodd cael mynd ar unrhyw fath o drip yr amser hwnnw. Ar waith academaidd yr oedd y pwyslais, er dirfawr les i fi a llawer eraill mae'n siŵr. Pethau ar ymylon eitha bywyd ysgol oedd drama ac eisteddfod a diwylliant llenyddol. Ryw flwyddyn neu ddwy wedi gadael ysgol y sylweddolais beth oedd tarddiad y cwpled a osodwyd mewn concrit ar wal bella'r hen adeilad. Wrth lafurio—a dyna'r gair—drwy gyfrol Dewi Wyn o Eifion, *Blodau Arfon*, dod ar draws ei englyn i Eben Fardd wedi i hwnnw ennill Cadair Powys gyda'i awdl, "Dinistr Jerwsalem'. A sylweddoli mai dwy linell ola'r englyn hwnnw a roddwyd ar y wal. Gyda llaw, fe fyddai'r hen Eben yn cael pyliau o'r falen, a dyna ystyr y cyfeiriad yn y llinell gynta:

Ebeneser, o bu'n isel—a godwyd
  I gadair oruchel;
Uwch uwch ei rwysg, uchach yr êl,
  Dringed i gadair angel.

Ac fe wêl y cyfarwydd fod Dewi Wyn yn rheol iddo'i hun mewn gramadeg a mesur.

Ond sôn oeddwn i am brinder tripiau ysgol. *Joy rides* fyddai enw'r diweddar annwyl Edgar Davies ar y rhain. 'Roedd ganddo gasgliad byw o gyffelybiaethau am wahanol agweddau ar fywyd ysgol. Yn ein tro fe gawsom ni ein galw yn *fenagerie* o enwau, yn fwncïod, yn asynnod yn falwod ac yn geffylau. Ac 'rwy'n cofio o leia un tro iddo droi y tu fas i fyd yr anifail. Yr oeddem ni newydd eistedd drwy un o gyngherddau tragwyddol y Dorian Trio, ninnau yn blant y clôs a'r beudy yn gwybod mwy am bridd nac am Brahms. 'Rwy'n ei gofio nawr, wedi eu hebrwng hwy a'r *cello* a'r ffidil a'r ci bach yn foesgar a pharchus drwy'r drws mas, yn troi nôl i'n hysbysu ni ein bod ni fel cae *of cabbages and turnips*. Ar y dyddiau arbennig hynny fe fyddai ei berfformiadau ef yn fwy cofiadwy o lawer na'r perfformiadau cerddorol. Byddai ei ymosodiadau, er yn ddychryn i ni yn y blynyddoedd cynnar, eto yn ei anwylo yn ein golwg ni yn y chweched.

Ond yn ôl at y "*joy-rides*". Pan fyddai yn ei hwyliau ymosodol fe fyddai'n sgubo drwy ei frawddegau fel baler yn codi pob blewyn a brigyn yn ei lwybr, ynghyd ag ambell ysgallen ddigyswllt. A phan fyddai'r trips yn ei chael hi fe geid rhyw frawddeg megis, *When I was young, a hundred years ago, we'd only go as far as a horse and cart would take us.* Ond fe gawsom ni fynd i Bantycelyn.

Efallai mai'r paratoad a gawsom ymlaen llaw a greodd wefr y daith honno i fi. Oherwydd am ryw un flwyddyn hynod fe gawsom fel dosbarth ein boddi mewn llenyddiaeth. Cawsom fyw am dymor ymhlith hen wynebau Rhydcymerau. Fe fu'r ystafell ddosbarth ar y coridor ucha 'na yn atsain gan lafarganu,

"Minnau mewn bedd a gleddir
  Ymysg dail a masw goed ir . . ."

Ac fe fydd y cywydd hwnnw ar fy nghof i am byth. Wedyn fe gawsom olwg ar emynau Dafydd Jones o Gaeo a Williams Pantycelyn nas cawsom nac ysgol gân na chymanfa. Yna, fe soniwyd am fynd ar daith, draw i ben pella Sir Gâr. Os cefais i erioed yr ymdeimlad mod i'n sengi ar ddaear sanctaidd fe'i cefais y diwrnod hwnnw. 'Rown i hyd yn oed yn gweld y gwartheg yn wynfydedig eu bod nhw'n cael cerdded y ffyrdd lle bu Dafydd Jones yn gyrru eu cyndeidiau nhw 'Roedd pob gweithiwr ffordd yng nghyffiniau Rhydcymerau yn gymeriad a anwyd ar gyfer portread neu stori fer. Ac 'roedd emynau, a phenillion a Theomemphus, yn diferu oddi ar frigau coed Pantycelyn. Ie, hen ysgol Llandysul a seriodd y profiad hwnnw ar fy enaid i.

Ac os af i byth i Balesteina, neu i wlad Groeg neu i Rufain, gwefr eildwym fydd hi bellach i fi.

*Y Parch. John Gwilym Jones, Bangor*

## HIRAETHU

Mae'n siwr fod gan bawb sy wedi gadael yr ysgol ers dros ddeuddeng mlynedd, rhywfaint o 'nostalgia' am rywbeth. Hwyrach fod gan fy ngenhedlaeth i o ddisgyblion fwy o reswm na neb i deimlo felly am gyfnod oedd yn arbennig iawn yn yr ail hanner o'r chwedegau, sef cyffro'r 'radicaliaeth' oedd yn rhedeg trwy bopeth,—a radicaliaeth yn ystyr eang y gair.

Roedd hyn yn gyffredin ar y pryd wrth gwrs, nid yn unig i ieuenctid Cymru a gweddill Prydain, ond i Ewrob gyfan. Y ffasiwn oedd herio awdurdod, cefnogi 'rhyddid', gweiddi dros heddwch, ac yn y blaen. Go brin y gwelwn ni eto, yn ein hoes ni, gyfnod mor gyffrous o safbwynt gymdeithasegol, a go brin fod ysgol Llandysul, yn ystod y cyffro hwn, erioed wedi gweld Cenhedlaeth o ddisgyblion oedd mor benderfynol o roi'r byd yn ei le!

Er mod i, hefyd, yn rhan o'r diwylliant gwrthryfelgar yma, cefais syndod, 'run fath, wrth edrych yn ôl ar hen rifynnau'r 'Adastra', i weld pa mor radical yn wir, yr oedd y rhan fwyaf o'm cyd ddisgyblion. Hyd yn oed yn rhifyn 1966, cofnodwyd fod y mwyafrif ohonom ni o blaid cyfundrefn addysg gyfun. Ym 1968, mewn arolwg barn manwl o 70 o ferched, a 55 o fechgyn yr ysgol, datgelwyd yn y cylchgrawn fod 60% yn cefnogi Plaid Cymru, 74% o blaid hunan lywodraeth, a 63% yn gwrthwynebu yr arwisgo! Bloeddiwyd achos y 'chwyldro' mewn un golygyddol ar ôl y llall,—. . .'It is a strange to see people who would exert all their power to prevent the extinction of the white Rhinoceros in Africa just stand idly by and watch the Welsh Nation die', (John Davies, 1967), '. . . a gawn ni gofio mai ein dyletswydd ni fel Cymry yw sicrhau y bydd yr iaith Gymraeg yn llifo o wefusau plant Cymru yn y dyfodol', (Marion Elias, 1968), 'Surely it is time we realised that we cannot educate ourselves by academic studies only', (David Selcon, 1969). Erbyn dechrau'r saithdegau, magwyd digon o hyder i roi'r byd cyfan yn ei le, yn ogystal â Chymru. Roedd y geiriau 'niwcliar' a 'newyn' yn boblogaidd iawn,—'. . . but these toys of the affluent societies of the West will not help the 2,000,000,000 people who are underfed and starving in the world,' (Roy Hicks, 1970),—ac fe ysgrifennais innau, yng ngolygyddol 1971, 'Os na wneir rhywbeth yn y dyfodol agos, rydym yn wynebu'r tebygrwydd o fyw mewn byd sydd yn llewygu'n gyflym ar y gwastraff yr ydym yn ei greu'.

Mor drist yw sylweddoli fod yr un geiriau yr un mor bethnasol heddiw, ond tybed faint o newid fu 'na, dros y blynyddoedd, yn agwedd ddisgyblion Llandysul, tuag at y problemau oedd yn denu cymaint o'n sylw ni? Mae gen i deimlad rywsut, nad yw'r weledigaeth gyfoes, mor radical o bell ffordd. Testun traethawd i rywun efallai? Un peth sy ddim wedi newid mae'n siwr, yw clyfrwch yr esgusodion dros beidio paratoi ar gyfer arholiadau, megis clyfrwch Denzil, a ysgrifennodd, mewn arholiad daearyddiaeth, ym 1967, 'this area has developed, and it would take all day to go into detail'.

Ie, dim ond ar ôl gadael ysgol Llandysul, y mae dyn yn sylweddoli ei gwir werth,—ardderchogrwydd ei haddysg, caredigrwydd ei hathrawon, a'r cyfeillgarwch a geir ymysg trigolion cymdeithas wledig, Gymreig. Ysgol ddelfrydol i roi unrhyw un 'ar y ffordd i'r sêr'. Fe fydd yn rhaid i'r gyfundrefn newydd weithio'n galed i barhau traddodiadau gwerthfawr yr ysgol ar y bryn.

Pob lwc.

*Tweli Griffiths*

# YR YSGOL AR Y BRYN

"Sic itur ad astra" oedd y geiriau ar y tam ar fy mhen wrth i mi gerdded yn swil i fyny'r rhiw y diwrnod cynta hwnnw.

Ond, onid oeddwn i *wedi* cyrraedd y sêr? Onid oeddwn i wedi pasio'r *scholarship*?—am y pedwerydd tro (gan fy mod wedi treulio rhyw dair blynedd yn y *scholarship* class yn ysgol fach Coedybryn, a chael sylfaen gadarn iawn i'm addysg yn y dair "r").

Profiad gwych oedd eistedd y *scholarship*, gyda llaw—yn ysgol fodern Henllan. Cael fy nghludo yno yng nghar Miss Davies, fy mhrifathrawes; Tysul Jones, prifathro yr ysgol honno yn ein croesawu, ac yn mynd â ni i'r berlen fach o eglwys a godwyd gan yr Eidalwyr fu yno yn ystod y rhyfel pan oedd y lle yn wersyll i garcharorion rhyfel; ac yna'r exam—pwy allai ar ôl y bendithion hyn i gyd fethu'r *scholarship*?

Oeddwn, yn bendant, ar y diwrnod hwnnw ym mis Medi, 1950, mi roeddwn i esioes wedi cyrraedd y sêr—onid oeddwn nawr ymhlith plant Castell Newydd Emlyn a Llandysul—plant galluog a phwysig y trefi? Onid oedd hi'n anrhydedd i ni blant bach diniwed y wlad i gael mynd i'r ysgol ramadeg—ni, blant yr "hob-nail boots" chwedl y prifathro a ddywedai wrthym, yn ddiflewyn ar dafod, petaem wedi ei gythruddo mewn unrhyw ffordd, am ddychwelyd i'r wlad lle'r oeddem ni'n perthyn!

Oedd, mi roedd Llandysul yn fetropolis, a Saesneg, wrth gwrs oedd ei hiaith, yn enwedig ei hiaith fasnachu—a finne'n gorfod gofyn am owns o sherbert yn Saesneg!

Wedi cyrraedd y sêr?—wel, ôn gwlei! Yn llythrennol, hefyd—gan ein bod yn gorfod cerdded y rhiw serth o ganol y pentre—ma'n ddrwg gen' i—y dre—i'r ysgol a edrychai o'r gwaelod fel petai reit yng nghanol y sêr! Drwy 'nghyfnod yn yr ysgol yr hyn a barai y mwyaf o ofn arnaf, oedd cael fy nal ar ôl fel cosb am fod yn ddrwg a cholli'r bws o'r herwydd. Sôn am fom niwcliar fel *deterrent*, dyw hynny'n ddim o'i gymharu! Ond ni fyddai'r bws chwaith yn fy nghludo yn agos i'm cartre. Y frwydr fawr oedd ceisio darbwyllo'r awdurdodau i ddod heibio i Goedybryn yn lle ein bod yn gorfod seiclo'r ddwy filltir i gwrdd ag e. Ond dyna fe, roedd yn rhaid wrth aberth i gyrraedd y sêr!

Ac wrth gwrs roedd yn rhaid i ni siarad Saesneg, a mynychu'r assembly bob bore a chanu am "those feet in ancient times" yn cerdded ar fynyddoedd gwyrdd Lloegr a'r rhywbeth o'r enw y "Divine Countenance" yn disgleirio ar y "crowded hills". A doedden ni ddim i fod rhoi'r gorau i'r frwydr tan fod Jerusalem yn cael ei chodi ar "England's green and pleasant land!" (Ac ambell i hanesydd yn Saeson!) Wyddwn i ddim tan ar ôl i mi adael yr ysgol fod rhai o'r athrawon yn gallu siarad Cymraeg. Dim ond wrth edrych yn ôl wrth gwrs y mae'r pethau yma i'w gweld yn glir. Ar y pryd doeddwn i, beth bynnag, ddim yn ymwybodol ohonynt. Hwyl oedd y peth pwysig, ac mi roedd na ddigon o hwnnw! Ac fe ddysgon ni hefyd y ffordd iawn i ddala cyllell a fforc—a allai ychwanegu blwyddyn neu ddwy at ein bywyd ni—gymaint oedd y straen ar y corff petaen ni'n eu dal nhw yn y ffordd anghywir! Ac fe ddysgon ni hefyd wrth ofyn am fynd i'r tŷ bach mewn lesson *Geography* y gwahaniaeth rhwng "can" a "may"! Ac fe ddysgais i'r ffordd o wneud *Cornish Pasties,* ond 'doedd gneud dwy ddim yn ddigon i ddiwallu gwanc yr arholwraig o'r gogledd a ddaeth i oruchwylio lefel 'O'! Daeth rhyw drefnydd cerdd heibio hefyd unwaith. Awgrymodd y byddai'r dwbl bas yn offeryn addas iawn ar gyfer lodes lysti fel myfi! A dim ond ffidil roeddwn i wedi ei weld yn y cnawd, fel petai, erioed!

Ac oedd, ynghanol y sêr ar y bryn roedd gen i fy arwyr—Islwyn Ffowc Ellis a Sibelius, er enghraifft. (Bu Miss Nansi Jones yr athrawes gerdd yn ddigon caredig i roi benthyg i mi y gramaffon er mwyn i mi gael clywed un o weithiau Haydn ar gyfer lefel 'A'. Ond rhywle ymhlith gweithiau Haydn mi roedd Finlandia.)

Ac mi roedd na sêr hefyd ymysg yr athrawon. O!, yr ochenaid o ryddhad pan darfu'r prifathro ar y lesson *Chem* honno, ei wep hyd at ei sgidie—roedd ganddo newyddion drwg iawn i ni—roedd y brenin wedi marw. A ninnau'n ofni, gan fod Morgans Latin yn yr ysbyty ar y pryd, mai hwnnw oedd gwrthrych y newyddion drwg! Na, diolch byth, fe gawsom orffen y cwrs ar y "subjunctive" yn yr iaith Ladin.

Fe roeswn rywbeth am gael mynd yn ôl i'r dyddiau hynny yn Llandysul meddai un o'm cyfoedion wrthyf dro yn ôl. Cytuno.

O Goedybryn lan i Landysul ond o Landysul lawr i Gaerdydd! Yr awgrym cynta gefais i o hynny oedd ar stesion Caerfyrddin—yn gofyn am *single ticket* i Gaerdydd plis. "Cut out that foreign language here", oedd yr ateb.

Ie, disgyn o'r sêr a lawr y rhiw bob cam oedd hi wedyn!

*Beti George*

## ATGOFION 1915-19 J. TYSUL JONES

Yn fy nghyfnod i eisteddem dri arholiad o dan Fwrdd Canol Cymru—Y Dystysgrif Iau (Junior) ar ddiwedd yr ail flwyddyn, Y Dystysgrf Hŷn (Senior) ar ddiwedd tair neu bedair blynedd, a'r Dystysgrif Uwch (Higher) mewn blwyddyn ar ôl y Dystysgrif Hŷn. Y mae fy nyled yn fawr i'r holl athrawon a'm dysgodd, ond fel rheol, y mae gan bob dysgybl ei hoff bynciau yn yr ysgol, ac y mae'n dueddol o edmygu'r athrawon a'i dysgai yn ei hoff bynciau i raddau mwy na'r athrawon eraill. Yn fy mhrofiad i, ni allaf or-ganmol yr hyfforddiant a gefais gan fy athro Cymraeg, Mr. John Edwards. Bu'r hyfforddiant yn sylfaen gadarn i astudiaeth bellach yn nyddiau Coleg.

Bu cynifer â phedwar o athrawon yn dysgu Lladin imi yn ystod fy mhedair blynedd yn yr ysgol,—Mrs. Walker yn 2A, Mr. T. Edgar Davies yn 3A, Miss Watts yn 4A a Mr. J. Thompson Davies yn nosbarth 6. Cofiaf o hyd am y blas mawr a gawn yn nosbarthiadau Miss Turner. Hi oedd athrawes Ffrangeg yr ysgol, ond cymerai ddosbarth 3 mewn Saesneg. Cofiaf mai'r "Merchant of Venice" oedd rhan o faes ein hastudiaeth. Dylanwad tebyg oedd y gwersi Seasneg yn nosbarth 4A, a detholion o waith Keats a'r ddrama "Richard II" yn rhan o'r maes llafur dan hyfforddiant ysbrydoledig Miss Mary Hughes—hen ddisgybl o'r ysgol a golygydd yr "Alauda" yn y blynyddoedd 1913-18. Am fod rhai o athrawon parhaol yr ysgol yn y lluoedd arfog, ni lenwid eu swyddi ond ag athrawon dros dro, a dyna un rheswm dros arhosiad cymharol fyr rhai athrawon da fel Mr. T. Edgar Davies a Miss Watts. Yn mae'n wir i Mr. T. Edgar Davies ddod yn ôl mewn rhai blynyddoedd yn Brifathro'r ysgol, ond cwynaf hyd heddiw na fuasai ei arhosiad fel athro Lladin yn fy nghyfnod i fel disgybl wedi bod yn llawer hwy. Clywais gan rai o gyn-ddisgyblion Ysgol Sir Ystalyfera gymaint fu ei ddylanwad ar eu gyrfaoedd hwy.

Ac wrth enwi'r ddau gyd-letywr yn 6 Marble Terrace, E. J. Williams ac E. T. Davies cofiaf ddau beth arbennig am E. J. Williams a ddaeth yn grwt deuddeg oed o Ysgol Lanwenog i sefyll arholiad ysgoloriaeth i Ysgol Sir Llandysul ac Fehefin 12, 1915, a chael pob swm yn gywir yn y papur Rhifyddeg. Cafodd ei gyd-ddisgyblion yr Ysgol Sir Llandysul brofion lawer o'i alluoedd anarferol ddisglair. Ond y mae un achlysur yn aros yn fy nghof am E. J. Williams (Desi) ac E. T. Davies (Ianto Pencader) a minnau ar ryw noson braf tua mis Mai 1919, lan ar y banc heibio i Sunny Hill, a Desi yn cyhoeddi, yn hanner chwareus, fel y tybiem ni ar y pryd ei fod yn gweld seren o'i flaen, ac y byddai ymhen ugain mlynedd wedi ennill Doethuriaeth mewn Gwyddoniaeth a'r F.R.S. E. T. Davies a minnau oedd yn ei gwmni ar y pryd. Croniclodd Ianto y digwyddiad yn yr ysgrif goffa ragorol i Desi a gyhoeddwyd yn yr "Ad Astra" tua diwedd 1949 neu ddechrau 1950. O'r holl deyrngedau a dalwyd i'r diweddar E. J. Williams, teyrnged ei hen gyd-letywr yn 6 Marble Terrace yw'r un a ddengys yr adnabyddiaeth gyflawnaf ohono.

*Ar daith—Côr yr Ysgol i'r Almaen—Awst 1984*

## Y FFIN

Dyfed:
Goleiath y siroedd,
ac yn gocyn-hitio
pob Dafydd!
Talybont i Milffwrdd i Lanelli,
yn agos i ddeucan milltir
heb groesi'r ffin.
Dyfed:
yr anghenfil modern
a'i grafangau
yn dal yn dyn
yn rhwystro rhyddid
Penfro, Ceredigion a Shir Gâr.
Mae'r Teifi'n fwy nag afon,
a'i dyfroedd pysgodlawn
yn rhannu dynion.
Er y cyson gyfathrach,
ni chollodd y Cardi
ei ysbryd darbodus,
na gwŷr Shir Benfro
eu hannibyniaeth,
na'r Shir garwyr
eu balchder.
Er diflannu o'r map
deil y ffin
yng nghalonnau'r bobl.
Dyfed,
ti gollaist dy hud:
wyt yn landlord i bawb,
ond yn gartref—i neb.

*Meleri Jones 6I*

*1984—Mynedfa'r Ysgol gyda'r Bloc Crefftau Newydd ar y chwith*

SENIOR HOCKEY XI

*Back Row:* Miss B. Thomas, Juliet James, Jane Jones, Debbie Evans, Headmaster

*Front Row:* Ann Davies (*Capt.*), Nia Jones, Jann Jenkins, Mary Besley, Nicola Alligan, Ruth Evans, Delyth Davies, Llinos Daves, Meleri Jones, Mair Jones, Meinir Jones.

## ADREFNU ADDYSG UWCHRADD YN ARDAL CASTELL NEWYDD/LLANDYSUL

Daeth cyfnod Ysgol Ramadeg Llandysul ac Ysgol Fodern Castell Newydd Emlyn i ben yn 1984. Ysgol Ramadeg Llandysul oedd un o'r rhai olaf o'i bath yng Nghymru erbyn hynny. Yn eu lle darparwyd addysg gyfun ddwyieithog yn Llandysul, a sefydlwyd Ysgol Emlyn ar gyfer anghenion addysgol y plant hynny y mae eu rhieni yn dymuno iddynt gael eu haddysg drwy gyfrwng y Saesneg.

Teifi Valley's first bilingual school to be at Llandysul

Bilingual School proposal

C Journal 9/4/82

A BILINGUAL comprehensive school is to be established at Llandysul in Dyfed Education Committee's plan to reorganise secondary educ... ...eifi Valley.

PARENTS FIGHT RE-ORGANISATION PLANS

Rhaid cofnodi fod ymgyrch wedi bod yn yr ardal er hyrwyddo addysg ddwyieithog am flynyddoedd cyn hynny. Cynhaliwyd y cyfarfod cyntaf yn Festri Ebeneser, Castell Newydd ar Nos Iau, Ebrill 25ain, 1974—mwy na deng mlynedd cyn sefydlu Ysgol Gyfun Ddwyieithog Dyffryn Teifi. Etholwyd y Parch. Gareth Morgan Jones yn gadeirydd, Mr. Ainsleigh Davies yn ysgrifennydd a Mr. Dewi James yn drysorydd. Fe wnaeth y pwyllgor hwn waith clodwiw yn y dyffryn, a phan alwyd cyfarfod cyhoeddus yn Ysgoldy'r Eglwys yn Llandysul fe fu rhaid symud i Neuadd Tysul oherwydd i fwy na 400 o bobl ymgasglu. Roedd y neuadd dan ei sang pan wahoddwyd y Dr. Jac L. Williams o Adran Addysg Coleg Aberystwyth a Mr. Gwilym Humphreys, Prifathro Ysgol Ddwyieithog, Rhydfelen, Pontypridd i annerch.

Yn sgîl adrefnu i'r gyfundrefn gyfun y daeth addysg uwchradd ddwyieithog i Ddyffryn Teifi fel i rannau eraill o Ddyfed.

Bu wythnosau lawer o drafod yn y Cyngor Sir, ac o ymgynghori gyda rhieni ynglŷn â pha fath o ysgolion fyddai'n addas i'r dyffryn. Fe fu gohebu ffyrnig yn y wasg leol, ac fe ffurfiwyd y "Teifi Valley Education Association" i wrthwynebu sefydlu ysgol ddwyieithog.

Ar ôl derbyn yr egwyddor fod un o'r ddwy ysgol i fod yn ddwyieithog fe fu cyfnod o ddadlau brwd ynglŷn â'i lleoliad. Roedd swyddogion addysg y sir o blaid Castell Newydd oherwydd safle daearyddol y dref, ac i roi cyfle i ddisgyblion ardal tref Aberteifi i fynychu'r ysgol ddwyieithog. Roedd nifer fawr o'r cynghorwyr o blaid Llandysul oherwydd Cymreigrwydd yr ardal a hefyd oherwydd fod yno draddodiad addysgol heb ei ail oedd yn mynd yn ôl dros gan mlynedd. Pleidleisiwyd dros Llandysul fel lleoliad yr ysgol ddwyieithog. Daeth cyfnod maith yr Ysgol Ramadeg i ben.

Ym mis Medi 1984, mewn cyfnod o drawsnewid, fe ddefnyddiwyd rhan o'r adeiladau yn Llandysul gan ddisgyblion oedd dan drefniadaeth Ysgol Emlyn, sef disgyblion Blwyddyn 5 a 6 a berthynai gynt i'r Ysgol Ramadeg, ac yn Medi 1984 plant dosbarthiadau 1, 2 a 3 oedd yn derbyn addyg gyfun ddwyieithog.

Roedd y blynyddoedd cynnar yn flynyddoedd anodd i athrawon a disgyblion, ac roedd nifer o athrawon yn teithio'n ddyddiol rhwng y ddwy ysgol. Bu raid i bob athro yn y ddwy ysgol ail-gynnig am eu swyddi, a bu'r cyfweliadau yn swyddfa Cyngor Dosbarth Caerfyrddin ym Mhontweli.

Ychwanegwyd yn helaeth at yr adeiladau yn Llandysul cyn 1984 i gynnwys ystafelloedd arbenigol ar gyfer Celf a Chrefft ac addaswyd rhannau eraill i gwrdd ag anghenion ysgol newydd.

# 1985 - 1995

## BATHODYN YR YSGOL

Yn ystod Gwanwyn 1984 'roedd enw ysgol Gyfun Dyffryn Teifi ar dafodau pawb.

Cafwyd cystadleuaeth cynllunio bathodyn yr ysgol ac yr oedd nifer o blant yn dangos diddordeb ynddi. Y nifer mwyaf o liwiau y gallent eu defnyddio oedd tri.

Ar ddiwedd Eisteddfod olaf Ysgol Ramadeg Llandysul cafodd Helen Thomas a oedd yn ddisgybl yn y chweched dosbarth ar y pryd, wybod ei bod wedi ennill y gystadleuaeth.

Gellir rhannu'r bathodyn buddugol yn dair rhan. Y rhan gyntaf yw'r patrwm Celtaidd sy'n ffram i'r cyfan, ac sy'n cynrychioli'r bywyd traddodiadol Cymreig. Yr afon wrth gwrs yw'r ail ran. Yr Afon Teifi sydd yn ein hatgoffa am enw'r ysgol ac yn symbol o fywyd yn llifo heibio. Yn drydydd y mae'r bont yn pwysleisio'r ffaith fod yr ysgol yn bont rhwng y presennol a'r dyfodol a rhwng bywyd ifanc a bywyd yr oedolyn.

*Louise Thomas 3Y*
*Helen Thomas*
*Rowland Rees 3C*

# CYFWELIAD Â MR. T. LLEW JONES

*Pan oeddech chi yn ddisgybl yn ysgol Llandysul, ai chi oedd ffefryn yr athro Cymraeg?*
Nage, doeddwn i ddim yn ddisgybl da iawn. Pan oeddwn i yn yr ysgol, doedd yr athro Cymraeg a minnau ddim yn dod ymlaen gyda'n gilydd yn dda iawn. Mr. Parry oedd y prifathro y pryd hynny, ac ar ddechrau'r tymor roedden ni i gyd yn aros yn y coridor, a roedd e'n dweud:

"You, you and you,—French class".
"You, you and you,—Welsh class".

Cymraeg oedd yn agos at fy nghalon i. Doeddwn i ddim yn hoffi Ffrangeg o gwbwl, ac yn ystod y flwyddyn a hanner y bûm i yn y dosbarth Ffrangeg ddysges i ddim llawer. Ond wrth gwrs roedd y Gymraeg gyda mi, chi'n gwybod. Roedden ni'n byw mewn gymdeithas Gymraeg i gyd. Roedden i'n darllen llawer o Gymraeg a Saesneg. Dyna'r ddwy iaith a fyddai'n ffefrynnau gen i.

Pryd hynny, chi'n gwybod, roedd dysgu iaith ormod i wneud â gramadeg a doedden ni ddim yn dda iawn yn y gwaith hynny. Rwy'n dda iawn mewn iaith nawr. Ambell waith iawn rwy'n gwneud camgymeriad, ond rhywbeth sydd wedi dod drwy ddarllen yw e, ac nid rhywbeth rwyf wedi ei gael gyda'r athro Cymraeg. Chi'n gwybod, dim trwy ddysgu gramadeg a berfau a phethau felly.

*Pa atgofion sydd yn sefyll yn eich meddwl chi am eich amser fel disgybl yn Ysgol Ramadeg Llandsyul?*
Dwy'n cofio tipyn am yr ysgol. Fy hoff athro oedd yr athrawes Saesneg Miss Pearce. Roedd yr ysgol dipyn yn wahanol y pryd hynny. Roedden nhw'n *strict* iawn, a doeddwn i ddim yn mwynhau'r ysgol yn fawr iawn a does gen i ddim llawer o atgofion melys am Ysgol Llandysul. Rwy'n credu fod ysgol Llandysul yn well ysgol heddiw nag yr oedd hi y pryd hynny, er eu bod nhw'n pasio'r arholiadau'n dda iawn. Na, allwn ni ddim dweud fy mod i wedi mwynhau fy amser yn yr ysgol, na bod dim byd lawer yn aros allan. Roeddwn i'n mwynhau rhai gwersi, y wers Saesneg er enghraifft, am fod yr athrawes mor dda, a roeddwn i'n mwynhau chwarae criced, ac yr oeddwn yn gricedwr go lew.

*A oeddech chi'n hoff o ddarllen pan yn iau?*
O dier, darllen, dyna'r peth mawr roeddwn i'n ei wneud oedd darllen. Chi'n gwybod, pan oeddwn yn nosbarth y plant bach yn ysgol Capel Mair, sydd wedi cau erbyn hyn, rwy'n cofio'n iawn, mi ges i fynd i fyny at yr ysgolfeistr i'w glywed ef yn adrodd stori. A wyddoch chi, pan oeddwn i'n saith oed, fe ddarllenodd ef ddarn o'r stori yma, ac o, roedd o'n gyffrous, am faban bach yn cael ei adael mewn tollborth, a rhyw ddyn yn dod yn y nos i aros yn y tollborth ac yn rhoi'r babi yma i ddyn y tollborth, ac yna'n rhedeg bant. Fe wnaeth y darn yna argraff fawr arnaf, ar unwaith. Ar ôl hynny roeddwn i'n dweud wrth fy hunan "Os oes storiau fel yna mewn llyfrau, rwy'n mynd i'w darllen", ac mi ddechreuais ddarllen a darllen a darllen a darllen, cannoedd a miloedd o lyfrau, dwy' ddim yn meddwl fod neb yn darllen mor newynnog â mi.

Chi'n gwybod, roeddwn i'n cael chwe cheiniog gyda mam bob dydd Sadwrn i fynd lan i brynu *Penguin* yn siop Llandysul.

*A dyna pam y dechreuoch chi ysgrifennu llyfrau?*
Dwy'n digwydd credu fod hynny wedi bod yn help mawr i mi oherwydd mi ddysgais yn ifanc iawn sut yr oedd pobl eraill yn trin geiriau ac yn dysgu ysgrifennu storiau.

Ond hefyd, rwy'n credu mai dawn yr ydych chi wedi cael eich geni ganddi yw hi, hynny yw, dwy' ddim yn gallu canu er enghraifft, dim. Wel dyna ddawn na ches i ddim. Gall neb wneud canwr allan ohonof i. Stim ots pe byddech chi'n cael y proffesors mwyaf yn y wlad i drio fy nhreinio i ganu. Allen nhw byth â gwneud hynny, ond gyda darllen, a'r ddawn oedd gen i pan ges i fy ngeni, dyna beth a'm harweiniodd i ysgrifennu.

*Pwy oedd eich hoff awdur pan oeddech yn iau?*
Pan oeddwn i tua naw oed mi ddarganfyddes i Dickens, a gwnaeth ef argraff fawr arnaf. Oliver Twist oedd y nofel gyntaf i mi ei chael, a bues i'n crio a chwerthin gyda Dickens pan oeddwn yn grwt bach. Roeddwn i'n darllen yng ngolau'r gannwyll, ac yn hwyr iawn. Wel, wedyn ges i afael ar Daniel Owen hefyd, a'r pryd hynny doeddwn i ddim yn beirniadu wrth ddarllen, ac roeddwn i yn derbyn Daniel Owen gymaint â Dickens, yn arbennig, oherwydd bod yna fwy o lyfrau gyda Dickens. Roedd yna gyfres. Mi fues i'n darllen Dickens, ac yna ges i afael ar Robert Louis Stevenson a rhyw bobl a oedd yn ysgrifennu nofelau hanesyddol. Roeddwn i'n hoffi rheiny yn fawr iawn.

*Ble mae eich hoff le yng Ngymru a pham?*
Wel, mae dau fan lle'r wyf wedi treulio llawer o fy mywyd, Pentrecwrt, sydd wedi mynd dipyn yn ddierth i mi erbyn hyn, ac mi dreuliais fy mebyd a'm hieuenctid yno yn hapus iawn ac mae'r lle yna'n annwyl iawn i mi. Cwm Alltcafan—rwy wedi ysgrifennu darn o farddoniaeth i dalu ternged i'r lle yma; ac mae'r fro yma yn annwyl iawn i mi hefyd, sef bro Llangrannog.

*A ydych chi wedi meddwl ysgrifennu hanes eich bywyd?*
Rwy' wedi meddwl, a dwy' ddim yn credu y gwnai. Dwy' ddim yn gwybod wyddoch chi. Mae ysgrifennu wedi mynd yn awr, mae'n anodd iawn i chi gael pobl i ddarllen. Dim ond ychydig iawn o bobl sy'n darllen erbyn hyn. Mae'r cyfan ar y sgrîn neu ar dâp, a does neb lawer yng Nghymru yn prynu llyfrau. Chi'n gwybod mae'n dipyn o hen fusnes. Rydych chi'n ysgrifennu llyfr, mynd ag ef i'r wasg i'w gyhoeddi e, ac os nad ydi o'n gwerthu wedyn ry'ch chi'n torri eich calon. Mae llawer o storiau wedi mynd allan o brint, wel chi'n gwybod. I beth rwy'n ysgrifennu llawer os ydi fy llyfrau i yn mynd allan o brint? Roedden nhw'n dweud wrthyf i flynyddoedd mawr yn ôl fy mod i wedi gwneud cymwynas mawr a phlant Cymru trwy ysgrifennu'r holl lyfrau yma, ac mae'r un bobl nawr yn gadael y llyfrau i fynd allan o brint heb fecso dim. Rwy' wedi chwerwi tipyn hefo'r busnes ma. Yr hyn fydda i wedi ysgrifennu'n awr fydda'n nhw ddim yn cael eu cyhoeddi nes fydda i wedi gadael yr hen fyd yma. Fyddai'n eu cadw nhw o'r neilltu, ac os fydd fy meibion yn credu eu bod nhw yn werth eu cyhoeddi fedran nhw wneud hynny.

Fe fydda i wedi gadael rhyw bethau, fel dogfennau ar ôl, ond dwy' ddim yn mynd i ysgrifennu hanes fy mywyd a'i gyhoeddi fe yn ystod fy mywyd.

*Pa gyngor fyddech chi yn ei roi i ryw awdur ifanc sydd yn dechrau ysgrfennu llyfrau yn y Gymraeg?*
Y cyngor cyntaf fyddwn i'n ei roi iddo yw am ddechrau ysgrifennu yn Saesneg. Fel ei fod

yn gallu gwneud bywoliaeth allan ohono. Dyna'r cyngor cyntaf, oherwydd mae ysgrifennu'n y Gymraeg yn dorcalonnus iawn heddiw. Ond cyngor arall yw fod yn rhaid iddo fod wedi darllen digon o lyfrau Cymraeg os yw yn mynd i ysgrifennu yn y Gymraeg. Fel y gall fod yn feistr llawn ar yr iaith, fod honno'n byrlymu gyda ef. Dyna'r unig ffordd y gellwch chi ysgrifennu, neu mae'n mynd yn faich arnoch. Mae'n rhaid bod yr ysgrifennu'n dod yn rhwydd neu mae'n mynd yn waith caled. Darllen fuodd yn lles mawr i fi. Os nad ydych chi wedi cael y ddawn pan yn ifanc, os nad ydych chi wedi cael eich geni gyda'r ddawn i ddweud y gwir ni fyddwch yn cael llawer o lwyddiant. Mae hynny'n wir am bob peth chi'n gwybod, mae mathemategwyr yn cael ei eni efo'r ddawn. Rydych chi wedi cael eich geni gyda rhyw reddf i wneud rhywbeth chi'n gwybod. Cricedwr, athletwr a'r cyfan i gyd. Rydych chi wedi cael eich geni gyda rhyw dalentau, mae rhai'n cael mwy nag un, dwy' ddim yn gwybod pa gyngor arall y gallen ni ei roi iddo, fe fyddwn ni'n ei gynghori i beidio a gwangalonnu yn rhy fuan, oherwydd mae'n siwr o gael tipyn o anhawster i gael i gyhoeddi ei waith ac yn y blaen. Mae'n dorcalonnus i rywun sy'n dechrau ysgrifennu heddi. Pan rown i'n dechrau ysgrifennu ychydig iawn o lyfrau roedd i'w gael. Mae llawer o lyfrau wedi dod allan yn awr ond oes e?

*Beth yw eith hoff ddarn o waith rydych chi wedi ei ysgrifennu eich hun?*

Dwy' ddim yn gwybod, mae'n anodd iawn i mi ateb hwnna. Mae fel pe baech yn gofyn i fam pa un o'i phlant mae hi'n ei hoffi fwyaf, fe fyddai hi'n siwr o ddweud ei bod hi'n eu hoffi nhw i gyd. Rwy'n teimlo fel rhyw dad iddyn nhw, a dwy' ddim yn hoffi dweud fod un yn well na'r llall, er rwy'n credu efallai mai *Dial O'r Diwedd* yw'r gorau. Y nofel sydd yn datblygu ac yn gorffen orau ond mae'n anodd i mi ddweud fod honna mlaen, er mae diwedd go lew gyda mi wedyn i *Dirgelwch yr Ogof.* Na dwy' ddim yn mynd i ddweud fod un yn well na'r llall, rwy'n meddwl eu bod nhw i gyd yn dda!

*Beth rydych chi yn meddwl am yr adrefnu o ysgolion sydd yn Nyffryn Teifi yn awr/*

Rwy' wedi bod yn meddwl tipyn obiti hwnnw ers blynyddoedd ac mae wedi dod i ben yn awr. A oedd rhyw ffordd arall y gallen ni ei wneud e? Rydyn ni'n colli llawer, ond efallai mai dyna'r ffordd orau i ddiogelu rhywfaint wrth wneud y trefniant yma. Mae'n siwr o fod yn iawn, ond wrth ein bod ni'n gwneud ysgol Castell Newydd yn ysgol Saesneg rydyn ni'n colli llawer o Gymry Cymraeg.

*Beth yw eich prif hobiau?*

Chwarae gwyddbwyll a gwneud croeseiriau'r *Times.* Rwy'n chwarae tipyn bach o wyddbwyll, er dwy' ddim cystal â fy mab sydd yn chwarae dros Gymru, ac rwy'n chwarae tipyn bach drwy'r post.

Ond croeseiriau'r *Times* rwy'n ei gwneud a rwy'n gobeithio gorffen cyn mynd i'r gwely'bob nos. Mae croesair y *Times* yn beth y mae'r Sais yn galw'n "rewarding" iawn, pam rydych chi wedi ei wneud. Rydych chi'n teimlo eich bod chi yn gallu gwneud rhywbeth.

*Aled Jones, 3Y ac Amanda Morgan 3Y*

## EFEILLIAID

Fy enw i yw Eurgain Dafydd ac fel mae bron pawb yn gwybod rydw i'n un o efeilliaid. Heledd yw enw fy efaill ac rydym yn wahanol iawn yn ein ffyrdd. Mae gen i wallt coch a gwallt golau sydd gan Heledd. Mae hyd yn oed ein grwpiau gwaed yn wahanol. Mae Heledd yn negyddol a chadarnhaol ydw i. Heledd yw'r fwyaf anniben a hi yw'r un fwyaf drygionus yn y teulu. Pan oeddwn yn fach roeddwn bob amser yn gwisgo dillad yr un peth ond yn awr rydym yn gwisgo dillad hollol wahanol. Rydym yn ffrindiau y rhan fwyaf o'r amser ond weithiau byddwn yn cweryla ac yn ymladd gyda'n gilydd. Does dim dal pwy sy'n ennill! Cawsom ein geni yn Ysbyty Bronglais yn Aberystwyth ar Ragfyr 30, 1971. Rydym ein dwy yn dair ar ddeg ond mae Heledd ddeng munud yn hŷn na fi.

Nid wyf i'n poeni llawer fy mod yn un o efeilliaid ond weithiau nid yw rhai pobl yn credu ein bod yn efeilliaid pan rydym yn dweud wrthynt. Hefyd, weithiau byddaf yn meddwl y byddai'n well gen i fod ddim ond yn chwaer i Heledd ond mae Heledd a fi yn cytuno yn iawn y rhan fwyaf o'r amser a does dim gwahaniaeth gennym ein bod yn efeillaid.

*Eurgain Dafydd, 2Y*

Pan oeddwn yn llai roedd yn gas gennyf fod yn un o efeilliaid oherwydd roedd fy chwaer Eurgain a finnau bob tro yn gwisgo yr un pethau. Roedd rhai plant yn ein galw ni yn enwau ond nid oeddwn yn cymryd dim sylw ohonynt.

Ond mae pethau wedi gwella. Pan ddechreuodd Eurgain a fi yr ysgol Uwchradd dechreuom wisgo yn gwbwl wahanol. Nid oes neb yn ein galw ni yn enwau dim ond un neu ddau ac rwyf yn teimlo'n fwy cyfforddus.

Mae fy chwaer a fi yn hollol wahanol yn ein meddyliau hefyd. Nid ydym yn hoffi yr un grwpiau pop na rhaglenni teledu, wel dim ond rhai. Mae hyd yn oed ein grwpiau gwaed yn wahanol.

Ond ar y cyfan nid oes ots gennyf fy mod yn efaill.

*Heledd Dafydd, 2Y*

Parti Bechgyn dan 15 a enillodd y wobr gyntaf yn Eisteddfod Sir yr Urdd

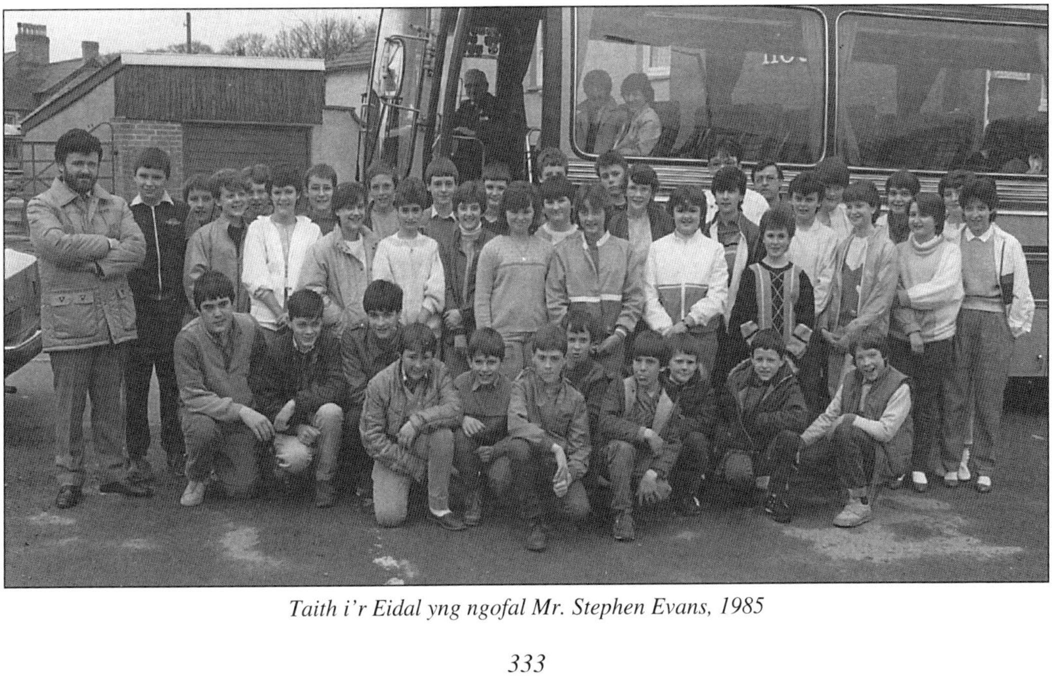

Taith i'r Eidal yng ngofal Mr. Stephen Evans, 1985

HOCI
*Cefn:* Alison Smith, Meinir Davies, Catrin Davies, Nia Jones, Llinos Davies, Angharad Lewes, Amanda Savinelli, Helen Morris, Denise Davies, Heledd Davies, Heledd Dafydd.
*Blaen:* Miss B. Thomas, Nia Thomas, Enfys Jones, Heddwen Davies (Capten), Nicola Jones, Janet Phillips, Mr. A. Pierce.

RYGBI
*Rheng ôl:* Adrian Davies, Aled Thomas, Rhodri James, Rhys Lewis, Andrew Evans, Aled Jones, Rhys Jones, Ceri ap Dafydd, Mydrian Harries, Siôn Jones Angus Dunseath.
*Rheng ganol:* Y Prifathro, Gethin Evans, Eurig Jones, Barry Williams (Capt.),Rhydian Lloyd, Gethin Vobe, Mr. K. Evans.
*Rheng flaen:* Dylan Evans, Barry Evans, Iwan Jones, Huw Jenkins.

*Tîm hoci hŷn 1987*

*Mrs. Lil Thomas, Cogyddes.*
*Bu'n bwydo'r miloedd ers 1969. 'Yma o hyd'.*

## GOLYGYDDOL

Dyma fe! Y cylchgrawn sy'n dod a disgleirdeb a digrifwch i fywyd pedantig y disgybl cyffredin. Am amryw o resymau, mae yna saib wedi bod ers i'r Bwrlwm Teifi cyntaf cael ei gyhoeddi. Ond gan mae eleni yw'r flwyddyn gyntaf i ni gael ysgol gyflawn, gobeithio bydd y chweched dosbarth yn gyfrifol am gynhyrchu cylchgrawn blynyddol o hyn ymlaen.

Gwir fyddai dweud bod cyfnod cychwynnol Ysgol Dyffryn Teifi wedi bod yn un prysur. I ychwanegu at helynt yr adrefnu a'r gweithredu diwydiannol, mae'r Ddeddf Addysg newydd yn disgyn ar ein pennau. 'Cwricwlwm Cenedlaethol' yw'r ddau air radical fydd yn ein herio mewn blwyddyn neu ddwy. Gofynnwn y cwestiynau: A fydd gennym addysg hollol gytbwys? A fydd dewis gennym dros ein pynciau? A fydd yna bynciau yn diflannu? A fydd gan ysgolion Cymru fantais neu anfantais dros ysgolion Lloegr? Mae'r cwbl yma yn ein gwynebu.

Hoff-beth Mr. Baker yn ddiweddar oedd yr arholiad newydd—y TGAU. Mae rhai yn cynnnig ei fod yn symlach na'r hen lefel 'O', ac mae eraill wedi sôn am y canlyniadau'n cael eu haddasu fel i beidio creu embaras i'r Llywodraeth. Cyhoeddwyd mewn papur safonol bod munudau cyfarfod rhwng yr Adran Addysg a'r Pwyllgor TGAU yn sôn am 'Examining groups should identify positive points', ac yna 'should publicize as appropriate'. Serch hyn, cawn wybod y gwir mewn dwy flynedd pan ddaw'r canlyniadau lefel 'A' allan. Dyna pryd byddwn yn gwybod a yw'r safonau wedi codi, gostwng, neu wedi aros 'run peth.

Mae'r ysgol erbyn hyn yn ei phumed blwyddyn, ac ni allwn anwybyddu ei chynnydd. Gobeithio'n wir y bydd Dyffryn Teifi yn dilyn patrwm llewyrchus yr ysgolion dwyieithog eraill sydd yng Nghymru. Fe ddaeth chwech athro ychwanegol i'n hysgol ym mis Medi, ac mae nifer y disgyblion sy'n dod mewn i'r ysgol wedi cynyddu bron i 200% ers y flwyddyn gyntaf. Dengys y ffigyrau yma bod addysg ddwyieithog yn llwyddo yn y dyffryn. Mae hi'n bwysig i bawb—yn blant, yn athrawon ac yn rieni—i ymestyn y llwyddiant yma i'r ganrif nesaf, ac i sicrhau tynged ffafriol i'r iaith.

*Rowland Rees, 6II*

## NODIADAU'R FLWYDDYN YSGOL 1987/88

Agorodd yr Ysgol ar y pedwerydd o Fis Medi am y bedwaredd flwyddyn ac ymunodd 108 o ddisgyblion newydd â'r ysgol.

Gan na fu chweched dosbarth gyflawn yn yr ysgol cyn hyn fe gynhaliwyd bore o gyflwyniad i ddisgyblion y chweched.

Cawsom nifer o athrawon newydd hefyd, daeth Miss Rhiannon Davies o Ysgol Aberteifi i fod yn bennaeth ar yr ysgol uwch. O Ysgol Emlyn daeth Mr. Islwyn Evans i ddysgu cerdd a Dr. Gwynfor Griffiths fel pennaeth Gwyddoniaeth. Ymunodd Mrs. Mair Wilson a Mr. Terry Jones i ddysgu ymarfer corff.

Gadawyd bwlch dirprwy brifathro wedi ymddeoliad Mrs. June Lloyd Jones ac fe'i lenwyd gan Dr. Jeffrey Jones.

# COLLI

*(Buddugol yng nghystadleuaeth y Gadair—Eisteddfod yr Ysgol 1988)*

O! dderwen gref
Mor llwm a hagr—
I ble aeth dy geinder di?

Mor fywiog 'roedd dy osgo ddoe—
Ddoe, cyn y lladdfa,
Dy ddail yn gyffro yn y gwynt,
Dy frigau'n dawnsio,
Dy flodau'n fflam
A'th ffrwyth yn aeddfedrwydd llawn.
Ddoe—mor llon oedd cân yr adar
Yn dy gysgod di
A'u nodau fel sain nefolaidd gôr
Ar uchel frig.

Heddiw, rwyt fedd i'th harddwch.
I'r wig, daeth gaeaf
Yn drwsgl
  a dinistriol.
A' i frws trwchus,
Paentiodd ddiflastod llwm
Dros fireinder y coed.
Amlinellodd dy amryliw ddeiliach
Â du trwchus angau,
Ac fe'u collaist oll;
Ffarweliaist â'th deulu
A ddenwyd i estron fan
Gan fywyd newydd.
A dyma ti yn gnotiog noeth
Fel mewn gaeaf niwclear.
Mor rhychiog dy ganghennau llwyd,
Di-liw, di-lun, di-urddas.
Sugnwyd bywyd o'th wythiennau
Yn fuddugoliaethus fud.

Colli wnest dy wychder oll—
Ond colli wnest i adfer eto
Pan ddaw dy wanwyn.

* * *

O! wraig bedairugeinmlwydd lwyd,
Mor hen, mor welw—
I ble'r aeth dy afiaith hoen?
Mor brydferth a phrysur dy natur
ddoe—
Ddoe, cyn yr heddiw hyll—

Dy lygaid yn gynnwrf crisialog,
Dy rudd ar dân
A'th wên ddiddig, ddistaw
Ddoe, mor llon yr oeddit
A chynnes braf.

Ond heno,
Coeden hydrefol wyt ti—
Coeden a yrrwyd ac a gurwyd
Gan anterth drycin bywyd.
Fe'th gurwyd ac fe'th gleisiwyd
Gan brofiadau chwerw, myglyd.
Fe'th frifwyd,
Yn ystod y tymhorau cynnar
O wanwyn mwyn a haf bras
Gan ei hiraeth a'i ddyheu.
Fe'th fowldiwyd gan dy emosiwn
Fel clai yn llaw'r cerflunydd;
Lluniwyd rhychau ar dy groen
eog-welw—
Pob rhych yn symbol o bryder
Neu ofn.

Collaist dy harddwch
Fel y cyll coeden ei dail;
Collaist y tinc o'th lais
A'r rhos o'th foch.
Wedi aeddfedrwydd dy haf,
Gwelaist sychu a phydru dy ffrwyth
Yn yr hydref,
Ac heno, rwyt ddeublyg, cnotiog
Yng ngaeaf dy flynyddoedd.

Collaist dy hoen a'th afiaith
A dyma ti ar drugaredd y gyfundrefn lês;
Ni ddaw it wanwyn eto.

*Sioned Jones 6II (llynedd)*

*Taith i Lundain. Dosbarth chwech cyntaf Ysgol Dyffryn Teifi.*

## MY FATHER

My father is a very dedicated man, dedicated to his work and very ambitious. He has great warmth and love for his family and friends. He is very well known for his love of practical jokes. He was only telling me yesterday about a joke letter that he has sent to a person working in Jewson. Now that's the kind of person he is.

He is fortyish, although he tells everybody he's celebrating his twenty-first birthday. A very tall man of six feet one inch, he has thin, striking features, and streaking silver grey hair. My father is very proud of his hair. Why? Because so much of it has stayed on for so long—he is obviously not bald, YET! His deep blue eyes are replicas of large lakes in the Lake District, and his honey coloured hair glows in the sunlight. His bushy eyebrows rather remind me of a cunning fox's tail, and his strong hands hold me tight when I am the slightest bit scared—which again shows what a lovable person he is. His ears tend to stick out rather prominently like saucers. He says that Dumbo the Elephant has big ears and is famous, so why shouldn't he be?

I've described my father's appearance rather briefly, so now I can start describing his interesting personality. He loves talking to elderly people, which is nice because of his work—he is a Minister at Penybont Chapel. He also works at a college in Cardigan. Yes! You're right! He likes working with young people as well! He does a lot of carpenter's work at home and Glyn Nest Baptist Home for the elderly. My father hates being the centre of attention (although he is the chairman of a few local committees). Dad doesn't like going at all to do's and dinners; he doesn't like going out at all actually.

Dad has a few habits. Yes, even the best of people have annoying habits. I can hear you saying.

'No never, your father couldn't have any annoying habits.

But that's where you are wrong!

'What kinds of habits?' you ask, well some include making noisy sounds when eating, licking his fingers (accidently on purpose) to annoy me. Another one that irritates me happens every Sunday, without fail. He finishes his prayer by saying 'AMEN', but before saying that he closes his mouth, pauses, opens it again making a "TST TST' sound, and says it. It makes me cringe.

I have only been embarassed by him once in my life. And that was when he walked in along side the headmaster into the dining hall, where I was enjoying my dinner. Everyone just stared at me, saying,

'Oooo! Look! There's your dad.'

I really wished the floor would open up and swallow me! (Not that there's anything to be embarassed by him, just that it felt embarassing at the time.

Dad's hobbies come next. He enjoys all kinds of sports, especially golf, tennis and athletics. He hopes to be the next Nick Faldo, but I don't think there's much chance of that! When Wimbledon is on the air, he is in front of the so called 'Idiot Box' all the time. He just sits on the seat, gazing respectfully at the skilful tennis stars. I think he was slightly jealous of me when I went to Wimbledon with the school, but he won't admit to it.

He does NOT, I repeat, does NOT enjoy shopping. Oh no. Especially with my mother and me because we always end up spending hours in stores deciding whether to buy an article or not! Mam complains.

'I don't have enough clothes, come and help me buy something new.'

But no, he just runs out of the room telling her to buy something for herself, and that her choice isn't up to him.

Dad has a catchphrase—the same one that Magnus Magnuson uses—

'I've started so I'll finish.'

He uses it if he's watching something on the television, and I don't want to watch it. So one day last week I was watching Wimbledon while I was supposed to be revising! He gave me a row, but I said,

'I've started so I'll finish.'

That really got him back.

I love my Dad from the bottom of my heart. He is the most interesting, kind, generous, loyal, gifted, gentle and loving person in the world (Well Joint first with Mam!)

*Sioned James 3Y*

## GWOBR GYNTAF CYSTADLEUAETH Y WESTERN MAIL

*Dyma'r traethawd a enillodd y wobr gyntaf yng nghystadleuaeth traethawd Saesneg Western Mail 1988* i Peredur Evans 2Y

Mothyr
Trelew, Chubut,
Argentina,
S. America

July 10th, 1887

Dear Tomos,

It is now three months since our departure from Liverpool and I can assure you that a great deal has happened since then.

As you know, The Mimosa was the name of the ship and I am full of praise to its builders for designing such a remarkably strong ship.

It carried us across the ocean and bore many violent storms and apart from an unfortunate man who died from dysentery, the journey was successful. It took us over two months altogether and we landed in Argentina three weeks ago.

We landed in Port Madryn, which is named after one of the first Welshmen who arrived here. It is an ideal place for landing and situated on a beautiful beach that stretches for miles on each side. We were amazed at the sight of the setting sun on the horizon and the sea seemed to be glistening in the powerful rays of the majestic sun.

However we were soon disappointed when, after travelling a mile or two inland found not the lush green grass of the prairies, but an empty country of mile upon mile of dust and dry land.

At first, we scanned the horizon for any sign of civilization but only the flat, dry land was to be seen with an occasional scrub-like bush to break the monotony.

The Quechua Indians seem very friendly although we haven't talked to them yet. They are a light brown coloured tribe and are to be seen galloping in great clouds of dust across the barren landscape.

The Indians ride handsome horses and wear nothing more than a colourful garment from their waists to their knees. I was astonished when I first saw them, for they are so wild-looking and yet so spectacular to watch.

We are, at the moment, waiting for one of the Welshmen from the first group of settlers to come and lead us to the new village. To do this, we will have to travel on foot along the winding Chubut River and eventually reach our longed-for destination.

Many of our party have already lost confidence after the shock of the first sighting of land.

To be honest with you, my heart sank too when I first saw the desert-like land, but after reminding myself of the severe living conditions in Wales, I soon became excited at the prospect of joining a new colony of Welsh people in a far away land.

A feeling of homesickness comes over me every night as I lie awake staring up at the crystal stars.

I cannot stop my mind from wandering to Wales and to the comfortable bed in which I used to lie. I often hear Mam's voice still ringing in my ears and Dad's deep voice persuading me to stay in South Wales. Then, after I refuse, I hear Mam crying and Dad comforting her.

Those sudden pains come to me often and although I am glad of my freedom from Wales, I long for my parents and the friends I left behind.

On this note, I'll finish my letter and send my regards to everyone in my homeland.

With loving memories,

Dai Ty Mothyr

## THE LLANDYSUL FLOODS

It was around the month of October in 1987 and it had been raining very hard that Friday and Saturday night. Unfortunately something dreadful was happening in the village of Llandysul which my family and I didn't know of.

That Sunday morning my father and I were going down to our coal yard in Pontweli to feed a stray cat and check if everything was allright down there but we were stopped before the bridge by two policemen. They told us that the place was flooded with wild, strong and monstrous water eating its way through the rocks and roads in its path.

My father went to park the car in a decent place and afterwards we walked down to see what was happening. We were surprised to see about three feet of the river Teifi eating its way into, and making holes in the roads and water rushing into the houses.

People hurried from every direction in the village to see this dramatic scene which hadn't been seen for over forty years. The monstrous water took the place of the roads; the river now ran in all directions.

People looked horrified watching large tree trunks weighing many tonnes float out of a nearby sawmill. Two of the houses nearest the river had to be evacuated and the residents saved by firemen.

While all this was happening the water was still forcing its way through Pontweli.

The water was a sort of brownish colour and was looking very unhygenic.

This was one of the worse floods this century and all the local inhabitants hope they will never see such a disaster again.

*Lowri Jones 2Y*

*Enillwyr Cwpanau y Mabolgampau*

*Tîmau Tenis 1988-89*

# NODIADAU'R FLWYDDYN YSGOL (A-Y)

Agorodd yr ysgol ar y 4ydd o fis Medi 1989.
Bu Dosbarth pump yn ymprydio er mwyn yr amgylchfyd.
Collodd tîm rygbi hŷn yr ysgol yn drwm.
Chwaraeodd tîm tenis yr ysgol yn Coventry.
Darlithiodd yr Athro Hywel Teifi Edwards i 6II.
Ddysgu treiglio yw'r gamp mewn gwersi Cymraeg.
Enillodd y côr Meibion . . . lawer o glod am berfformiad gwych yn Bi Bop a Lwla.
Faint o rieni ddaeth i'r cyfarfod blynydol?
Ffarweliodd Heledd a Mabon â ni am Guyana.
Gwych fu perfformiad yr ysgol yn y gyngerdd Nadolig.
Hael fu cyfraniad yr ysgol i Blant mewn Angen.
Ia ac eira fydd yn disgwyl y sgiwyr yn Awstria—Gobeithio!
Jiawch ma' cinio ffein 'da Mrs. Lil Thomas.
Lawr ar lan y môr bu dosbarth Bywydeg dosbarth 4.
Lliwiodd Mr. Byron Thomas ei wallt yn las.
Methiant ????? ni fu methiant!!
Neville James yw Cadeirydd Llywodraethwyr yr ysgol eleni.
'Ngar y dyn gyrfaoedd aeth Dici Wil am dro.
O Marseilles y daw Mlle. Marie Dominique ein hassistant.
Parablu'n barhaus wna Mr. Pierce ar yr uchelseinydd.
Philip Ainsworth—gwelwyd ei eisiau yn yr Adran Ffrangeg.
Roedd perfformiad Theatr Gorllewin Morgannwg o Vanessa Drws Nesaf yn wefreiddiol.
Rhedodd Hannah Griffiths ym Mabolgampau Dyfed.
Syfrdanwyd pawb pan eilliodd Mr. Clem Lewis ei farf.
Trechwyd y Tîm Rygbi 7 bob ochr yng nghystadleuaeth Plant mewn Angen.
This is a Bilingual School and this is for the benefit of our English friends.
Ust!—mae Deian yn gweithio.
Wedi Mr. Jeffrey Jones daeth Mr. Ainsleigh Davies yn ddirprwy.
Ymwelodd y Parch Eirian Rees a'r ysgol.

*Betsan Dafydd*

'Nearly a quarter of the pupils of Ysgol Dyffryn Teifi were well and truly on song this week. Over 100 young people were on their way to London to compete in the Music for Youth Festival at the Royal Festival Hall. Both the senior and junior choirs have won through to the final rounds of the prestigious musical contest—the only school in Britain to achieve the double. The school raised over £5,000 towards the cost of accommodation and travel. It has been one mighty effort involving th parents and the local community.'

*Tivyside July 1989*

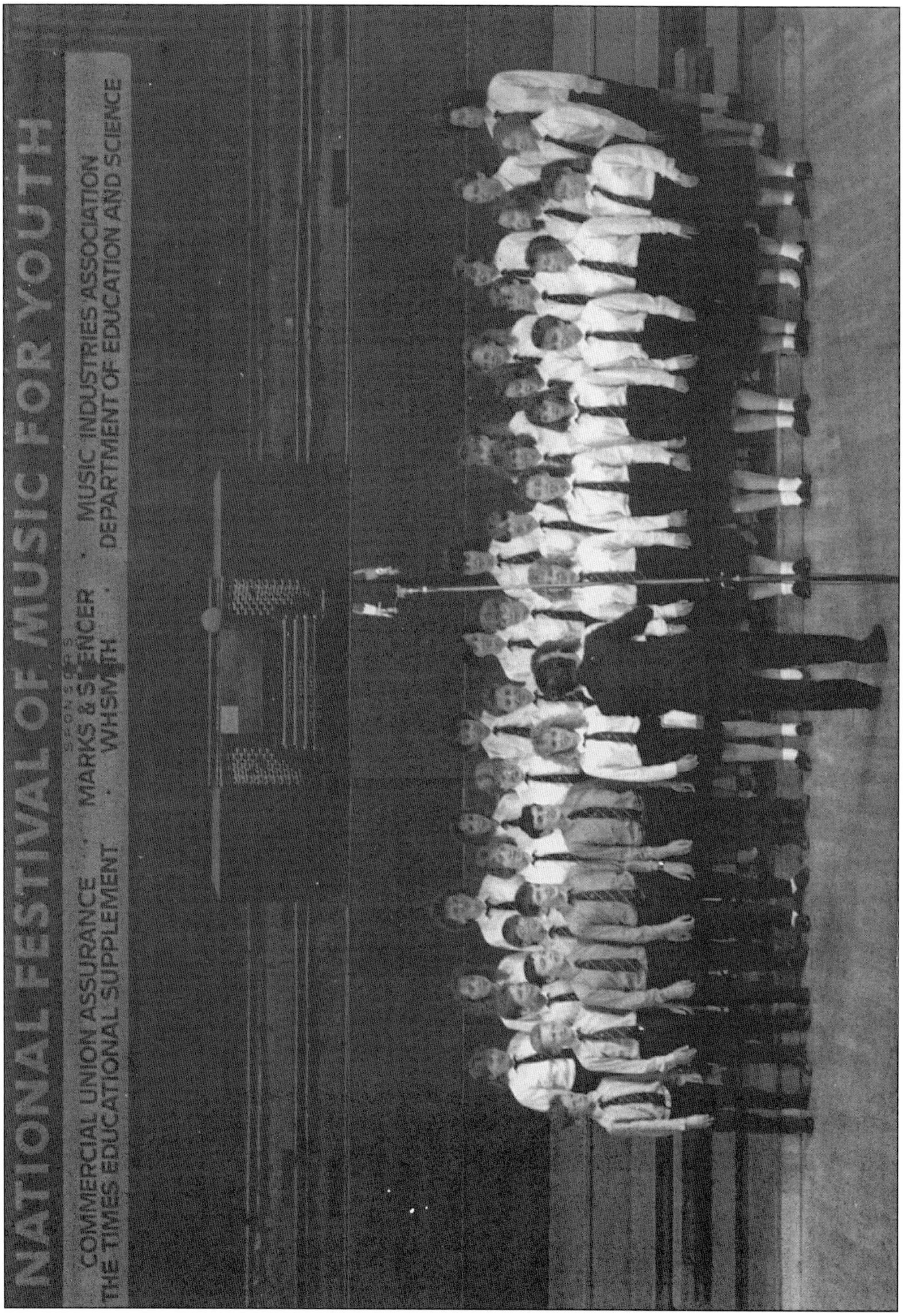


*Un o'r ddau gôr a ymddangosodd yng Ngŵyl Gerdd Ieuenctid Prydain yn y Festival Hall, Llundain, Gorff. 1989.*

Disgyblion Hŷn a ddaeth yn ail yn genedlaethol yn y Cwis Llyfrau—Ebrill 1989.
*Rhes flaen o'r chwith:* Catrin Davies, Heledd Dafydd, Sandra Rees.
*Rhes ôl o'r chwith:* Heledd Davies, Ryland Davies, Rowland Rees, Eurgain Dafydd.

## HELEN

Prynhawn Sul cynta yn Awst a ninne fel teulu wedi bod yn crwydro Dyffryn Conwy. Dychwelyd tua 5 o'r gloch i'r maes Carafannau ac erbyn hynny rhai ffrindie wedi cyrraedd, a ninnau yn edrych ymlaen yn awchus i'r 'steddfod yn Llanrwst. Clywed wedyn bod rhyw ferch o Gymru wedi cael damwain ddifrifol yng Nghomin Greenham. Rhyw sôn ei bod hi'n dod o ardal Castellnewy'. Meddwl a thrafod pwy tybed alle hi fod. Dod i'r casgliad mae'r unig ferch o Gastellnewy' fydde'n debygol o fod yno fyddai Helen Thomas. Na, fydde hi ddim yno a dyma daflu'r syniad o'r neilltu. Penderfynu ffono mam i weld tybed a wedd hi wedi clywed rhywbeth. Ffono mam—Helen oedd y ferch. Cael ein parlysu gan y newyddion. Roedd fel hunllef. Anodd credu'r peth. Gwrthod credu'r peth. Yna ymhen amser gorfod credu'r peth. Ffonio Janet a John i gydymdeimlo â nhw. Dyna'r alwad ffôn fwyaf anodd i mi orfod ei wneud erioed. Teimlo fy mod mor bell ac yn methu a bod o unrhyw gymorth na chysur iddynt. Taenwyd cwmwl o dristwch dros yr holl le. Meddwl am y teulu yng Nghstellnewy' yn ei gofid. Meddwl am Helen a'i daliadau cadarn.

Roedd hi'n ferch arbennig. Cofiaf hi'n dod i'r Ysgol Ramadeg yn Llandysul yn ferch benfelen a gwên ar ei hwyneb. Bob amser yn siriol ac yn llawen. Merch amryddawn mewn sawl maes. Roedd yn llawn egni boed waith neu chwarae. Llwyddodd yn ei arholiadau safon 'O' ac yna aeth ymlaen i astudio Hanes, Saesneg a Chelf i safon 'A'. Yn ystod y cyfnod hwn y gwelwyd ei chymeriad yn datblygu ac yn blodeuo. Dyma gyfnod y ffurfio barn a'r farn honno yn un unigryw a chwbwl annibynnol. Yr adeg yma roedd ganddi ddiddordeb mawr mewn newyddiaduraeth a threuliodd llawer o amser adeg gwyliau ysgol yn gweithio i'r 'Teifi Side' yn Aberteifi. Dyma gyfnod a osododd seiliau cadarn i'w dyfodol. Roedd yn arlunydd da iawn a phan oedd ar fin adael yr Ysgol Ramadeg daeth cyfnod yr ad-drefnu yn hanes Addysg Uwchradd yn Nyffryn Teifi. Gofynnwyd i rai fynd ati i gynllunio bathodyn newydd i Ysgol Ddwyieithog Dyffryn Teifi, a'i chynllun hi a fabwysiadwyd. Yn wir fe welir yn y bathodyn ei daliadau hithau. Y patrwm Celtaidd yn cofleidio'r cyfan, fel pe tae yn gofalu am blant y dyffryn ac oddi mewn y pontio, y cyfamodi, a'r cyd-fyw. Mae llawer iawn o Helen i'w weld yn y bathodyn syml hwn.

Ar ôl llwyddo yn ei safon 'A' aeth i Brifysgol Lancaster i astudio Hanes. Daeth yn hoff iawn o Hanes Cymdeithasol a dyna fu prif faes ei hastudiaeth ar ôl gadael y Brifysgol. Graddiodd gyda gradd anrhydedd mewn Hanes ac yna yn hytrach na chwilio am swydd diogel gwelwyd hi yn dechrau agor cwys ei hun.

Teithiodd i India am chwe wythnos a chael ei synnu a'i thristau gan y tlodi a welodd yno. Bu mewn cysylltiad a'r Fam Theresa a'i mudiad. Yna dychwelodd i Gymru wedi cael ei siomi'n fawr yn ei chyd-ddyn a phenderfynodd droi ei phrofiad yn weithredoedd pendant er lles rhywun arall. Treuliodd gyfnod yn gweithio'n wirfoddol gyda Chymorth i Fenywod yng Nghaerdydd ac yna yn Ebrill 1989 penderfynodd fynd i fyw i Gomin Greenham. Bu'n gweithredu yn enw C.N.D. gan ddioddef gwawd a gwatwar a sen pobl. Yn ystod ei chyfnod yn Greenham bu wrthi'n cyfieithu dogfennau i'r Gymraeg. Yn wir roedd i'r Gymraeg le cynnes iawn yn ei chalon. Cefnogai Gymdeithas yr Iaith a threuliai peth o'u hamser hefyd yn swyddog gyda'r Urdd yng Nglanllyn.

Danfonodd lawer o lythyrau o Greenham i'w mam ac o'u darllen cawn ynddynt gyfoeth o'i syniadau a'i daliadau. Bydd rhain, er tristed y sefyllfa, yn ddogfennau pwysig sy'n datgelu i ni deimladau merch ifanc a aberthodd lawer o bleserau er mwyn cynorthwyo cyd-ddyn mewn argyfwng. Gobeithio rhyw dydd y gwêl y llythyron hyn olau dydd er mwyn i lawer nad adnabu Helen gael cipolwg ar gymeriad prin. Roedd Helen yn byw yr hyn yr oedd yn credu ynddo.

Roedd Helen yn ferch ddidwyll, garedig a gweithgar. Meddai ar egwyddorion cadarn a'r egwyddorion hyn a gai'r lle blaenaf yn ei bywyd—heddwch, chwarae teg, hawliau menywod, a chyfiawnder. Roedd yn ferch ddiymhongar a gofidiai am eraill llai ffodus na hi mewn cymdeithas.

Bu colli Helen yn golled fawr i'r teulu, yn golled fawr i'r gymdeithas ac yn golled fawr i genedl fechan. 'Oni heuir ni fedir' yw arwyddair yr ysgol ar y bryn. Do, fe heuodd Helen lawer yn ystod ei hoes fer. Yn anffodus ni chafodd y cyfle i fedi yr hyn a heuodd ond rwy'n sicr y bydd cenedlaethau'r dyfodol yn medru medi ac elwa o'r hyn a heuwyd ganddi hi. Mor addas yw geiriau'r gân i fynegi ei daliadau. Yr un yw'r neges i ninnau.

'Daliwn ddwylo'n gilydd
A'u dal dros heddwch byd.'

*Mr. Ainsleigh Davies*

## ME MYSELF

I am small for my age and not long ago I was mistaken for a nine year old which made me quite unhappy. The incident happened when I was in a very posh shop in Aberystwyth trying on bridesmaid dresses for my brother's wedding and the lady said, 'I'm not sure if they make the dresses to fit nine year olds'. As she said it she smiled at me and then she added, 'You are nine aren't you?' I had to explain that I was twelve and quite small for my age. She went as red as the sky when the sun is going down when it has been a hot day, and she couldn't stop apologizing for the rest of the time we were there.

My hobbies include singing, reading and talking. I do most of the singing in competitions as a soloist and in two school choirs. I've got five trophies and one medal for singing which I am quite proud of. The reading I do before I go to sleep. I enjoy the range of Sweet Valley High books. I also like war stories. My favourite so far is *When the Sirens Wailed* which was about three children who went to the country during the war from the city. As for the talking, I do that all the time. I even talk in my sleep!!!

I dislike snakes, spiders and people who make fun of me because I am small or because I have a high-pitched voice. I'm often called 'titch' or 'squeaky toy' and though I hated it at the start I've learnt not to take any notice of people who say things like that.

My worst fault is that I am fussy. I spend half an hour doing my hair in the morning and I take twice as long to do my face up if I'm going somewhere. Looking good is very important to me although I don't usually succeed.

The ideal man for me would have many qualities including a good personality and good looks and he'd have to be pretty generous with the cheque book. Personality must be the most important to me even though looks would be the most important to many. I mean, imagine having a man who looks a million dollars but has the personality of a wet blanket. He'd have to be funny and he couldn't have a bad temper. Second come the looks. He'd have to be a Michael J. Fox lookalike with blue eyes and a lovely tan. The cheque book bit would be essential that I could buy all my makeup, expensive jewellery and clothes. (If anyone knows anyone like that his phone number would be gladly accepted).

My ambition is to star in a musical like 'Grease' which is my favourite film. I wouldn't mind appearing on stage either. I'd like to be an actress or a journalist when I am older. I wouldn't mind singing in a pop group either. One of my best friends and I have got together a pop group called 'Enfys'.

If I were Prime Minister for the day I would take cigarettes off the market because they are really bad for you. They can cause cancer and cancer is a disease which can kill. I don't understand how anyone can inhale a puff of smoke because it looks 'cool'. What's the point? The second thing I'd do is stop cruelty to animals such as testing make-up on them and hunting. Would you like to be chased for hours on end and then when you are half dead with exhaustion all these dogs jump on you and rip you to pieces? It's murder and must be stopped.

My most prized possessions are my pets. Bwbw my dog and Thomas the cat are great and I love playing with them. I've always loved animals and when we lived in North Wales we had a horse, a goldfish, two corgi dogs, a cat and two goats. Then we moved and we only kept the cat and the two dogs. (A change to the zoo we used to have!)

Well that's me and I'm quite content with myself as I am.

*Nia Rowlands, 2C*

*Daeth dydd ymddeol—Gorffennaf 1990.*
*Mr. Byron Thomas a Mr. Arwyn Pierce.*

*Enillodd Barry Thomas 4Y gystadleuaeth Pencampwr yr Urdd 1989. Nid yn unig yr enillodd gystadleuaeth y sir ond y gystadleuaeth genedlaethol.*

*Collodd y tîm rygbi 7 bob ochr yn amser ychwanegol yn y rownd derfynol yng nghystadleuaeth genedlaethol yr Urdd. Cynhaliwyd y gystadleuaeth yn Aberystwyth a'u gwrthwynebwyr yn y rownd derfynol oedd ysgol Bishopston, Abertawe.*

*Tîm Tenis dan 15 oed cyrraedd Rownd Derfynol Pencampwyr Cymru. Caroline Davies, Amanda Thomas, Heledd Jones, Sioned James.*

*Tair a ddewiswyd i Gôr Genedlaethol Cymru, Eurgain Dafydd, Janet Phillips a Heddwen Davies.*

*Alison Evans—Cystadleuaeth Coginio*

*Stephen Jones. Pencampwr Clymu Plu Cymru. Aelod o'r tîm Pysgota Cenedlaethol.*

*Rhys Jones. Tîm Ieuenctid Cymru 1991.*

J. AINSLEIGH DAVIES—PRIFATHRO 1990-

Cyn ddisgybl cyntaf i fod yn Brifathro ar Ysgol Uwchradd Llandysul. Addysgwyd yn Ysgol Ramadeg Llandysul, Coleg Prifysgol Aberystwyth, Coleg y Brenin Llundain a Choleg Diwinyddol, Aberystwyth. Graddau BA yn y Gymraeg 1965, BA Addysg 1966, Bd 1971, athro Ysgol Gynradd Aberteifi 1971-1975. Pennaeth Addysg Grefyddol Ysgol Llandysul 1975-1984. Dirprwy Brifathro Ysgol Emlyn 1984-1989. Dirprwy Brifathro Ysgol Dyffryn Teifi 1989-90.

## YMWELIADAU Â LLUNDAIN

Byddai unrhyw gôr yn falch o gael yr anrhydedd i fynd i ganu yn Llundain ond i fynd ddwy waith mewn mater o hanner blwyddyn!! Yn anffodus, bu salwch mawr ymysg rhai disgyblion ar y daith gyntaf ym mis Gorffennaf ond roedd cael ymweld â Wimbledon, Madame Tussauds a'r Planetarium, Covent Garden a gweld y sioe ffantastig, 'Me and My Girl' yn gwneud i fyny am hyn.

Na, nid dim ond ymweld â hyn a'r llall wnaethom oherwydd roedd yna gystadlu caled o'n blaenau. Roeddem yn gwynebu y corau gorau ym Mhrydain ond daethom yn ail i Gôr Ysgol Wrecsam yng nghystadleuaeth 'Music for Youth' yn y 'Festival Hall' ac ail eto yng nghystadleuaeth 'Voices in Concert' yn y 'Queen Elizabeth Hall'. Cafodd y Côr Iau gymeradwyaeth uchel yn y 'Festival Hall' hefyd. Nid cystadlu oedd diben taith Mis Tachwedd ond manteisio ar y cyfle i gael profiad bythgofiadwy o fod yn rhan o 'Schools Proms Prydain' yn Neuadd Albert.

—Dylid cofio hefyd am dair o'r côr siambr a gafodd eu derbyn fel aelodau o Gôr Ieuenctid Cymru—Eurgain Dafydd, Heddwen Davies a Janet Phillips.

—Rhaid cofio am ran Catrin Davies a Wyn Jones yng nghynhyrchiad Cwmni Theatr Ieuenctid Cymru—'Melltith ar y Nyth'.

—Felly blwyddyn y corau oedd hi o ran ochr gerddorol yr ysgol a 'Llwyddiant mawr' yw'r unig eiriau i'w defnyddio. Rhaid cofio, na allai unrhyw lwyddiant ddod heb waith caled. Beth bynnag, pan rydym yn cipio gwobr gyntaf a chawn gyfle i roi Ysgol Dyffryn Teifi yn eglur ar y map, anghofiwn am yr amserau annymunol; amserau o densiwn a phanic. I'r gŵr a roddodd y cyfle yma i ni, dywedwn o waelod ein calonnau—
DIOLCH YN FAWR MR. EVANS

I orffen, hysbyseb byr am dâp Côr Ysgol Dyffryn Teifi sydd ar werth am £5.00—pris rhesymol, ond brysiwch, does dim llawer ar ôl!!!

*Mandy Esau, 6*

## TAITH I LYDAW—HYDREF 1992

Yn ystod Hydref 1992 trefnwyd taith gan Adran Ffrangeg yr ysgol i Lydaw o dan arweiniad Miss Iona Davies, Mrs. Glesni Williams, Mrs. Christine Davies a Mr. Clem Lewis. Pwrpas y daith oedd cryfhau cysylltiadau rhwng ardaloedd Llandysul a Chastellnewydd Emlyn ac ardaloedd Plogonnec a Plonevez-Prozay sydd wedi eu gefeillio, yn ogystal a rhoi'r cyfle i'r disgyblion o Ysgol Dyffryn Teifi i ymarfer eu Ffrangeg a phrofi diwylliant y ranbarth yma o Ffrainc. Cafodd pawb croeso mawr a gofal arbennig gan y teuluoedd Ffrengig yn ystod yr wythnos.

Trefnwyd gwibdeithiau dyddiol er mwyn ymweld a phrif atyniadau ardal Finistere. Cafwyd un ymweliad â Quimper, un o drefi mwyaf hynafol a phrydferth Llydaw a bu'r disgyblion yn cael cipolwg ar hanes yr ardal yn un o brif amgueddfeydd y dref cyn mynd ati i chwilota am anrhegion yn y siopau twristaidd. Diddorol oedd ymweld â ffatri grochenwaith y dref hefyd er mwyn dysgu sut y cynhyrchwyd y campweithiau a oedd ar werth yn y siopau.

Trefnwyd gwibdaith arall i dref a phorthladd Douarnenez er mwyn profi rhywfaint o fywyd arfordirol Llydaw. Bu'r grŵp yn gweld (ac arogli!) yr amrywiaeth o bysgod ffres a ddaliwyd o'r môr yn ystod oriau mân y bore ac yn gwrando ar un o'r gweithwyr lleol yn egluro sut y mae dal a storio'r pysgod. Roedd yr ymweliad â phentref twristaidd Locronan yn un buddiol iawn hefyd er mwyn dysgu rhywfaint am hanes yr adeiladau a'r pensaerniaeth gwych. Cafwyd cyfle i fwyta un neu ddau o 'crepes' blasus Llydaw yno a bu cynnydd sylweddol yn gyffredinol yng ngwerthiant 'crepes' yr ardal yn ystod yr ymweliad!

Yn ystod y diwrnod cyn ymadael aeth y disgyblion gyda'u ffrindiau Ffrengig i ysgol yn y bore. Roedd yn brofiad hollol newydd i bawb ac yn gyfle da i gymysgu gyda phobl ifanc Ffrainc. Yn y nos cynhaliwyd cyngerdd yn Plogonnec gan un o grwpiau roc/gwerin Llydaw ac roedd pawb, gan gynnwys y Ffrancwyr, yn synnu at fedrusrwydd Mrs. Glesni Williams ar y llawr dawnsio! Roedd yn noson i'w chofio ac yn glo teilwng i'r wythnos a werthfawrogwyd yn fawr gan bawb. Diolchwn yn ddiffuant iawn i'r Adran Ffrangeg am drefnu'r daith yma ac am eu gofal yn ystod yr ymweliad.

*Peredur Evans, 13Y*

I am a thirteen year old school girl called Rachel. I have long hair and hazel-brown eyes. I am neither fat or thin but average. This to me is quite shocking because I eat a large amount of junkfood every day! I am quite tall for my age. Therefore my parents tell me that this must have something to do with the fact that I am not very fat. My feet are a very touchy subject in our household. I have to wash them frequently with hot water and a bar of soap. They are absolutely putrid!

My personality is very much like my uncle Tom's. I have a positive side, and of course like everybody else a negative side. People often come to me with their problems. I am very loyal to my family and friends, and always do what I can to help them in their time of need. Now for my negative side. I am often depressed, and my outlook on life is always rather glum. To me the world is a cold and cruel place. I am a great day-dreamer, and think about how I could help to make this world a better place in which to live. The worst point of all is that I am very aggresive. If somebody says or does anything against my will, I boil over viciously. I usually use my aggression against my two brothers and sisters. I do not, I REPEAT, do not use my aggression against my parents.

I'm a third year pupil at Ysgol Dyffryn Teifi. My favourite subjects include music, art, history and Welsh. I like to think that I do quite well in the school's annual exams each year. I have many friends at school in whom I can confide. My hobbies include playing the piano, violin and the guitar and I enjoy singing too. I also enjoy going to various Welsh dances. My favourite Welsh pop groups are 'Hanner Pei', 'Tips Wyn Gruffydd' and 'πU-Thank'.

I am a great lover of animals. But I do not believe in keeping rabbits, guinea pigs, mice, birds etc., as household pets. I think that these animals suffer a great deal by being kept in small, cramped cages, totally out of their environment with no freedom at all. I am a member of various kinds of societies which include The Welsh Language Society, Plaid Cymru, the R.S.P.C.A., W.W.F., C.I.C., The Youth Drama Society of Ceredigion and the Urdd. As you can see from this list, I am very interested in making the world a better place in which to live in.

My ambitions are either to be a lawyer, actress or firewoman.

*Rachel Thomas, 9Y*

Cyn symud i Gymru, chwe mlynedd yn ôl, roeddwn yn byw yng nghanolbarth Lloegr a fel llawer o Saeson, roeddwn yn anwybodol o'r gwahanol ieithoedd a oedd yn bodoli ym Mhrydain. Profais rywfaint o'r diwylliant lleol a ches i fy ngwersi Cymraeg cyntaf yn y Ganolfan Iaith ar gampws Ysgol Dyffryn Teifi. Bues yn mynd yno dwywaith yr wythnos am sawl mis.

Yn y dosbarthiadau hyn roeddwn yn mwynhau'r ffordd roedd yr iaith Gymraeg yn cael ei chymysgu i fewn i weithgareddau eraill mewn gwersi anffurfiol gyda phlant eraill a oedd newydd symud i'r ardal. Roedd dysgu fel hyn yn gwneud yr iaith i fod yn beth ymarferol yn hytrach na phwnc academaidd ac er i'r broses o ddysgu Cymraeg fod yn un hir a chaled roedd y gwersi trwyadl hyn yn adeiladol iawn. Er i mi ddysgu ond rhyw ychydig eiriau pob wythnos datblygais fwy o hyder wrth siarad a des i'n awyddus i fynd i Ysgol Dyffryn Teifi. Erbyn dod i'r ysgol uwchradd roeddwn wedi dysgu llawer o frawddegau defnyddiol ond roeddwn i'n dal i ffeindio cynnal sgwrs yn anodd iawn.

Roeddwn i mewn dosbarth i ddysgwyr ar gyfer gwersi Cymraeg ac Astudiaethau Bro a thra roeddwn yn gallu dilyn sgwrs yn Gymraeg ar yr adeg hon, roeddwn i dal yn methu ymateb mewn Cymraeg naturiol. Roeddwn yn ffeindio hyn yn drafferthus iawn ac am gyfnod gwelais yr iaith fel rhwystr i mi.

Er hynny, wrth glywed cymaint o Gymraeg o fy amgylch datblygodd fy ngeirfa yn weddol gyflym ac yn raddol diflannodd y teimladau negyddol. Roedd llawer o bethau a ddywedwyd yn y gwersi yn llawer rhy gymleth i mi eu deall ac roedd hyn yn gwneud i mi deimlo'n weddol unig oherwydd roedd gweddill fy nosbarth bob amser yn fwy ymwybodol o beth oedd yn mynd ymlaen.

Roedd gwneud ffrindiau trwy ddefnyddio Cymraeg i gyfathrebu yn anodd. Am y flwyddyn gyntaf, yn enwedig, roeddwn yn teimlo'n swil iawn yng nghwmni grŵp o bobl ac yn ymwybodol o bob camgymeriad wnes i wrth siarad. Ar y cyfan roedd fy nghyd-ddisgyblion yn helpu llawer a doedd ganddynt ddim rhagfarn yn erbyn dysgwyr. Roedd rhai yn fwy awyddus i siarad Cymraeg na'r lleill. Roedd hi'n haws siarad Saesneg â'm ffrindiau, ond yn y tymor hir, rwy'n falch bod cymaint o bobl wedi bod yn ddigon amyneddgar i siarad Cymraeg â fi yn enwedig ym mlwyddyn saith pan oedd ffurfio brawddegau syml yn dal yn anodd i fi.

Gyda'r ymarfer 'ma, gwellodd fy Nghymraeg a des i deimlo'n fwy cartrefol yn yr ardal hon yn gyffredinol.

Yn ystod fy amser ym mlynyddoedd un, dau a thri roedd gweithio trwy gyfrwng y Gymraeg yn sicr yn cymryd llawer o ymdrech ond rwy mor falch nawr mod i wedi dod i ysgol Gymraeg ac rwy'n teimlo trueni dros unrhywun na chafodd yr un cyfle â fi. Er i mi deimlo'n swil iawn i ddechrau, rwy'n credu bod gen i fwy o hyder wrth gyfathrebu na rhywun sydd wedi bod mewn ysgol unieithog a dwi'n gweld yr iaith fel erfyn cymdeithasol.

*Amy Young 12C*

## THE EVACUEES

The children from Swansea were all evacuated to different parts of West Wales during the war. Towards the end of 1940 the city was bombed by the Germans and thousands of people were killed and made homeless. Their children who were called evacuees came to different parts of the country and to different homes.

A little girl of five years old called Moira Darraiott came to live with my grandfather at Dyffryn Cwrt in Pentrecwrt. She went to Brynsaron School together with the other children and their own teachers from Swansea. After a few weeks of becoming accustomed to country life and new surroundings the children became very happy. Moira got used to country life and routine and she went with my grandfather everywhere. Every Sunday she went to church and Sunday School at Llangeler. Soon she became a fluent Welsh speaker and could sing many Welsh hymns and read Welsh poetry.

Moira's father had died during the war, but her mother came to visit her once a month from Swansea. In 1945, Moira and her friend returned to Swansea to start a new life again after the dark days of the war.

*Endaf Lewis, 8Y*

# CERDDI DYFALU

## Y WAHADDEN

Twnelwr tanddaearol
A gelyn y garddwr—
Y Glowr dall.

## Y CRYCHYDD

Pysgotwr di-wialen,
Ei war fel tro cryman,
A'i bwysau ar goesau gwan.

## YR ELIFFANT

Trwmped trwsgl y jyngl,
Yn creu twrw a mwstwr,—
Eferest llwyd yn Affrica.

## CAMEL

Cronfa ddŵr yr anialwch
A thrên y marsiandwyr—
Gorsedd y Doethion.

## Y FUWCH

Ffatri symudol ar bedair coes
Yn troi y gwyrdd yn wyn.
Ei chynnyrch ddaw mewn potel
Bob bore i'n tŷ ni,
Ac ar silffoedd yr archfarchnad
Mae ei chynhyrchion lu.

Pencampwraig y naid uchel,—
A pheiriant yr hylif gwyn.

*Catrin Sian Thomas, 9R*

Cystadleuaeth Banc y Midland—Tenis 1992
Rownd Derfynol Cwpan Cymru dan 13 oed.
Merched—Carys Jones, Dawn Evans, Serena Davies, Betsan Evans.

Cystadleuaeth Banc y Midland—Tenis 1992
Rownd Derfynol Cwpan Cymru dan 13 oed.
Bechgyn—Rhydian Morgan, Wyn Thomas, Michael Jones, Dafydd Owens.

## PENILLION A GYFANSODDWYD GAN DDISGYBLION YR YSGOL I GYFARCH MR. CERI WYN JONES AR ENNILL Y GADAIR YN EISTEDDFOD GENEDLAETHOL YR URDD 1992

Rhown longyfarchion fflamgochion gant
I Ceri Wyn sy'n athro plant.
Mae beirdd Dyffryn Teifi'n cynyddu yn siwr,
Mae'n rhaid bod rhyw rinwedd pur gryf yn y dŵr.
Felly canwn ein moliant, canwn yn fyrdd
I fardd cenedlaethol Eisteddfod yr Urdd.

*Lois Ifor 9R*

Cadw cyfrinach bu raid i Ceri
Oddi wrth bawb yn Nyffryn Teifi.
Am fis neu ddau bu'n gwenu—gan wybod
Lan yn y 'steddfod, byddai'n bwysicach nac Ainsleigh!

*Hawys Evans 8R*

Eich cyfarch wnawn yn hapus
Am ddod yn fardd o fri,
Un da am greu Prydyddiaeth—
Yn sicr ydych chi.

A hefyd, rydych gantor
Ym mharti 'Ar ôl tri',
Chwaraewr rygbi dawnus
Oes terfyn ar eich bri?

Wel croeso nôl i'r ysgol,
Fe ganwn ni eich clod,
Mae cadair yr Eisteddfod
I Ddyffryn Teifi'n dod.

*Nia Jones 9R*

Mae bardd yn Nyffryn Teifi
Un ciwt a digon heini
Yn Rhuthun fe o'r un deg saith
Oedd ore'n cynganeddu.

Mae e'n hoffi chwarae rygbi
A gwylio gêm o hoci
Ond heddi eistedd mae e'n wneud
Mewn cadair eitha teidi!

*Gwenno Jones 9R*

# CYSTADLEUAETH Y TLWS SAESNEG EISTEDDFOD YSGOL DYFFRYN TEIFI 1995

## WALLS

A world of colour caught in walls of grey,
A stereogram, unseen by hardened eyes,
Alone amongst the crowd from day to day
She sits unflinching, though within she flies.
The seconds, minutes, hours pass her by
While days of old refresh her active mind,
Befriended though deserted, she'll not cry.
For soaring thoughts restore eyes that were blind.
Her freedom, though imprisoned, is divine,
Though trapped her inner soul is ever free—
Above the walls that struggle to confine
To social standards and conformity.
Her aged mask conceals the child's domain
Which hurdles all restrictions in its reign.

*Nia Evans*

## WALLS

Another day streams down the gleaming glass;
A mother's gaze in life's dishevelled days.
She stands alone from the entwining mass,
To hear with cautious joy the children's ways.
The burning burden of angelic lives;
a flicker on the fateful wall of life.
Alone in solitary days she cries
to smother flames of longing in her strife.
But yet, she sees the visions in the haze
of untouched lives that she had never dared.
The hardened walls inside her endless maze
that mock the magic thoughts that she had spared.
The solitude of ever flowing pain,
the death of dreams in every morning rain.

*Fflur Dafydd*

Chwaraewyr hoci dros Orllewin Cymru 1993

Eisteddfod Genedlaethol 1993.

*Eisteddfod Genedlaethol 1994. 1af Grŵp Stepio.*

*Eisteddfod Genedlaethol 1994.*

*Deiniol Jones a Gareth Evans a fu'n cynrychioli Cymru 1993-94.*

*Pencampwyr Hoci Gorllewin Cymru*

Tîm Pel Droed—Buddugwyr Cymru 1994

Wayne Evans, Ysgolion Cymru dan 15 oed; Dafydd Davies, Ysgolion Cymru dan 18 oed; Wyn Thomas, Tîm Cymru dan 16 oed. Y tri wedi ennill eu capiau yn nhymor 1994-95.

Tîm Pêl-droed dan 16 oed. Buddugwyr Cwpan Cymru 1995

Tîm Pêl-droed dan 18 oed. Buddugwyr Cwpan Cymru 1995

STAFF DYSGU YSGOL DYFFRYN TEIFI 1994-1995

*Rhes 1:* Mr. Goronwy Jones; Mr. Stan Williams; Mr. Leslie Phillips; Miss Catrin Davies; Miss Siân Jones (Cynorthwywraig); Mrs. Ann Green; Mrs. Meinir McLelland (Cynorthwywraig); Mrs. Enfys Davies; Mrs. Margaret Lloyd; Miss Lisa Griffiths (Cynorthwywraig); Mrs. Heledd Williams.

*Rhes 2:* Mr. Ian Jones; Mr. Glyn Howells; Mrs. Elin Wiliams; Mr. David Thomas; Mrs. Moelwen Gwyndaf; Miss Rhian Williams; Mr. Clem Lewis; Miss Elin Smith; Miss Iona Davies; Mrs. Christine Davies; Mrs. Glesni Williams.

*Rhes 3:* Mr. Ceri Wyn Jones; Miss Julia Edwards; Mr. Stephen Evans; Mrs. Mair Wilson; Mrs. Rhian Evans; Mrs. Lynne Harries; Mrs. Rhian Davies; Mr. David Selcon; Mrs. Anwen Williams; Mrs. Eirlys Phillips; Mrs. Dwynwen Teifi.

*Rhes flaen:* Mr. Gari Wyn Jones; Miss Rhiannon Davies; Mr. Geraint Thomas; Mr. Dafydd Davies (Dirprwy); Mr. Ainsleigh Davies (Prifathro); Ms. Christine Wright (Dirprwy); Mr. Terry Jones; Mr. Ken Evans; Miss Beti Thomas.

WHY SUFFER WHEN

# DAVIES' NERVINE POWDER

CURES

**HEADACHE, TOOTHACHE and NEURALGIA,**

IN A FEW MINUTES?

*It soothes the Nerves, and makes life worth living.*

One dose generally relieves the most excruciating pain, by acting directly on the Nerves. They are guaranteed free from any dangerous Chemicals, and are therefore perfectly safe and easy to take.

*Beware of cheap Imitations.—Ask for DAVIES' NERVINE POWDERS, and see that you get them.*

Prepared only by

**T. DAVIES, M.R.P.S., Manufacturing Chemist,**

LLANDYSSUL, SOUTH WALES.

---

## ALBION, LLANDYSSUL.

**BOOTS, SHOES & SLIPPERS.**

**No House can show a larger assortment.**

Every pair is sold on the understanding that it is honest and reliable in every way, and guaranteed to give satisfaction.

## GRIFFITH DAVIES,

**The modern & progressive Shoe Factor.**

Repairs neatly, cheaply and promptly executed.

*Agent for the well-known 'Dryfoot' Brand.*

# WM. EVANS,

**PHOTOGRAPHER,**

**Spring Croft, Llandyssul.**

Amateurs supplied with Apparatus, Plates, Chemicals, &c. Plates & Films developed, printed, &c. Cameras on hire for the holidays.

# JOHN DAVIES,

**FAMILY BUTCHER,**

CROSS HANDS,

LLANDYSSUL.

**Noted for Beef, Mutton, Lamb, Pork, Sausages, Faggots. &c., &c.**

All Orders promptly attended to.

The Quality is remembered . . .
. . . When the Price often is forgotten.

## At FARLEIGH'S STORES

Quality is always the First Consideration,
The Second, Lowest Prices,
The Third, Prompt & Quick Delivery,
and Last but not least, Personal Attention.

## Farleigh's Stores, : :
## : : Llandyssul.

## —William Jones—

... Merchant Tailor, ...

LINCOLN HOUSE, LLANDYSSUL.

**Ready-made Overcoats & Waterproofs**

— ALWAYS IN STOCK. —

**Local Agent for 'Dexter' Weatherproofs.**

# DAVIES & ROBERTS,

**Watchmakers, Jewellers & Engravers,**

**LLANDYSSUL,**

Keep a well-assorted Stock of

WATCHES, CLOCKS, JEWELLERY & ELECTRO-PLATE.

Our aim will be to supply Goods of the VERY BEST QUALITY at the LOWEST POSSIBLE PRICES, and trust to merit a share of patronage and support. We intend making

## A FEATURE OF REPAIRS.

All work entrusted to us will receive prompt personal attention.

*Twelve months' guarantee given with every Watch repaired.*

**All sorts of engraving done on the premises.**

---

# JAMES THOMAS,

**. . TAILOR, . .**

## BRADFORD HOUSE

(Opposite Metro. Bank)

FOR EXCEPTIONAL VALUE AND LATEST STYLES.

*Customers' own material made up.*